En Bonne Forme

En Bonne Forme

Fourth Edition

Simone Renaud Dietiker
San José State University

D. C. Heath and Company
Lexington, Massachusetts   Toronto

Acknowledgment is made to the following sources for permission to reproduce material:

p. 11, Stuart Cohen; *p. 35*, Stuart Cohen; *p. 55*, Owen Franken; *p. 75*, Doisneau/Photo Researchers, Inc.; *p. 91*, Anne Sager/Photo Researchers, Inc.; *p. 109*, Peter Menzel; *p. 133*, Peter Menzel/Stock Boston; *p. 155*, Ellis Herwig/Picture Cube; *p. 181*, Jean Roubier/Rapho, Photo Researchers, Inc.; *p. 199*, Mark Antman/Image Works; *p. 217*, René Burri/Magnum; *p. 243*, Richard Kalvar/Magnum; *p. 261*, Ulrike Welsch; *p. 285*, Pascal Parrot/Sygma; *p. 301*, Peter Menzel; *p. 321*, Mikki Ansin; *p. 341*, Andrew Brilliant/Carol Palmer; *p. 361*, Stuart Cohen; *p. 379*, Owen Franken/Stock Boston; *p. 375*, Owen Franken/Stock Boston; *p. 411*, Stuart Cohen; *p. 425*, Stuart Cohen; *p. 443*, Andrew Brilliant/Carol Palmer.

Cover Design: Miriam Recio.

Published simultaneously in Canada.

Printed in the United States of America.

International Standard Book Number: 0-669-12015-4.

Library of Congress Catalog Card Number: 87-80701.

10 9 8 7 6 5 4

Préface

On pourrait penser qu'un livre qui a bientôt 20 ans et en est à sa 4ème édition ne demande pas beaucoup de changements. Il n'en est rien. La mode, les goûts du public, les nouvelles méthodes d'enseignement, les exigences de l'éditeur ont fait que la quatrième version d'*En Bonne Forme* est devenue un nouveau livre; cette dernière édition surprendra les habitués de ce livre par son aspect et son format nouveaux, mais aussi par son organisation et son contenu.

Qu'on se rassure! Au moins, *En Bonne Forme* s'adresse toujours au même public que les versions précédentes: les étudiants de deuxième année de «College» ou d'université, ou les étudiants formés dans des *high schools* et qui reprennent leur étude du français à un niveau révision. Ce livre s'adresse aussi aux «amis» de la langue française qui ont tout oublié et veulent «se remettre dans le bain».

Voici comment le livre est organisé:

Chapitre préliminaire   Il n'a pas changé et est écrit en anglais, pour faciliter un premier contact avec des étudiants qu'une interruption d'un été, ou de plusieurs années, a un peu «rouillés».

Ce chapitre est une sorte d'introduction à la grammaire, un «survol» des difficultés qu'on rencontrera dans le corps de chaque chapitre. En même temps, il fait le point des notions très élémentaires qui sont censées être acquises en première année: le verbe **être** et le verbe **avoir** au présent, les articles, quelques pronoms, etc. Il familiarise les étudiants avec un vocabulaire grammatical qui sera utilisé par la suite dans tout le livre.

Chaque chapitre est construit sur le plan suivant:

- Vocabulaire
- Texte et questions
- Grammaire entremêlée d'exercices d'application
- Formules à retenir
- Exercices créatifs qui reprennent certains points importants
- Traduction
- Conversations
- Rédaction

Vocabulaire Le vocabulaire est donc maintenant en tête du chapitre. Il est présenté par ordre alphabétique. Il précède le texte au lieu de le suivre, comme c'était le cas dans les éditions précédentes. La raison de ce changement important? Il correspond à un changement de méthode: les étudiants sont invités à étudier cette liste de mots *avant* de lire le texte. Seuls les mots de vocabulaire courant sont donnés (c'est-à-dire, les mots ou expressions fréquemment utilisées par les Français dans la langue de tous les jours). Les expressions plus rares et certains groupes qui contiennent des difficultés grammaticales pas encore expliquées sont traduites dans la marge. Parfois un vocabularie supplémentaire suit la liste principale. Il se compose de mots divers, dérivés, antonymes ou de mots qui s'apparentent à un thème suggéré par le texte (par exemple, les études au chapitre 3, la salle de bain au chapitre 5). Tout ce vocabulaire apparaît dans les exemples de grammaire et dans les exercices.

Textes Grand coup de balai parmi les textes: on trouvera 19 textes nouveaux dans la quatrième édition d'*En Bonne Forme,* parmi lesquels des écrivains d'avant-garde, tels que Cavanna, Patrick Cauvin, Nicole de Buron, Françoise Dorin, qui donnent une peinture plus moderne et actuelle de la vie française. Douze écrivaines sont représentées, en face de 13 auteurs-hommes, et 2 écrivains canadiens parmi mes favoris: Gabrielle Roy et Roger Fournier. Plus que jamais, je me suis souciée de trouver des textes amusants, provocants, colorés, ou tendres, émouvants, tout en illustrant de près les points de grammaire présentés dans la leçon.

Dans cette édition, le texte précède la leçon de grammaire et joue en quelque sorte le rôle d'introduction, d'illustration anticipée. Il procure une distraction instructive avant la leçon de grammaire. Il est aussi la source du vocabulaire des exercices de fin de chapitre, de la traduction, des thèmes de conversation et de la rédaction.

Questions Elles aident le professeur à conduire une explication de texte dans la vieille et solide tradition des écoles françaises. On s'interroge sur le sens des actions, les motifs des personnages, les intentions de l'auteur; on analyse l'humour, les émotions, les sentiments, les implications culturelles. On crée un débat sur les problèmes humains illustrés dans les textes et on fait parler les étudiants sur ces sujets variés: Laurent et son père sont-ils de vrais gangsters? Les vieux sont-ils ennuyeux avec leurs histoires? Les jeunes gens forcés de travailler tôt pour gagner leur vie ont-ils un sens plus vif des responsabilités? Une femme au volant est-elle un danger public, ou M. Daninos est-il un vrai chauviniste?

Le texte devient alors une occasion de parler sur une quantité de sujets variés, humains, humoristiques ou graves. Cet aspect d'*En Bonne Forme* — qui n'est pas nouveau et apparaît dans les autres éditions — devrait plaire aux professeurs qui ont à cœur non seulement d'enseigner une langue correcte, mais aussi de faire réfléchir les jeunes gens sur des idées, des actions intéressantes. Les lectures et les questions qui les accompagnent et les éclairent aideront le professeur à ouvrir l'esprit de ces jeunes gens, à stimuler leur goût de la discussion et lui permettra d'avoir des classes plus vivantes.

Grammaire Elle vient donc en quatrième position. L'ordre des leçons a peu changé. Le verbe pronominal apparaît plus tôt, aussitôt après les pronoms personnels, ce qui était logique. Les possessifs, le subjonctif, l'infinitif, ont été aussi avancés. Le comparatif et le superlatif sont reportés presqu'à la fin du livre. Le chapitre sur la phrase complexe (chapitre 23) ne contient ni vocabulaire ni texte illustratif. Les exemples et les exercices sont construits sur le vocabulaire des chapitres 1 à 22.

Le contenu des leçons, bien qu'il ait peu changé, a quand même subit quelques modifications: certains points de grammaire ont été combinés, d'autres apparaissent dans un ordre différent, un petit nombre a été supprimé. Certaines explications sont devenues plus détaillées, plus complètes. Mais surtout, chaque point important, ou quelquefois chaque groupe de points importants, est suivi d'un exercice d'application destiné à renforcer la règle ou les règles de grammaire qui viennent d'être développées, et à faire travailler les étudiants sur ce point, pour qu'ils assimilent la difficulté. C'est dans ce domaine que cette nouvelle édition est plus complète, plus méthodique et devrait correspondre aux besoins d'étudiants de deuxième niveau qui cherchent à consolider vraiment leurs connaissances, pas à pas.

Les temps «littéraires» (subjonctif imparfait et plus-que-parfait, passé antérieur) et le «ne» explétif sont expliqués dans l'appendice.

Formules à retenir   On a rebaptisé les *Constructions*. Cette section contient toujours des structures difficiles qui apparaissent dans les textes ou s'apparentent au sujet de la leçon de grammaire: par exemple, à propos du passé composé, on étudie l'expression **venir de** + l'infinitif, et dans le chapitre sur la négation, la restriction **ne . . . que**, et l'expression **n'avoir qu'à**. Les formules ont été réorganisées, certaines simplifiées, d'autres ajoutées; elles sont toutes suivies d'exercices, pour donner à l'étudiant l'occasion de mettre immédiatement en pratique ce qu'il vient d'apprendre.

Exercices   En ce qui concerne les exercices d'application, ils utilisent, le plus souvent possible, le vocabulaire du chapitre en question ou des chapitres précédents. Ils sont formés de phrases discontinues, mais représentent des exemples de questions qui seraient posées ou de réflexions qui seraient faites spontanément par des Français dans des situations variées. Ces exercices peuvent être faits oralement ou par écrit, au choix du professeur.

Les exercices de la fin du chapitre sont entièrement nouveaux. Ils permettent à l'étudiant d'utiliser créativement certains des problèmes grammaticaux exposés dans la leçon. Par exemple, pour employer le subjonctif, l'étudiant est invité à faire une prière, comme on en fait une avant un examen, ou avant une interview pour un job: «Mon Dieu, faites que je réussisse, ou faites que j'obtienne ce job!» Pour illustrer le futur, on demande à l'étudiant paresseux d'imaginer ce que feront les robots à sa place, en l'an 2020: «Je rêve d'un robot qui fera mes devoirs à ma place, qui rangera ma chambre, etc.» Ainsi, chaque point de grammaire important est mis en action dans un contexte vivant et actuel, et illustre le vocabulaire et les thèmes dérivés de la lecture.

Conversations   Les conversations permettent aux étudiants d'exprimer leur opinion sur des sujets généralement en rapport avec celui du texte. Elles présentent aussi parfois des sujets qui dérivent du texte et élargissent leur horizon culturel. Par exemple, à propos du poème *Déjeuner du matin*, chacun peut décrire son propre petit déjeuner, réviser les termes de nourriture et parler des différents repas de la journée. Au chapitre 7, on fait un voyage (guidé) autour de la Méditerranée, et plus loin autour du Pacifique. Au chapitre 14, à propos du texte sur les ordinateurs, on discute sur l'usage du *Minitel* en France. Un vocabulaire supplémentaire accompagne chaque série de questions. Le choix des sujets va du plus concret (marchés, vêtements, parties d'une voiture) à l'abstrait (méthodes d'élever les enfants, système judiciaire).

Traductions   La plupart des traductions ont été refaites. Elles sont plus simples, généralement humoristiques. Elles utilisent les mots et les structures étudiées dans le chapitre, et illustrent un thème suggéré par le texte.

Rédaction   La rédaction est, comme dans les autres éditions, le dernier exercice du chapitre. C'est en quelque sorte le point culminant du chapitre. Il est important d'expliquer aux étudiants le but de cet exercice, dans lequel ils sont invités à montrer qu'ils ont bien assimilé le contenu du chapitre et les notions présentées. Ils peuvent aussi exercer leur imagination, en français. Il faut donc qu'ils évitent de penser en anglais et de traduire, ce qui les conduirait à des erreurs de traductions, très fréquentes. Pour cela, suggérez qu'on fasse une liste de mots, de formules, de structures et qu'on écrive la rédaction à partir de cette liste en laissant les idées naître des mots, directement en français.

Cahier de travail et de laboratoire   *En Bonne Forme,* 4ème édition, est accompagné d'un cahier de travail et de laboratoire et d'une série de cassettes (20 minutes environ par leçon) très semblable aux autres éditions. Le script du programme de laboratoire et les exercices du cahier ont été révisés et refaits pour correspondre aux changements du manuel.

Il y a trois sortes d'activités:

La première partie, entièrement orale, se fait au laboratoire, sans cahier. Le texte du manuel est lu en entier. L'étudiant écoute, puis répond à des questions qui sont différentes de celles du texte. Suivent un exercice du genre «Vrai ou Faux?» et des traductions de phrases courtes, généralement formées d'expressions idiomatiques.

La deuxième partie est orale-écrite et se fait au laboratoire, avec le cahier: elle commence par la leçon de phonétique. Cette leçon de phonétique reste un des points originaux d'*En Bonne Forme*. Elle est concise et complète et contient des rapprochements entre les sons et l'orthographe. Elle aide l'étudiant à maîtriser méthodiquement les difficultés de la prononciation française. La dictée de sons est un exercice de discernement de sons très proches comme, par exemple, **il pleut** et **il pleure.** Cet exercice est suivi d'une dictée ou d'un poème. Je recommande qu'on encourage les étudiants à lire et à essayer de comprendre le poème avant de l'écouter et de le répéter, pour en goûter l'humour, la tendresse ou simplement la musique.

La troisième partie est écrite uniquement: elle se fait sans laboratoire. Elle se compose d'exercices supplémentaires sur des points qui ont besoin d'être renforcés, et d'exercices de vocabulaire qui n'apparaissent pas dans le manuel. Il y a aussi une illustration dans chaque chapitre de 2 à 22 (numéro pair). Ces illustrations sont créées sur un thème contenu dans le chapitre correspondant ou dans le chapitre impair (1, 3, 5, etc.) qui précède. Accompagnées d'une liste de mots et d'expressions contenus dans les deux chapitres, elles peuvent conduire à des conversations supplémentaires en classe ou à des rédactions (la liste de mots suggérée n'est pas restrictive et chaque étudiant devrait se sentir libre d'utiliser d'autres mots ou constructions connus).

Dans la préface de la 3ème édition, je me plaignais d'être à court de superlatifs: *En Bonne Forme, En Meilleure Forme, En Super Forme...* Cette fois-ci, pas de problème. Le titre qui convient à ce livre, c'est *En «Nouvelle» Forme!*

L'auteur et l'éditeur remercient les professeurs Edouard Thai, de Colorado State University, Danielle Johnson-Cousin et Jean Leblon, de Vanderbilt University, Linda Edi, de Rio Hondo Community College, Jerome Ramsey, de State University of New York at Binghamton, Frances Wilkshire, de Memorial University of Newfoundland, Canada, Professor Alma Saraydar, de University of Western Ontario, et Professor Mariel O'Neill-Karch de University of Toronto, pour leur évaluation du manuscrit et leurs critiques constructives.

Table des matières

Voici les symboles phonétiques et les abréviations qui sont utilisés dans ce livre:

Alphabet phonétique

voyelles

[i] il, livre, stylo
[e] bébé, aller, papier, les, allez
[ɛ] fenêtre, père, lait, hôtel
[a] madame, patte
[ɑ] pâte, classe
[ɔ] porte, homme, donne
[o] pot, eau, pauvre
[u] ou, vous
[y] du, tu, une
[ø] deux, monsieur
[œ] professeur, fleur
[ə] le, de, monsieur
[ɛ̃] vin, main, bien
[ɑ̃] France, content
[ɔ̃] mon, non, oncle
[œ̃] un, lundi

semivoyelles

[j] papier, crayon, fille
[w] oui, soir
[ɥ] huit, nuit

consonnes

[p] porte, soupe
[t] table, thé
[k] comment, quatre, coin
[b] bonjour, bonne
[d] du, de
[g] garçon, bague
[f] femme, photo
[s] sa, classe, ça, nation, ce
[ʃ] chambre, chez
[v] voir, venir, wagon
[z] zéro, chaise, deuxième
[ʒ] Georges, gym, jeune
[l] la, aller, livre
[ʀ] rouler, roue, vivre
[m] manger, maman
[n] nous, tonne
[ɲ] magnifique, vigne
[ŋ] camping

Abréviations

adjectif	*adj.*	object indirect	O.I.
adverbe	*adv.*	participe	*part.*
chapitre	*chap.*	pluriel	*pl.*
conditionnel	*cond.*	possessif	*poss.*
conjonction	*conj.*	préposition	*prép.*
démonstratif	*dém.*	présent	*prés.*
familier (e)	*fam.*	singulier	*s., sing.*
féminin	*f., fém.*	subjonctif	*subj.*
futur	*fut.*	sujet	*suj.*
littéralement	*litt.*	versus	*vs.*
masculin	*m., masc.*	=	équivalent de
objet	*obj.*	≠	contraire de
objet direct	O.D.	→	se change en

Chapitre Préliminaire

As you begin your study of second-year French, two questions are undoubtedly running through your mind: How much do I remember of first-year French? How am I going to handle a grammar book written in French?

Do you feel you have forgotten everything? This preliminary chapter will help you remember a few, very basic points of grammar that a teacher of second-year French will expect you to know — for example, the articles (**le, la, les, un, une, des**), the verb **être** (**je suis, tu es,** etc.), the interrogative expression **est-ce que,** and so on. If a grammatical point seems familiar, rings a bell, but does not seem clear, do not panic. Look it up in the chapter where it is described. Cross references are provided for this purpose. Such references appear throughout the book to enable you to view the interrelationships between different grammatical structures.

The other aim of this preliminary chapter is to present the French grammatical terms used in the book. We have translated these terms because we believe you should be familiar with them before you begin your work in Chapter 1.

French grammar is often pictured as a fearsome scarecrow, gesturing with the subjunctive in one hand and the irregular verbs in the other! *En Bonne Forme, 4th ed.,* will try to turn him into a cooperative, if not an absolutely friendly fellow, to show you how varied and symmetrical the French language is.

The sentence and its parts

When we speak or write, we use words (**les mots**) organized into a sentence (**une phrase**). A phrase is **un groupe de mots;** a clause is **une proposition.** You need not concern yourself with this structure until you study the complex sentence (**la phrase complexe**). Most of the time we speak or write in simple sentences (**des phrases simples**). What kinds of words do we use?

Nouns — les noms

Nouns are easy to recognize because they represent people (**des personnes**) or inanimate objects (**des choses**). The most important point to remember is that in French, nouns have gender. They are either feminine (**le féminin**) or masculine (**le masculin**). How does one learn and remember their gender? One does this usually by memorizing. One sometimes groups words according to their endings; for example, **-tion** and **-té** are always feminine (*la* **nation,** *la* **liberté**); **-ment** and **-eau** are always masculine (*le* **département,** *le* **tableau**). Probably the easiest way to master the idea of gender is by associating nouns with the article preceding them: **le, un** before a masculine noun; **la, une** before a feminine noun.

Plurals are most commonly formed by the addition of **-s** to the singular; there are, however, a number of other ways to indicate plural (see pp. 119–120). In spoken language, since final **-s** is not pronounced, it is the article which indicates the plural; les, des (*les* **parents,** *des* **familles**). Consequently, in French, nouns must be accompanied by an article or another determining word. The article is omitted in only very special cases.

Articles — **les articles**

There are three kinds of articles:

◇ **1.** Definite articles (**les articles définis**): *the*

    masc. le   *fem.* la   *pl.* les

◇ **2.** Indefinite articles (**les articles indéfinis**): *a, an, one, some*

    masc. un   *fem.* une   *pl.* des

◇ **3.** Partitive articles (**les articles partitifs**): *some*

    masc. du   *fem.* de la

The partitive article is used under certain verbs when one speaks about a *part* of something, a *piece* of something: *some* + singular noun (see p. 140).

    Je mange **du** pain.   Je bois **de** l'eau.   Je perds **du** temps.

These three facts about French articles should be remembered:

◇ **1.** Agreement (**l'accord**): articles agree (**ils s'accordent**) with the nouns they modify in gender and number.

◇ **2.** Elision (**l'élision**): the dropping of a letter occurs when **le** or **la** is followed by a word that begins with a vowel: **l'étudiant, l'université.**

◇ **3.** Contraction (**la contraction**) of **la** or **les** occurs with the prepositions **à** and **de** (see p. 139).

    de + le = du   à + le = au
    de + les = des   à + les = aux

Determining words — **les déterminants**

There are other kinds of determining words besides the article:

◇ **1.** A possessive adjective (**un adjectif possessif**) (Chap. 10): *my, your*

    masc. mon   *fem.* ma   *pl.* mes
           votre   votre   vos

◇ **2.** A demonstrative adjective (**un adjectif démonstratif**) (Chap. 19): *this, these*

    masc. ce   *fem.* cette   *pl.* ces

◇ **3.** An interrogative adjective (**un adjectif interrogatif**) (Chap. 12): *which?*

    masc. quel   *fem.* quelle   *pl.* quels, quelles

Like the article, these words agree in gender and number with the nouns they modify.

Adjectives — **les adjectifs**

The most common adjectives — **les qualificatifs** — describe the noun: **joli, beau, grand.** The agreement between noun and adjective is the main problem confronting you as you study the adjective. Many adjectives are identical in their masculine and feminine forms; that is, both genders end in -e: **rapide, pratique, calme,** etc. For most adjectives, however, the feminine is indicated by the ending -e, while the masculine has no -e.

This final **e** may or may not affect the pronunciation of the two genders.

> *fem.* grande   *masc.* grand
> aimée   aimé

The adjective also agrees in number with the noun. Usually this agreement is shown by the addition of an -s, which is silent (see p. 124).

> **les** étudiants intelligents

Where is the adjective placed? In French, most adjectives come *after* the noun:

> une robe **bleue**   un voyage **intéressant**

However, a few short common adjectives are placed *before* the noun (see p. 127).

> un **bon** dîner   une **petite** maison

Pronouns — les pronoms

The most common pronoun is the personal pronoun, a word which takes the place of a noun. Personal pronouns, in spite of their name, not only represent people; they also refer to things.

> **Il** or **elle** signifies *it,* as well as *he* or *she.*
> **Le** or **la** signifies *it,* as well as *him* or *her.*

Before you study the different forms of these pronouns, you should consider the function of the nouns they replace, because the pronouns have different forms for different functions (see Chap. 8).

Functions of nouns and pronouns

◇ **1.** A noun or pronoun can be the subject of the verb.

> Le **professeur** parle.   **Il** parle.

Pronoun subjects (**les pronoms sujets**) are as follows:

> je, tu, il, elle, nous, vous, ils, elles

◇ **2.** A noun or pronoun can be a direct object (**objet direct**).

> Vous visitez **le musée?**   Vous **le** visitez?

The noun is a direct object because it follows the verb and receives the action of the verb — in a sense, it completes the verb's meaning.

> The pronoun direct object in French comes *before* the verb; in English it comes *after*.

> Je **le** visite.   *I visit it.*

Its forms are:

> me, te
> le, la, les (like the articles)
> nous, vous (like the subject pronouns)

◇ **3.** Indirect object (**l'objet indirect**). A noun is the indirect object when the preposition (**la préposition**) à (*to*) stands between the verb and the noun object.

> Je parle à **Jeanne.**

The forms of the indirect pronoun object (**le pronom objet indirect**) are identical to those of the direct object, except in the third persons singular and plural:

me, te, nous, vous	*to me, to you, to us, to you*
lui	*to him, to her*
leur	*to them*

This pronoun also comes *before* the verb.

> Il **me** parle.   Je **lui** montre la maison.

◇ **4.** The object of a preposition (**l'objet d'une préposition.**) A noun or a pronoun can be the object of a preposition: **de, chez, avec, sans.**

> Vous habitez **avec votre sœur?**   *Do you live **with your sister?***
> Vous habitez **avec elle?**   *Do you live **with her?***

The pronoun object of a preposition *follows* the verb and the preposition. It is called **pronom disjoint** or **pronom tonique;** its forms are as follows:

moi, toi	*me, you*
elle, nous, vous, elles	
(like the subject pronouns)	*her, us, you, them*
lui	*him*
eux	*them (masc. pl.)*

RELAX! Many students become confused by all the forms of the personal pronoun. Don't worry if you have forgotten some of them at the beginning of the year. You will have ample opportunity to learn and use all of them before you complete your course.

Other categories of pronouns

◇ **1.** Possessive pronouns (**les pronoms possessifs**) (Chap. 10)

> le mien (*mine*), la vôtre (*yours*), etc.

◇ **2.** Relative pronouns (**les pronoms relatifs**) (Chap. 16)

The two most common relative pronouns are **qui** and **que. Qui** is the subject form for people and things. **Que** is the direct object form.

> Voilà un livre **qui** paraît intéressant. *(sujet)*
> L'examen **que** vous voulez passer est bien difficile. *(objet direct)*

NOTE: **Qui** is followed immediately by a verb: **qui** paraît. A subject (noun or pronoun) stands between **que** and the verb: **que** vous **voulez**.

◇ **3.** Demonstrative pronouns (**les pronoms démonstratifs**) (Chap. 19)

celui-ci (*this one*), **celle-là** (*that one*)

Two very common and useful expressions are **c'est** . . . (*it is* . . .) and **ça** (*that*) (see p. 387).

◇ **4.** Interrogative pronouns (**les pronoms interrogatifs**) (Chap. 17)

qui (*who, whom*), **qu'est-ce qui** (*what*), **avec quoi** (*with what*), **lequel** (*which one*), etc.

◇ **5.** Indefinite pronouns (**les pronoms indéfinis**) (See p. 336–337.)

quelque chose (*something*), **chacun** (*everyone*)

Adverbs — les adverbes

An adverb usually modifies a verb; sometimes it modifies an adjective or another adverb. Here are six common short adverbs:

assez	*enough*	beaucoup	*much, many*
bien	*well*	plus	*more*
très	*very*	trop	*too, too much, too many*

A large group of adverbs ends in **-ment**, corresponding to *-ly* in English (see p. 130): **rapidement, complètement.**

Prepositions — les prépositions

A preposition accompanies a noun or an infinitive. Here are a few common prepositions.

à	*at, to, in*	Nous sommes **à** l'université.
avec	*with*	Il voyage **avec** sa mère.
chez	*at the house of*	Tu habites **chez** tes parents.
dans	*into, in*	Elle est **dans** la classe.
de	*from, of, about*	C'est la classe **de** français.
pour	*in order to, to*	Ils vont à la bibliothèque **pour** lire.

De is also used to express possession.

le livre **de** Marie	*Mary's book*

Choosing between **à** and **de** before an infinitive is difficult (see pp. 271, 272).

J'ai un exercice **à** écrire.	J'ai envie **de** dormir.

Verbs — les verbes

Unlike English, French verbs in their infinitive form are not preceded by a preposition:

to be **être**   *to go* **aller**

The endings of the infinitive identify the group the verb belongs to. French verbs are divided into two groups of regular verbs: the first (**le 1er groupe**) consists of verbs ending in -er (**parler, manger, danser**); the second (**le 2ème groupe**) includes verbs ending in -ir (**finir, choisir**), which possess the infix -iss in the plural (nous finissons, vous finissez, ils finissent). A third group includes all other verbs. A few of these verbs are regular; most are irregular verbs ending in -ir, -oir, -re (**dormir, pouvoir, mettre**).

A verb is conjugated (**la conjugaison**); that is, the ending (**la terminaison**) changes according to the subject.

je	parle	-e
tu	parles	-es
il	parle	-e

When using verbs, you have to worry about tense (**le temps**), the time of the verbal action. One speaks in the present (**le présent**), in the past (**le passé**), or in the future (**le futur**). In French the present tense is always a simple one-word form; the other tenses can be simple (**temps simple**) or compound (**temps composé**). **Le temps simple** means that the verb consists of one word: [je] **parle. Le temps composé** means that the verb is composed of two words: [j']**ai parlé.** The first is called an auxiliary verb (**l'auxiliaire**); it is either **être** (*to be*) or **avoir** (*to have*). The other word is the past participle (**le participe passé**).

Je **suis allée**.   J'ai vu.

Here are some facts you may remember about verbs from your first year:

◇ **1.** The present tense of the verb **être** (*to be*)

je **suis**	nous **sommes**
tu **es**	vous **êtes**
il, elle **est**	ils, elles **sont**

◇ **2.** The present tense of the verb **avoir** (*to have*)

j'**ai**	nous **avons**
tu **as**	vous **avez**
il, elle **a**	ils, elles **ont**

◇ **3.** The forms and endings of the present tense of first-group verbs (those like **parler**):

-e	je **parle**	-ons	nous **parlons**
-es	tu **parles**	-ez	vous **parlez**
-e	il, elle **parle**	-ent	ils, elles **parlent**

NOTE: **-e, -es, -ent** are silent; **-ons, -ez** occur in practically all French verbs.

◇ **4.** The present of the verb **aller** (*to go*):

je **vais**	nous **allons**
tu **vas**	vous **allez**
il **va**	ils **vont**

◇ **5. The past tense (le passé composé) of first-group verbs (Chap. 2)**

This tense is formed with the verb **avoir** + the past participle of the conjugated verb, which always ends in -é.

j'ai **parlé**	nous **avons mangé**
tu **as regardé**	vous **avez aimé**
il a **dîné**	ils **ont étudié**

NOTE:

- A few verbs are formed with the verbe **être** (see Chap. 2).

  Je **suis allé**   il **est arrivé**

- The other forms of participles (**les participes**) are studied in Chap. 22.

Reflexive verbs — **Les verbes pronominaux**

There are many of these verbs, and in the infinitive form, they are always preceded by the reflexive pronoun **se** or **s'** (Chap. 9).

se regarder   s'aimer

In conjugating reflexive verbs one has to remember to put *two* pronouns (the subject and the object) *before* the verb:

je me	tu te	il se	elle se
nous nous	vous vous	ils se	elles se

Je me lave.   *I wash myself.*

One important fact to remember about French reflexive verbs is that many of them do not have a reflexive meaning.

Il **se** regarde.	*He looks at himself.*
Nous **nous** aimons.	*We love each other.*

BUT:

Elle **se** promène.	*She takes a walk.*
Vous **vous dépêchez?**	*Are you hurrying?*

Passive voice — **le passif**

The passive verb is formed with the verb **être**, conjugated in different tenses, + the past participle (see p. 415).

This rule is explained on p. 200.	Cette règle **est expliquée** à la page 200.
The orchestra was conducted by a genius.	L'orchestre **a été dirigé** par un génie.

Mood — **le mode**

Mood is another important aspect of French verbs. Three moods are presented in this book — the indicative, the imperative, and the subjunctive. As in English, the mood most frequently used is the indicative. It implies facts (**les actions réelles**). The imperative is the mood used to give a command. The subjunctive, the third mood, is more frequently used in French than in English. It implies wishes, doubts; it also follows expressions of necessity (see Chap. 11).

Je **veux que** vous **sachiez** tous ces verbes.	*I **want** you **to know** all these verbs.*
Il **est possible qu'**il **pleuve.**	*It **is possible** that it **will rain.***
Il **faut que** vous **alliez** chez le docteur.	*You **must go** to the doctor.*

Positive statements, negative statements, questions

There are three ways to present facts:

◇ **1.** A positive statement (**une phrase affirmative ou énonciative**)

   Il fait beau.

◇ **2.** A negative statement (**une phrase négative**)

   Il ne fait pas beau.

◇ **3.** A question (**une phrase interrogative**)

   Est-ce qu'il fait beau?

Negation — **la négation**

Negation in French always consists of two words. **Ne** is usually the first; the second varies.

ne . . . pas	*not*
ne . . . plus	*no more, no longer*
ne . . . jamais	*never*
ne . . . personne	*nobody*
ne . . . rien	*nothing*

REMEMBER: The negative expression surrounds the verb (see Chap. 12).

Il **ne** fait **pas** beau.	Elle **ne** mange **rien.**

Interrogation — **l'interrogation**

The interrogative forms of verbs are not usually used in conversation, except for the simple tenses of common verbs:

Etes-vous . . .?	Avez-vous . . .?

In the past tenses or with negative forms or reflexive verbs, however, one usually forms a question in this manner:

◇ **1.** raising the voice at the end of a sentence.

Vous êtes allé à Paris.	Vous êtes allé à Paris?

◇ **2.** beginning the sentence with the expression **est-ce que.**

   Est-ce que vous êtes allé à Paris?

Other interrogative words

Other words that indicate interrogation (**les mots interrogatifs**) are divided into adjectives, pronouns, and adverbs. Here are the most common ones.

◇ **1.** The adjective **quel** (*which, what*) placed *before* a noun

   Quel adjectif?   **Quel** nom?

◇ **2.** The pronoun **qui** (*who*) always refers to people.

   Qui parle?   **Avec qui** sort-elle?

◇ **3.** The pronoun **qu'est-ce que** (*what*): **qu'est-ce que** + sujet + verbe

   Qu'est-ce que vous dites?   **Qu'est-ce que** vous faites?

◇ **4.** The adverbs **quand** (*when*), **où** (*where*), **comment** (*how*), **pourquoi** (*why*), **combien** (*how much*)

   Quand arrivent-ils?   **Pourquoi** pleurez-vous?

Indirect discourse — **le discours indirect**

Keep in mind the structure called indirect discourse (**le discours indirect**) (Chap. 18), which is reported dialogue: he says *that* . . . , I ask them *if* . . .

   Il dit **qu'**il est malade.   Je leur demande **si** le film est fini.

Conjunctions — **les conjonctions**

A conjunction can be of two types: coordinating and subordinating. Coordinating conjunctions connect words, phrases, or clauses. The principal coordinating conjunctions are **et** (*and*), **mais** (*but*), **ou** (*or*), **donc** (*so, therefore*).

   These conjunctions do not cause the subjunctive to be used in the sentence, although they may link two subjunctive verbs.

   Voulez-vous que nous attendions ou que nous retournions plus tard?

   In complex sentences (sentences which contain a principal clause and one or more dependent clauses), one uses conjunctions that subordinate. Subordinating conjunctions (**les conjonctions de subordination**) are easily recognizable because they can be grouped into this simple list:

   comme *as, since*   **quand** *when*   **si** *if*   **que** *that*

and any expressions including **que:**

   parce que *because*   **pendant que** *while*   **pour que** *in order that*

The subjunctive is used after many of these conjunctions.

   Elle lit **jusqu'à ce que** nous **arrivions.**

The last chapter of this book is devoted to the complex sentence (**la phrase complexe**) and the study of conjunctions, specifically, the use of the subjunctive with conjunctions and ways to avoid it.

Preposition or conjunction?

In English, some words (*before, until,* etc.) can function as prepositions or conjunctions. In French, however, a preposition and a conjunction are always different words.

> *before noon*   **avant** = preposition
> *before I came*   **avant que** = conjunction

A preposition is followed by a noun, a pronoun, or an infinitive.

> **pour l'art**   **pour lui**   **pour dormir**

A conjunction is followed by a conjugated verb, never by a noun or an infinitive alone.

> **pour que je dorme**

Level of language

Grammar usage is closely linked to the level of language. In this book you will find frequent references to:

◇ 1. literary language (**langue littéraire**), the refined and elegant French of good writers.

◇ 2. spoken language (**langue parlée**) contrasted with written language (**langue écrite**), expressions which are appropriate to speech but not to writing, or occasionally, the reverse: expressions used primarily in letters or themes.

◇ 3. common language (**langue courante**), the idiom of everyday speech. These expressions are the most important ones to lively, idiomatic usage.

◇ 4. familiar language (**langue familière**), expressions which are commonly used in speech, but in some cases are on the borderline of vulgarity.

Testing yourself

A test on the facts described in this chapter is provided in the *Cahier de travail et de laboratoire.*

Bon Courage et Bonne Chance!

Le présent et l'impératif

Vocabulaire

affaire (*f.*) business
allée (*f.*) aisle
aller à to fit, to be becoming
an (*m.*) year
ananas (*m.*) pineapple
s'approcher to come near
s'arrêter to stop
arriver to happen
ascenseur (*m.*) elevator
attraper to grab, to catch
avoir l'air to look
battre to beat, to flap
beurre (*m.*) butter
bonbon (*m.*) candy
bruit (*m.*) noise
caisse (*f.*) cash register
caissière (*f.*) cashier
se casser to break
chariot (*m.*) **métallique** supermarket shopping
  cart
chercher to look for, to get
chuchoter to whisper
cœur (*m.*) heart
crémerie (*f.*) dairy
crier to shout
croire to think
se décider to make up one's mind
se dépêcher to hurry
devant (*m.*) front
embêtant bothersome
embêter to bother, to nag
endroit (*m.*) place
essayer to try on
étiquette (*f.*) tag
éviter to avoid
faire des commissions to go shopping
faire la vaisselle to wash dishes
se faire voir to show oneself
fauteuil (*m.*) armchair

fesses (*f. pl.*) behind, seat
filet (*m.*) net, shopping bag
frigo, frigidaire (*m.*) refrigerator
gendarme (*m.*) policeman
grimper to climb
habillé dressed
jambe (*f.*) leg, leg of pants
large wide
longueur (*f.*) length
magasin (*m.*) store
marque (*f.*) brand
meilleur best
mettre to wear
se mettre à genoux to kneel
monde (*m.*) people
oublier to forget
plein full
pli (*m.*) crease, fold
poche (*f.*) pocket
rempli full
remplir to fill
se rendre compte to realize, to have an idea
rouleau (*m.*) roll
rue (*r.*) street
sauvé safe, saved
serrer to be tight
soldes (*m. pl.*) sale
sonnerie (*f.*) bell
souffler to blow, (*here*) to whisper
sucre (*m.*) sugar
tapis (*m.*) **roulant** conveyor belt
tirer to pull, to draw
trottoir (*m.*) sidewalk
usine (*f.*) factory
vérifier to check
vide empty
yaourt (*m.*) yoghurt
yeux (*m. pl.*) eyes

Vocabulaire supplémentaire

Le supermarché

fromage (*m.*) cheese
gâteaux (*m. pl.*) secs cookies
glace (*f.*) ice cream
jus (*m. pl.*) de fruits fruit juices
légumes (*m. pl.*) vegetables
vendeur (*m.*), vendeuse (*f.*) salesperson
viande (*f.*) meat
escalier (*m.*) staircase

escalier (*m.*) roulant escalator
étourdi scatterbrain, thoughtless
faire exprès to do something on purpose
oubli (*m.*) omission, oversight
se tromper to make a mistake
se tromper de... to get the wrong . . .
tee-shirt (*m.*) T-shirt
voler to rob
voleur (*m.*) thief

Divers

baskets (*m. pl.*) basketball sneakers
chaussures (*f. pl.*) shoes

Les gangsters du supermarché

Patrick Cauvin (1932–   ) est né à Marseille; il a été professeur de philosophie. Sous le nom de Claude Klotz (son véritable nom), il a commencé à écrire
des romans, des critiques de cinéma. Quand il a décidé d'écrire sous un autre
nom, ses livres sont devenus (*became*) très populaires. C'est un narrateur, qui
écrit ses romans comme des films. Certains de ses livres sont devenus des
films: *Monsieur Papa* et $E = mc^2$, *mon amour* (*A Little Romance*). Dans le
passage suivant, extrait de *Monsieur Papa,* Laurent, 10 ans, et son père
Franck vont au supermarché pour faire des commissions, et pour acheter un
jean pour Laurent.

— Il faut aller faire les commissions, il n'y a plus rien dans le
frigo.
Le supermarché est au bout de la rue. Peu de monde dans les
allées, quelques mémés° qui poussent des chariots métalliques: on   old ladies
5 en° prend un, je grimpe dessus. On remplit de spaghettis, de biftecks   of them
sous cellophane, une bouteille de Pschitt-orange,° quatre rouleaux de   orange soda
papier W.C.[1] et un liquide pour faire la vaisselle dans la joie.[2]
— Les yaourts, va chercher les yaourts.
Voilà les yaourts. J'attrape le paquet.
10 — Viens voir.

Extrait de Patrick Cauvin: *Monsieur Papa.* © Editions Jean-Claude Lattès.

[1] **papier W.C.** toilet paper. The initials W.C. are the abbreviation for water closet, or toilet.
[2] **dans la joie** joyfully (a reference to TV commercials)

Je m'approche. Dans une corbeille-filet,[3] c'est bourré° de jeans
en soldes. 100 pour cent coton avec une petite poche sur le devant.
Franck en sort un° et regarde l'étiquette.

— C'est marqué dix ans, dit-il, tu crois que ça te va?

15   Je dis oui mais c'est embêtant parce que s'ils sont trop larges je
ne les mettrai pas.°

— Ça° ferme dans cinq minutes, dit Franck, il faut te décider.
Essaye-les, il n'y a personne.

Alors ça, je déteste totalement.

20   — Allez, vas-y, dépêche-toi, personne ne te voit... Tu te décides,
ou non?

Zip, une jambe, deux jambes; vite, vite, la gauche d'abord, la
droite, rezip.[4] Ouf! sauvé![5]

— Fais-toi voir.°

25   Je me tortille° pour me rendre compte. Ça a l'air impeccable. Ça
serre bien sur les fesses comme les gars des groupes pop.[6] Franck se
met à genoux pour vérifier la longueur.

— Ça ne te serre pas trop?

— Impeccable.

30   — On prend?

— On prend.

Voilà l'affaire faite.°

Dans le magasin, il n'y a plus personne et la sonnerie retentit.°
— Bon Dieu,° dit Franck, on n'a pas pris de beurre. Cavale,° n'im-
35   porte quelle marque,° je t'attends à la caisse.

Je fonce° en direction de la crémerie.

— Prends du sucre, crie-t-il, du numéro quatre.[7]

Pendant que° je reviens, il ajoute un sac de patates et un ananas
dans le chariot; et on met tout sur le tapis roulant.

40   La caissière tape sur sa machine... et voilà le petit papier qui
sort: quarante-deux francs quatre-vingt dix. Evidemment Franck a
oublié le filet[8]...

Nous voilà sur le trottoir et ça me vient d'un coup.°

— Papa.

45   — Quoi?

Bon sang,° ce qui arrive est fantastique, comme dans les films...
— Eh bien, quoi? Parle, qu'est-ce qui t'arrive?°

Je chuchote.

— Mon pantalon.

Glossary (right margin):

= plein

en... pulls one out

je... I shall not wear them

It (the store)

Fais... Show yourself.

Je... I wriggle

Voilà... Business concluded.

la... the bell rings

Good God / Run

n'importe... any brand

Je... I dash

While

ça... I remember all at once

Good grief

qu'est ce... what's happening to you?

---

[3] **corbeille-filet** a large net container in which items (here, jeans) that are on sale are displayed

[4] **Zip... rezip.** This elliptical sentence describes the actions of the little boy taking off his pants in the store and quickly putting on the jeans his father wants him to try.

[5] **Ouf!** a sigh of relief; **sauvé!** He was saved because no one saw him undress.

[6] Laurent wants to wear tight pants, as pop singers do.

[7] **du numéro quatre** In France, sugar is sold in cartons of different-sized cubes.

[8] **le filet** In France, one carries one's purchases in a basket or a net bag.

50   Ses yeux se transforment en cercles.
  — Zut, souffle-t-il, on ne l'a pas payé!
  Ce qui m'embête le plus, c'est que j'ai encore les étiquettes sur les fesses.
  — On court?
55   J'avance avec l'impression d'avoir cent gendarmes derrière moi.
  — Petit trot, dit Franck.
  Je pars à fond de train° avec mon ananas, mon quart de beurre et les papiers.   **à fond... at full speed**
  La porte, l'ascenseur, mon cœur va se casser, le bouton, qua-
60 trième.⁹ Je fonce à la fenêtre et regarde par le côté pour éviter les rafales de mitraillettes.¹⁰ La rue est vide, on ne nous a pas suivis:° le crime paie.   **on... we have not been followed**
  Franck s'écroule° sur le fauteuil.   **collapses**
  — On est des gangsters, hein?
65   — Les meilleurs,° dit-il.   **The best**

---

⁹ **La porte... quatrième.** This elliptical sentence describes the race to the door of the apartment house and the elevator, pushing the button to go up to the 5th floor (the 4th floor in France), as well as Laurent's emotions: his heart is beating so wildly that it feels as though it might burst.

¹⁰ **les rafales de mitraillettes** Laurent imagines he is being followed by policemen: he ducks to avoid the burst of the machine gun bullets.

Questions

1. Pourquoi est-ce que Franck et Laurent doivent faire les commissions?
2. Comment est-ce que les jeans sont placés dans la corbeille-filet? Décrivez-les.
3. Pourquoi est-ce que Laurent déteste essayer le jean dans le supermarché?
4. Est-ce que le jean qu'il essaie lui va? Est-ce qu'il serre? A qui est-ce que Laurent aime ressembler?
5. Que font le père et le fils quand la sonnerie retentit?
6. Est-ce que la caissière compte tout ce qu'ils ont dans leur chariot?
7. Pourquoi est-ce qu'elle ne compte pas le jean?
8. Que font Laurent et son père quand ils se rendent compte qu'ils ont oublié de payer le jean? Décrivez leurs actions. A quoi ressemblent ces actions?
9. Quels sentiments est-ce qu'ils ressentent d'avoir volé le jean?
10. Est-ce que ce vol est intentionnel? Est-ce qu'ils sont vraiment coupables (*guilty*)?

Le présent

Formes

Le système verbal français se compose de trois groupes. Au présent des trois groupes, les terminaisons suivantes sont toujours les mêmes.

tu	-s	vous	-ez
nous	-ons	ils, elles	-ent

◇ **1.** Verbes du 1er groupe: **parler** (*to speak*)

Les verbes du 1er groupe ont l'infinitif en **-er.** Voici les terminaisons du présent et la conjugaison du verbe **parler:**

-e	je **parle**	-ons	nous **parlons**
-es	tu **parles**	-ez	vous **parlez**
-e	il, elle **parle**	-ent	ils, elles **parlent**

Voici d'autres verbes de ce groupe: **donner** (*to give*), **chanter** (*to sing*), **étudier** (*to study*), **continuer** (*to continue*).

REMARQUES:

■ Quatre-vingt dix pour cent (90%) des verbes français sont des verbes du 1er groupe. Ils sont tous réguliers sauf **aller.**

■ Les terminaisons **-e, -es, -ent** ne s'entendent pas. C'est la consonne ou la voyelle qui précède qu'on entend: donne, chante, étudie, continuent.

Exercices

A. Donnez le présent des verbes suivants à la personne indiquée.

1. arriver (tu)   2. décider (elle)   3. ajouter (il)
4. pousser (elles)   5. détester (nous)   6. penser (je)
7. grimper (je)   8. regarder (il)   9. chuchoter (elle)
10. fermer (ça)   11. aimer (je)   12. éviter (nous)
13. monter (tu)   14. serrer (vous)   15. tirer (elles)

B. Répétez les phrases suivantes avec le verbe au présent.

1. L'enfant (grimper) dans le chariot.   2. Les vendeuses (crier) dans le magasin.   3. Nous (attraper) quatre rouleaux de papier.   4. Est-ce que tu (éviter) les voitures dans la rue?   5. Vous (arriver) à la caisse pour payer.   6. Les petits garçons (voler) du chewing gum!   7. Elle (embêter) sa mère.   8. Vous (étudier) les qualités des différentes marques.   9. Je (chercher) les yaourts à la crémerie.   10. Le jeune père (pousser) son chariot métallique.   11. Les caissières (taper) sur les machines.   12. Laurent, tu (monter) dans l'ascenseur?   13. Nous (continuer) à courir dans la rue.   14. Papa (tomber) dans son fauteuil.

Dans certains verbes du premier groupe on remarque des changements orthographiques:

a. verbes en -cer: c → ç devant -ons

je commence	nous commençons[11]
tu commences	vous commencez
il, elle commence	ils, elles commencent

Voici quelques verbes de ce genre: **commencer** (*to begin*), **annoncer** (*to announce*), **prononcer** (*to pronounce*), **replacer** (*to replace*).

b. verbes en -ger: g → ge devant -ons

je voyage	nous voyageons[12]
tu voyages	vous voyagez
il voyage	ils voyagent

Voici d'autres verbes de ce genre: **changer** (*to change*), **déménager** (*to move*), **manger** (*to eat*), **nager** (*to swim*), **partager** (*to share*).

c. verbes en -yer: y → i devant -e, -es, -ent

je paie	MAIS:	nous payons
tu paies		vous payez
il, elle paie		
ils, elles paient		

Voici d'autres verbes de ce genre: **employer** (*to use*), **envoyer** (*to send*) **essayer** (*to try, to try on*), **nettoyer** (*to clean*).

---

[11] La lettre ç (cé cédille) + **ons** est prononcée / s / .
[12] Le groupe **geons** est prononcé / zõ / .

Exercice

Donnez le présent des verbes suivants à la personne indiquée.

1. commencer (il)   2. envoyer (tu)   3. changer (elle)   4. prononcer (nous)
5. essayer (je)   6. déménager (je)   7. (nettoyer) il   8. (nager) nous
9. employer (on)   10. (manger) vous

d. verbes en e + consonne **+** er: e → è devant -e, -es, -ent

j'achète	MAIS:	nous achetons
tu achètes		vous achetez
il, elle achète		
ils, elles achètent		

Voici d'autres verbes de ce genre: **élever** (*to raise*), **enlever** (*to remove*), **geler** (*to freeze*), **mener** (*to lead*), **emmener** (*to take along*), **peser** (*to weigh*).

e. verbes en é + consonne **+** er: é → è devant -e, -es, -ent

je préfère	MAIS:	nous préférons
tu préfères		vous préférez
il, elle préfère		
ils, elles, préfèrent		

Voici d'autres verbes de ce genre: **espérer** (*to hope*), **exagérer** (*to exaggerate*), **interpréter** (*to interpret*), **posséder** (*to possess*), **répéter** (*to repeat*), **suggérer** (*to suggest*).

f. verbes en e + l **+** er: l → ll devant -e, -es, -ent

j'appelle	MAIS:	nous appelons
tu appelles		vous appelez
il, elle appelle		
ils, elles appellent		

Voici d'autres verbes de ce genre: **épeler** (*to spell*), **rappeler** (*to call back, to recall*)

g. verbes en e + t **+** er: t → tt devant -e, -es, -ent

je jette	MAIS:	nous jetons
tu jettes		vous jetez
il, elle jette		
ils, elles, jettent		

Voici d'autres verbes de ce genre: **projeter** (*to plan*), **rejeter** (*to reject*).

Exercice

Donnez le présent des verbes suivants à la personne indiquée.

1. acheter (nous)   2. projeter (il)   3. peser (nous)
4. jeter (vous)   5. geler (on)   6. exagérer (tu)
7. préférer tu   8. emmener (elles)   9. répéter (je)
10. appeler (elle)   11. épeler (vous)   12. élever (ils)
13. espérer (je)

◇ **2.** Verbes du 2ème groupe: **finir** (*to finish*)

Les verbes du 2ème groupe ont leur infinitif en **-ir** and l'infixe **-iss** aux trois personnes du pluriel. Tous les verbes en **-ir** sont réguliers. Voici les terminaisons et la conjugaison du présent du verbe **finir**:

-is	je **finis**	-issons	nous **finissons**
-is	tu **finis**	-issez	vous **finissez**
-it	il, elle **finit**	-issent	ils, elles **finissent**

Ce groupe contient des verbes qui correspondent à:

a. des mots anglais: **finir, punir, démolir, fleurir, obéir, polir**

b. des verbes dérivés d'adjectifs:

blanchir (*to turn white, to bleach*)
brunir (*to turn brown, to tan*)
jaunir (*to turn yellow*)

rougir (*to turn red, to blush*)
pâlir (*to turn pale*)
vieillir (*to grow old*)

grandir (*to grow*)
grossir (*to gain weight*)
maigrir (*to lose weight*)

c. d'autres verbes comme **choisir** (*to choose*), **réfléchir** (*to reflect*), **remplir** (*to fill*).

Exercices

A. Donnez le présent des verbes suivants à la forme indiquée.

1. rougir (vous)   2. jaunir (ils)   3. réfléchir (je)
4. grossir (elle)   5. choisir (vous)   6. obéir (vous)
7. grandir (elles)   8. maigrir (nous)   9. vieillir (tu)
10. fleurir (elles)   11. blanchir (on)   12. démolir (on)

B. Complétez les groupes ou les phrases suivantes avec le verbe au présent.

1. Je (choisir) un jean bien serré.   2. Ils (remplir) le chariot de provisions.   3. La sonnerie (retentir).   4. Les enfants (obéir).   5. Nous (maigrir) parce que nous ne (manger) pas assez.
6. Tu (rougir) quand la caissière te (regarder).   7. Le voleur (pâlir) quand le gendarme (arrive).   8. Les jardins (fleurir).   9. Ils (jaunir) quand ils (attraper) la jaunisse (*jaundice*).
10. Vous (grossir) si vous (manger) des bonbons.   12. Les jeans (vieillir)?

◇ **3.** Verbes réguliers du 3ème groupe: **vendre** (*to sell*)

Le 3ème groupe contient un petit nombre de verbes réguliers. Leur infinitif est en **-dre**. Le **-d** (ou **-ds**) apparaît aux trois personnes du singulier et n'est pas prononcé. Le **-d** est prononcé aux trois personnes du pluriel. Voici les terminaisons et la conjugaison du présent de **vendre**:

-ds	je **vends**	-dons	nous **vendons**
-ds	tu **vends**	-dez	vous **vendez**
-d	il, elle **vend**	-dent	ils, elles **vendent**

Voici d'autres verbes de ce groupe: **entendre** (*to hear*), **confondre** (*to confuse*), **rendre** (*to give back*), **attendre** (*to wait*), **perdre** (*to lose*), **répondre** (*to answer*).

ATTENTION: **Prendre** est irrégulier. Voir sa conjugaison, p. 23.

Exercice

Donnez le présent des verbes suivants à la personne indiquée.

1. entendre (vous)
2. vendre (elles)
3. répondre (il)
4. perdre (je)
5. rendre (tu)
6. attendre (vous)
7. confondre (nous)
8. entendre (ils)
9. vendre (elle)

◇ **4.** Verbes irréguliers du 3ème groupe

Le 3ème groupe, c'est aussi tous les autres verbes de la langue française. Certains sont très irréguliers.

Leur infinitif peut être en **-ir** (sans **-iss**)   **dormir** (*to sleep*)
en **-oir**   **voir** (*to see*)
en **-re**   **mettre** (*to put, place*)

Voici les terminaisons et la conjugaison de **dormir**, **voir** et **mettre**:

-s	je **dors**	je **vois**	je **mets**
-s	tu **dors**	tu **vois**	tu **mets**
-t	il, elle **dort**	il, elle **voit**	il, elle **met**
-ons	nous **dormons**	nous **voyons**	nous **mettons**
-ez	vous **dormez**	vous **voyez**	vous **mettez**
-ent	ils, elle **dorment**	ils, elles **voient**	ils, elles **mettent**

REMARQUE: Il y a des exceptions à ces terminaisons (voir les tableaux des pages 22–23).

… JE LA VENDS. POUR MIEUX LA VENDRE: *TAC LA REPEINT!* MA VOITURE…

a. Les verbes en **-ir** (sans **-iss**). On peut dire que s'il y a un **r** dans la syllabe qui précède **-ir**, ce **r** se retrouve aux trois personnes du singulier, devant le **s** et le **t**.

dormir:	je dors	tu dors	il dort
sortir:	je sors	tu sors	il sort
mourir:	je meurs	tu meurs	il meurt

S'il y a un **n** dans l'infinitif, ce **n** se retrouve aux trois personnes du singulier, devant le **s** et le **t**:

sentir:	je sens	tu sens	il sent
mentir	je mens	tu mens	il ment

courir (*run*)	je cours	nous courons	
dormir (*sleep*)	je dors	nous dormons	
mourir (*die*)	je meurs	nous mourons	ils meurent
partir (*leave*)	je pars	nous partons	
sortir (*go out*)	je sors	nous sortons	
servir (*serve*)	je sers	nous servons	
mentir (*lie*)	je mens	nous mentons	
sentir (*feel, smell*)	je sens	nous sentons	
tenir (*hold, keep*)	je tiens	nous tenons	ils tiennent
venir (*come*)	je viens	nous venons	ils viennent

ATTENTION: On conjugue les verbes suivants avec les terminaisons du premier groupe: **ouvrir** (*to open*), **couvrir** (*to cover*), **offrir** (*to offer*), **souffrir** (*to suffer*).

j'**ouvre**	tu **offres**	il **souffre**
nous **couvrons**	vous **offrez**	ils **souffrent**

Exercices

A. Donnez le présent des verbes suivants à la personne indiquée.

1. mourir (vous)
2. mentir (nous)
3. sortir (vous)
4. partir (je)
5. dormir (tu)
6. ouvrir (tu)
7. retenir (tu)
8. sentir (ils)
9. souffrir (nous)
10. servir (elle)
11. tenir (elles)
12. offrir (je)
13. venir (il)
15. courir (il)
16. mourir (ils)

B. Complétez les phrases suivantes avec le verbe au présent.

1. Frank et Laurent (courir) dans la rue. 2. Ils (mourir) de peur parce qu'ils (regarder) un film d'horreur. 3. Tu (mentir) quand tu (répondre) au gendarme? 4. Les corbeilles (contenir) des jeans en solde. 5. Elles (sortir) du supermarché. 6. La caissière (offrir) un bonbon au petit garçon. 7. Une vendeuse (servir) les clients. 8. Les touristes (venir) voir le musée. 9. Nous (partir) en vacances demain. 10. Ils (dormir) dans un fauteuil! 11. Je (souffrir) quand le dentiste (approcher). 12. Papa (découvrir) un T-shirt impeccable.

JE VOYAGE
COMME JE VEUX
AVEC NOUVELLES FRONTIERES

LE VOL.
PARIS MONTREAL
ALLER RETOUR
A PARTIR DE 1890 F
13 RUE DE L'ECHELLE 75001 PARIS 42 61 80 90

NOUVELLES FRONTIERES

b. Les verbes en **-oir**

apercevoir (*see in the distance*)	j'aperçois	nous apercevons	il aperçoivent
devoir (*owe, must*)	je dois	nous devons	ils doivent
pouvoir (*be able*)	je peux	nous pouvons	ils peuvent
recevoir (*receive*)	je reçois	nous recevons	ils reçoivent
falloir (*be necessary*)	il faut		
pleuvoir (*rain*)	il pleut		
voir (*see*)	je vois	nous voyons	ils voient
savoir (*know*)	je sais	nous savons	ils savent
valoir (*be worth*)	il vaut		
vouloir (*want*)	je veux	nous voulons	ils veulent

REMARQUE: Les trois verbes **falloir** (*to be necessary*), **pleuvoir** (*to rain*), **valoir** (*to be worth*) s'emploient seulement à la 3ème personne du singulier.

Exercices

A. Donnez le présent des verbes suivants à la personne indiquée.

1. apercevoir (tu)
2. voir (vous)
3. revoir (je)
4. devoir (elle)
5. savoir (je)
6. pleuvoir (il)
7. pouvoir (vous)
8. vouloir (ils)
9. valoir (ça)
10. recevoir (nous)
11. concevoir (elles)
12. falloir (il)

B. Complétez les phrases suivantes au présent.

1. Dans le magasin, nous (voir) des soldes fantastiques.   2. Papa demande: Combien (valoir) ce polo?   3. Vous (devoir) quarante francs à la caissière.   4. Quand je (payer), je (recevoir) un papier.   5. (Savoir)-vous s'il (pleuvoir) dehors?   6. Nous (vouloir) essayer des chaussures.   7. Il (sortir) et il (apercevoir) les gendarmes sur le trottoir.   8. Les enfants (pouvoir) grimper dans les chariots.   9. Je ne (savoir) pas s'il (falloir) vérifier la longueur du pantalon. 10. Tu me (decevoir) quand tu (oublier) de faire tes devoirs.

c. Les verbes en -re

boire (*drink*)	je bois	nous buvons	ils boivent
conduire (*drive*)	je conduis	nous conduisons	
construire (*build*)	je construis	nous construisons	
connaître (*know*)	je connais	nous connaissons	
convaincre (*convince*)	je convaincs	nous convainquons	
croire (*believe*)	je crois	nous croyons	ils croient
dire (*say*)	je dis	nous disons	vous dites	ils disent
écrire (*write*)	j'écris	nous écrivons	
faire (*make*)	je fais	nous faisons	vous faites	ils font
lire (*read*)	je lis	nous lisons	
mettre (*put*)	je mets	nous mettons	
plaire (*please*)	il plaît		
prendre (*take*)	je prends	nous prenons	ils prennent
rire (*laugh*)	je ris	nous rions	
vivre (*live*)	je vis	nous vivons	

Exercices

A. Donnez le présent des verbes suivants à la personne indiquée.

1. vivre (ils)
2. conduire (tu)
3. convaincre (nous)
4. connaître (tu)
5. lire (ils)
6. prendre (vous)
7. boire (vous)
8. croire (vous)
9. écrire (ils)
10. suivre (je)
11. dire (vous)
12. construire (vous)
13. faire (vous)
14. rire (elle)
15. plaire (ça)

B. Complétez les phrases suivantes au présent.

1. Laurent (boire) du Pschitt-Orange.   2. Franck et son fils (faire) les commissions.   3. Tu (croire) qu'ils (oublier) de payer le jean?   4. Mes amis (vivre) dans un quartier très tranquille.   5. Elle (comprendre) l'explication de la vendeuse.   6. Je (rire) de voir le petit garçon qui (courir) dans les allées.   7. Elle (convaincre) son père d'acheter des chaussures à la mode.   8. Vous (faire) les provisions le dimanche?   9. Nous (mettre) les fruits dans le frigo.   10. Tu (lire) l'étiquette pour savoir le prix du T-shirt.   11. Les Français (conduire) vite dans les rues de Paris!   12. (Connaître)-vous ce supermarché moderne?   13. J'(écrire) toujours une liste de commissions et je l'(oublier).   14. Ce jean me (plaire) beaucoup. 15. Qu'est-ce que vous (dire)?

◇ **5. Avoir / être**

Voici les deux verbes irréguliers les plus importants:

avoir		être	
j'**ai**	nous **avons**	je **suis**	nous **sommes**
tu **as**	vous **avez**	tu **es**	vous **êtes**
il, elle **a**	ils, elles **ont**	il, elle **est**	ils, elles **sont**

La négation du verbe au présent

En français, on emploie deux mots **ne . . . pas** qui entourent le verbe.
Voici la formule:

> sujet + $\dfrac{\text{ne}}{\text{n'}}$ + verbe + **pas** + complément

Nous **ne** faisons **pas** les commissions.   Vous **n'**achetez **pas** ce jean.

Exercice

Mettez les phrases suivantes au présent à la forme négative.

1. La caissière (vérifier) le prix du pull.   2. Ce pantalon (serrer) sur les fesses.   3. Vous (arriver) au supermarché à la fermeture (*closing time*).   4. Elles (voler) tous leurs vêtements!
5. Tu (avoir) l'air bien habillé!   6. Ces chaussures me (aller).   7. Nous (remplir) le chariot de jus de fruits.   8. Elle (essayer) de trouver l'ascenseur.   9. Je (prendre) l'escalier roulant.

◇ **6. Les verbes pronominaux**

Les verbes pronominaux se composent surtout de verbes du 1er groupe et de verbes irréguliers. Voici la conjugaison de deux de ces verbes.

se promener (*to take a walk*)		s'amuser (*to have fun*)	
je **me promène**	nous **nous promenons**	je **m'amuse**	nous **nous amusons**
tu **te promènes**	vous **vous promenez**	tu **t'amuses**	vous **vous amusez**
il, elle **se promène**	ils, elles **se promènent**	il, elle **s'amuse**	ils, elles **s'amusent**

a. Voici d'autres verbes pronominaux communs du 1er groupe: **se décider** (*to make up one's mind*), **se dépêcher** (*to hurry*), **s'appeler** (*to be called, to be named*), **se rencontrer** (*to meet*), **s'aimer** (*to love oneself,* or *one another*).

b. Voici un verbe pronominal du 2ème groupe: **s'évanouir** (*to faint*).

c. Voici des verbes pronominaux du 3ème groupe irréguliers: **se servir** (*to use*), **se mettre à** (*to start*), **se souvenir** (*to remember*), **s'endormir** (*to fall asleep*).

d. A la forme négative, on place **ne** entre le pronom sujet et le deuxième pronom (voir p. 186) et **pas** après le verbe.

Je **ne** me promène **pas**   Nous **ne** nous amusons **pas**.

Voir le chapitre sur les verbes pronominaux (p. 181).

Exercice

Donnez le présent des verbes suivants à la personne indiquée.

1. se dépêcher (vous)   2. se mettre (elle)   3. se souvenir (tu)
4. se servir (on)   5. s'amuser (on)   6. se mettre à genoux (il)
7. se décider (elle)   8. se rendre compte (vous) 9. s'appeler (ils)
10. s'endormir (elles)   11. se rencontrer (vous)   12. s'arrêter (tu)
13. s'aimer (nous)   14. se promener (elle)   15. se souvenir (nous)

L'interrogation

En français, on emploie **est-ce que** devant le verbe pour poser une question; voici la formule:

> **Est-ce que**
> **Est-ce qu'** + sujet + verbe

Est-ce que vous aimez le yaourt?   **Est-ce qu'**elle a une poche pratique?

Exercice

Complétez les phrases suivantes à la forme interrogative avec **est-ce que**.

1. Laurent (se déshabiller) dans le magasin pour essayer le jean.   2. Un gendarme (mettre) son uniforme pour aller au supermarché.   3. Vous (choisir) du sucre du numéro 4.   4. Tu (croire) que Franck (faire exprès) de ne pas payer le jean.   5. Laurent et Franck (sortir) calmement du supermarché.   6. Il y (avoir) beaucoup de monde dans le magasin à cinq heures.   7. Vous (remplir) vos poches de bonbons quand vous (faire) les commissions.   8. On (prendre) l'ascenseur quand on (avoir) beaucoup de paquets.   9. Vous (mettre) les bananes au frigo.   10. Elles (devenir) noires.

Voici des mots interrogatifs communs:

comment	how	**combien**	how much
où	where	**pourquoi**	why
quand	when	**à quelle heure**	at what time

Combien coûte ce jean?   **Où** sont les gâteaux secs?

◇ **1.** Avec ces mots interrogatifs, on utilise la forme interrogative du verbe avec **est-ce-que**.

Combien est-ce que ces chaussures coûtent?   **Quand est-ce qu'**il sort du magasin?

◇ **2.** On utilise la forme interrogative, inversion simple[13] — verbe + nom sujet — avec tous ces mots interrogatifs, excepté **pourquoi**, qui doit avoir la forme avec **est-ce-que**.

Combien coûtent ces chaussures?
Quand ferme le magasin?   MAIS: **Pourquoi est-ce que** Laurent court?

---

[13] Voir Chapitre 17 pour les détails de ces constructions.

Exercice

Faites des questions et des réponses avec un mot interrogatif et le vocabulaire suggéré.

> Modèle: Où / acheter / -vous / du beurre? (au supermarché)
> Où **achetez-vous** du beurre?
> *J'achète du beurre au supermarché.*

1. Comment / aller / vous? (Bien)
2. Où / être / les jeans / en soldes? (dans la corbeille)
3. Pourquoi / est-ce que / Franck / se mettre à genoux?
4. Combien / devoir / -il payer? (43 francs)
5. A / quelle heure / fermer / les magasins / dans votre ville? (à sept heures)
6. Quand / faire / -vous les commissions? (le samedi)
7. Quand / entendre / -elle / la sonnerie? (à la fermeture du magasin)
8. Combien / d'ananas / choisir / -ils? (un)
9. Où / poser / -ils les provisions? (sur le tapis roulant)
10. Comment / être habillés / les gendarmes? (avec un uniforme)

Emplois

En anglais, il y a trois formes du présent: le *regular present* (I *study* French.), le *present progressive* (We *are explaining* the grammar lesson.) et le *emphatic present* (We *do love* French grammar.) En français, il y a seulement un présent: J'**étudie** le français. Nous **expliquons** la leçon de grammaire. Nous **aimons** la grammaire française.

Comme en anglais, on emploie le présent en français:

◇ **1.** pour exprimer une vérité générale.

> La grammaire française **est** passionnante.

◇ **2.** pour exprimer une habitude.

> Tous les jours nous **faisons** de la grammaire avec joie!

REMARQUE: Souvent, en anglais, c'est le futur qui exprime l'habitude.

*Often, on Sundays, he **will stay** in bed all day and read a book.*   Souvent, le dimanche, il **reste** au lit toute la journée et lit un livre.

◇ **3.** pour présenter une action qui a lieu au moment où on parle.

> En ce moment nous **expliquons** la leçon de grammaire.

◇ **4.** pour exprimer un futur proche.

> Nous **sortons** ce soir.   Ils **arrivent** demain.   Elle **part** cet après-midi.

Exercice

A. Décrivez trois habitudes quotidiennes: Tous les jours je ...
B. Ecrivez trois vérités générales: Les Français mangent beaucoup de pain ...

C. Décrivez trois actions actuelles. Qu'est-ce que vous faites en ce moment?
D. Décrivez trois activités que vous allez faire demain.
E. Utilisez trois verbes pour décrire ce que vous faites dans la caféteria.

L'impératif

Formes

Répète!	Finis!	Prends!
Répétez!	Finissez!	Prenez!
Répétons!	Finissons!	Prenons!

◇ **1.** On conjugue l'impératif comme le présent, mais le sujet (**tu, vous, nous**) n'est pas exprimé. Au singulier (**tu**), la forme est la même que la 1ère personne du présent (**je**), sans pronom sujet.

Je répète: **Répète!**   Je finis: **Finis!**   Je prends: **Prends!**

◇ **2.** Au singulier forme polie (**vous**) et au pluriel (**vous**), l'impératif est comme la 2ème personne du pluriel, sans pronom sujet.

Vous **répétez: Répétez!**   Vous **finissez: Finissez!**

◇ **3.** A la première personne du pluriel (**nous**), la forme de l'impératif est la même que la première personne du pluriel du présent, sans pronom sujet.

Nous répétons: **Répétons.** (*Let us repeat.*)   Nous finissons: **Finissons!** (*Let us finish!*)

◇ **4.** La négation **ne . . . pas** entoure le verbe à l'impératif.

N'écrivez **pas!**   Ne répète **pas!**

◇ **5.** A l'impératif du verbe pronominal, on emploie un pronom après le verbe (voir p. 186).

Regarde-**toi!**   Souvenez-**vous!**   Dépêchons-**nous!**

Look at yourself.   *Remember!*   *Let us hurry!*

A la forme négative, le pronom précède le verbe.

Ne te perds **pas!**   **Ne vous** dépêchez **pas!**   **Ne nous** fâchons **pas!**

Don't get lost!   *Do not hurry!*   *Let's not get angry!*

◇ **6.** Impératifs irréguliers

aller	Va!	Allons!	Allez!
avoir	Aie!	Ayons!	Ayez!
être	Sois!	Soyons!	Soyez!
savoir	Sache!	Sachons!	Sachez!
vouloir			Veuillez!

N'**ayez** pas peur!   **Soyez** patiente!   **Sachez** que je ne plaisante pas!

Exercice

Donnez l'impératif des verbes suivants aux trois formes.

1. Faire la guerre. (*nég.*)	2. Ecrire à l'administration.	3. Réfléchir à ce problème.
4. Dire la vérité.	5. Se mettre à genoux.	6. Prendre du sel.
7. Boire entre les repas. (*nég.*)	8. Se détendre.	9. Acheter du beurre.
10. Aller au marché.	11. Se dépêcher.	12. Se décider vite.

Emplois

◇ **1.** L'impératif sert

    a. à donner un ordre direct: **Sortez!**

    b. à exprimer une défense: **Ne fumez plus!**

    c. à présenter une suggestion: **Allons au cinéma.**

REMARQUES: On a deux possibilités en français pour dire *Let's go.*

■ On a l'impératif du verbe **aller,** à la forme **nous,** si on invite plusieurs personnes à participer à une action ensemble.

    Allons au cinéma.

■ On emploie le verbe **laisser** à l'impératif, 2ème personne, avec l'infinitif du verbe **aller,** si on exprime une requête, une demande de permission.

    Laissez-nous aller au cinéma.

◇ **2.** Les impératifs suivants sont employés comme interjections: **Tiens, Allons, Voyons.**

    a. Tiens indique l'étonnement.

      Tiens, il est déjà midi!   *Hey, it's already noon!*

    b. Allons, Voyons expriment une exhortation.

      Allons, ne vous découragez pas.   *Come on, don't get discouraged.*
      Voyons, allez un peu plus vite!   *Come on, hurry up!*

    c. Allons-y! veut dire *Let's go! Let's get started!*

◇ **3.** L'impératif de **vouloir** est surtout employé dans la formule écrite: **Veuillez agréer l'assurance de ma considération distinguée.** En anglais on traduit cette formule par *Sincerely yours.*

Exercice

A. Que dit le professur à ses élèves quand il entre dans la classe?

    Modèle: Asseyez-vous . . .

1. ouvrir son livre (*négatif*)   2. écrire (*négatif*)   3. commencer
4. faire des exercices   5. lire   6. aller au tableau
7. rêver (*négatif*)   8. écouter bien

B. Qu'est-ce que vous dites à vos amis un dimanche? Suggérez des activités pour vous amuser.

    Modèle: Allons au parc . . .

1. se promener dans la campagne   2. visiter un musée   3. boire un verre
4. faire un pique-nique   5. jouer au foot   6. dormir
7. rester à la maison (*négatif*)   8. rentrer tard (*négatif*)

C. Franck est impatient. Qu'est-ce qu'il dit à Laurent?

1. essayer les baskets   2. courir dans les allées (*négatif*)
3. grimper sur le chariot (*négatif*)   4. faire tout ce bruit (*négatif*)
5. se faire voir   6. oublier (*négatif*) les patates
7. prendre du sucre   8. s'arrêter

Formules à retenir

◇ **1. depuis** + le présent

On emploie le présent avec **depuis** et une expression de temps pour dire qu'une action a commencé dans le passé et continue encore dans le présent au moment où on parle.

Il est à l'hôpital **depuis** lundi.
Anne attend l'autobus **depuis** une heure.

*He has been in the hospital **since** Monday.*
*Ann has been waiting for the bus **for** an hour.*

La formule est:

> présent + **depuis** + expression de temps

Depuis a deux sens (*meanings*):

> *since* + date
> *for* + length of time

La traduction en anglais est *has / have been*. En français, le verbe est au présent.

On peut aussi employer les expressions suivantes pour indiquer *for + length of time.*

Il y a une heure qu'Anne attend l'autobus.
Voilà une heure qu'Anne attend l'autobus.
Ça fait une heure qu'Anne attend l'autobus.

*Ann has been waiting for the bus **for one hour.***

Les questions qui correspondent à ces réponses ont deux formes. Si on veut connaître *la date précise,* on dit:

Depuis quand est-il à l'hôpital?
Depuis lundi.

How long has he been in the hospital?
Since Monday.

Si on veut connaître *la durée,* on dit:

Depuis combien de temps attend-elle?
Depuis une heure.

How long has she been waiting?
For an hour.

Exercice

Avec le vocabulaire suggéré, faites une question avec **Depuis quand** ou avec **Depuis combien de temps.** Puis (*then*) donnez la réponse à la question.

1. Elle (suivre) des cours de danse.   (trois ans)
2. Nous (jouer) au tennis.   (dix heures du matin)
3. Tu (chercher) ton pull vert.   (trois jours)
4. Elles (dormir).   (dix minutes)
5. Vous (travailler) à cette banque.   (lundi)
6. Il (prend) du sucre No. 4?   (toujours)

7. Elle (mettre) des chaussures si élégantes.   (l'âge de 12 ans)
8. Tu (fumer) des cigarettes.   (la semaine dernière)
9. Elle (manger) des escargots.   (son voyage en France)
10. Vous (s'amuser).   (une heure)

◇ **2. être en train de**

La forme anglaise *I am writing* (*present progressive form*) se traduit par le présent: **j'écris.** Pour insister sur la durée présente, on dit: **Je suis en train d'écrire.** On conjugue le verbe **être,** on ajoute **en train de** + l'infinitif du verbe en question.

Exercices

A. Répétez les verbes suivants (1) au présent et (2) avec **être en train de.**

Modèle: travaillez (vous)?
*Vous travaillez? Vous **êtes en train de** travailler?*

1. lire (je)
2. manger (nous)
3. dormir (elle)
4. pleuvoir (il)
5. construire une maison (vous)
6. faire les commissions (Laurent et son père)

B. Répétez les phrases suivantes de deux manières.

Modèle: *Franck **is repairing** his car.*
Franck **répare** sa voiture.
Franck **est en train de** réparer sa voiture.

1. She is taking a walk.   2. You are writing a book?   3. They are preparing dinner.   4. We are watching TV.   5. He is checking the tag.

◇ **3. aller / s'en aller**

Voici la conjugaison de ces deux verbes:

je **vais**	nous **allons**	je **m'en vais**	nous **nous en allons**
tu **vas**	vous **allez**	tu **t'en vas**	vous **vous en allez**
il, elle **va**	ils, elles **vont**	il, elle **s'en va**	ils, elles **s'en vont**

a. On emploie **aller** avec le sens de *to go.*

Vous **allez** au marché ce matin?

b. On emploie **aller** avec le sens de *to fit.*

Ce T-shirt **va** bien à ce garçon.

c. On emploie **aller** avec l'infinitif d'un autre verbe pour exprimer un futur proche (*to be going to*).

Tu **vas faire** des commissions dimanche?

    d. Aller + aller est fréquent.

        Je **vais aller** en Europe cet été.

    e. On emploie **s'en aller** pour dire *to leave, to go away.*

        Ils préparent leur voyage. Ils **s'en vont** samedi.

Exercice

Mettez la forme correcte du verbe **aller** ou **s'en aller.**

1. Elle ____ au marché pour acheter des fruits.
2. Tu ____ essayer des pulls au magasin?
3. Nous ____. Ce film n'est pas intéressant.
4. Je ____ vérifier le prix du sucre, et du jus de fruit.
5. Vous ____ déjà? Vous ne vous amusez pas?
6. Elles ____ faire un voyage en Afrique?
7. Il ____ conduire sa voiture au garage.
8. Les gendarmes ____ arrêter le voleur.
9. Le voleur ____ en prison.
10. Ces chaussures sont trop petites. Elles ne vous ____ pas.

◇ **4. on**

    a. On remplace une personne indéfinie et signifie *one.*

        Laurent dit: Je ne peux pas me déshabiller. **On** me regarde.

    b. On peut aussi remplace **vous, ils, les gens** (*you, they, people*).

        En France, **on** boit du Pschitt-orange.

    c. Dans la conversation familière, **on** a le sens de **nous.**

        Papa et moi, **on** fait les commissions le samedi.

    d. Le verbe est toujours à la troisième personne du singulier, mais on accorde l'adjectif et le participe passé avec la personne ou les personnes que **on** représente.

        Suzanne dit: **On** est bien content**es** (**elle et moi**).
        Hier, **on** est all**és** au supermarché (**mon papa et moi**).

    e. Souvent, **on** est utilisé à la place d'un passif (voir p. 416).

        On vend des yaourts à la crémerie (des yaourts sont vendus).

Exercice

Remplacez les expressions en italique par **on.** Attention: changez aussi la forme du verbe.

1. En France, *les gens prennent* le repas principal à midi.   2. Maman et moi, *nous préparons* le dîner.   3. *Une personne chuchote* dans un musée: *elle ne fait pas* beaucoup de bruit.   4. A cette école, *les enfants travaillent* beaucoup.   5. En Amérique, *les gens boivent* beaucoup de lait.   6. *Nous courons? Nous sommes* des gangsters?   7. *Vous achetez* des baskets au supermarché?   8. *Les gens ne mangent pas* les escargots comme dessert.

Exercices

A. Vous voilà au supermarché. Qu'est-ce que vous faites?

1. Vous (attraper) un chariot. 2. Vous (le remplir) de spaghettis, de beurre, etc. 3. Vous (choisir) des produits diététiques. 4. Vous (chercher) les bonnes affaires. 5. Vous (faire attention) à la qualité des produits. 6. Vous (prendre, *négatif*) de viande sous cellophane. 7. Vous (acheter) beaucoup de fruits. 8. Vous (oublier, *négatif*) de payer.

B. A chaque pays ses habitudes. Dites ce qu'on fait en général dans chaque pays.

1. En France on — dépenser beaucoup d'argent pour manger / aimer le pain, le beurre, le fromage / boire du vin aux repas / conduire vite / prendre des vacances en août / ne pas respecter le code de la route (*driving rules*)
2. En Amérique on — préférer les hamburgers / prendre du lait aux repas / aimer les escargots (*négatif*) / être libre après cinq heures du soir / avoir des machines pour nettoyer la maison / faire beaucoup de sport à l'école / s'habiller (*négatif*) élégamment le dimanche
3. En Angleterre — on prend le thé plusieurs fois par jour / pouvoir sortir sans parapluie (*négatif*) / adorer la reine et la famille royale / faire (*négatif*) très bien la cuisine / aimer beaucoup les animaux / s'amuser à écouter la musique rock

C. Chaque personne a sa spécialité. Dites ce que font les personnes suivantes.

> Modèle: le professeur? (enseigner / expliquer les leçons / corriger les devoirs)
> Il enseigne; il explique les leçons; il corrige les devoirs.

1. La caissière? (compter / additionner / taper sur sa machine)
2. Le père de Laurent? (faire les commissions / laver la vaisselle / aller au supermarché / payer le jean)
3. Les gangsters? (avoir des mitraillettes / voler les banques / finir par aller en prison / s'ennuyer)
4. Les gendarmes? (poursuivre les voleurs / protéger les gens / ne pas rire souvent.)
5. Le chauffeur de l'autobus? (respecter le code / conduire bien / faire attention aux bicyclettes)
6. Le médecin? (ausculter les malades / écouter leurs problèmes / prescrire des traitements)
7. Le savant? (faire de la recherche / étudier la microbiologie / découvrir des microbes bizarres)
8. Et vous, dans votre classe, qu'est-ce que vous faites?

D. Une mère embêtante (*annoying*). Que dit une mère protectrice et embêtante à son fils adolescent?

> Modèle: se lever: **Lève-toi!**

se dépêcher / se laver / prendre (*négatif*) ce jean, il est trop serré / faire tous tes devoirs / oublier (*négatif*) tes livres / manger des épinards / boire beaucoup de lait / acheter (*négatif*) ces magazines idiots / baisser le volume de ta radio / apprendre tes leçons

Maintenant, à votre tour, continuez sur le même modèle.

Traduction

1. Nancy has been an *au pair*[14] girl (*une jeune fille au pair*) in a French family since October. 2. For three months she has been studying French and learning French customs (**les coutumes**). 3. She prepares dinner for the children, washes the dishes, and she goes shopping with the mother. 4. She notices (**remarquer**) that many things are similar (**semblable**) in the U.S. and in France. 5. French people buy spaghetti, steak wrapped in cellophane, frozen vegetables, bags of potatoes. 6. Nancy notices these (**ces**) differences: French people do not like ketchup; ground beef is not very popular. 7. But the French do not forget [the] cheese, [the] yoghurt, [the] fresh baguette. 8. Nancy loves the small specialized shops like the pastry shop (**la pâtisserie**) and the outdoor markets (**les marchés en plein air**). 9. She thinks she is becoming French.

Conversations

1. Les différents types de magasins.

   Quels sont les différent types de magasins et qu'est-ce qu'on achète dans ces magasins?

   ▪ **la boulangerie** (*bakery*): le pain, les brioches (*French breakfast rolls*)

   ▪ **la boucherie** (*butchershop*): la viande

   ▪ **la crémerie** (*dairy*): le lait, les œufs (*eggs*), le fromage

   ▪ **l'épicerie** (*grocery store*): **l'alimentation** (*groceries*),[15] le café, le sucre, les boîtes de conserve (*canned goods*), le sel, le poivre, les légumes, les fruits

   ▪ **la poissonnerie** (*fish store*): le poisson, les huitres (*oysters*), les moules (*mussels*), les crevettes (*shrimp*)

   ▪ **la charcuterie** (*deli*): les plats préparés, le pâté, les saucisses

   ▪ **la pâtisserie** (*pastry shop*): les gâteaux, les éclairs

2. Quels sont les différents types de marché? Pouvez-vous décrire chaque marché et dire où il se trouve?

   le libre service (*small, self-service store*), le supermarché, hypermarché (*huge store where food, clothing, and furniture are sold*), la grande surface (*shopping center*), le centre commercial (*shopping center*), le marché en plein air

Rédaction

Quand il s'aperçoit qu'il n'a pas payé le jean, Franck retourne dans le magasin et parle à la caissière; mais la caissière est pressée parce que le magasin va fermer. Elle refuse de recompter. Racontez la scène.

---

[14] working without salary in exchange for room and board
[15] In France, grocery stores are also called **alimentation**, short for **magasin d'alimentation**.

Chapitre 2

Le passé composé

Vocabulaire

allumer to light
amour (*m.*) love
s'asseoir to sit down
bois (*m.*) wood
caresser to pet
chapeau (*m.*) hat
cuiller ou **cuillère** (*f.*) spoon
encore still
esclave (*m.* or *f.*) slave
fumée (*f.*) smoke
se jeter to throw oneself
lait (*m.*) milk
se lever to stand up, to get up
main (*f.*) hand
manteau (*m.*) **de pluie** raincoat
marché (*m.*) **aux fleurs** flower market
marché (*m.*) **aux oiseaux** market where birds
  are sold

mordre to bite
parole (*f.*) word
pleurer to cry
pleuvoir to rain
quelqu'un somebody
renverser to knock down, to spill
reposer to put down
rivière (*f.*) stream
route (*f.*) road
sucre (*m.*) sugar
tasse (*f.*) cup
tête (*f.*) head
tourner to turn
traverser to cross
trouver to find

Vocabulaire supplémentaire

Le couvert (place setting)

assiette (*f.*) plate
couteau (*m.*) knife
fourchette (*f.*) fork
mettre le couvert to set the table
nappe (*f.*) tablecloth
serviette (*f.*) napkin
verre (*m.*) glass

Le mauvais temps

bottes (*f. pl*) boots
brouillard fog
se couvrir to become overcast
éclair (*m.*) lightning
s'éclaircir to clear up
glace (*f.*) ice
il fait du brouillard it is foggy
il fait du vent it is windy
il neige it snows, it is snowing
météo (*f.*) weather news

neige (*f.*) snow
nuages (*m. pl.*) clouds
nuageux, couvert cloudy
parapluie (*m.*) umbrella
tempête (*f.*) storm
tonnerre (*m.*) thunder
vent (*m.*) wind

Le marché aux oiseaux

cage (*f.*) cage
canari (*m.*) canary
perruche (*f.*) parakeet
s'envoler to fly away

Divers

caressant loving
couler to flow
rester to stay
se reposer to rest
se suicider to commit suicide

Déjeuner du matin

Jacques Prévert (1900–1977) est le poète contemporain le plus populaire de France. Ses poèmes sont quelquefois tristes, et même poignants. Il s'indigne contre la guerre, la misère, les enfants malheureux, les animaux enfermés, les amoureux séparés. Parfois, ses poèmes sont gais et humoristiques: il chante le soleil, la joie de vivre, les fleurs, l'amour. Plusieurs de ses poèmes ont été mis en chansons. Prévert a aussi écrit des scénarios de films.

Il a mis le café
Dans la tasse
Il a mis le lait
Dans la tasse de café
5 Il a mis le sucre
Dans le café au lait
Avec la petite cuiller
Il a tourné
Il a bu le café au lait
10 Et il a reposé la tasse
Sans me parler
Il a allumé
Une cigarette
Il a fait des ronds°   a fait... made smoke rings
15 Avec la fumée
Il a mis les cendres°   ashes
Dans le cendrier°   ashtray
Sans me parler
Sans me regarder

20 Il s'est levé
Il a mis
Son chapeau sur sa tête
Il a mis
Son manteau de pluie
25 Parce qu'il pleuvait
Et il est parti
Sous la pluie
Sans une parole
Sans me regarder
30 Et moi j'ai pris
Ma tête dans ma main
Et j'ai pleuré.

Questions

1. Combien de personnes est-ce qu'il y a dans cette scène? Qui sont ces personnes?
2. Quels gestes fait le personnage «il»? Comment sont ces gestes? Lents (*slow*) ou rapides? Nerveux ou détendus (*relaxed*)?
3. Quelle est la signification de la répétition de «sans me parler», «sans une parole»?
4. Qu'est-ce que l'action de «faire des ronds avec la fumée» indique?
5. Pourquoi est-ce que toutes les actions de «il» sont importantes?
6. Pourquoi est-ce que la personne qui dit «je» pleure?
7. Donnez un autre titre à ce poème.

Extrait de Jacques Prévert: *Paroles.* © Editions Gallimard.

Pour toi, mon amour

Je suis allé au marché aux oiseaux
    Et j'ai acheté des oiseaux
        Pour toi
      Mon amour.

5 Je suis allé au marché aux fleurs
    Et j'ai acheté des fleurs
        Pour toi
      Mon amour.

Je suis allé au marché à la ferraille°
10   Et j'ai acheté des chaînes
    De lourdes chaînes
        Pour toi
      Mon amour

Et puis je suis allé au marché aux esclaves
15   Et je t'ai cherchée
    Mais je ne t'ai pas trouvée
      Mon amour.

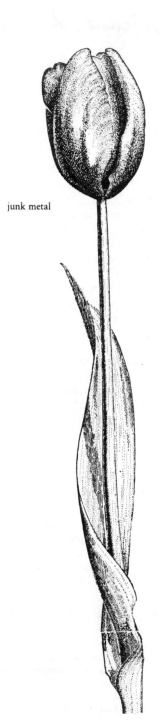

junk metal

Questions

1. Est-ce un homme ou une femme qui parle? Comment le savez-vous?
2. Qu'est-ce que cette personne a acheté aux deux premiers marchés?
3. Est-ce que c'est normal d'acheter ces choses? Pourquoi?
4. Qu'est-ce que cette personne a acheté au troisième marché? Est-ce que cet achat est normal? Justifiez votre réponse.
5. Qu'est-ce que cette personne a cherché au quatrième marché? Est-ce qu'elle a trouvé ce qu'elle cherchait?
6. Quelle est votre conclusion? Que veut faire cet homme avec son amour? Quelle idée est-ce qu'il a de l'amour? Etes-vous d'accord?
7. Comment trouvez-vous ce poème? Triste, amusant?

Extrait de Jacques Prévert: *Paroles.* © Editions Gallimard.

Le Message

La porte que quelqu'un a ouverte
La porte que quelqu'un a refermée
La chaise où quelqu'un s'est assis
Le chat que quelqu'un a caressé
5 Le fruit que quelqu'un a mordu
La lettre que quelqu'un a lue
La chaise que quelqu'un a renversée
La porte que quelqu'un a ouverte
La route où quelqu'un court encore
10 Le bois que quelqu'un traverse
La rivière ou quelqu'un se jette
L'hôpital où quelqu'un est mort

Questions

1. Répétez le poème et commencez ainsi: Quelqu'un a ouvert la porte.
2. Est-ce que le genre de «quelqu'un» est déterminé? Pourquoi pas?
3. Est-ce que les premières actions de la personne sont normales?
4. Qu'est-ce qu'il y a dans la lettre?
5. Que fait la personne qui a lu la lettre?
6. Par quel procédé de style est-ce que l'auteur donne l'impression du drame?

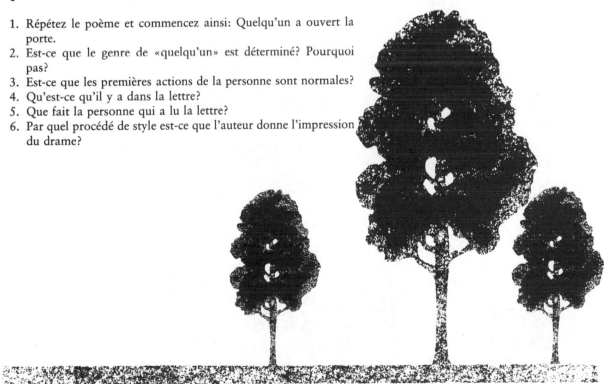

Extrait de Jacques Prévert: *Paroles.* © Editions Gallimard.

Le passé composé

Formes

Le passé composé est un temps formé avec l'auxiliaire **avoir** ou **être** au présent et le participe passé.

Il **a parlé** de son voyage.

Suzanne **est arrivée** par l'avion de six heures.

verbes avec **avoir**		*verbes avec* **être**	
j'**ai parlé**	nous **avons parlé**	je **suis arrivé**	nous **sommes arrivés**
tu **as parlé**	vous **avez parlé**	tu **es arrivé**	vous **êtes arrivés**
il **a parlé**	ils **ont parlé**	il **est arrivé**	ils **sont arrivés**
elle **a parlé**	elles **ont parlé**	elle **est arrivée**	elles **sont arrivées**

Le participe passé

◇ **1.** Le participe passé se termine en **-é** pour tous les verbes du 1er groupe (**-er**).

parlé   chanté   aimé   arrivé

Les verbes qui ont des changements orthographiques au présent sont réguliers au passé composé. Leur participe passé est:

voyagé   commencé   appelé   jeté   acheté   payé

◇ **2.** Le participe passé se termine en **-i** pour les verbes du 2ème groupe (**-ir: -iss**).

fini   obéi   rougi   pâli   grandi

◇ **3.** Le participe passé se termine en **-u** pour les verbes réguliers du 3ème groupe (**-dre**).

entendu   vendu   répondu

Exercices

A. Donnez le passé composé des verbes suivants à la personne indiquée.

1. chanter (vous)   2. grandir (tu)   3. réfléchir (nous)
4. grandir (elle)   5. trouver (on)   6. répondre (ils)
7. attendre (tu)   8. voyager (je)   9. payer (elle)
10. essayer (il)   11. entendre (tu)   12. finir (nous)
13. exagérer (je)   14. appeler (vous)   15. changer (elle)
16. aimer (ils)   17. fermer (ça)   18. détester (on)
19. étudier (tu)   20. penser (je)   21. vendre (elles)

B. Répétez les phrases suivantes au passé composé.

1. Elle allume une cigarette.   2. Tu verses du lait dans le café.   3. Il cherche un oiseau spécial au marché.   4. Nous changeons de voiture.   5. J'appelle mon ami Jacques au téléphone.

6. Cet enfant grandit.   7. Yvette pose les fleurs sur la table.   8. Le passant caresse le chat.
9. Le chat ronronne (*purrs*).   10. Paul jette le mauvais fruit.

◇ **4.** Les verbes irréguliers du 3ème groupe ont aussi des participes passés irréguliers. Les voici, groupés par leurs terminaisons:

a. Les verbes en **-ir** (sans **-iss**)

ir → u

courir	**couru**	tenir	**tenu**	venir	**venu**

ir → i

dormir	**dormi**	sortir	**sorti**	mentir	**menti**
partir	**parti**	servir	**servi**	sentir	**senti**

ir → ert / ir → ort

couvrir	**couvert**	offrir	**offert**	mourir	**mort**
ouvrir	**ouvert**	souffrir	**souffert**		

REMARQUE: Les verbes **venir, partir, sortir** sont conjugués avec **être.** (Voir p. 43.)

Exercices

A. Donnez le passé composé des verbes suivants à la personne indiquée.

1. courir (ils)	2. dormir (elles)	3. mentir (tu)
4. tenir (vous)	5. partir (il)	6. sentir (nous)
7. venir (il)	8. servir (vous)	9. sortir (il)
10. découvrir (elle)	11. offrir (nous)	12. retenir (tu)
13. ouvrir (je)	14. souffrir (nous)	15. ressentir (elle)

B. Complétez les phrases suivantes au passé composé.

1. Ils courent à travers le bois, vers la rivière.   2. Elle souffre beaucoup quand il part.
3. Nous offrons des bonbons aux petits enfants sages.   4. Le chien sert son maître.   5. Le jeune homme vend sa voiture.   6. Je retiens toute ma leçon.   7. Vous dormez toute la journée?   8. Tu découvres la vérité.

b. Les verbes en **-oir**

oir → u

apercevoir	**aperçu**	devoir	**dû**	falloir	**fallu**
décevoir	**déçu**	vouloir	**voulu**	pleuvoir	**plu**
recevoir	**reçu**	savoir	**su**	valoir	**valu**
pouvoir	**pu**	voir	**vu**		

ATTENTION: Pour avoir le son / s / dans **déçu** et **reçu,** il faut ajouter une cédille au **c** devant **u.**

Exercices

A. Donnez le passé composé des verbes suivants à la personne indiquée.

1. recevoir (tu)   2. décevoir (il)   3. voir (elle)
4. falloir (il)   5. savoir (je)   6. apercevoir (vous)
7. vouloir (ils)   8. valoir (ça)   9. pouvoir (vous)
10. pleuvoir (il)   11. devoir (elle)

B. Complétez les phrases suivantes au passé composé.

1. Il veut s'arrêter de fumer, mais il ne peut pas.   2. Est-ce qu'il pleut pendant vos vacances?
3. Tu reçois des lettres de ta fiancée tous les jours?   4. Nous apercevons la comète de Halley à l'horizon.   5. Il faut consoler nos amis.   6. Elle doit aller à l'hôpital pour voir sa grand-mère.

c. Les verbes en **-re**

re → u

boire	**bu**	lire	**lu**	convaincre	**convaincu**
connaître	**connu**	plaire	**plu**	vivre	**vécu**
croire	**cru**				

re → ri

rire   **ri**   sourire (*to smile*)   **souri**

re → is

mettre	**mis**	prendre	**pris**
admettre (*to admit*)	**admis**	comprendre (*to understand*)	**compris**
permettre (*to permit*)	**permis**	surprendre (*to surprise*)	**surpris**
promettre (*to promise*)	**promis**		
remettre (*to put back*)	**remis**		

e → it

conduire	**conduit**	dire	**dit**	faire	**fait**
construire	**construit**	écrire	**écrit**		
traduire (*to translate*)	**traduit**	décrire (*to describe*)	**décrit**		
produire (*to produce*)	**produit**				

Exercices

A. Donnez le passé composé des verbes suivants à la personne indiquée.

1. connaître (vous)	2. faire (ils)	3. sourire (vous)
4. lire (tu)	5. conduire (nous)	6. croire (elle)
7. plaire (ça)	8. mettre (tu)	9. promettre (nous)
10. convaincre (nous)	11. rire (il)	12. apprendre (tu)
13. vivre (elle)	14. comprendre (je)	15. construire (on)
16. écrire (je)	17. dire (elle)	18. surprendre (il)

B. Complétez les phrases suivantes au passé composé.

1. Ce livre nous plaît.   2. Je surprends ma fille en train de lire mon journal (*diary*).   3. Nous traduisons le poème.   4. Elles vivent à la campagne.   5. Je conduis ma nouvelle voiture prudemment.   6. Où mets-tu les graines (*seeds*) pour les oiseaux?   7. Moi, je souris et lui, il rit.   8. Elle convainc son ami de prendre son manteau de pluie.   9. Ce voyage en France vous plaît?   10. Il lit cette histoire.

◇ **5. avoir / être**

Le verbe **avoir** et le verbe **être** forment leur passé composé avec l'auxiliaire **avoir**.

avoir		être	
j'ai eu	nous **avons** eu	j'ai été	nous **avons** été
tu **as** eu	vous **avez** eu	tu **as** été	vous **avez** été
il **a** eu	ils **ont** eu	il **a** été	ils **ont** été

Choix de l'auxiliaire

◇ **1. Avoir.**   La majorité des verbes forment leur passé composé avec **avoir**.

◇ **2. Etre.**   Les verbes suivants forment toujours leur passé composé avec **être**.

a. aller / venir / rester / revenir

Mon cousin Laurent **est venu** à la maison et il **est resté** 2 heures. Il **est allé** faire des commissions pour nous pendant l'après-midi, puis il **est revenu** à 5 heures.

b. entrer / sortir / retourner / rentrer

Il **est entré** avec son filet dans la cuisine, mais il a dit, «Zut! J'ai oublié le sucre». Il **est** vite **sorti** et il **est retourné** au marché. A 8 heures il **est rentré** avec le sucre et un gâteau.

c. arriver / partir / repartir

Georges **est arrivé** à San Francisco lundi. Il **est reparti** jeudi.

d. monter / descendre / tomber

Julien **est monté** trois fois dans le chariot. Il **est descendu** quand l'employé l'a vu. La troisième fois il **est tombé!**

e. devenir

Franck a bu beaucoup de bière: son jean **est devenu** trop serré.

f. naître / mourir

Victor Hugo **est né** à Paris. Il **est mort** dans la même ville.

◇ **3.** Les six verbes suivants changent de forme. Leur passé composé est formé avec **être** s'ils sont intransitifs (s'ils n'ont pas de complément d'objet direct); il est formé avec **avoir** s'ils sont transitifs (s'ils ont un complément d'objet direct). Remarquez le changement de sens.

descendre	Je **suis descendu** à la cave.	*I went down to the cellar.*
	J'**ai descendu** l'escalier.	*I went down the stairs.*
	J'**ai descendu** ma valise.	*I took down my suitcase.*
monter	Je **suis monté** au grenier.	*I went up to the attic.*
	J'**ai monté** l'escalier.	*I went up the stairs.*
	J'**ai monté** ma valise.	*I took my suitcase up.*
passer	Je **suis passé** par Paris.	*I came by way of Paris.*
	J'**ai passé** trois jours à Paris.	*I spent three days in Paris.*
rentrer	Je **suis rentré** à la maison.	*I returned home.*
	J'**ai rentré** mes plantes.	*I took my plants inside.*
retourner	Je **suis retourné** en Chine.	*I went back to China again.*
	J'**ai retourné** le bifteck.	*I turned the steak over.*
sortir	Je **suis sorti**.	*I went out.*
	J'**ai sorti** mon chien.	*I took my dog out.*

Exercices

A. Mettez les phrases suivantes au passé composé. Attention au choix de l'auxiliaire.

1. Nous montons sur la Tour Eiffel. 2. Vous descendez l'escalier très vite. 3. Il rentre les chaises du jardin. 4. Tu rentres tard. 5. Le gangster sort un revolver de sa poche. 6. Je passe par New York. 7. Le voleur sort de la banque. 8. Il descend par l'ascenseur. 9. Elle retourne la crêpe. 10. On monte mon petit déjeuner à ma chambre.

B. Mettez les verbes suivants au passé composé.

1. Marianne sort avec Jules. 2. Ils passent de bonnes vacances. 3. La jeune fille descend du bus. 4. Janine, tu retournes à Tombouctou. 5. Michel sort des bonbons de sa poche. 6. Nous passons devant la Statue de la Liberté. 7. Je descends mes bagages toute seule. 8. Le cuisinier retourne délicatement l'omelette. 9. Elle monte prendre un verre avec lui. 10. Il rentre les bicyclettes au garage. 11. Maman monte mes vêtements. 12. Elle rentre à une heure du matin. 13. Vous arrivez de bonne heure (*early*). 14. Il part en vacances dimanche. 15. Elle achète un canari au marché aux oiseaux. 16. Le maître choisit un esclave

pour le servir.   17. Quelqu'un ouvre la porte.   18. Je sors avec Jacques hier.   19. Nous passons une semaine sur la côte d'Azur.   20. Il monte sur l'arbre.

◇ **4.** Tous les verbes pronominaux sont conjugués avec **être.**

> Je me **suis demandé.**   Elle s'**est promenée.**   Ils se **sont mariés.**

Exercice

Mettez les phrases suivantes au passé composé.

1. Je me promène dans les allées du parc.   2. Tu te dépêches.   3. Il se regarde dans le miroir.   4. L'oiseau s'envole.   5. Le vieux professeur se souvient.   6. L'étudiant se met à faire ses exercices.   7. Vous vous amusez?   8. Je m'ennuie à ce concert.   9. Laurent se rend compte de son vol.   10. Vous vous arrêtez sous la pluie?   11. Nous nous parlons. 12. Les jeunes filles se téléphonent.

La forme négative

La négation est placée autour de l'auxiliaire (**avoir** ou **être**); le participe passé est placé après.

> Je n'ai **pas** fini.   Je ne suis **pas** monté.
> Nous n'avons **pas** fini.   Nous ne sommes **pas** montés.

Pour les verbes pronominaux, **ne** est placé entre les deux pronoms; **pas** est placé après l'auxiliaire.

> Il **ne** s'est **pas** regardé.

Exercice

Mettez les phrases suivantes au passé composé négatif.

1. Ils se rencontrent au supermarché.   2. Franck ne se rend pas compte de son erreur.   3. La caissière met ses lunettes (*glasses*) pour lire l'étiquette.   4. L'employée décide de quitter le magasin.   5. Tu remplis ton chariot de spaghetti, de légumes et de fruits?   6. Vous trouvez ces bottes au marché.   7. Je pars sous la pluie sans mon imper.   8. Il ouvre la fenêtre à cause de la fumée.   9. L'esclave se jette dans la rivière.   10. La jeune fille court sur la route pour éviter la tempête.   11. Nous lisons la lettre.   12. Vous restez au lit toute la journée.

La forme interrogative du passé composé

On utilise **est-ce que** devant le verbe positif ou négatif.

> **Est-ce que** le monsieur a mis son imper pour sortir?
> **Est-ce que** vous n'êtes pas rentré avant la fête?

REMARQUE: La forme interrogative du passé composé sans **est-ce que** est expliquée à la p. 347.

> Avez-vous trouvé des oiseaux dans les bois?   N'est-il pas tombé dans la rue?

Exercice

Ecrivez les phrases suivantes à la forme interrogative du passé composé.

1. Ils écoutent la météo. 2. Je mets le couvert sur la table du jardin. 3. Le ciel change.
4. Vous ne restez pas jusqu'à la fin du film. 5. Nous nous rencontrons. 6. Il neige cet hiver.
7. Gilbert ne traverse pas la rue prudemment. 8. Le chien mord le facteur (*postman*).

Accord du participe passé

Etre.   Quand l'auxiliaire est **être**, le participe passé s'accorde avec le sujet comme un adjectif. Cet accord s'entend rarement. C'est généralement un changement orthographique.

◇ **1.** Au masculin singulier, l'accord ne se voit pas.

> il est arrivé   vous êtes entré   je suis parti   tu es sorti

◇ **2.** Au masculin pluriel, on ajoute **s** au participe.

> nous sommes allé**s**   vous êtes venu**s**   ils sont parti**s**

◇ **3.** Au féminin singulier, on ajoute **e**.

> elle est arrivé**e**   vous êtes entré**e**   je suis parti**e**   tu es sorti**e**

◇ **4.** Au féminin pluriel, on ajoute **es**.

> nous sommes allé**es**   elles sont parti**es**   vous êtes venu**es**

Exercices

A. Mettez les verbes suivants au passé composé.

1. partir (elle)	2. naître (Joséphine)	3. aller (nous)
4. sortir (tu)	5. mourir (ils)	6. rentrer (tu)
7. arriver (elles)	8. naître (elles)	9. venir (je)
10. aller (il)	11. retourner (vous)	12. revenir (ils)
13. devenir (elle)	14. rester (elle)	15. repartir (elle)
16. entrer (nous)	17. tomber (il)	18. monter (je)

B. Mettez les phrases suivantes au passé composé.

1. Le jeune homme sort sans parler. 2. La jeune femme reste dans la cuisine. 3. Mademoiselle, vous ne tombez pas sur la glace. 4. Le brouillard devient dangereux. 5. Les oiseaux arrivent du Nord. 6. Les promeneurs passent par la forêt. 7. La femme-agent de police n'entre pas dans le magasin. 8. Elle va en Afrique.

◇ **5.** Pour la majorité des verbes pronominaux, le participe s'accorde avec l'objet direct placé avant le verbe.*

> Elle s'est **assise**.   Ils **se** sont **aimés**   Les deux amies **se** sont **rencontrées**.

---

* L'auteur préfère à ce stade simplifier la règle d'accord du participe passé des verbes pronominaux. En réalité, le participe passé des verbes pronominaux s'accorde avec l'objet direct placé avant le verbe, comme pour les verbes non-pronominaux conjugués avec l'auxiliaire **avoir**. Cette règle est expliquée à la page 47 et à la page 193.

REMARQUE: Le pronom réfléchi des verbes suivants est toujours objet indirect: au participe passé il n'y a pas d'accord avec le sujet.

se dire	ils ou elles **se sont dit** adieu
s'écrire	ils ou elles **se sont écrit**
se parler	ils ou elles **se sont parlé**
se plaire	ils ou elles **se sont plu**
se téléphoner	ils ou elles **se sont téléphoné**

Voici d'autres verbes pronominaux pour vous aider à décrire vos activités.

se réveiller	to wake up	s'endormir	to go to sleep
se lever	to get up	se coucher	to go to bed
se laver	to wash	se doucher	to shower
se raser	to shave	se coiffer	to comb one's hair
se maquiller	to put make up on	se sentir	to feel
s'habiller	to dress	se déshabiller	to undress
se préparer	to get ready		

Exercice

Mettez les phrases suivantes au passé composé.

1. Laurent se réveille, il ne se rase pas, il se douche. Il s'habille et il se dépêche pour arriver à l'heure.   2. Rachel se réveille plus tard. Elle se lave, elle se coiffe et elle se maquille. Elle se prépare.   3. Nous nous approchons de la rivière.   4. Est-ce que vous vous endormez tout de suite (*right away*)? 5. Marguerite tombe: sa montre se casse.   6. La pauvre femme se jette dans la rivière. Elle se suicide.   7. Le ciel s'éclaircit (*becomes clear*). Il ne pleut pas.

<u>**Avoir.**</u> Quand l'auxiliaire est **avoir**, il faut considérer l'objet direct du verbe. Si l'objet direct est placé après le verbe, il n'y a pas d'accord.

> J'ai **acheté** ces fleurs au marché.

<u>Si l'objet direct est placé avant le verbe, le participe passé s'accorde avec cet objet direct.[1]</u>

◇ **1.** Au masculin singulier, l'accord ne se voit pas.

> Est-ce que Robert est ici? Je ne l'ai pas **vu**.

◇ **2.** Au masculin pluriel on ajoute **-s**.

> Voici des fruits magnifiques: nous **les** avons **cueillis** (*picked*) dans notre jardin.

◇ **3.** Au féminin singulier on ajoute **-e**.

> Où est la montre (*watch*)? Je l'ai **perdue**.

◇ **4.** Au féminin pluriel on ajoute **-es**.

> Regardez ces belles fleurs; je **les** ai **achetées** au marché.

---

[1] Même les Français ont des difficultés pour accorder leurs participes passés. Les accords les plus importants sont ceux qu'on entend:

La leçon? Je l'ai **apprise, comprise, admise, refaite,** etc.

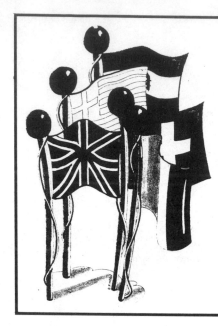

POSTCHÈQUE
CCP sans frontières

Pour vous, quels sont les avantages du Postchèque?

Le Postchèque vous fait profiter d'un réseau international qui met des milliers de relais à votre service; il vous apporte en plus la sécurité, la souplesse et la facilité qui vous assureront un voyage tranquille et agréable.

REMARQUE: L'object direct qui demande un accord peut être:

■ **me, te, nous** et **vous**

■ **les, la** ou **l'** (*fém. sing.*)

■ **quelle** + nom féminin singulier
quels + nom masculin pluriel
quelles + nom féminin pluriel

> **Quelle** robe est-ce qu'elle a **mise** pour le bal?
> **Quels** exercices est-ce que vous avez **faits**?
> **Quelles** fleurs est-ce qu'il a **achetées**?

■ **que**

> La porte **que** quelqu'un a **ouverte** . . .

ATTENTION: Il n'y a jamais d'accord avec **en**.

> Des fleurs? J'**en** ai acheté.

Exercice

Mettez les phrases suivantes au passé composé. Accordez (ou non) le participe passé.

1. Ces oiseaux? Nous les achetons au marché.   2. Vous admirez mes fleurs? Je les cultive avec amour.   3. Jette la pomme que tu mords.   4. Il cherche ses bottes. Il les trouve sous la table.   5. Ta cuiller? Je la mets dans ta tasse.   6. Quelles rivières traversez-vous quand vous voyagez en Australie?   7. Elle referme la porte que le vent ouvre.   8. Le chat que Régine caresse la regarde.   9. Jacques baisse la tête et la prend dans ses mains.   10. Ma mère ramasse (*picks up*) les cendres que tu jettes sur le tapis.   11. Est-ce que vous voyez les carottes que j'achète au marché?   12. Voici les nouvelles que la radio annonce.

Emplois

Le passé composé a trois sens en anglais:

> Il a plu: *It rained, it did rain, it has rained.*

On emploie le passé composé

◇ **1.** pour exprimer une action isolée, unique, comme une sorte de point dans le temps.

> Hier, je **suis allé** au marché.

◇ **2.** pour exprimer plusieurs actions successives, toutes courtes et enchaînées.

> Il **s'est levé**, il **a mis** son chapeau sur sa tête et il **est parti.**

◇ **3.** pour exprimer une action qui a duré un certain temps, mais qui est terminée.

> Elle **a habité** trois ans à Paris.

◇ **4.** pour exprimer une action qui s'est répétée un certain nombre de fois, mais qui est terminée.

> Nous **sommes allés** six fois au marché aux fleurs.

On peut représenter ces actions par un dessin:

1. une action-point
2. plusieurs actions-points
3. une durée terminée
4. une répétition terminée

Exercices

A. Mettez les phrases suivantes au passé composé. Identifiez les actions qu'elles représentent. Est-ce une action-point, une durée terminée, une répétition terminée?

1. Je reste trois ans à Lyon.   2. Je vois Pierre à la bibliothèque.   3. Il a la grippe toute la semaine.   4. Un gangster entre dans la banque.   5. Il y a plusieurs accidents dans cette rue. 6. Elle se jette dans la rivière.   7. Tu arrives à Marseillle par avion.   8. Il donne plusieurs coups de téléphone.   9. Elle dort deux heures dans le train.   10. Ils montent sur le bateau. 11. Le docteur arrive, examine le malade, appelle l'ambulance.   12. Le pauvre homme reste six mois à l'hôpital.

B. Ecrivez les paragraphes suivants au passé composé pour raconter les préparatifs que ces personnes ont faits.

1. *Avant un voyage.*

Sabine regarde des cartes, choisit un pays, va à une agence, fait des réservations, loue une chambre dans un hôtel, prépare sa valise, dit au revoir à ses amis, part enfin (*finally*).

2. *Avant un examen.*

Je révise soigneusement mes notes, j'étudie mes verbes français, je me couche tôt, je ne sors pas la veille, je me réveille de bonne heure, j'ai une attitude positive.

3. *Un accident.*

Vous voyez un accident. Vous vous arrêtez. Vous offrez votre aide. Vous téléphonez à la police. Vous demandez le numéro de l'assurance de la victime. Vous attendez l'arrivée de la police. Vous donnez votre nom comme témoin (*witness*).

4. *Retour de vacances.*

Nous rentrons de vacances. Nous téléphonons à nos amis. Nous retrouvons la maison. Nous caressons le chat. Nous arrosons (*water*) les plantes. Nous regardons nos photos. Nous nous rappelons les bons moments de nos vacances.

Emploi de l'adverbe avec le passé composé

Les adverbes suivants se placent entre l'auxiliaire et le participe passé: **bien, mal, déjà, souvent, beaucoup, trop, assez.**

Il a **bien** travaillé.	*He worked **well**.*
J'ai **mal** dormi.	*I slept **badly**.*
Vous avez **déjà** fini?	*Have you **already** finished?*
Ils sont **souvent** allés en Europe.	*They **often** went to Europe.*
Mes parents ont **beaucoup** voyagé.	*My parents have travelled **a lot**.*
Tu as **trop** mangé.	*You have eaten **too much**.*
Ils ont **assez** couru.	*They have run **enough**.*

Exercice

Mettez les phrases suivantes au passé composé. Placez l'adverbe dans les phrases.

1. Tu écris ta composition.   (déjà)
2. Il neige.   (beaucoup)
3. Josette reçoit ma lettre.   (bien)
4. Vous buvez.   (assez)
5. Nous nous promenons dans ce parc. (souvent)
6. Elle apprend sa leçon.   (mal)
7. Je visite les musées de guerre. (souvent)
8. Elles lisent ce roman.   (déjà)

Formules à retenir

◇ **1. combien de temps** + passé composé

On emploie cette expression avec le passé composé pour poser une question sur la durée d'une action terminée. On a aussi le passé composé dans la réponse.

Combien de temps est-ce que vous avez dormi?	*How long* {*did you sleep?* / *have you slept?*}
J'ai dormi 9 heures.	*I slept 9 hours.*
J'ai dormi pendant 9 heures.	*I slept for 9 hours.*

REMARQUE: L'emploi de **pendant** n'est pas obligatoire. (Voir p. 336.)

Exercice

Avec le vocabulaire suggéré, faites des questions et des réponses sur le modèle suivant:

> Modèle: Paul / regarder / la télé / toute la soirée
> **Combien de temps** est-ce que Paul a regardé la télé?
> *Il a regardé la télé toute la soirée.*

1. Jérôme / rester / au cinéma / quatre heures
2. Jacqueline / se reposer / dans le jardin / une heure
3. Les parents de Sabine / passer / trois jours à Venise
4. Vous / vivre / en France deux ans
5. La jeune fille / lire / sa leçon / dix minutes
6. Mon frère / voyager / en Afrique / cinq mois
7. Christophe / fait de la recherche / plusieurs mois
8. Les cosmonautes / naviguer dans l'atmosphère / cinq jours
9. La tempête / durer / une semaine
10. Le pauvre homme / fumer / toute sa vie

◇ **2. venir de**

L'expression **venir de** au présent + l'infinitif du verbe est employée pour indiquer qu'une action est arrivée récemment.

> Il **vient de partir** au marché. *He **has just left** for the market.*

ATTENTION: Le verbe **venir** est au présent, la formule a un sens passé.

Exercice

Répétez les phrases suivantes avec **venir de**.

1. L'avion est arrivé. 2. Nous sommes rentrés de voyage. 3. Le président a signé sa déclaration. 4. Les électeurs ont voté. 5. Tu as lu ce livre? 6. Elle a écrit sa rédaction. 7. J'ai bu mon café au lait. 8. Vous avez acheté une voiture?

◇ **3. sans** (*without*)

> **a.** On emploie **sans** avec l'infinitif quand en anglais il y a la forme *-ing* du verbe.
>
> Il est parti **sans** me **parler, sans** me **regarder.** *He left **without speaking, without looking** at me.*
>
> **b.** On emploie **sans** avec un nom sans article, si le nom est indéfini.
>
> Elle est sortie **sans** chapeau.
> Vous travaillez **sans** imagination.
>
> **c.** On emploie un article avec le nom qui suit **sans** pour dire sans un seul, sans une seule (*without one single one*).
>
> Il est parti **sans une parole.**
> Nous avons travaillé toute l'année **sans un jour de vacances.**

Exercice

Traduisez les phrases suivantes en français.

1. She walks without looking at the shops.   2. You are going out without a coat?   3. Don't leave without saying good-bye!   4. Repeat without stopping!   5. She read the lesson without one single mistake.

◇ **4. quitter / s'en aller; partir / laisser / sortir** (*to leave*)

a. On emploie **s'en aller,**[2] **partir,** seuls, ou avec un complément de lieu ou de temps, pour traduire *to leave, to go away, to depart.*

Elle **s'en va** au marché.   Ils **partent** demain pour Paris.

b. On emploie **quitter** avec un objet direct de personne ou d'endroit, pour traduire *to leave,* souvent *to leave forever.*

Tu veux me **quitter?**   Elle **a quitté** la ville.

c. On emploie **laisser** avec un objet direct, personne ou chose, pour traduire *to leave behind, to forget.*

J'ai **laissé** mes amis.   Tu **as laissé** tes livres au restaurant?

d. On emploie **sortir** pour traduire *to go out, to leave a room.*

Le professeur **est sorti** de la classe.

Exercice

Dans les phrases suivantes, mettez le verbe qui convient, au temps nécessaire: **s'en aller, partir, laisser, quitter, sortir.**

1. Nous sommes entrés dans le musée à 2 heures et nous ____ à 6 heures.   2. Mme Robert s'est sentie si malheureuse qu'elle ____ son mari.   3. J'ai perdu mon parapluie. Tu l'____ dans l'autobus?   4. Mes amis sont en Europe cet été. Ils ____ le 25 juin.   5. Quand vous êtes allés en vacances, vous ____ votre chien chez des amis?   6. Stéphanie n'a pas réussi à apprendre l'informatique; elle ____ son job.   7. Même l'hiver dernier, nous ____ tous les jours pour faire une petite promenade.   8. Restez encore quelques minutes. Non, je ____.

---

[2] **S'en aller** a deux formes au passé composé: *he left* se traduit **il s'est en allé** ou **il s'en est allé.** Ces formes ne sont pas courantes. Il est plus simple de traduire *he left* par **il est parti.**

Partez du bon pied cet hiver avec ces achats pour le ski de randonnée chez Eaton!

Exercices

A. Un interrogatoire. On est entré dans votre appartement et on a volé des objets. Au commissariat de police (*precinct*) un employé vous pose des questions.

1. A quelle heure est-ce que vous (sortir)?
2. A quelle heure est-ce que vous (rentrer)?
3. Combien de temps est-ce que vous (rester) absent(e)?
4. Vous (remarquer) quelqu'un quand vous (arriver)?
5. Vous (voir) quelque chose d'anormal sur votre porte ou votre fenêtre?
6. Combien d'objets est-ce qu'on (voler)?
7. Quels objets (disparaître)?
8. Est-ce que vous (signaler) le vol à votre compagnie d'assurances?

B. Un week-end catastrophique. Un ami vous demande ce que vous avez fait ce week-end.

> — Qu'est-ce que tu as fait ce week-end?

pleuvoir, ne pas sortir, rester à la maison, regarder un peu la télé, étudier mes verbes, écrire ma rédaction, faire la sieste, ne pas s'amuser, ne pas s'ennuyer, être content quand lundi arriver

C. Un voyage éclair. Mme Vavite a fait un voyage rapide en Europe. Racontez son voyage.

1. *En Angleterre:* rester deux jours, voir la Tour de Londres, visiter Buckingham, boire du thé.
2. *En France:* passer trois jours, monter sur la Tour Eiffel, prendre le train, s'arrêter à Marseille, repartir le lendemain.
3. *En Italie:* traverser Pise, photographier la Tour penchée, avoir une indigestion de peinture à Florence.
4. *En Espagne:* ne pas aller.
5. *En Suisse:* admirer les montagnes, manger du fromage et du chocolat, acheter une montre.
6. *En Allemagne:* arriver, perdre sa montre, s'acheter une Mercedes, s'écrouler de fatigue, rentrer aux Etats-Unis.

Traduction

1. Yesterday Patrice had a bad day.
2. He woke up early.
3. He got up, shaved, showered, and got dressed.
4. He went to the kitchen and sat down to have breakfast. The cat jumped on the table. Patrice petted him, but he knocked down his cup. His glass of milk fell on the rug (**tapis**).
5. He went to the market. He looked in all the cages and finally found a lovely parakeet. He bought it. He stayed a few minutes to talk with the salesperson. A child opened the door of the cage and the parakeet flew away.
6. Patrice cried, came back home, went to bed.

Conversations

1. Le petit déjeuner.

   Qu'est-ce que vous prenez pour votre petit déjeuner? Que prennent d'autres personnes? Qu'est-ce que vous avez pris ce matin?

   le chocolat, le thé, les céréales, les œufs au jambon (*ham and eggs*), les crêpes américaines (*pancakes*), le sirop d'érable (*maple syrup*), le pain grillé (*toast*), le toast, la biscotte (*melba toast*), la confiture (*jam*), le miel (*honey*), le jus d'orange (*orange juice*), le pamplemousse (*grapefruit*), le croissant, la brioche (*French breakfast rolls*), jeûner (*to fast*), être à jeun (*to have no breakfast*)

2. Les autres magasins

   a. On achète certains produits dans des magasin spécialisés. Que vendent ces magasins?

   ▪ **la pharmacie:** le médicament (*medicine*), le produit de beauté (*makeup*)

   ▪ **la parfumerie:** le parfum, la crème de beauté

   ▪ **la droguerie:** les produits pour la toilette le dentifrice (*toothpaste*), les produits d'entretien (*household products*), le papier peint (*wallpaper*), la peinture (*paint*), les cintres (*coat hangers*)

   ▪ **la quincaillerie** (*hardware store*): les ustensiles de cuisine (*kitchenware*), les outils (*tools*)

   ▪ **le pressing** (*drycleaners*): faire nettoyer, faire repasser

   b. Certains magasins sont originaux (*quaint*) et on y trouve des choses pas communes. Que trouvez-vous dans ces magasins ou ces marchés ou chez ces marchands (*merchants*)?

   ▪ **chez un brocanteur** (*second-hand dealer*): le bric-à-brac (*junk*), les vieux meubles (*old furniture*), meubles et vêtements d'occasion (*second-hand*), retaper (*to fix, to refinish*)

   ▪ **le marché aux puces** (*flea market*)

   ▪ **la braderie** (*sidewalk sale*)

   ▪ **les magasins de produits diététiques** (*healthfood stores*): produits écologiques, biologiques

   c. Dans ces magasins on trouve tout ce qu'on cherche. Décrivez une visite.

   ▪ **les grands magasins** (*department stores*): Le Printemps, Les Galeries Lafayette, Le Louvre, Le Bazar de L'Hôtel de Ville

   ▪ **le prisunic** (*general, small department store where prices are lower*), le monoprix (*dimestore*)

   ▪ **le rayon** (*department*): le rayon vêtements, le rayon jouets.

Rédaction

Hier vous êtes allé(e) dans les magasins suivants:

le marché aux fleurs, le marché aux oiseaux, le bric-à-brac, la droguerie, la parfumerie, le prisunic. Combien de temps êtes-vous resté dans chaque magasin? Qu'est-ce que vous avez vu? Qu'est-ce que vous avez cherché — n'avez pas trouvé? Qu'est-ce que vous avez acheté?

Chapitre 3

L'imparfait

Vocabulaire

à l'époque   in those days
s'apercevoir   to notice, to realize
avocat (*m.*), avocate (*f.*)   lawyer
avoir besoin de   to need
avoir droit à   to be entitled
bibliothèque (*f.*)   library
bonne note (*f.*)   good grade
brancher   to plug
bulletin (*m.*) scolaire   report card
carreau (*m.*)   tile
se cacher   to hide
copine (*f.*)   pal
cours (*m.*)   class, course (of study)
se coucher   to lie down, to go to bed
se débrouiller   to manage
disque (*m.*)   record
éclairage (*m.*)   lighting
élève (*m.* or *f.*)   student
élever   to bring up
en cachette   secretly
faire des remplacements   to substitute
faire partie de   to belong to
famille (*f.*) nombreuse   large family
gratuit   for free
s'inscrire   to register

inscrit   registered
intéresser   to interest
s'intéresser à   to be interested in
leçon (*f.*) particulière   private lesson, tutoring
livre (*m.*) scolaire   textbook
lycée (*m.*)   high school
mettre de l'argent de côté   to save money
obliger à   to force
obtenir   to get
parfois   at times
parquet (*m.*)   wood floor
par terre   on the floor
particulier   special
pièce (*f.*)   room
prêt (*m.*)   loan
prise (*f.*)   electrical plug
ranger   to put in order
recopier   to copy
réussir   to succeed
rigueur (*f.*)   strictness
sol (*m.*)   floor
solide   strong
toucher (*m.*)   feel
veilleuse (*f.*)   nightlight
vue (*f.*)   sight

Vocabulaire supplémentaire

Le lycée

aller à l'université   to attend university
avoir une bourse   to have a scholarship
copier   to crib
échouer à un examen, rater   to fail an exam
faible   weak
faire un emprunt, emprunter   to borrow
mauvais élève (*m.*)   bad student
mauvaise note (*f.*)   bad grade
passer un examen   to take an exam
prêter de l'argent   to lend, loan money
repasser, réviser   to review
réussir   to succeed, to pass
suivre un cours   to take a course
tricher   to cheat

Relations parents-enfants

défendre   to forbid
donner des permissions   to give permission
gronder   to scold
laisser faire   to allow
laxisme (*m.*)   permissiveness
parents (*m. pl.*) durs   tough
parents (*m. pl.*) indulgents   lenient
parents (*m. pl.*) laxistes   permissive
parents (*m. pl.*) sévères   harsh
parents (*m. pl.*) stricts   strict
permettre   to permit
punir   to punish
réprimander   to reprimand

Divers

copain (*m.*)   pal
coucher   to sleep
fils (*m.*), fille (*f.*) unique   only child
librairie (*f.*)   bookstore

Un cas particulier

Gisèle Halimi (1926–   ) est née en Tunisie. Elle a fait des études de droit à l'université de Paris et est devenue avocate. Elle a participé à la création du Mouvement de Libération des Femmes (MLF) et a écrit plusieurs livres. Dans *La Cause des Femmes,* elle décrit son enfance dans une famille tunisienne traditionnelle, où les filles n'étaient pas encouragées à faire des études, et les difficultés qu'elle a eues pour briser (*break*) la tradition.

Mes parents nous élevaient avec rigueur. Je sais que très, très jeunes, vers l'âge de sept, huit ans, ma mère nous° obligeait à laver le sol de la maison. (En Tunisie, il n'y a pas de parquet, il y a des carreaux par terre.) Il n'était pas question de le° demander à mon frère qui était
5   pourtant plus âgé, et beaucoup plus solide que nous, les filles. Je devais ranger, faire la vaisselle. Dans la maison, l'homme n'avait jamais rien à faire. Nous, les filles et ma mère, étions là pour le servir.

° = les filles

° it (= laver le sol)

La Cause des Femmes de Gisèle Halimi. © Editions Bernard Grasset.

Mon frère n'était pas très bon élève, en cinquième.[1] Il avait des colles,[2] il truquait.° Il imitait, sur les bulletins scolaires, la signature paternelle. Et moi, je continuais mon chemin.° Je réussissais. J'obtenais de très bonnes notes, mais elles passaient toujours inaperçues.°

5   J'arrivais pour dire:° «Je suis première[3] en français.» C'était le moment même où se déclenchait° un drame parce que mon frère était dernier en mathématiques. Toute l'attention était tournée vers lui. Je ne suis même pas sûre qu'on m'entendait quand je parlais de mes professeurs et de mes cours. Il m'a fallu accumuler° beaucoup de

10   succès, réussir à des examens pour que mes parents commencent à dire: «C'est pas mal,° ce qu'elle fait. Après tout, peut-être est-elle un cas un peu particulier?» Mais, à l'époque, ça ne les intéressait pas, c'était secondaire.

Quelques années plus tard, c'est moi qui donnais des leçons

15   particulières au fils d'un avocat chez° lequel mon père faisait des remplacements de secrétaire. J'étais en seconde,[4] au lycée. Avec ces leçons de mathématiques et de latin, je voulais mettre de l'argent de côté: j'avais décidé° que j'irais° à l'université en France et je savais que personne ne m'aiderait.° C'était assez symbolique: mon frère

20   avait besoin de leçons particulières; moi, j'en° donnais.

A la maison, on ne trouvait pas un livre, pas un disque, rien. Heureusement, faisant partie° d'une famille nombreuse, impécunieuse,° j'avais droit au prêt gratuit° de tous les livres scolaires durant° mes études... Quand il m'en manquait un° parfois, je me

25   débrouillais. J'allais chez une copine recopier les cours.[5] J'étais inscrite dans toutes les bibliothèques. La vue, le toucher des livres me fascinaient. Je lisais des nuits entières.° En cachette, car nous étions quatre enfants à dormir° dans la même pièce... Grâce à° un système d'éclairage un peu artisanal° et clandestin — une toute petite veil-

30   leuse que je branchais directement sur une prise placée au ras du sol° — je me couchais par terre et je lisais tout mon soûl...°

---

cheated
je... I continued on my way
passaient... would always go unnoticed
J'arrivais... I would come home and say
= commençait

Il... I had to accumulate

C'est... = Ce n'est pas mal

chez... in whose office

j'avais... I had decided / I would go
would help me
some

faisant... since I belonged
poor / j'avais... I was entitled to the free loan
= pendant
il... I lacked one

des... throughout the night
= qui dormions / Thanks to
primitive
au ras... close to the ground
tout... to my heart's content

---

[1] **en cinquième** second year of French high school (7th grade)
[2] **des colles** (student slang) extra hours spent in school as punishment
[3] **premier, dernier** French students used to be ranked numerically, according to their performance. Today they receive A's, B's, etc.
[4] **en seconde** fifth year of French high school (10th grade)
[5] **cours** notes taken in the class (*Class* is the general translation of **cours**.)

Questions

1. Dans quel pays habitait Gisèle Halimi quand elle était jeune?
2. Combien d'enfants est-ce qu'il y avait dans cette famille?
3. Quelle était la profession du père? Cette famille était-elle riche? Comment le savez-vous?
4. Que faisaient la mère et les filles?
5. Pourquoi cst-ce qu'il n'y avait pas de plancher sur le sol?
6. Pourquoi est-ce que le père et le fils ne faisaient rien à la maison? Connaissez-vous d'autres cultures qui ont les mêmes principes?
7. Dans quel autre domaine se manifeste la différence de traitement entre le frère et la sœur?
8. Décrivez la personnalité de Gisèle et celle de son frère.
9. Comment Gisèle gagnait-elle de l'argent? Où est l'ironie? Que voulait-elle faire de cet argent?
10. Comment pouvait-elle satisfaire sa passion de lire?
11. Gisèle Halimi est devenue avocate et a beaucoup milité au MLF (Mouvement de Libération des Femmes). Pourquoi son cas est-il un cas particulier?

(Publicité)

comment j'ai réussi à tous les examens et concours où je me suis présenté

L'imparfait

Formes

L'imparfait est régulier pour tous les verbes excepté le verbe **être**. On forme l'imparfait avec la première personne du pluriel au présent. On enlève la terminaison **-ons** et on ajoute les terminaisons de l'imparfait: **-ais, -ais, -ait, -ions, -iez, -aient.**

◇ **1.** Voici la conjugaison des verbes du 1er groupe:

parler   nous parlons   **parl-**

je **parlais**	nous **parlions**
tu **parlais**	vous **parliez**
il, elle **parlait**	ils, elles **parlaient**

a. Les verbes en **-cer** et **-ger** ont les changements orthographiques suivants:

c → ç devant **a**

je commen**ç**ais	MAIS:	nous commen**c**ions
tu commen**ç**ais		vous commen**c**iez
il, elle commen**ç**ait		
ils, elles commen**ç**aient		

g → ge devant **a**

je voya**ge**ais	MAIS:	nous voya**g**ions
tu voya**ge**ais		vous voya**g**iez
il, elle voya**ge**ait		
ils, elles, voya**ge**aient		

b. Les verbes en **-ier** qui ont la racine en **i** gardent (*keep*) le **i** à toutes les personnes. Il y a deux **i** (**ii**) aux formes **nous** et **vous**:

j'étudiais	MAIS:	nous étudi**ions**
tu étudiais		vous étudi**iez**
il, elle étudiait		
ils, elles étudiaient		

On conjugue sur ce modèle **apprécier** (*to appreciate*), **oublier** (*to forget*), **pacifier** (*to pacify*), **remercier** (*to thank*), **télégraphier** (*to telegraph*), **vérifier** (*to check, ascertain*).

Exercices

A. Donnez l'imparfait des verbes suivants aux personnes indiquées.

1. nager (tu)
2. menacer (il)
3. remercier (je)
4. télégraphier (nous)
5. regarder (tu)
6. continuer (vous)
7. danser (elle)
8. arriver (elles)
9. occuper (il)
10. donner (vous)
11. vérifier (nous)
12. demander (je)
13. renoncer (je)
14. plonger (il)
15. prononcer (tu)

B. Mettez les verbes des phrases suivantes à l'imparfait.

1. Nous nageons dans un canal.   2. Tu voyages beaucoup.   3. Elle ne prononce pas bien.
4. Vous étudiez les maths?   5. J'achète des livres.   6. Mes parents projettent des vacances en Australie.   7. Nous n'oublions jamais de rendre nos livres.   8. Elle accepte et remercie.
9. Tu avances vite.   10. Nous commençons à être fatigués.   11. Ses parents l'élèvent avec rigueur.   12. Nous étudions tous les soirs.

◇ **2.** Voici la conjugaison des verbes du 2ème groupe:

finir	nous finissons	**finiss-**	je **finiss**ais	nous **finiss**ions
			tu **finiss**ais	vous **finiss**iez
			il, elle **finiss**ait	ils, elles **finiss**aient

REMARQUE: Il y a **-iss** dans l'imparfait de tous les verbes du 2ème groupe.

◇ **3.** Voici la conjugaison des verbes du 3ème groupe:

attendre	nous attendons	**attend-**	j'**attendais**	nous **attendions**
			tu **attendais**	vous **attendiez**
			il, elle **attendait**	ils, elle **attendaient**

Exercices

A. Donnez l'imparfait des verbes suivants aux personnes indiquées.

1. réussir (elle)	2. attendre (je)	3. rougir (je)
4. entendre (tu)	5. grandir (tu)	6. jaunir (elles)
7. choisir (vous)	8. vendre (nous)	9. perdre (je)
10. obéir (nous)	11. répondre (il)	12. maigrir (il)
13. vendre (il)	14. pâlir (elle)	15. vieillir (ils)

B. Mettez les verbes des phrases suivantes à l'imparfait.

1. Mon frère triche en classe. 2. Je ne demande pas d'argent à mes parents. 3. Est-ce que tu imites la signature de ton père? 4. Votre voiture occupe toute la place dans le garage. 5. Est-ce que les mathématiques vous intéressent? 6. Nous obéissons à nos parents. 7. Je réussis en latin. 8. Gisèle donne des leçons particulières. 9. Est-ce que tu choisis tes copines? 10. Les livres me fascinent. 11. Tu entends la musique. 12. Tous les ans les feuilles jaunissent. 13. Nous rendons nos livres à la bibliothèque. 14. Elle ne finit pas ses devoirs le soir. 15. Vous ne pleurez pas.

◇ **4.** L'imparfait des verbes irréguliers du 3ème groupe se forme comme l'imparfait des verbes réguliers; <u>on ajoute les terminaisons à la 1ère personne du pluriel.</u>
Voici l'imparfait de quelques verbes irréguliers du 3ème groupe.

boire	buvons:	**buvais**	**buvions**
croire	croyons:	**croyais**	**croyions**
voir	voyons:	**voyais**	**voyions**
connaître	connaissons:	**connaissais**	**connaissions**
dire	disons:	**disais**	**disions**
faire	faisons:	**faisais**	**faisions**
lire	lisons:	**lisais**	**lisions**
rire	rions:	**riais**	**riions**
écrire	écrivons:	**écrivais**	**écrivions**

REMARQUES:

■ La forme du présent et la forme de l'imparfait des verbes suivants ne sont pas très différentes. A l'imparfait on a un son / j / un peu plus fort.

croire	croyons:	**croyions**
voir	voyons:	**voyions**
rire	rions	**riions**

■ Le groupe **fai-** dans tout l'imparfait de **faire** est prononcé / fə / .

Exercices

A. Donnez l'imparfait des verbes suivants aux personnes indiquées.

1. voir (je) 2. écrire (je) 3. prendre (il)
4. venir (nous) 5. lire (il) 6. conduire (elle)
7. sortir (elle) 8. souffrir (elles) 9. croire (nous)
10. rire (nous) 11. faire (il) 12. comprendre (elles)
13. savoir (tu) 14. recevoir (tu) 15. dire (je)

B. Mettez les verbes des phrases suivantes à l'imparfait.

1. Nous voulons réussir. 2. Papa fait des remplacements. 3. Vous voyez la mer de votre appartement? 4. Tu ne comprends pas l'injustice de ses parents. 5. Que dites-vous? Que faites-vous? 6. Je reçois beaucoup de lettres. 7. Elles obtiennent de bonnes notes. 8. Je veux mettre de l'argent de côté. 9. Ils lisent des nuits entières. 10. Nous croyons que vous sortez trop.

◇ **5. Verbes impersonnels**

| pleuvoir | il pleut | **il pleuvait** | plaire | ça plaît | **ça plaisait** |
| falloir | il faut: | **il fallait** | valoir | ça vaut | **ça valait** |

◇ **6. Avoir / être**

L'imparfait d'**avoir** est régulier. L'imparfait d'**être** est formé sur la racine **et-**; les terminaisons sont régulières.

avoir		être	
j'**avais**	nous **avions**	j'**étais**	nous **étions**
tu **avais**	vous **aviez**	tu étais	vous **étiez**
il **avait**	ils **avaient**	il était	ils **étaient**

Exercice

Répétez les phrases suivantes à l'imparfait.

1. J'ai faim. 2. Tu as peur. 3. Elle a vingt ans. 4. Ils ont des difficultés. 5. Il a de mauvaises notes. 6. Je suis petit. 7. Elle est courageuse. 8. Nous sommes bons élèves. 9. Vous êtes en seconde au lycée. 10. Elles sont à la bibiothèque. 11. Il pleut. 12. Ses chaussures valent cher. 13. Il ne faut pas faire les commissions le dimanche. 14. Le travail de son frère ne vaut pas très cher. 15. Tu sais si elle est tunisienne ou algérienne?

◇ 7. Verbes pronominaux

L'imparfait des verbes pronominaux se forme comme l'imparfait des verbes réguliers. Voici la conjugaison de **se laver**.

Je **me lavais**	nous **nous lavions**
tu **te lavais**	vous **vous laviez**
il, elle **se lavait**	ils, elles **se lavaient**

Exercice

Donnez les verbes suivants à l'imparfait aux formes indiquées.

1. se laver (je)
2. se promener (nous)
3. se raser (tu)
4. s'aimer (ils)
5. se changer (elles)
6. se débrouiller (elle)
7. se rendre compte (nous)
8. se souvenir (vous)
9. se rappeler (je)
10. se trouver (il)
11. se reposer (vous)
12. s'envoler (elle)
13. se dépêcher (tu)
14. se remplir (il)

La forme négative

On place la négation à l'imparfait comme au présent: les deux mots entourent le verbe.

Ma mère **n'**obligeait **pas** mon frère à laver le sol.
Je **n'**avais **pas** besoin de leçons particulières.
Le frère **ne** se fatiguait **pas** beaucoup.

La forme interrogative

On forme l'interrogation à l'imparfait comme au présent.

Est-ce que les parents entendaient Gisèle quand elle annonçait ses bonnes notes?
Quand et où est-ce que la jeune fille lisait?

Exercice

Répétez les phrases suivantes à l'imparfait.

1. Où est-ce que les enfants dorment? 2. Comment est-ce que Gisèle se débrouille pour gagner de l'argent? 3. Les parents ne s'intéressent pas aux études de leur fille. 4. Combien de livres empruntez-vous à la bibliothèque chaque semaine? 5. Est-ce que tu rends l'argent qu'on te prête? 6. Quand je lis, je ne m'aperçois pas que la nuit finit. 7. Tu ne vas pas au supermarché le lundi? 8. Nous ne nous rendons pas compte qu'il pleut. 9. Pourquoi est-ce qu'elle se cache pour lire? 10. Elle s'inscrit à tous les cours de danse. 11. Croyez-vous qu'elle réussit parce qu'elle étudie beaucoup? 12. Il ne faut pas beaucoup de temps pour tout ranger.

♫ ♪ *Quand le Paris des années 60 était la capitale du jazz...* ♪

Emplois

Il y a trois formes anglaises pour traduire l'imparfait.

> Je **lisais** *I would read, I used to read, I was reading*

REMARQUE: On peut aussi traduire l'imparfait *I read*, mais cette traduction contient l'idée de *I would read, I used to read* or *I was reading*.

◇ **1.** On emploie l'imparfait pour raconter des souvenirs d'enfance, ou des actions habituelles qui se sont répétées dans une période de temps illimité (*without limits*).

> Quand Giselle **était** petite, elle **vivait** en Tunisie avec sa famille. Son père ne **gagnait** pas beaucoup d'argent. Gisèle **se débrouillait** et **donnait** des leçons particulières.

Ces actions sont souvent accompagnées d'adverbes:

autrefois	formerly	souvent	often
à l'époque	in those days	toujours	always
le dimanche, le lundi	on Sundays, Mondays	de temps en temps	from time to time
tous les jours	every day	quelquefois	sometimes
parfois	sometimes	généralement	generally
rarement	rarely	d'habitude	usually

> Le dimanche, le père emmenait les enfants à la plage et quelquefois il leur achetait une glace.

Exercice

Refaites les phrases suivantes à l'imparfait, pour dire ce que ces personnes avaient l'habitude de faire dans le passé.

> Modèle: Les Renaud habite à Bordeaux. Autrefois, ils **habitaient** à Pau.

1. Ma tante mange des légumes. Quand elle était jeune (elle manger de la viande).   2. Robert court tous les jours. Autrefois il (ne pas courir).   3. M. Halimi est riche. Quand il habitait en Tunisie (il être pauvre).   4. Nos cousins ne voyagent plus. Autrefois ils (voyager tous les ans).   5. Gisèle suit des cours de droit. Avant, elle (suivre des cours de médecine).   6. Mme Laurent fait ses commissions à un hypermarché. Quand elle habitait à la campagne (elle faire ses commissions au marché en plein air).   7. Régine porte des lunettes pour lire. Quand elle (être plus jeune, elle lire sans lunettes).   8. Roger se lève à midi, se couche à minuit. Autrefois, tous les jours, il (se lever à 7 heures, se coucher à 10 heures).

◇ **2.** On emploie l'imparfait pour faire la description physique et morale d'une personne.

> Laurent **avait** dix ans. Il n'**était** pas grand. Il **avait** les yeux bleus et les cheveux bruns. Il **portait** toujours des jeans. Il **souriait** souvent et **obéissait** généralement à son père.

◇ **3.** On emploie l'imparfait pour décrire le temps (*the weather*).

> Quand Gabrielle était jeune, elle **vivait** dans l'Ontario: même en octobre, il **faisait** froid, le ciel **était** gris, il **pleuvait**, il **neigeait**.

> Hier, à la plage, il **faisait** un temps superbe: le soleil **brillait;** il n'y **avait** pas de vent; le ciel **était** clair et bleu.

◇ **4.** On emploie l'imparfait pour indiquer les actions progressives. Souvent deux actions ont lieu (*take place*) en même temps. Dans ce cas, on utilise des conjonctions:

pendant que	while	**quand**	
			when
tandis que		**lorsque**	
	whereas		
alors que			

Gisèle **donnait** des leçons particulières, **tandis que** son frère ne **faisait** rien.
Nous **regardions** la télévision **pendant que** nous **mangions**.

Exercices

A. Mettez les paragraphes suivants à l'imparfait.

1. Le père de Gisèle est tunisien. Il travaille chez un avocat. Il n'a pas une très belle situation. La famille est pauvre et habite dans une petite maison. Les quatre enfants dorment dans la même chambre. La mère oblige les filles à laver le sol. Elles font aussi la vaisselle et le ménage. Le frère n'a rien à faire.

2. Dans ce pays, il fait toujours chaud. Le soleil brille. Le ciel est bleu. Il ne neige jamais. Il pleut au printemps. On a des carreaux sur le sol des maisons parce que c'est plus frais. Dans les jardins, il y a beaucoup de fleurs et d'arbres.

3. Jacques est un homme de petite taille. Il a les cheveux bruns et les yeux verts. Il s'habille toujours de vêtements pratiques: il préfère les jeans et les polos, même en hiver. Il est plutôt timide, mais se met en colère quand on le contrarie. Il montre du courage et de la patience dans les situations difficiles.

La vieille dame était aux mains de deux gangsters

Sauvée parce que sa voix tremblait au téléphone

LIMOGES
(Coresp. « F.-S. »)

Un coup de téléphone donné d'Avigno... parents ... pe... ...er ...

regagne l'immeuble, ils la suivent et, sous la menace d'un revolver, pénètrent dans l'appartement et le... tent sur un canapé. ... exig... ...des ...i... de... ...rgent et ...

B. Mettez le texte suivant à l'imparfait et traduisez en anglais les verbes que vous obtenez.

Une soirée en famille*

Mon père se lève à quatre heures du matin, hiver comme été... On lui apporte un peu de café; il travaille ensuite dans son cabinet[6] jusqu'à midi. Ma mère et ma sœur déjeunent chacune dans leur chambre à huit heures du matin. Je n'ai aucune heure fixe, ni pour me lever, ni pour déjeuner; je suis censé[7] étudier jusqu'à midi: la plupart du temps, je ne fais rien. A onze heures et demie, on sonne le dîner[8] que l'on sert à midi. La grand'salle est à la fois salle à manger et salon: on dîne et l'on[9] soupe à l'une de ses extrémités, du côté de l'est; après le repas on vient se placer à l'autre extrémité, du côté de l'ouest, devant une énorme cheminée.

Le souper fini, ma mère se jette... sur un vieux lit de jour;[10] on met devant elle un guéridon[11] avec une bougie.[12] Je m'assieds auprès du feu avec Lucille; des domestiques enlèvent le couvert[13] et se retirent. Mon père commence alors une promenade, qui ne cesse qu'à l'heure de son coucher. Il est vêtu d'une robe... blanche, ou plutôt d'une espèce de manteau. Sa tête, demi-chauve,[14] est couverte d'un grand bonnet qui se tient tout droit. Lorsqu'en se promenant il s'éloigne du foyer,[15] la vaste salle est si peu éclairée par une seule bougie qu'on ne le voit plus: on l'entend seulement encore marcher dans les ténèbres:[16] puis il revient lentement vers la lumière[17] et émerge peu à peu de l'obscurité comme un spectre, avec sa robe blanche, son bonnet blanc, sa figure[18] longue et pâle.

Le passé composé et l'imparfait ensemble

Dans un récit, on emploie le passé composé et l'imparfait alternativement. Voici des situations possibles.

◇ **1.** Une action soudaine (*au passé composé*) est accompagnée par une description (*à l'imparfait*) ou par une action progressive.

> J'**ai vu** le chien: il **courait** dans la rue.
> Je l'**ai fait** entrer: il **avait** l'air triste.
> Gisèle **s'est arrêtée** de parler: ses parents ne l'**écoutaient** pas.

REMARQUE: Souvent il y a **qui, que,** ou **parce que** entre les deux groupes de la phrase.

> J'**ai vu** le chien **qui courait** dans la rue.

◇ **2.** Une description, une habitude (*à l'imparfait*) est interrompue par une action soudaine (*au passé composé*):

> Hier, je **dormais** sur mon canapé: le chat **a sauté** sur moi!
> J'**écrivais** tous mes devoirs à la main; un jour j'**ai acheté** un ordinateur.

---

* René de Chateaubriand (1768–1848) est un des grands écrivains «romantiques». Dans cet extrait des *Mémoires d'Outre-Tombe*, il raconte son enfance, qu'il a passée avec ses parents et sa sœur Lucille à Combourg, en Bretagne, dans un château-fort triste et sombre que l'on peut encore visiter.

[6] **le cabinet** *here*, study [7] **censé** supposed [8] **sonner le dîner** to ring the bell for dinner [9] **l'on = on** [10] **le lit de jour** sofa [11] **le guéridon** small table [12] **la bougie** candle [13] **enlever le couvert** to clean the table [14] **demi-chauve** half bald [15] **s'éloigner du foyer** to walk away from the fire [16] **les ténèbres** (*f. pl.*) darkness [17] **la lumière** light [18] **la figure** face

◇ **3.** Certains verbes sont plus fréquemment employés à l'imparfait qu'au passé composé parce qu'ils expriment un état mental ou physique. Ces verbes sont **être, avoir, penser, croire, savoir, espérer,** etc.

> J'**étais fatigué:** je **pensais** que j'allais mourir.
> Je **savais** que c'**était** la fin.

Quand ces verbes sont employés au passé composé, ils ont un sens différent; ils expriment un choc, un changement soudain, ou donnent l'idée que l'action est terminée.

> Quand j'**ai entendu** votre explication, j'ai compris.
> J'**ai eu** la grippe la semaine dernière, mais je suis guéri.

◇ **4.** Le verbe qui suit la conjonction **que** après un verbe au passé (**je pensais que, il a cru que**) n'est jamais au passé composé.

> J'ai vu qu'il **pleuvait.**
> Je savais qu'il **allait** échouer à son examen.

Tableau récapitulatif

Passé composé	*Imparfait*
1. Action-point •	Actions habituelles →
2. Plusieurs actions-points • • •	Actions progressives →
3. Durée limitée ⊢——⊣	Description →
4. Répétition limitée | • • • |	Habitude →

Passé composé et imparfait ensemble

1. Action soudaine et description • →
2. Description et action soudaine → •
3. Habitude et action soudaine → •

Exercice

Dans les phrases suivantes, mettez les verbes au temps qui convient, passé composé ou imparfait.

1. Hier, Marguerite (voir) un garçon qui (dormir) à la bibliothèque.
2. Quand elle (rentrer) chez elle, elle (rencontrer) le facteur qui (apporter) le courrier.
3. Elle (demander) à sa mère si elle (savoir) où (être) son livre de chimie.
4. Je (ne pas aller) au cinéma parce que je (ne pas avoir) le temps.
5. Vous (ne pas sortir) ce matin? Pourquoi pas? Il (pleuvoir).
6. Dans cette famille, les filles (travailler); le garçon (se reposer). Un jour, les filles (se révolter).
7. Toutes les nuits, Gisèle (lire) en cachette. Une nuit son père (se lever), (la surprendre) et (la punir).

8. Les parents de cette jeune fille (ne pas remarquer) ses bonnes notes. Un jour, le professeur de maths (leur téléphoner).
9. Les parents (être surpris). Ils (ne pas savoir) que leur fille (être) un génie.
10. Nous (ne pas acheter) de disques parce que nous (ne pas avoir) de stéréo.
11. Tu (rendre) à la banque l'argent qu'on (te prêter)?
12. Non, je (croire) que (c'être) un cadeau de la part du directeur.
13. Bernard (recevoir) généralement des C et des D. L'autre jour, surprise! Il (recevoir) un A.
14. Il (ne pas savoir) qu'il (pouvoir) réussir.
15. Il (décider) de travailler davantage.

Formules à retenir

1. **Si +** l'imparfait dans une phrase interrogative signifie *What if . . . , suppose . . . , how about . . . ?*

Si nous **allions** au ciné ce soir?	*How about a movie tonight?*
Si tu te **dépêchais** un peu?	*What if you hurried a bit?*

Exercice

Répétez les phrases suivantes avec **si** et l'imparfait.

Modèle: On va au cinéma ce soir?
*Si on **allait** au cinéma ce soir?*

1. Nous achetons une nouvelle voiture?   2. Vous prenez un peu de repos.   3. Tu empruntes de l'argent à la banque?   4. On va voir grand-mère dimanche?   5. Je te raconte une histoire?

◇ **2. devoir**

  a. Devoir avec un nom objet direct signifie *to owe.*

Françoise **doit** mille dollars à la banque.	*Françoise **owes** the bank one thousand dollars.*

  b. Devoir avec un infinitif est un auxiliaire et a plusieurs sens:

  ■ **un sens de probabilité** (*must, probably*). C'est son emploi le plus courant.

Il **doit faire** froid au Pôle Nord.	*It **must be** cold at the North Pole.*
Tu as travaillé jusqu'à minuit? Tu **devais avoir** sommeil.	*You worked until midnight? You **must have been** sleepy.*
Il fait plus frais; il **a dû** pleuvoir cette nuit.	*It's colder; it **probably** rained last night.*

Exercice

Refaites les phrases suivantes sur le modèle indiqué. (*Attention:* **devoir** peut être au présent, à l'imparfait ou au passé composé!)

Modèle: Il **fait froid** au pôle Nord.
*Il **doit faire froid** au pôle Nord.*

1. Giselle a l'air fatigué. *Elle lit* la nuit en cachette.   2. Philipe n'a pas beaucoup d'argent. *Il ne travaille pas* beaucoup.   3. Vous avez fait du camping en Alaska en hiver? *Il faisait* froid.   4. Vous n'avez rien mangé depuis hier matin? *Vous aviez faim* quand vous êtes arrivé.   5. Un cambrioleur est entré chez vous la nuit? *Vous avez eu* peur.   6. Marie a reçu le prix d'excellence. Ses parents *ont été* fiers.

> ■ **un sens de nécessité, d'obligation** (*must, must not; should, should not; have to, had to*). Souvent cette obligation a un caractère moral.

Les enfants **doivent** respecter leurs parents.	*Children **must** (or **should**) respect their parents.*
Ma sœur et moi **devions** ranger les affaires.	*My sister and I **had** to pick up things.*
Sa voiture est tombée en panne. Elle **a dû** prendre un taxi.	*Her car broke down. She **had** to take a taxi.*

REMARQUE: Pour traduire l'idée d'obligation, on peut aussi employer **il faut.**

Exercice

Refaites les phrases suivantes sur le modèle indiqué. (*Attention:* **devoir** peut être au présent, à l'imparfait ou au passé composé!)

> Modèle: On **obéit** aux lois.
> *On **doit obéir** aux lois.*

1. En Tunisie les femmes *portent* un voile (*veil*).   2. Dans ce pays, les enfants *demandent* aux parents la permission de se marier.   3. Autrefois les jeunes filles *ne sortaient pas* sans chapeau.   4. Georgette *n'a pas demandé* de prêt à la banque pour payer ses études.   5. Ma perruche s'est envolée de sa cage. Je *suis allée* au marché aux oiseaux pour acheter une autre perruche.   6. Si on veut vivre vieux, *on fait* attention à sa santé.

> ■ **une intention ou une action future.** A l'imparfait **devoir** exprime un projet manqué (*were supposed to . . . but*).

Nos amis **doivent** arriver demain à San Francisco.	*Our friends **are supposed** to arrive tomorrow in San Francisco.*
Marie **devait** venir nous voir, mais elle n'a pas pu.	*Marie **was supposed** to come and visit us, but she couldn't.*

REMARQUE: **Devoir** au conditionnel: **devrais, aurait dû** a le sens spécial de *should, should have* (voir p. 310).

Exercice

Refaites les phrases suivantes sur le modèle indiqué. (*Attention:* **devoir** peut être au présent, à l'imparfait ou au passé composé!)

> Modèle: Nous **partons** demain.
> *Nous **devons partir** demain.*

1. Son frère *va* au lycée samedi pour sa colle.   2. Julia *vient* me voir cet après-midi pour copier le cours de géographie.   3. Mon père *faisait* un remplacement chez un avocat, mais on a trouvé quelqu'un d'autre.   4. Nous *allions* nous promener au bord de la rivière mais nous sommes restés à la maison à cause de la pluie.   5. Pascale *se marie* jeudi avec le directeur d'un super-marché.   6. Ses parents *partaient* faire une croisière (*cruise*), mais leur fils a eu un accident.

Tableau-résumé

	Probabilité	*Intention*	*Obligation*
Présent	Il **doit** faire beau. *The weather **must be** fine.*	Je dois partir à 8 heures. *I **am supposed** to leave at eight o'clock.*	Vous **devez** travailler davantage. *You **must** work harder.*
Passé composé	Vous **avez dû** avoir peur. *You **must have been** scared.*		Il **a dû** prendre un taxi. *He **had** to take a taxi.*
Imparfait	Tu **devais** avoir faim. *You **were probably** hungry.*	Josette **devait** partir en vacances, mais elle a eu un accident (*projet manqué*). *Josette **was supposed** to leave for a vacation, but she had an accident.*	Autrefois les femmes **devaient** porter un chapeau dans la rue. *In the past women **had** to wear a hat (while walking in the street).*

◇ **3. depuis quand** + imparfait

On emploie **depuis quand** + l'imparfait pour indiquer qu'une action a commencé dans le passé et a continué jusqu'à une interruption.

> **Depuis quand** est-ce que Louis **trichait** quand le prof' **l'a attrapé**?
>
> *How long had Louis been cheating when the professor **caught** him?*

Comme au présent, on utilise **depuis quand** pour dire *since when (date or precise time)* et **depuis combien de temps** pour dire *how long (for what length of time)* avec un verbe à la forme progressive (*had been cheating*). Le verbe qui suit **quand** est toujours au passé composé. La formule est:

> Depuis quand
> Depuis combien de temps } + imparfait, **quand** + passé composé

Dans la réponse on emploie l'imparfait + **depuis**.

Louis **trichait depuis** trois mois (**depuis quand?**) **quand . . .**

*Louis **had been cheating** for three months (for how long?) **when . . .***

A la place de **depuis**, on peut aussi employer les expressions suivantes: **Il y avait . . . que** et **ça faisait . . . que.**

Il y avait 3 mois que Louis **trichait...**
Ça faisait 3 mois que Louis **trichait..**

Louis had been cheating for . . .

Exercice

Faites des questions avec **depuis quand** et **depuis combien de temps** et des réponses avec **depuis, il y a** et **ça fait.**

1. Claude / fumer / tomber malade / 10 ans.
2. Rosalie / se promener dans la forêt / il / se mettre à pleuvoir / midi.
3. Germaine / conduire sa nouvelle voiture / elle / avoir un accident / février.
4. Cet employé / travailler dans ce bureau / quitter la compagnie / 30 ans.
5. Je / dormir / entendre l'explosion / minuit.
6. Nous / se parler / on / couper / la communication / 10 minutes.
7. Ils / regarder la télé / je / téléphoner / 8 heures du soir.
8. Les Rois Mages (*Wisemen*) / marcher / ils / apercevoir l'étoile de Bethléhem / plusieurs jours.

Exercices

A. **Que faisiez-vous?** Dimanche, je m'ennuyais; j'ai téléphoné à plusieurs personnes. Personne ne répondait. Dites ce que chaque personne faisait.

Modèle: Philippe: (**être au cinéma**)
*Philippe **était** au cinéma.*

1. Patrick: (dormir avec des boules quiès dans les oreilles [*ear plugs*])
2. Caroline: (faire du jogging)
3. Sophie: (aider sa sœur à déménager)
4. Clément: (ranger le garage avec son père)
5. Charles et Robert: (être à la bibliothèque)
6. Paulette: (nager dans la piscine)
7. Janine: (nettoyer le grenier [*attic*])
8. Julie: (réviser) ses cours pour un examen chez une copine
9. Patrick et Jacques: (peindre l'appartement de leur grand-père)

B. **La maison de votre enfance.** Comment était-elle? Décrivez-la.

1. Dans quel état ou province ou pays viviez-vous?
2. Où était située la maison? En ville? Dans la banlieue (*suburbs*) d'une grande ville? A la campagne?

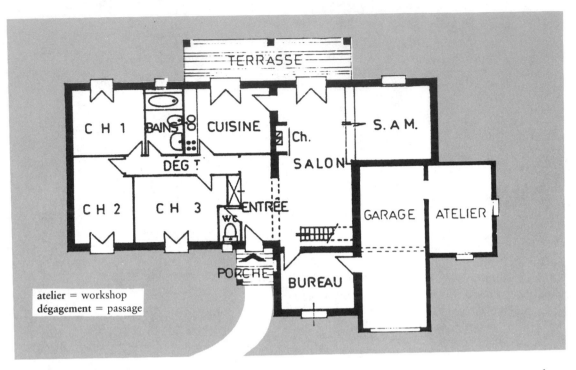

3. Etait-elle grande ou petite? Combien de pièces (*rooms*) est-ce qu'elle avait? Nommez les pièces et les meubles.

4. Est-ce qu'il y avait des carreaux ou un plancher (*wood floor*)? Est-ce qu'il y avait une salle de bain en bas ou en haut?

5. A quel étage couchiez-vous? Est-ce que le chat et le chien dormaient avec vous? Ou est-ce qu'ils couchaient dans un placard ou sur un fauteuil ou peut-être sur un canapé (*sofa*)?

6. Partagiez-vous (*did you share*) une chambre avec votre sœur ou votre frère?

7. Où preniez-vous vos repas, dans la cuisine ou dans la salle à manger? Le matin... Le soir...

8. Est-ce qu'il y avait un jardin, une piscine, des arbres ou un garage?

C. **Les camarades d'enfance.** Les bons et les mauvais élèves.

1. Gisèle et Philippe étaient bons élèves. Que faisaient-ils?

étudier tous les jours, s'inscrire à toutes les bibliothèques, copier les notes de cours, ne pas manquer les classes, s'intéresser à tout, réussir à leurs examens, vouloir aller à l'université, faire partie du club français.

2. Robert et Marguerite étaient mauvais élèves. Que faisaient-ils?

tricher, recevoir de mauvaises notes, signer les bulletins à la place de leur père, échouer aux examens, ne pas apprendre leurs leçons, avoir besoin de leçons particulières, ne jamais finir leurs devoirs, s'amuser en classe.

Traduction

1. When I was attending university, I needed pocket money. 2. I could not borrow money from the bank, and my parents could not help me. 3. But I would manage: I substituted, and I tutored students, from 8th to 12th grade at the high school. 4. My students were poor students; they were not getting good grades, and did not pass their exams. 5. They were getting F's in every subject. 6. Math and Latin in particular did not interest them. 7. I forced them to recopy their class notes. 8. I told them they must think of (**penser à**) their future, but they went on cheating, and getting punished for their bad grades. 9. One of them, however, was a special case. 10. He belonged to a large family, and they could not even buy him his school books. 11. He worked in a restaurant, washed dishes and cleaned floors. 12. He was registered in all the libraries in town, was reading books at night, hiding from his parents. 13. He was saving money to go to the university in Paris. 14. He became (**passé composé**) a famous lawyer.

Conversations

1. Votre maison ou votre appartement. Où habitez-vous? Combien de pièces est-ce qu'il y a chez vous? Décrivez chaque pièce. Habitiez-vous dans une maison différente quand vous étiez jeune? Décrivez cette maison (**à l'imparfait**).

   le salon (*old-fashioned living room*): le séjour ou le living: un meuble (*piece of furniture*), le canapé (*couch*), le téléviseur ou la télé, la chaîne haute-fidélité (*stereo*), le tableau (*painting*), le poster, les rideaux (*drapes*), le lampadaire (*floor lamp*), le fauteuil (*armchair*)

   la salle à manger: le buffet

   la cuisine: la cuisinière (*stove*), le frigidaire (le frigo), le congélateur (*freezer*), le lave-vaisselle, les éléments (*cupboards*), l'évier (*sink*)

   les chambres: le lit (*bed*), la penderie (*closet*), l'armoire

   les autres pièces: le grenier (*attic*); le sous-sol (*basement*); la salle de bain

2. Votre famille. Quels sont les membres de votre famille? Vivez-vous avec votre famille? Viviez-vous avec votre famille quand vous étiez jeune?

   le frère, la sœur, le beau-frère (*brother in law or stepbrother*), la belle-sœur (*sister-in-law or stepsister*), l'oncle, la tante, le cousin, la cousine, le grand-père et la grand-mère, le petit-fils et la petite-fille, le neveu, la nièce

3. Vos responsabilités. Parmi les occupations ménagères, quelles sont celles dont vous êtes responsable? De quelles occupations étiez-vous responsable quand vous étiez petit(e)?

   faire le ménage (*to clean house*), passer l'aspirateur (*to vacuum*), balayer (*to sweep*), épousseter les meubles (*to dust*), nettoyer (*to clean*), faire la cuisine (*to cook*), faire la lessive (*to do the laundry*), ranger (*to pick up things*), repasser (*to iron*), frotter (*to scrub*), bricoler (*to putter*), jardiner (*to garden*), sortir les poubelles (*to take the garbage out*), mettre le couvert (*to set the table*), débarrasser la table (*to clear the table*)

Rédaction

Racontez votre enfance à l'imparfait: Où habitaient vos parents? Où habitiez-vous après votre naissance? Avec qui? De combien de personnes se composait votre famille? Quel était votre emploi du temps habituel? Quelles étaient vos responsabilités à la maison? Aimiez-vous lire? Etudier? Etiez-vous bon (bonne) élève?

Chapitre 4

Le plus-que-parfait

Vocabulaire

âgé old (people)
ajouter to add
apprendre (*here*) to inform
s'asseoir to sit down
arriver to happen
avoir envie de to feel like
avoir l'air (+ *adj*.) to look
avoir mauvais caractère to have a bad temper
avoir raison to be right
avoir sommeil to be sleepy
avoir tort to be wrong
biberon (*m*.) baby bottle
caractère (*m*.) temper
chien (*m*.) dog
commissaire (*m*.) **de police** police inspector
commissariat (*m*.) precinct
écraser to run over
ennuyer to bore
épouser quelqu'un to marry (someone)
faire entrer to show in
faire face to face
faux false
fourrure (*f*.) fur
garder to keep
genou (*m*.) knee
genoux (*m. pl*.) lap

guéri cured, well again
guérir to cure
habitué accustomed
s'habituer à to get used to
interroger to ask questions
jeune young
jeunesse (*f*.) youth
maladie (*f*.) illness
se marier to get married
mort (*f*.) death
nourrir to feed
peau (*f*.) skin
perdre to lose
perdu lost
poil (*m*.) animal hair
race (*f*.) breed
remarquer to notice
retraite (*f*.) pension
se sentir (+ *adj*.) to feel (+ *adj*.)
un bout de a bit of
un morceau de a piece of
vieillesse (*f*.) old age
vieux, vieille old
voisin (*m*.) neighbor
vrai real

L'Art de Vivre
s'installe à Vélizy-
Villacoublay

Vocabulaire supplémentaire

Animaux (*m. pl.*) familiers (*pets*)

aboyer to bark
chat (*m.*) cat
chien (*m.*) de chasse hunting dog
        de garde watch dog
        policier police dog
griffe (*f.*) claw
griffer to scratch
gronder to growl
lécher to lick
miauler to miaow
niche (*f.*) dog house
oreilles (*f. pl.*) ears

queue (*f.*) tail
rage (*f.*) rabies
ronronner to purr
Société Protectrice des Animaux (S.P.A.)
  Humane Society
vétérinaire (*m.*) veterinarian

La santé (health)
être en bonne (mauvaise) santé to be in
  good (bad) health
prendre des médicaments to take medicine
se soigner to take care of oneself
tomber malade to get sick

Divers
barbe (*f.*) beard
être à la retraite to be retired
retraité (*m.*) retired person
un temps de chien bad weather
une vie de chien a wretched life

Le vieux Salamano

Albert Camus (1913–1960), qui a reçu le prix Nobel de littérature, a une réputation mondiale; il a écrit des essais, des nouvelles, des pièces de théâtre. *L'Etranger* est un de ses premiers récits, qui est devenu un des livres les plus importants de notre siècle. Le héros, Meursault, est un homme ordinaire qui vit en Algérie. Il n'est ni bon ni méchant; il est surtout indifférent à tout. Dans ce passage, il parle avec Salamano, un vieux voisin, qui a perdu son chien.

Sur le pas de ma porte,° j'ai trouvé le vieux Salamano. Je l'ai fait entrer et il m'a appris que son chien était perdu, car il n'était pas à la fourrière.° Les employés lui avaient dit que, peut-être, il avait été écrasé. Il avait demandé s'il n'était pas possible de le savoir dans les commissariats. On lui avait répondu qu'on ne gardait pas trace° de ces choses-là,° parce qu'elles arrivaient tous les jours. J'ai dit au

    Sur... On my doorstep

    pound

    garder... keep track
    ces... those things

Albert Camus, *L'Etranger,* edited by Germain Brée and Carlos Lynes, Jr. © 1955, pp. 65–66, 99. Reprinted by permission of Prentice-Hall, Inc., Englewood Cliffs, N.J.

vieux Salamano qu'il pourrait avoir° un autre chien, mais il a eu raison de me faire remarquer qu'il était habitué à celui-là.[1]

    J'étais accroupi° sur mon lit et Salamano s'était assis sur une chaise devant la table. Il me faisait face et il avait ses deux mains sur les genoux. Il avait gardé son vieux feutre.° Il mâchonnait des bouts de phrases° sous sa moustache jaunie. Il m'ennuyait un peu, mais je n'avais rien à faire et je n'avais pas sommeil. Pour dire quelque chose, je l'ai interrogé sur son chien. Il m'a dit qu'il l'avait eu après la mort de sa femme. Il s'était marié assez tard. Dans sa jeunesse, il avait eu envie de faire du théâtre.° Mais finalement, il était entré dans les chemins de fer[2] et il ne le regrettait pas, parce que maintenant il avait une petite retraite. Il n'avait pas été heureux avec sa femme, mais dans l'ensemble° il s'était bien habitué à elle. Quand elle était morte, il s'était senti très seul. Alors, il avait demandé un chien à un camarade d'atelier° et il avait eu celui-là très jeune. Il avait fallu le nourrir au biberon. Mais comme un chien vit moins qu'un homme, ils avaient fini par être vieux ensemble. Il avait mauvais caractère, m'a dit Salamano. Mais c'était un bon chien quand même.° J'ai dit qu'il était de belle race et Salamano a eu l'air content. Et encore, a-t-il ajouté, vous ne l'avez pas connu avant sa maladie. C'était le poil qu'il avait de plus beau.° Tous les soirs et tous les matins, depuis que le chien avait eu cette maladie de peau,° Salamano le passait à la pommade.° Mais selon lui,° sa vraie maladie, c'était la vieillesse, et la vieillesse ne se guérit pas.

il... he could have

crouched

felt hat
mâchonnait... was chewing the ends of his sentences

faire... to act in a play

dans... all in all

camarade... friend from work

quand... all the same

C'était... His fur was his most beautiful feature.
maladie... skin disease
le... rubbed him with ointment / selon... according to him

---

[1] **celui-là** (pronom démonstratif) = **ce chien-là** that dog
[2] **chemins de fer** nationalized railroad company, also known as **S.N.C.F.** (**Société Nationale des Chemins de Fer**)

Questions

1. Où est-ce que Salamano était allé chercher son chien?
2. Qu'est-ce qui avait pu arriver au chien?
3. Pourquoi est-ce que Salamano ne voulait pas d'autre chien?
4. Où avait travaillé Salamano pendant toute sa vie et que faisait-il maintenant?
5. Avait-il vraiment aimé sa femme? Quel sentiment est-ce qu'il avait eu quand elle était morte?
6. Comment savez-vous que le chien était très jeune quand Salamano l'avait adopté?
7. Quel âge avait le chien quand il s'était perdu? Quelle était sa personnalité?
8. Qui est-ce que le chien avait remplacé dans la vie de Salamano?
9. Quelle maladie avait le chien? Quelle était sa vraie maladie?
10. Est-ce que l'homme qui parle (Meursault) avait vraiment de la sympathie pour le vieil homme? Pourquoi est-ce qu'il interrogeait le vieux? Quelles phrases vous montrent qu'il avait quand même (*anyway*) de la compassion?

Le plus-que-parfait

Formes

Le plus-que-parfait est formé avec l'imparfait de l'auxiliaire **avoir** ou **être** et le participe passé.

Il **avait eu** son chien après la mort de sa femme. — *He **had gotten** his dog after his wife's death*

J'étais ennuyé de ce qui **était arrivé**. — *I **was annoyed** about what **had happened**.*

Elle **s'était endormie** avant la fin de la pièce. — *She **had fallen asleep** before the end of the play.*

verbes avec **avoir**	*verbes avec* **être**	*verbes pronominaux*
J'**avais donné**	j'**étais parti**	je **m'étais promené**
tu **avais pris**	tu **étais venu**	tu **t'étais trompé**
il **avait fait**	il **était entré**	il **s'était assis**
elle **avait vu**	elle **était arrivée**	elle **s'était regardée**
nous **avions choisi**	nous **étions sortis**	nous **nous étions mariés**
vous **aviez écouté**	vous **étiez descendus**	vous **vous étiez aimés**
ils **avaient reçu**	ils **étaient montés**	ils **s'étaient perdus**

REMARQUES:

- L'accord du participe suit les même règles qu'au passé composé.

    elle **était partie**   nous **étions sortis**

- Le verbe pronominal se conjugue avec l'auxiliaire **être** à l'imparfait.

    Le vieux **s'était soigné.**   Elles **s'étaient arrêtées.**

- Ne confondez pas le plus-que-parfait **j'étais parti** avec l'imparfait du verbe **être** accompagné d'un adjectif: **j'étais ennuyé.**

    Elle **était partie** au commissariat chercher son chien qui **s'était perdu.**
    Il **était ennuyé** parce qu'il devait travailler pendant que ses amis s'amusaient à jouer au foot.

Exercices

A. Donnez le plus-que-parfait des verbes suivants à la personne indiquée.

1. conduire (vous)	2. lire (tu)	3. monter (il)
4. mettre (il)	5. partir (vous)	6. souffrir (elle)
7. rire (tu)	8. s'ennuyer (elles)	9. s'écrire (vous)
10. se rencontrer (ils)	11. dire (nous)	12. faire (je)
13. apprendre (je)	14. vivre (elles)	15. se promener (tu)

B. Donnez le plus-que-parfait des verbes en italique dans les phrases suivantes.

1. Il *fait* la cuisine. 2. Nous *avons* raison. 3. Tu *regardes*. 4. Nous *mettons* le café dans la tasse. 5. Vous *tombez*. 6. Il *veut* voyager. 7. Je *sais*. 8. Elle *arrive* en retard. 9. Elle *peut* venir. 10. Vous *êtes* heureux. 11. Ils *se trouvent* à Paris. 12. Tu *vas* à la poste. 13. Je *comprends*. 14. Les étudiants *sortent* de classe. 15. Le vieux *perd* son chien. 16. Ces choses *arrivent* le jour précédent. 17. Ils *finissent* leurs devoirs. 18. Il *s'habitue* à la vie. 19. Elle *meurt* jeune. 20. Il *faut* le nourrir au biberon. 21. Ils *se marient*.

La forme négative

La forme négative du plus-que-parfait est comparable à la forme négative du passé composé: **ne** et **pas** entourent l'auxiliaire. Le participe passé est placé après.

    Le cambrioleur a pu entrer et sortir sans être dérangé: notre chien **ne** l'avait **pas** entendu et n'avait **pas** aboyé.

La forme interrogative

Pour former une phrase interrogative au plus-que-parfait on place **est-ce que** au commencement de la phrase, comme au passé composé.

    Est-ce que l'agent de police avait arrêté Albert parce qu'il conduisait trop vite, ou parce qu'il avait bu?

Exercices

A. Refaites les phrases suivantes; mettez le groupe en italique au plus-que-parfait négatif.

1. Jean-Jacques *a abandonné* ses enfants parce qu'il ne les aimait pas.   2. Thérèse *a eu* beaucoup de chagrin de perdre sa perruche.   3. Mon oncle vient de mourir. Il *a été* à la retraite pendant longtemps.   4. Robert vient d'entrer à l'hôpital. Il *s'est bien* soigné.   5. Le petit chien était en excellente santé; on *l'a nourri* au biberon.   6. Caroline a acheté un manteau de vraie fourrure; elle *a entendu* parler de la campagne contre la destruction des animaux; elle *a lu* les journaux.

B. Refaites les phrases suivantes au plus-que-parfait à la forme interrogative.

1. Albert *a emmené* son chat chez le vétérinaire, quand il *est tombé* malade.   2. Les voisins *ont remarqué* quelque chose quand le chien *a aboyé*.   3. Vous *interrogez* les témoins (*witnesses*) de l'accident avant l'arrivée de la police.   4. Tu *as gardé* ton chapeau sur la tête pour entrer dans l'église.   5. Jean Paul *s'est rasé* avant d'aller à l'interview pour un poste important.   6. Le directeur de la compagnie *a aimé* sa barbe.   7. Vos amis *ont bien réfléchi* avant de se marier.   8. Elle *a eu* peur quand elle *a senti* le tremblement de terre.

Emplois

Le plus-que-parfait correspond à l'anglais *past perfect: he had made, she had said.*

Après plusieurs années passées à la campagne, ils **s'étaient habitués** difficilement à vivre dans un appartement.	*After several years spent in the countryside, they **had gotten used** to living in an apartment with difficulty.*
Pendant son enfance, Renée **avait nourri** beaucoup d'oiseaux.	*During her childhood, Renée **had fed** many birds.*

On emploie le plus-que-parfait pour indiquer qu'une action a lieu avant une action principale déjà passée.

(action principale)   (action passée avant)
Paul **est arrivé** à 9 heures; il **était parti** à 7 heures.

(action principale)   (action passée avant)
Gabrielle et son mari **sont allés** vivre en Alberta; ils **s'étaient mariés** au Québec.

REMARQUE: Le français est plus strict que l'anglais. En anglais on peut dire:

Paul arrived at nine o'clock; he left at seven.

Voici des modèles de phrases où l'emploi du plus-que-parfait est fréquent:

◇ 1. dans deux phrases juxtaposées (placées l'une à côté de l'autre)

Salamano m'a remercié: je l'**avais invité** à entrer.
Francine était heureuse: elle **avait épousé** un retraité.

◇ **2.** après un pronom relatif, **qui, que,** etc.

> Il n'a pas trouvé le chien **qu'il avait perdu.**
> La société protectrice des animaux n'a pas accepté les petits chats **que j'avais apportés.**

◇ **3.** après la conjonction **parce que.**

> Je me suis fâchée **parce qu'elle était arrivée** en retard à notre rendez-vous.

Exercice

Mettez les verbes en italique du texte suivant au plus-que-parfait. (Le texte que vous obtenez est un extrait de *L'Etranger.*)

L'histoire du Tchèque

Un homme *part* d'un village tchèque pour faire fortune. Au bout de vingt-cinq ans, riche, il *revient* avec une femme et un enfant. Sa mère tenait un hôtel avec sa sœur dans son village natal. Pour les surprendre, il *laisse* sa femme et son enfant dans un autre établissement,[3] *va* chez sa mère qui ne le *reconnaît pas* quand il *entre.* Par plaisanterie[4] il *a* l'idée de prendre une chambre. Il *montre* son argent. Dans la nuit, sa mère et sa sœur *l'assassinent* à coups de marteau[5] pour le voler et *jettent* son corps dans la rivière. Le matin, la femme *vient, révèle* sans le savoir l'identité du voyageur. La mère *se pend.*[6] La sœur *se jette* dans un puits.[7]

◇ **4.** après **que** ou **si** dans un discours indirect (voir p. 370).

> Il a demandé aux employés **si** quelqu'un **avait trouvé** son chien.

◇ **5.** après la conjonction **si** dans un système conditionnel (voir p. 313).

> **Si j'avais eu** sommeil, je serais allé me coucher.

◇ **6.** après les conjonctions de temps.

lorsque quand après que	after	aussitôt que dès que	as soon as	une fois que depuis que	once, after, since

> **Aussitôt qu'il s'était senti** malade, il **était allé** chez le médecin.
> **Une fois que** Pauline **avait fini** ses commissions, elle se promenait dans les rues de Montréal.

ATTENTION: Le verbe qui suit la conjonction de temps est au plus-que-parfait; le verbe principal est au plus-que-parfait ou à l'imparfait, jamais au passé composé.

Albert Camus, *L'Etranger,* edited by Germaine Brée / Carlos Lynes, Jr., © 1955, pp. 65–66, 99. Reprinted by permission of Prentice-Hall, Inc., Englewood Cliffs, N.J.

[3] **un établissement = un hôtel**   [4] **par plaisanterie** as a joke   [5] **un marteau** hammer   [6] **se pendre** to hang oneself   [7] **le puits** well

Exercice

Dans les phrases suivantes, mettez le verbe au plus-que-parfait.

1. Aussitôt qu'elle (arriver) au commissariat, Régine (demander) si on (trouver) le voleur qui (entrer) dans sa maison et (prendre) son appareil photo, sa caméra (*movie camera*), et sa machine à écrire.
2. Si Fernand (se soigner), il n'aurait pas eu besoin d'aller à l'hôpital.
3. Le jour du concours de beauté (*dog show*), son chien avait une foururre magnifique parce qu'il lui (donner) un bain et qu'il (le brosser) pendant des heures.
4. Serge a eu une vie ennuyeuse et un travail sans avenir. Il (ne pas s'intéresser) aux études.
5. Une fois que les enfants (s'amuser) dans le parc, (courir) et (jouer), on leur donnait un goûter.
6. Le professeur a répété ses explications trois fois: les étudiants (ne pas avoir l'air) de comprendre les deux premières fois.
7. Après que Marie-Françoise (nourrir) son bébé, elle le regardait avec adoration.
8. Dès que ma voiture est tombée en panne, j'ai compris que mon père (avoir raison) de prendre une bonne assurance.
9. Le commissaire était fatigué; il (interroger) le prisonnier pendant deux heures sans succès.
10. Quand Brigitte (taper) vingt lettres à la machine, elle se sentait déprimée.

Rappelez-vous!

◇ **1.** *Le passé composé seul* est employé:

    a. pour exprimer une action soudaine ou une série d'actions successives.

        Il **est entré**, il **s'est assis**, il **a commencé** à parler.

    b. pour exprimer une action qui a duré, mais qui s'est terminée.

        Il **a attendu** une heure au commissariat.

    c. pour exprimer une action qui s'est répétée plusieurs fois, mais qui s'est terminée.

        Il **a emmené** son chien cinq fois chez le vétérinaire.

◇ **2.** *L'imparfait seul* est employé:

    a. pour décrire un décor, une atmosphère, ou une personne, un animal.

        Il **faisait** chaud, le soleil **brillait**; il n'y **avait** pas de vent.
        Le chien **était** grand, il **avait** un beau poil.

    b. pour décrire une habitude, sans limite de temps. (*actions habituelles*)

        Salamano **se promenait** tous les jours avec son chien.

    c. pour indiquer des actions progressives.

        La petite fille **mangeait** du pop-corn pendant qu'elle **regardait** la télé.

Passé composé, imparfait et plus-que-parfait ensemble

On peut avoir une succession des trois temps du passé: passé composé, imparfait, plus-que-parfait. Chaque temps exprime un aspect particulier de l'action passée.

◇ **1.** Le passé composé a une valeur d'action soudaine ou d'action achevée.

◇ **2.** L'imparfait a une valeur de description, d'habitude, d'action progressive.

◇ **3.** Le plus-que-parfait a une valeur d'action passée avant l'action principale.

> **J'ai rencontré** le vieux Salamano; il **avait** l'air triste; il **avait perdu** son chien qui **avait disparu** depuis trois jours.

Adverbes.   Expressions suivies du plus-que-parfait

Les expressions suivantes sont fréquemment employées avec le plus-que-parfait.

la veille	the day before	**avant-hier**	the day before yesterday
le jour avant		**avant hier soir**	the night before last
la semaine avant		**le week-end d'avant**	the preceding weekend
avant	before	**la semaine précédente**	the week before

Exercice

Dans les paragraphes suivants, mettez le verbe entre parenthèses au temps qui convient: imparfait, passé composé ou plus-que-parfait.

1. D'habitude, Gérard (arriver) toujours à l'heure en classe. Hier, il (arriver) en retard. Il (ne pas se réveiller) quand son réveil (sonner).

2. Tous les jours, M. Tintin (se promener) dans le parc avec son chien de garde. Lundi dernier je le (voir): il (être) seul. Je lui (parler). Il (me dire) que son chien (être) malade et qu'il (devoir) le conduire et le laisser chez le vétérinaire pour quelques jours.

3. Jérôme et Mélanie (se rencontrer) à une soirée samedi dernier. Ils (se reconnaître): il y a plusieurs années ils (faire du théâtre) ensemble et (jouer) dans une pièce. Ils (être) enchantés de se retrouver.

4. Nous (rentrer) de vacances mercredi. Nous (partir) la semaine précédente. Nous (avoir) une mauvaise surprise: la maison (être inondée) (*flooded*) parce que nous (oublier) de fermer le robinet (*faucet*) de la baignoire (*bathtub*).

5. Hier je (aller) voir mon ami Stéphane. Je (ne pas lui téléphoner) avant. Quand (j'arriver), je (sonner) à la porte d'entrée. Personne ne (répondre). Stéphane (sortir). Je (attendre) pendant une heure. Enfin Stéphane (arriver). Il (être) content de me voir. Nous (bavarder) pendant cinq minutes, et puis je (partir) parce que j'(avoir) rendez-vous avec Sarah. C'est un rendez-vous que j'(prendre) lundi dernier et je ne (vouloir) pas le manquer (*miss*).

6. Sylvie et François (rompre) leurs fiançailles. François ne pas (regretter) Sylvie: elle (avoir) mauvais caractère et ils (se disputer) tout le temps. Même le jour de Noël, ils (avoir) une dispute mémorable parce que François (refuser) d'acheter un manteau de fourrure pour Sylvie.

Formules à retenir

◇ **1. venir de** + l'imparfait

L'expression **venir de** à l'imparfait accompagnée d'un infinitif est une autre façon d'exprimer le plus-que-parfait récent: *I had just done, he had just left.*

Je **venais de** rentrer chez moi quand mon   *I **had just returned** home when my*
voisin est arrivé.   *neighbor arrived.*

Exercices

A. Répétez les phrases en italique avec l'expression **venir de** à l'imparfait à la place du plus-que-parfait.

1. Papillon *était sorti* de prison. 2. Nous *avions reçu* une lettre de notre fils quand il a téléphoné. 3. Rachel *avait acheté* sa voiture quand elle a eu un accident. 4. Camus *avait obtenu* le Prix Nobel quand il est mort. 5. Roger *avait trouvé* son job quand on lui a fait une offre dans une autre compagnie.

B. Traduisez les phrases suivantes.

1. We had just arrived when they (**on**) announced the departure of the plane. 2. She had just visited the Louvre when I met her. 3. We had just bought our new car when we had our accident. 4. The composer (**compositeur**) had just finished his symphony when he died.

◇ **2. Expressions avec avoir**

Certaines expressions idiomatiques sont formées avec le verbe **avoir** et un nom sans article. Voici une liste d'expression avec **avoir** qui sont fréquentes.

avoir besoin	to need	**avoir mauvais caractère**	to have a bad disposition
avoir bon caractère	to have a good disposition	**avoir mauvaise mine**	to look sick
		avoir peur	to be afraid
avoir bonne mine	to look healthy	**avoir raison**	to be right
avoir chaud	to be hot	**avoir soif**	to be thirsty
avoir envie	to feel like	**avoir sommeil**	to be sleepy
avoir faim	to be hungry	**avoir tort**	to be wrong
avoir froid	to be cold	**avoir (dix, quinze) ans**	to be (ten, fifteen) years old
avoir l'air	to look		

REMARQUES:

■ Ces expressions s'emploient seulement avec un nom de personne comme sujet. A la place d'**avoir chaud, froid, raison,** si le sujet est un objet inanimé, une chose, on dit:

La soupe **est chaude.**
La glace **est froide.**
Cette phrase **est juste, exacte, fausse, incorrecte.**

**Hippopotamus Halles
29, rue Berger**

Accueil jusqu'à 1h du matin

- Il n'y a pas d'article devant le mot qui suit **avoir**, excepté dans l'expression **avoir l'air** (*to look, to appear*).

    Il **a eu l'air** content.   *He looked happy.*

- L'expression **avoir l'air** s'emploie avec un nom de personne ou un nom de chose.

    Mon ami a l'air fatigué.
    Votre bifteck a l'air bon.

Exercices

A. Mettez l'expression avec **avoir** qui convient dans les phrases suivantes.

1. Je ne peux pas garder les yeux ouverts: ____. 2. Tu trembles parce que tu ____ ou parce que tu ____? 3. Quand on marche vite sous le soleil, bientôt, on ____ et on ____. 4. Il n'a rien mangé depuis hier: il ____. 5. Le chien est vieux. Il ____. 6. Quand je lui ai dit que son chien était beau, il ____ content. 7. Tu bois du café? Tu ____. C'est mauvais pour le cœur. 8. Elle était pâle, maigre. Elle ____ malade. 9. Ce jeune homme n'a pas beaucoup d'amis; oui, il est toujours de mauvaise humeur et il ____. 10. Mes voisins ne sont pas gentils avec leurs animaux. J' ____ de les dénoncer à la Société Protectrice des animaux.

B. Traduisez les phrases suivantes.

1. My dog is 15 years old.   2. Do you need a typewriter?   3. She does not have a good disposition.   4. You look healthy.   5. Your father is right.

◇ **3. s'ennuyer / ennuyer / être ennuyé**

    a. Le verbe **s'ennuyer** signifie *to be bored, to get* or *to become bored.*

        Quand je n'ai rien à faire, je **m'ennuie.**
        Vous vous **ennuyez** le dimanche?

    b. Le verbe **ennuyer** signifie *to bore.*

        Le vieil homme **ennuie** Meursault. Est-ce que cette classe vous **ennuie?**

    c. Etre ennuyé signifie *to be sorry, annoyed.*

        Salamano **est ennuyé;** il a perdu son chien.

    d. **Ennuyeux** signifie *boring.*

        Ce film est **ennuyeux.** Ce professeur est **ennuyeux.**

    e. **L'ennui** signifie *boredom.*

        Les jeunes gens font des actions stupides par **ennui.**

    f. Les **ennuis** signifie *difficulties, worries, problems.*

        Ils ont eu beaucoup d'**ennuis** avec leur fille.

Exercice

Traduisez les phrases suivantes.

1. You bore me.   2. You are boring.   3. Are you bored on weekends?   4. Why do you leave this town? Boredom.   5. They had problems with their dog.   6. I lost my credit cards (**cartes de crédit**). I am annoyed.

Exercices

A. **Vive le changement!**   Christelle aime le changement. Hier, elle a fait une chose. La semaine précédente, elle avait fait tout le contraire. Décrivez ses actions, au passé composé avec **hier** et au plus-que-parfait avec **la semaine dernière.**

    Modèle: Hier, elle (aller) au lycée à pied; la semaine dernière   (prendre) l'autobus.
          Hier, elle **est allée** *au lycée à pied; la semaine dernière elle* **avait pris** *l'autobus.*

1. Elle (sortir) avec Julien; elle (ne pas vouloir) lui parler.
2. Elle (mettre) un pull rouge; elle (s'habiller) en bleu.
3. Elle (teindre) (*dye*) ses cheveux en vert; elle les (teindre) en violet.
4. Elle (décider) d'avoir des bonnes notes; (ne pas travailler) du tout.

5. Elle (se maquiller) pendant une heure; (ne pas se coiffer).

6. Elle (manger des fruits et du yaourt); elle (dévorer) des hamburgers à tous les repas.

7. Elle (se lever) à 7 heures; elle (dormir) jusqu'à midi.

B. Des personnes bien organisées, ou mal préparées?   Mettez le verbe entre parenthèses au temps qui convient pour expliquer ce que les personnes bien organisées avaient fait pour assurer le succès de leur entreprise ou ce que les personnes mal organisées avaient fait pour échouer.

> Modèle: Marianne (partir) à l'heure pour l'aéroport; elle (faire) sa valise la veille.
> *Marianne **est partie** à l'heure pour l'aéroport; elle **avait fait** sa valise la veille.*

1. La pièce de théâtre (être) une catastrophe; les acteurs (ne pas répéter assez souvent). 2. Robert (être reçu) brillamment à son examen; il (étudier) sérieusement toute l'année précédente.   3. Le mariage d'Evelyne (être) un grand succès. Sa mère et elle (préparer) les détails de la réception pendant plusieurs mois.   4. Notre voiture (tomber) en panne (*broke down*) pendant notre voyage. Le mécanicien (ne pas vérifier) le moteur avant notre départ.   5. Mon cousin (gagner) le marathon; il (s'entraîner) régulièrement.   6. Cette actrice (ne pas recevoir) l'Oscar; ses films (ne pas recevoir) une bonne critique.   7. On (donner) le prix Nobel à ces savants, qui (découvrir) comment guérir un virus dangereux.

C. Un jeune homme étourdi (*scatterbrain*).   Dans le récit suivant, mettez les verbes au temps qui convient pour chaque action: passé composé, imparfait, plus-que-parfait.

Un jour, Jean-François (décider) _____ d'aller faire du ski pour le week-end. Il (emprunter) _____ la voiture de sa cousine. Il (partir) _____ tôt le samedi matin et (arriver) _____ à midi à la montagne. Il (faire) _____ du ski toute l'après-midi. Quand il (s'arrêter) _____, il (aller) _____ dîner et (trouver) _____ un motel pour dormir. Le lendemain, quand il (se réveiller) _____, il (s'apercevoir) _____ qu'il (neiger) _____ toute la nuit. Il (écouter) _____ la radio: on (annoncer) _____ que les routes (être bloquées) _____. Toute la journée, il (neiger) _____. Jean-François (rester) _____ au motel. Mais il (ne pas avoir) _____ assez d'argent pour passer une autre nuit au motel et il (ne pas posséder) _____ de carte de crédit. De plus, il (ne pas avoir) _____ de chaînes pour la voiture. Il (téléphoner) _____ à sa mère: elle (être) _____ furieuse parce que Jean-François (partir) _____ sans la prévenir (*inform*). Après plusieurs coups de téléphone, la mère de Jean-François (trouver) _____ un ami qui (connaître) _____ des gens dans cette station (*resort*). Les Cholet (inviter) _____ Jean-François à rester dans leur châlet (*cabin*). Ils lui (prêter) _____ de l'argent pour acheter des chaînes et de l'essence pour la voiture. Enfin, le lundi, il (s'arrêter) _____ de neiger. Jean-François (pouvoir) _____ partir et il (rentrer) _____ chez lui. Quand il (rendre) _____ la voiture à sa cousine, elle (éclater) _____ de rire: elle-même (aller) _____ faire du ski la semaine précédente et (acheter) _____ des chaînes qui (se trouver) _____ dans la malle de l'auto. Jean-François (se sentir) _____ stupide parce qu'il (ne pas penser) _____ à regarder dans la malle (*trunk*).

Traduction

Traduisez les verbes en italique au temps qui convient pour chaque action.

Benoît *was studying* le droit à Paris. Un jour *he decided* de prendre des vacances aux Etats-Unis. Mais *he did not have* beaucoup d'argent. *He was hitchhiking* (**faire de l'auto-stop**). Un jour, un homme qui *looked nice stopped and took him* dans sa voiture. Pendant que *they were travelling,* le monsieur, *Mr. Hunt, asked him* (**lui**) *questions* (**poser des questions**). *He learned* que Benoît *was not* un hippie et *he saw* que Benoît *looked serious. He asked if he wanted* travailler pour lui. Benoît *was to* (**devoir**) conduire une voiture toute neuve de Detroit à Phoenix pour un riche propriétaire. Benoît *was happy.* Trois jours plus tard, *he picked up* (**prendre livraison**) de la voiture *and started* son voyage. Mais dans une petite ville de Michigan, où *he was getting gas* (**prendre de l'essence**), *he realized* que les papiers de la voiture *were* faux. *He called the police.* On *found out* (**découvrir**) que la voiture *had been stolen.* Mr. Hunt et son gang *were stealing* des voitures et *were sending them* au Mexique. Benoît *had to stay* dans la petite ville pour témoigner (**to testify**). *He found* un job dans un restaurant comme garçon. Quand *he returned home, he wrote* une lettre au patron du restaurant *where he had worked; he had noticed that* le restaurant *was selling* deux ou trois bouteilles de vin chaque soir. Si le patron *would select* (**choisir**) des vins français meilleurs, il pourrait en vendre davantage. Le patron *called* Benoît en France et lui *offered* (**proposer**) un job l'été suivant. Benoît *studied* les vins et l'été suivant au restaurant *he sold* 90 bouteilles de vin chaque soir. Alors *he decided that he was having fun and started* à faire ce métier pour gagner sa vie. *He became* le sommelier en chef de l'Hôtel Halekulani à Honolulu, Hawaï, un des plus beaux palaces du monde.

Conversations

1. Quels sont les défauts des jeunes que les vieux critiquent?

   Ils font du bruit / leur musique est dingue (*crazy*) / leurs vêtements sont ridicules / ils manquent de discipline / ils n'ont pas de respect pour les institutions, leurs parents / ils n'obéissent pas.

2. Qu'est-ce que les jeunes critiquent chez les vieux?

   Ils sont autoritaires / ils veulent toujours avoir raison / ils nous empêchent de nous amuser / ils ont des idées traditionnelles / ils n'arrêtent pas de donner des conseils.

3. Distractions et passe-temps. Quelles sont les distractions qui sont communes aux jeunes et aux vieux?

   les loisirs / les passe-temps (*hobbies*) / faire du sport / du foot (*soccer*) / jouer au tennis / faire du théâtre / bricoler (*fix things around the house*) / faire du jardinage / faire du camping / faire de la couture (*sewing*) / faire du tricot (*knitting*) / faire de la tapisserie / faire des travaux manuels (*crafts*) / faire de la musique / jouer d'un instrument / faire de la peinture / faire de la sculpture.

Rédaction

1. Vous avez perdu un chien ou un chat. Vous allez à la fourrière pour le retrouver et vous imaginez ce qui a pu lui arriver. Vous racontez la vie de votre chien (chat), vous le décrivez et vous expliquez vos rapports avec cet animal.

2. Vous imaginez que vous êtes un reporter et que vous allez interviewer des vieux dans une maison de retraite. Certains ont eu une vie très ennuyeuse, mais d'autres ont eu une vie fascinante.

Chapitre 5

Le passé simple

Vocabulaire

à demi = à moitié   half
avoir du succès   to be successful
bonne (*f.*)   maid
collectionner   to collect
corriger   to correct
courses (*f. pl.*)   errands
éducatif   educational
en liberté   wild, free
essai (*m.*)   attempt
estimer   to assume
étonnamment   surprisingly
faire de l'autostop   to hitchhike
faire des courses   to run errands
hurler   to howl, to scream, to yell
manifester   to show, to have a demonstration

objet (*m.*) perfectionné   gadget
période (*f.*)   length of time
pliant   folding
plier   to fold
plonger   to submerge
porter   to carry
poussière (*f.*)   dust
pratiquement   practically
ressembler à   to look like
servir de   to act as, to be used as
souvenir (*m.*)   memory
sujet (*m.*)   topic
tout seul   all by oneself
vestiaire (*m.*)   cloakroom

Vocabulaire supplémentaire

La salle de bain
baignoire (*f.*)   bathtub
bain (*m.*)   bath
chauffe-eau (*m.*)   water heater
douche (*f.*)   shower
lavabo (*m.*)   sink
prendre un bain, une douche   to take a
  bath, a shower
se laver les pieds, les mains, les cheveux   to
  wash one's feet, hands, hair

La musique
cassette (*f.*)   cassette
cassette (*f.*) vidéo   video cassette
disque (*m.*)   record

électrophone (*m.*)   record player
enregistrer   to record
magnétophone (*m.*)   tape recorder
magnétoscope (*m.*)   video recorder
un 33 tour   long-playing record

Le train
compartiment (*m.*)   compartment
locomotive (*f.*)   locomotive, engine
omnibus (*m.*)   slow train
rapide (*m.*), l'express (*m.*)   express train
train (*m.*) de marchandise   freight train
wagon (*m.*) lit   sleeping car
wagon (*m.*) restaurant   dining car

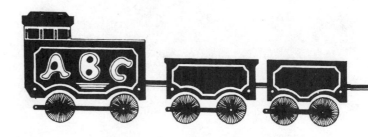

La Saga° de Daniel

Old Scandinavian tale

Françoise Mallet-Joris (1930–   ) a publié plusieurs romans, le premier à l'âge de vingt ans: *Le Rempart des Béguines, La Chambre Rouge, L'Empire Céleste.* Elle a reçu le prix Fémina. Elle dirige la collection «Nouvelles» pour les Editions Juilliard. Dans *Maison de papier,* elle parle de sa propre famille, de l'atmosphère un peu bohême° de sa maison et des rapports° souvent amusants entre elle, son mari, leurs enfants, leur bonne espagnole, etc.

bohemian / relationships

Quand Daniel naquit,° j'avais dix-huit ans. J'achetai une quantité d'objets perfectionnés: baignoire pliante, chauffe-biberon à thermostat, stérilisateur.° Je ne sus jamais très bien m'en° servir... J'emmenais parfois Daniel dans les cafés; on l'y° regardait avec surprise: ce
5 n'était pas encore la mode.[1] Il fut un bébé précurseur,° un bébé hippie avant la lettre.° Quand j'allais danser, il dormait dans la pièce qui servait de vestiaire.

was born

baignoire... folding bathtub; bottle
   warmer; sterilizer
en = de ces objets
y = dans les cafés
bébé... a baby forerunner
avant... ahead of his time

A cinq ans° il manifesta un précoce instinct de protection en criant° dans le métro[2] d'une voix suraiguë:[3] *Laissez passer ma ma-*
10 *man.* A huit ans il faisait des courses et son dîner tout seul, quand il estimait que je rentrais trop tard le soir... A neuf ans, nous eûmes° quelques conflits. Il refusa d'aller à l'école, de se laver, et de manger du poisson. Un jour, je le plongeai tout habillé° dans une baignoire, un autre jour Jacques[4] le porta sur son dos à l'école: il hurla tout le
15 long du chemin. Ces essais éducatifs n'eurent aucun succès.° Du reste,° il se corrigea° tout seul. Nous décidâmes de ne plus intervenir. A dix ans, au lycée, ayant reçu° pour sujet de rédaction *Un beau souvenir,* il écrivit ingénument: «Le plus beau souvenir de ma vie, c'est le mariage de mes parents.»

A... When he was five
en... by shouting

had

tout... completely dressed

n'eurent... were not all all successful
Du... Besides / rectified his own mistakes
ayant... having received

La Maison de papier de Françoise Mallet-Joris. © Editions Bernard Grasset.

[1] La mode, pour les hippies, consistait à emmener les bébés partout, dans les cafés, au dancing.
[2] **le métro** Paris subway
[3] **suraiguë** in a shrill voice (The dieresis over the **e** indicates that, in the feminine form, the **u** is pronounced / y / .)
[4] **Jacques** le père de Daniel

C'EST LA SEMAINE DU
BÉBÉ

A quinze ans, il eut une période yéyé.[5] Nous collectionnâmes les
45 tours°... Il joua de la clarinette. Il but un peu. A dix-sept ans il fut°
bouddhiste. Il joua du tuba. Ses cheveux allongèrent. A dix-huit ans,
il passa son bac.[6] Un peu avant, il avait été couvert de bijoux comme
un prince hindou° ou un figurant° de cinéma, une bague à chaque
doigt...

les... 45 r.p.m. records / became

from India / extra

Les bijoux disparurent. Il joua du saxophone, de la guitare. Il fit
4.000 kilomètres[7] en auto-stop, connut les tribus du désert de
Mauritanie, vit un éléphant en liberté, voyagea couché à plat ventre°
sur un wagon, à demi asphyxié par la poussière. Il constata que
Dakar ressemble étonnamment à Knokke-le-Zoute [Belgique]. Il re-
vint pratiquement° sans chaussures... mais doté° d'un immense prestige auprès de° ses frères et sœurs. Il rasa° ses cheveux et fit des
sciences économiques. Voilà la saga de Daniel.

couché... lying on his stomach

= **presque** / endowed with
in the eyes of / shaved off

Questions

1. Quel âge avait Françoise Mallet-Joris quand son bébé est né?
   Est-ce qu'elle était mariée? Comment savez-vous ce détail?
2. Pourquoi est-ce que Françoise Mallet-Joris ne s'est jamais servie
   des objets perfectionnés qu'elle avait achetés? Est-ce qu'elle était
   une mère traditionnelle? Où allait-elle souvent? Où emmenait-
   elle son bébé?
3. Pourquoi est-ce que l'enfant est devenu très tôt indépendant,
   autonome? Comment est-ce que cette autonomie s'est manifes-
   tée?
4. Comment est-ce que les parents ont réagi? Comment pouvez-
   vous décrire leurs essais éducatifs? Est-ce qu'ils sont autoritaires
   ou laxistes (*permissive*)?
5. Est-ce que Daniel aimait la musique? Comment le savez-vous?
6. Expliquez la phrase: il but un peu. Est-ce qu'il a bu du vin, du
   whiskey, de la bière, ou du Coca?
7. Décrivez l'apparence physique (vêtements, cheveux, bijoux) de
   Daniel. A qui est-ce qu'il ressemblait?
8. Où et comment est-ce que Daniel voyagea? Pourquoi est-ce qu'il
   voyagea de cette façon?
9. Qu'est-ce qu'il perdit et pourquoi est-ce qu'il eut du prestige
   auprès de ses frères et sœurs?
10. A son retour de voyage, est-ce que Daniel a changé? Quelle est
    sa nouvelle attitude?

---

[5] **yéyé** Dans les chansons des Beatles on entend: «*I love you, yeh, yeh, yeh.*» Les Français ont tiré de cette expression les
chansons yéyé, le style yéyé, etc.
[6] **bac = le baccalauréat** examen que les jeunes Français doivent passer à la fin du lycée pour entrer à l'université
[7] **4.000 kms** environ 2,500 *miles*

Le passé simple

Dans la langue écrite seulement, et dans un style littéraire, on a un autre temps: le passé simple.

Formes

Le passé simple est formé sur le radical du verbe. On supprime la terminaison de l'infinitif **-er**, **-ir**, **-re** et on ajoute les terminaisons du passé simple, qui sont régulières.

◇ **1.** Verbes du 1er groupe
   donner   radical: **donn**

-ai	je **donnai**	-âmes	nous **donnâmes**
-as	tu **donnas**	-âtes	vous **donnâtes**
-a	il, elle **donna**	-èrent	ils, elles **donnèrent**

REMARQUES:

- Il y a un **a** à toutes les personnes, sauf à la 3ème personne du pluriel.

- Retenez surtout *il donna, ils donnèrent*. Ces personnes sont les plus employées.

   a. Le verbe **aller** qui est irrégulier au présent est régulier au passé simple.

   Daniel **alla** en Mauritanie et ses parents **allèrent** en Chine.

   b. Les verbes en **-cer** et **-ger** ont les changements orthographiques suivants:

   c → ç devant **a**

   je commençai
   tu commenças
   il, elle commença   MAIS: ils, elles commencèrent
   nous commençâmes
   vous commençâtes

   g → ge devant **a**

   je voyageai
   tu voyageas
   il, elle voyagea   MAIS: ils, elles voyagèrent
   nous voyageâmes
   vous voyageâtes

Exercices

A. Donnez le passé simple des verbes suivants à la personne indiquée.

1. commencer (il)   2. déménager (elles)   3. partager (tu)
4. remplacer (elle)   5. avancer (elles)   6. manger (je)
7. nager (je)   8. voyager (nous)   9. changer (il)
10. prononcer (je)

B. Répétez les phrases suivantes au passé simple.

1. Il va en Afrique.   2. Elle visite les Etats-Unis.   3. Les Allemands demandent la paix.
4. Les explorateurs atterrissent sur une île inconnue.   5. L'actrice s'est évanouie de fatigue.
6. Les parents de Daniel se sont mariés tard.   7. Un jour la jeune mère n'a pas emmené son bébé au café.   8. La jeune fille s'arrête de parler et rougit.   9. Cette année-là, les feuilles ont jaunies et sont tombées tôt.   10. Le conférencier a parlé longuement.   11. Ce bébé a commencé à parler à un an.   12. Son père voyage beaucoup, puis il rentre dans son pays.

◇ **2.** Verbes du 2ème groupe
   finir   radical: **fin**

-is	je **finis**	-îmes	nous **finîmes**
-is	tu **finis**	-îtes	vous **finîtes**
-it	il, elle **finit**	-irent	ils, elles **finirent**

REMARQUES:

- Il y a un **i** à toutes les personnes.

- Les trois personnes du singulier du passé simple sont identiques au présent. C'est le sens de la phrase qui indique le temps (*tense*).

Exercice

Donnez le passé simple des verbes suivants à la personne indiquée.

1. rougir (je)   2. jaunir (elles)   3. démolir (on)
4. choisir (je)   5. maigrir (elle)   6. réfléchir (nous)
7. grossir (ils)   8. obéir (vous)   9. vieillir (il)

◇ **3.** Verbes réguliers du 3ème groupe
   entendre   radical: entend

-is	j'**entendis**	-îmes	nous **entendîmes**
-is	tu **entendis**	-îtes	vous **entendîtes**
-it	il, elle **entendit**	-irent	ils, elles **entendirent**

REMARQUES: Il y a un **i** à toutes les personnes.

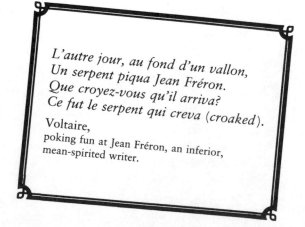

L'autre jour, au fond d'un vallon,
Un serpent piqua Jean Fréron.
Que croyez-vous qu'il arriva?
Ce fut le serpent qui creva (*croaked*).

Voltaire,
poking fun at Jean Fréron, an inferior,
mean-spirited writer.

Exercices

A. Donnez le passé simple des verbes suivants à la personne indiquée.

1. rendre (tu)
2. perdre (je)
3. vendre (ils)
4. attendre (nous)
5. confondre (elle)
6. répondre (je)
7. attendre (elles)
8. entendre (il)

B. Mettez les verbes en italique des phrases suivantes au passé simple.

1. Quand Raoul *a entendu* la nouvelle, il *s'est évanoui*. 2. L'avion *a attendu* longtemps et finalement il *s'est posé*. 3. Daniel *a vendu* ses bijoux et *a rendu* à son père l'argent qu'il lui devait. 4. Elle *confond* la Mauritanie avec le Soudan. 5. Quand le professeur de sciences économiques l'*a interrogée*, elle *a rougi* (*blushed*), mais elle *a bien répondu*. 6. Quand ils *ont voyagé* en Afrique, ils *ont maigri* et ils *ont perdu* une valise.

◇ **4.** Verbes irréguliers du 3ème groupe

Le passé simple de la plupart des verbes irréguliers se forme sur le participe passé. On ajoute au participe passé les terminaisons du passé simple.

singulier	*pluriel*
-s	-ˆmes
-s	-ˆtes
-t	-rent

a. La première catégories de ces verbes a un **i** à toutes les personnes.

	participe passé	*passé simple*	
dormir	dormi	il **dormit**	ils **dormirent**
partir	parti	il **partit**	ils **partirent**
sortir	sorti	il **sortit**	ils **sortirent**
mentir	menti	il **mentit**	ils **mentirent**
sentir	senti	il **sentit**	ils **sentirent**
rire	ri	il **rit**	ils **rirent**
sourire	souri	il **sourit**	ils **sourirent**
mettre[1]	mis	il **mit**	ils **mirent**
prendre[2]	pris	il **prit**	ils **prirent**
dire	dit	il **dit**	ils **dirent**

[1] Autres verbes conjugués ainsi (*thus*): **promettre, permettre, remettre.**

[2] Autres verbes conjugués ainsi: **comprendre, surprendre, apprendre.**

Exercice

Donnez le passé simple des verbes suivants à la personne indiquée.

1. dormir (je)
2. rire (tu)
3. sourire (elles)
4. prendre (nous)
5. sortir (il)
6. dire (je)
7. apprendre (elle)
8. partir (nous)
9. permettre (il)

b. La deuxième catégorie a un **u** a toutes les personnes.

	participe passé	*passé simple*	
courir	couru	il **courut**	ils **coururent**
recevoir[1]	reçu	il **reçut**	ils **reçurent**
devoir	dû	il **dut**	ils **durent**
pouvoir	pu	il **put**	ils **purent**
savoir	su	il **sut**	ils **surent**
vouloir	voulu	il **voulut**	ils **voulurent**
boire	bu	il **but**	ils **burent**
connaître[2]	connu	ils **connut**	ils **connurent**
croire	cru	il **crut**	ils **crurent**
lire	lu	il **lut**	ils **lurent**
plaire	plu	il **plut**	ils **plurent**
vivre	vécu	il **vécut**	ils **vécurent**

[1] Autres verbes conjugués ainsi: **apercevoir, décevoir.**

[2] Autre verbe conjugué ainsi: **paraître** (*to appear*).

Exercice

Donnez le passé simple des verbes suivants à la personne indiquée:

1. courir (il)
2. pouvoir (il)
3. devoir (vous)
4. vouloir (je)
5. connaître (je)
6. boire (il)
7. vivre (elles)
8. recevoir (elle)
9. savoir (nous)
10. croire (ils)
11. lire (ils)
12. apercevoir (il)

c. Les verbes de la troisième catégorie ont un passé simple irrégulier. On n'emploie pas le radical du participe passé pour former le passé simple.

	participe passé		*passé simple*	
couvrir	couvert	MAIS:	il **couvrit**	ils **couvrirent**
ouvrir	ouvert	MAIS:	il **ouvrit**	ils **ouvrirent**
offrir	offert	MAIS:	il **offrit**	ils **offrirent**
souffrir	souffert	MAIS:	il **souffrit**	ils **souffrirent**
voir	vu	MAIS:	il **vit**	ils **virent**
convaincre	convaincu	MAIS:	il **convainquit**	ils **convainquirent**
conduire[1]	conduit	MAIS:	il **conduisit**	ils **conduisirent**
écrire[2]	écrit	MAIS:	il **écrivit**	ils **écrivirent**
faire	fait	MAIS:	il **fit**	ils **firent**
tenir	tenu	MAIS:	il **tint**	ils **tinrent**
venir	venu	MAIS:	il **vint**	ils **vinrent**

[1] Autres verbes conjugués ainsi: **construire, traduire, produire.**

[2] Autre verbe conjugué ainsi: **décrire.**

◇ **5. Verbes impersonnels**

pleuvoir	plu	**il plut**
falloir	fallu	**il fallut**
plaire	plu	**ça plut**
valoir	valu	**ça valut**

◇ **6. Naître / mourir**

| naître | né | **il naquit** | **ils naquirent** |
| mourir | mort | **il mourut** | **ils moururent** |

◇ **7. Avoir / être**

	avoir		être
j'**eus**	nous **eûmes**	je **fus**	nous **fûmes**
tu **eus**	vous **eûtes**	tu **fus**	vous **fûtes**
ils **eut**	ils **eurent**	il **fut**	ils **furent**

Exercices

A. Donnez le passé simple des verbes suivants à la personne indiquée.

1. offrir (je)   2. plaire (elle)   3. avoir (nous)
4. souffrir (elle)   5. falloir (il)   6. voir (il)
7. conduire (il)   8. naître (il)   9. traduire (elle)
10. faire (elles)   11. mourir (elle)   12. découvrir (ils)
13. pleuvoir (il)   14. être (je)   15. valoir (ça)

L'AGE DIOR

EN 1947, LA RÉVOLUTION DU NEW-LOOK DE CHRISTIAN DIOR FIT OUBLIER AUX FEMMES LES ANNÉES DE GUERRE ET RENAÎTRE LA MODE FRANÇAISE. FRANÇOISE GIROUD, QUI VIENT D'ÉCRIRE LE TEXTE DE «DIOR», LE MAGNIFIQUE ALBUM CONSACRÉ AU GRAND COUTURIER PAR LES ÉDITIONS DU REGARD, RACONTE SES SOUVENIRS À GÉRARD LEFORT.

B. Ecrivez les verbes en italique des phrases suivantes au passé simple.

1. Elle *fait* les courses pour son fils. 2. Ils *ont* beaucoup de succès avec leurs enfants. 3. Il *est* bouddhiste. 4. Daniel *voit* des éléphants en liberté. 5. Elle *croit* que le laxisme était préférable. 6. Elle *lit* beaucoup de livres éducatifs. 7. Napoléon *est mort* en exil. 8. Daniel *est né* en 1960. 9. Pendant sa vie, Jacques *a écrit* beaucoup de lettres. 10. Ce jeune hippie *a découvert* que la vie de famille était bien agréable. 11. Il *souffre* de la chaleur, pendant son voyage en Mauritanie. 12. Brian *est venu* faire des études de Sciences Politiques à Paris et *a obtenu* son diplôme en trois ans.

C. Ecrivez les verbes in italique des phrases suivantes au passé composé.

1. Ces femmes *furent* très heureuses. 2. Elles *firent* beaucoup de voyages. 3. Quand elle me *vit,* elle *sut* immédiatement que j'étais malade. 4. Elle *mit* ses chaussures dans son sac. 5. Il *fallut* de la patience pour élever cet enfant. 6. Jacques *rit* et *sortit* de la pièce. 7. Nos cousins ne *purent* pas assister à notre mariage, mais ils *vinrent* au baptème de notre fils. 8. Ce jeune homme *connut* beaucoup de pays et *retint* (*remembered*) beaucoup de détails sur leur culture. 9. Les enfants de Françoise *naquirent* à Paris, mais *furent* élevés à la campagne. 10. Les troupes de l'armée anglaise *vainquirent* les Allemands dans le désert de Lybie après des batailles très dures où beaucoup de soldats *souffrirent* et *moururent.* 11. Les Français *construisirent* beaucoup de lignes de chemin de fer dans les pays d'Afrique qu'ils *occupèrent* ou *protégèrent.* 12. Ils *promirent* de respecter les cultures de ces pays, mais ne *tinrent* pas toujours leur promesse.

Emploi

◇ **1.** Le passé simple est le temps de la narration historique ou littéraire.

En 1535 le navigateur français Jacques Cartier **explora** le fleuve Saint Laurent. Il **crut** trouver une route vers l'Orient, mais **s'arrrêta** à cause des rapides qu'il **nomma** les rapides Lachine.	*In 1535 the French navigator Jacques Cartier **explored** the St. Lawrence River. He **thought** he had found a route to the Orient, but **stopped** because of rapids, which he **named** the Lachine Rapids.*

◇ **2.** Le passé simple est utilisé uniquement pour écrire. On ne parle pas au passé simple, mais quelquefois, un conférencier (*lecturer*) ou un homme d'état qui parlent dans un style pompeux l'utilisent dans un discours.

Aujourd'hui, je vais vous parler d'un écrivain qui **vécut** au 17ème siècle et qui **fit** beaucoup parler de lui.

Le passé composé est utilisé pour parler et pour écrire. Voici les différences entre le passé simple et le passé composé:

passé composé	*passé simple*
un dialogue écrit	un récit de caractère littéraire
une lettre familière	une narration soignée
des actions récentes	des actions historiques

◇ **3.** Le passé simple a les mêmes valeurs que le passé composé: action soudaine, durée limitée, répétition limitée.

> Le jeune Daniel **naquit** en 1950.
> La mode yéyé **dura** seulement quelques années.
> Les parents de Françoise **firent** plusieurs voyages en Mauritanie.

◇ **4.** Dans un récit littéraire le passé simple s'emploie comme le passé composé, en relation avec un imparfait ou un plus-que-parfait.

> Quand les Etats-Unis **déclarèrent** la guerre à l'Allemagne en 1941, les pays d'Europe **avaient combattu** seuls pendant deux ans. La guerre **avait commencé** pour eux en 1939. Le monde entier **souffrait** des conséquences de cette guerre quand elle **se termina** enfin en 1945.

◇ **5.** Avec les conjonctions de temps — **après que, aussitôt que, dès que, une fois que** — il faut employer un temps spécial, *le passé antérieur,* si le verbe principal est au passé simple. On forme ce temps avec le passé simple de **avoir** ou **être** + le participe passé.

manger	il **eut mangé**	ils **eurent mangé**
sortir	il **fut sorti**	ils **furent sortis**
se rappeler	il **se fut rappelé**	ils **se furent rappelés**

> Aussitôt qu'il **eut découvrit** son nouveau vaccin contre la rage, Pasteur **voulut** l'essayer.

Exercice

A. Ecrivez les actions historiques suivantes au passé composé.

Napoléon *naquit* en Corse en 1769. Il *alla* à l'Ecole Militaire et *devint* général à 26 ans. Il *fit* beaucoup de guerres et *conquit* beaucoup de pays. Il *se maria* avec Joséphine et *se couronna* lui-même (*himself*) empereur en 1804.

B. Ecrivez les actions suivantes au passé simple.

Napoléon *est devenu* le héros de beaucoup de jeunes Français de son époque. De tous temps (*in all times*) les experts *ont admiré* ses plans de batailles. Il *a ramené* d'Egypte un monument célèbre: l'Obélisque. Il *a mis* les membres de sa famille à la tête de plusieurs pays d'Europe. Il *a créé* des institutions et *a fait* passer des lois qui existent encore. Une coalition de pays Européens *l'a vaincu* et il *est mort* en exil en 1821.

C. Ecrivez les actions suivantes au passé simple (*Attention:* Il faut employer un passé antérieur dans une des phrases!)

Marie Antoinette *est née* à Vienne en 1755. Elle *a vécu* dans cette ville pendant son enfance. A 15 ans elle *a épousé* le futur roi des Français, Louis XVI. Elle *est devenue* très vite impopulaire par sa prodigalité, ses caprices (*whims*) d'enfant gâtée (*spoiled*) et sa frivolité. Elle *a fait* construire le Hameau, à Versailles. Elle *a conseillé* au Roi de s'opposer aux réformes et elle *l'a poussé* (*pushed*) à résister à la Révolution. Ses ennemis lui *ont reproché* ses amitiés avec l'étranger (*foreign countries*). Après qu'on *l'a arrêtée,* elle *est restée* à la prison du Temple. Elle *est morte* sur l'échafaud (*guillotine*), comme Louis XVI.

Formules à retenir

◇ **1. emmener, emporter** (*to take*) / **amener, apporter** (*to bring*) / **ramener, rapporter** (*to bring back*)

    a. On **emmène, amène, ramène** une personne, un animal.

        Le matin, Jacques **emmenait** son fils à l'école, le soir il le **ramenait** à la maison.
        —Paul, venez dîner ce soir; **amenez** votre petite amie.

    b. On **emporte, apporte, rapporte** un objet inanimé.

        — Suzanne, tu vas en vacances à Hawaï? **Emporte** ton bikini, et **rapporte**-moi un collier de fleurs.
        — Jacques, viens dîner ce soir. — J'**apporte** quelque chose? — Si tu veux, **apporte** une bouteille de vin.

ATTENTION: **Porter** signifie *to carry ou to wear.* **Mener** signifie *to lead.*

Exercices

A. Dans les phrases suivantes mettez la forme correcte du verbe: **emmener, amener, ramener; emporter, apporter, rapporter.**

1. Ils sont allés en vacances au Mexique et ils ＿＿ des piñatas et des pots de toutes les couleurs. 2. Tu vas jouer au parc? ＿＿ ton petit frère. 3. Christine vient dîner ce soir. J'espère qu'elle ne va pas ＿＿ son chien. 4. Pierre, tu es à la cuisine? ＿＿ moi un verre d'eau, s'il te plaît. 5. Je ＿＿ mes frères à l'école le matin et le soir je les ＿＿ . 6. Elle va faire du ski à la montagne. Elle ＿＿ six pull-overs.

B. Répondez aux questions suivantes avec un des verbes étudiés.

1. Qu'est-ce que vous emportez quand vous allez à la plage? (des lunettes de soleil, de la crème antisolaire, un parasol, une chaise longue, une serviette de bain ou une couverture, un maillot, un pique-nique, un frisbee ou un ballon (*large ball; volley ball, football, etc.*)
2. C'est l'anniversaire de votre meilleur(e) ami(e). Que faites-vous pour lui (elle)? (cinéma, fleurs, champagne, restaurant)
3. Vous êtes invité(e) à ma surprise partie. Qu'est-ce que vous amenez? Qu'est-ce que vous apportez?
4. Vous êtes allé(e) en vacances dans une île tropicale. Qu'est-ce que vous avez rapporté?

◇ **2. servir** / **se servir**

    Le verbe **servir** a plusieurs constructions et des sens différents.

    a. **Servir** peut être suivi d'un nom objet direct: *to serve, to wait on.*

        Ma mère **sert** le dîner.   L'esclave **sert** son maître.

    b. **Servir à** peut être suivi d'un infinitif: *to be used for.*

        Cet instrument **sert** à couper.
        A quoi ça **sert**?   *What can it be used for?*

c. **Servir de** peut être suivi d'un nom: *to be used as*.

Mon salon **sert de** chambre d'amis.
Le bureau **sert de** chaise au professeur.

d. **Se servir** employé seul signifie *to help oneself*.

Servez-vous!
On ne **se sert** pas avec les doigts.

e. **Se servir de** suivi d'un nom signifie **employer, utiliser.**

Pour écrire, elle **se sert** d'un vieux stylo.

Exercice

Dans les phrases suivantes, employez la forme correcte du verbe **servir**, positive ou négative.

1. On mangeait avec les doigts; on ne ____ fourchette.   2. Cette pommade ____ soigner les maladies de peau.   3. Cette femme ____ son mari et ses enfants comme une bonne.   4. Il s'est assis à table, puis il ____ le premier.   5. Puis-je ____ votre dictionnaire?   6. Sa table de cuisine lui ____ bureau.   7. Quand elle donne un dîner, cette dame ____ toujours la première. Ensuite, elle ____ ses amis. Ce n'est pas très poli, n'est-ce pas?   8. Tous les jours cette mère de famille conduit ses enfants à l'école, au cours de danse, chez le dentiste, au match de foot (*soccer game*). Sa voiture ____ taxi et elle, la mère, ____ chauffeur!   9. Est-ce que je peux ____ de votre machine à écrire. La mienne (*mine*) est cassée.   10. Mon rasoir me ____ me raser, pas à te raser les jambes!   11. La duchesse a plusieurs bonnes qui la ____ .   12. Je ____ mes doigts pour manger, sauf en pique-nique.   13. Le repas est servi. (*Help yourself!*) ____ .   14. On n'a pas encore inventé la machine qui ____ faire les devoirs pendant que je dors.   15. Cette pièce ____ vestiaire quand je réunis mes amis pour nous amuser.

◇ **3. connaître / savoir**

Le verbe **connaître** signifie *to know, to be acquainted with, to be familiar with*; il est toujours suivi par un nom ou un pronom.

Il **connaît** bien la France.	*He knows France well.*
Connaissez-vous ce monsieur?	*Do you know this gentleman?*
Je ne **connais** personne.	*I don't know anybody.*

Le verbe **savoir** signifie *to know something, to know how, if, when, where*. On utilise **savoir** avec:

a. un infinitif.

Elle ne **sait** pas se servir de ce gadget.	*She doesn't know how to use this gadget (she never learned how to).*
Savez-vous plonger?	*Do you know how to dive? (did you learn how to?)*
Je ne **sais** rien.	*I don't know anything (implies: I was never taught).*

b. une conjonction **comment, si, quand, où,** etc., + un verbe conjugué.

Sais-tu si Denis et Gaby vont se marier?	Je ne **sais** pas quand ils arrivent.

c. un nom ou un pronom pour signifier *to know after learning* ou *to know as a science, a language.*

Cet élève ne **savait** pas sa leçon.	**Sait**-il le latin?

Exercice

A. Utilisez **connaître** ou **savoir** dans les phrases suivantes.

1. Do you know how to play the piano?   2. She knows that he is coming.   3. My father knows your father.   4. Do they know when they are leaving?   5. I know Paris very well.

6. When I saw her, I knew that she had bad news.   7. I don't know if it will be nice tomorrow.   8. Does she know how to use all these gadgets?   9. Daniel knows how to sing.
10. They know Africa and India (**l'Inde**).

B. Mettez les verbes **savoir** ou **connaître** au passé simple, au passé composé, à l'imparfait ou à l'infinitif dans les phrases suivantes.

1. La mère de Daniel _____ son père dans un bal.   2. Quand elle le vit, elle _____ qu'elle allait l'aimer toute sa vie.   3. Ils se marièrent et _____ des moments de bonheur extraordinaire.
4. Jacques, qui _____ bien les Etats-Unis, emmena sa famille dans ce pays.   5. Françoise, elle, ne _____ personne et s'ennuya.   6. Elle _____ que si elle restait à la maison, ce serait terrible pour son mariage.   7. Elle ne _____ pas la langue, elle ne _____ personne, elle ne _____ pas quoi faire toute la journée.   8. Enfin, elle alla à l'école du soir, apprit l'anglais, finit par _____ d'autres personnes.   9. Maintenant, elle _____ qu'elle a vaincu cette époque difficile.   10. Elle désire partager son expérience avec d'autres femmes.   11. Comme elle _____ bien écrire, elle va raconter sa vie dans un livre.   12. Elle _____ un éditeur dans une soirée, et il lui a déjà offert un contrat.   13. Qui _____ ? Elle va peut-être devenir célèbre et tout le monde voudra la _____ .

Exercices

A. Dans les phrases suivantes, mettez le verbe entre parenthèses au passé simple et identifiez le ou les personnages historiques que les phrases décrivent dans l'espace vide (*blank*) après la description.

1. Ils (quitter = *to leave*) _____ leurs îles, (naviguer = *to sail*) _____ sur des bateaux fragiles et (atterrir = *to land*) _____ sur d'autres îles plus au Nord, qui sont maintenant des paradis pour touristes. _____
    (a) les Athéniens,   (b) les Polynésiens,   (c) les Esquimaux
2. Ils (envahir = *to invade*) _____ la Gaule, (vaincre = *to conquer*) _____ le chef gaulois Vercingétorix, (construire) _____ des routes, des villes, des ponts (*bridges*) (créer = *to create*) _____ en France une civilisation riche et active dont on trouve encore des traces. _____
    (a) les Romains,   (b) les Huns   (c) les Celtes
3. Cette jeune femme (réunir) _____ les habitants de Lutèce, que les Huns menaçaient, (prier = *to pray*) _____ avec eux, et, dit-on, (protéger = *to protect*) _____ la ville de l'invasion. Les Parisiens la (choisir) _____ comme patronne de la ville de Paris et lui (élever = *to raise*) _____ une statue sur un des ponts de la Seine. _____
    (a) Catherine Deneuve   (b) Brigitte Bardot   (c) Sainte Geneviève
4. Cette jeune femme (entendre) _____ des voix, (partir) _____ pour trouver le Roi, (lever) _____ une armée, (défendre) _____ Orléans contre les Anglais, (être) _____ capturée et (mourir) _____ sur un bûcher (*stake*). _____
    (a) Marguerite de Navarre   (b) Bernadette Soubirou   (c) Jeanne d'Arc
5. Ce Roi de France (avoir) _____ un règne très long, (être) _____ célèbre pour le nombre de ses maîtresses et de ses enfants illégitimes, (faire) _____ construire Versailles, et (vider = *to empty*) _____ les caisses (*coffers*) de l'Etat par ses guerres (*wars*). Il (prononcer) _____ la phrase célèbre: «L'état, c'est moi!» _____
    (a) Napoléon   (b) François 1er   (c) Louis XIV

B. Dans les phrases suivantes, mettez le verbe entre parenthèses au passé simple et identifiez le personnage historique que les phrases décrivent dans l'espace vide après la description.

(a) Scott   (b) Galilée   (c) Marco Polo

(d) Newton   (e) Jules Verne   (f) Darwin

1. Cet homme (découvrir) _____ que la terre n'était pas une galette (*flat bread*), mais l'église le (condamner) _____ . _____

2. Cet explorateur (explorer) _____ et (visiter) _____ l'Amérique du Sud, les îles Galapagos. Il (chercher) _____ et (trouver) _____ des fossiles et par ses recherches (se former) _____ les idées sur l'évolution. _____

3. Ce monsieur (avoir) _____ l'idée de l'attraction terrestre (*gravity*) quand, (dire) _____ -on, une pomme (*apple*) lui (tomber) _____ sur la tête. _____

4. Ce personnage (*famous person*) (voyager) _____ beaucoup, (manger) _____ des nouilles (*noodles*) en Chine, les (rapporter) _____ en Italie et les Italiens les (appeler) _____ spaghettis. _____

5. Cet autre explorateur (partir) _____ avec une équipe (*team*) d'hommes et de chiens, (subir = *to suffer*) _____ les effets d'un froid intense, et (planter) _____ le drapeau britannique au pôle Sud. _____

6. Cet écrivain (rêver = *to dream*) _____ de science-fiction avant les autres, (écrire) _____ des livres sur les voyages dans la lune, au centre de la terre, et (devenir) _____ l'auteur favori des grands et des petits. _____

C. **Les aventures d'un jeune homme pauvre.** Dans l'histoire suivante, mettez les verbes au temps qui convient: passé simple, imparfait ou plus-que-parfait.

L'écrivain Romain Gary, quand il (être) jeune, n'(avoir) pas beaucoup d'argent. Il (vivre) à Paris, et (rendre) souvent visite à des amis qui lui (offrir) un bon dîner. Il lui (falloir) marcher 45 minutes dans la rue de Vaugirard, parce qu'il (n'avoir) pas assez d'argent pour prendre le métro. Un soir, il (ne pas manger) depuis la veille; il (aller) voir ses amis, dans l'espoir d'être invité à dîner. Quand il (arriver) chez ses amis, il (sonner) à la porte. Personne ne (répondre); ses amis (sortir). Romain (s'asseoir) dans l'escalier et (attendre) une heure, deux heures. Mais vers onze heures, il (se lever) et (recommencer) à marcher dans la rue de Vaugirard, très frustré, très affamé. Il (arriver) au Luxembourg et (passer) devant un restaurant. Là, il (voir), par la fenêtre, un homme qui (manger) un steak-frites. Romain (s'arrêter), (regarder) et (s'évanouir). Quand il (ouvrir) les yeux, il (y avoir) des gens autour de lui. Déjà, on (appeler) une ambulance. Un court (*brief*) moment, il (être) tenté de se laisser transporter (*to let himself be transported*) à l'hôpital. Mais l'humiliation lui (donner) un coup de fouet (*whipped him*). Il (rentrer) chez lui; il (oublier) sa faim. Il (se mettre) à son bureau et (écrire) une nouvelle (*short story*) qu'il (vendre) à une revue (*magazine*) et qui lui (rapporter) de quoi (*something*) manger pour quelques (*a few*) jours.

Traduction

1. When Jacqueline was born, her father was eighteen. 2. Jacqueline's mother left them and went (to) live with a desert tribe. 3. Marcel, Jacqueline's father, decided to raise (**élever**) the little girl by himself. 4. He used to take her to bars, and when he went dancing at friends', she would sleep in the bathtub. 5. At eight years of age, Jacqueline used to shop and cook her own dinner when her father would come home too late. 6. At nine years of age, she refused to go to school and one day swam all day in the river. 7. She played the piano, the guitar, the tuba, and collected 45 r.p.m. records. 8. At 17 years of age, she took her baccalauréat and became an extra. 9. She travelled in Africa, hitchhiked. 10. Lying on her stomach on top of a train, she visited Dakar. 11. She came back without her shoes. 12. Her hair grew long. 13. She shaved her hair and married a Hindu prince. 14. At her marriage, her father drank a little and told her childhood memories.

Conversations

1. Hippies et punks

    a. Est-ce qu'ils se ressemblent? Portent-ils des vêtements originaux?

       les vêtements d'occasion (*second-hand clothes*), les broderies (*embroideries*), le noir, le blanc

    b. Quels bijoux portent-ils?

       un collier (*necklace*), une bague (*ring*), un bracelet, les boucles d'oreilles (*earrings*), une montre (*watch*), une broche
       - en or, en argent (*made of gold, silver*)
       - en toc (*fake*), les faux bijoux
       - la perle (*pearl*)

    c. Comment sont leurs cheveux? De quelle couleur?

2. Parents laxistes ou sévères.

   a. Comment sont vos parents, laxistes ou stricts? Avez-vous beaucoup ou pas assez de permissions? Devez-vous faire certaines choses comme: être à l'heure, manger proprement (*cleanly*), être poli avec vos parents, vos grands-parents?

   b. Dites-vous à vos parents à quelle heure vous allez rentrer, avec qui vous sortez, où vous allez?

   c. Passez-vous plusieurs heures au téléphone? Est-ce que vous répondez (*talk back*) quand on vous sermonne (*lecture*)?

Rédaction

Ecrivez au passé simple la biographie de votre héros favori ou de votre héroïne favorite. Employez aussi des imparfaits et des plus-que-parfaits. Où est-ce qu'il (ou elle) naquit? Où passa-t-il son enfance, où vécut-il? Quels furent les évènements marquants de son enfance? Ecrivit-il un livre? Fut-il mêlé à des moments historiques intéressants? Est-ce qu'il se battit pour un progrès? Eut-il une grande histoire d'amour? Quand et dans quelles circonstances mourut-il?

Chapitre 6

Le nom et l'adjectif

Vocabulaire

à droite to the right
à gauche to the left
à la fin finally
allure (*f.*) look
s'appliquer to apply onself
atteindre to reach
bas low
bocal (*m.*) jar
bonhomme (*m.*) old fellow
bouger to move
bout (*m.*) de papier scrap of paper
broyer to grind
calotte (*f.*) cap
cassé broken
chose (*f.*) thing
client (*m.*), cliente (*f.*) customer
clochette (*f.*) small bell
cloison (*f.*) partition
comptoir (*m.*) counter
consigne (*f.*) checkroom
côté (*m.*) side
de fait in fact
difficilement with difficulty
donner sur to lead to, to look out on
douzaine (*f.*) dozen
effectivement in effect, in fact
effrayé frightened
enlever to take off
ensemble together
exécuter to make up
faire signe to signal (*to someone*)
franchement frankly
haut high
lunettes (*f. pl.*) glasses
mêler to mix
mieux better
mur (*m.*) wall
œuf (*m.*) egg
ordonnance (*f.*) prescription
paquet (*m.*) package
parents (*m. pl.*) relatives
passer to spend
perdre de vue to lose contact with
personne no one
pharmacien (*m.*), pharmacienne (*f.*)
  pharmacist

pincée (*f.*) pinch
porter les yeux sur to glance at
poste (*m.*) station, position
poudre (*f.*) powder
prétendre to claim
proche close
propre own
rayon (*m.*) shelf
reconnaître to recognize
redevenir to become again
renseigner to give information
séché dried
soucieux worried
sursauter to jump
tinter to jingle
se tourner to turn to
tracassé very worried
tramway (*m.*) street car
valise (*f.*) suitcase
verre (*m.*) glass
visage (*m.*) face
voisin neighbor

Vocabulaire supplémentaire

La maladie—la visite chez le docteur

aller chez le docteur   to go to the doctor
avoir de la fièvre   to have a fever
avoir des frissons   to shiver
avoir mal à la gorge   to have a sore throat
avoir mal à la tête   to have a headache
avoir mal au cœur   to feel nauseated
avoir mal au dos   to have a backache

avoir mal au ventre   to have a stomachache
guérir   to cure
piqûre (*f.*)   shot
salle (*f.*) d'attente   waiting room
médicament (*m.*)   medication
se sentir fiévreux   to feel feverish
se sentir mal   to feel bad
soigner   to take care of

Pharmacien ou médecin?

Gabrielle Roy (1909–1983) est née au Manitoba où elle a été élevée et où elle a été institutrice, avant de devenir écrivain. Dans ses livres, *Rue Deschambault, La petite poule d'eau,* etc. elle mêle les souvenirs personnels et la description de personnages humbles et courageux, surtout des femmes au caractère énergique et aventureux. Dans cet extrait de «Les déserteuses» (*Rue Deschambault*) elle raconte un voyage que sa mère et elle ont fait un jour du Manitoba à Montréal, où la mère veut rendre visite à des parents qu'elle n'a pas vus depuis 30 ou 35 ans.

Nous avons passé encore une autre nuit dans le train. Le lendemain, maman devint un peu soucieuse, et, quand nous fûmes dans la gare Windsor, elle eut l'air franchement tracassée. C'est que° nous n'avions personne de bien proche° de nous à Montréal. Maman avait
5 souvent prétendu y° avoir beaucoup de parents et, entre autres, un certain docteur Nault, son cousin, qui devait avoir gardé° sa nature affectueuse. Mais dans la gare, maman me dit qu'il y avait tout de même° trente-cinq ans qu'elle avait perdu de vue ce cousin Nault, qu'il était devenu riche, que les gens lorsqu'ils deviennent riches se
10 rappellent difficilement les choses, ou les visages d'autrefois . . .
   Nous avons laissé notre plus grosse° valise à la consigne. Nous avons ensuite trouvé l'adresse du docteur Nault dans l'indicateur du téléphone.[1] Nous avons demandé à une dizaine de personnes quel tramway prendre; quelqu'un nous a bien renseignées à la fin, et nous
15 sommes parties vers la maison du cousin, emportant° notre plus petite valise seulement.
   La nuit venait. J'avais le cœur effrayé° de la métropole du Canada. Car c'est grand, Montréal, on ne peut pas dire le contraire!

C'est... It's because
de bien... really close there
devait... had probably kept
tout... all the same

plus... biggest

taking along

J'avais... I was frightened

Extrait de Gabrielle Roy: *Rue Deschambault,* reproduit avec la permission de la Librairie Ernest Flammarion.

[1] **l'indicateur du téléphone** In France, **l'annuaire** or **le Bottin** are more common words for *telephone book*.

Le docteur Nault habitait rue Rachel; nous avons marché et
puis nous sommes entrées dans une pharmacie[2] d'allure ancienne;°
les rayons étaient remplis de grands bocaux de verre pleins d'herbes
séchées, de poudres, sur lesquels était écrit: arsenic, séné, belladone[3]

5 . . . J'étais en train de lire tous ces mots, quand j'ai entendu bouger
derrière un haut comptoir. Là[4] se tenait° un petit homme° en noir,°
avec une barbe noire, des yeux très noirs, la tête couverte d'une
calotte.° Maman lui ayant demandé:° «Etes-vous le docteur Nault?»
le bonhomme répondit:

10   — Lui-même,° en personne.

— En ce cas, me reconnaissez-vous? demanda maman.

Le bonhomme répondit sans hésiter:

— Pas du tout. Est-ce que je suis supposé vous connaître?

A ce moment, une clochette tinta de l'autre côté d'une cloison, à
15 peu de distance.° Le docteur Nault enleva sa calotte. Il nous dit:

— Excusez-moi: une cliente en médecine[5] . . .

Il ouvrit une petite porte dans le mur qui faisait communiquer°
la pharmacie avec ce qui nous parut être un cabinet de médecin.[6]
Nous aperçûmes une cliente qui entrait effectivement dans le cabinet
20 de consultation mais par une porte donnant° sur la rue.

Dix minutes passèrent; nous vîmes la cliente sortir comme elle
était entrée et tenant à la main° un bout de papier où elle devait
chercher une adresse, car elle portait les yeux sur le papier au numéro de la maison. Arrivée à la porte voisine qui était celle de la

d'allure... old-looking

was sitting / un petit... a little fellow
   dressed in black

cap / Maman... After mother asked
   him

Himself

à peu... not far

faisait... connected

leading out to

à... in her hand

---

[2] **pharmacie** In a French pharmacy, one buys medicines, cosmetics, baby food, etc. In earlier times, the pharmacists
used to prepare drugs with herbs and powder.

[3] **arsenic, séné, belladone** arsenic, senna, belladonna = names of plants used in medicine

[4] **là** there (**ici** = here) Comparez **là** et **ici** avec **voilà** (*there is*) et **voici** (*here is*).

[5] **cliente en médecine** This is a pun because the doctor is at the same time the pharmacist. The person seems to "buy"
something from the doctor. One usually says **une patiente** (**un patient**) or **une, un malade**.

[6] **cabinet de médecin** This is the doctor's office. A **cabinet de consultation** is an examination room. Often, in France and
in Canada, it is the same room.

pharmacie, elle entra. Au même moment,° le docteur Nault revenait par la petite porte que j'ai dite,[7] dans le mur. Il remit sa calotte; il était à son poste de pharmacien lorsque° la cliente atteignit° le comptoir, et il lui prit des mains le papier qu'il venait de lui donner dans le cabinet de consultation. Nous avons compris, maman et moi, que c'était sa propre ordonnance que le docteur Nault, redevenu pharmacien, allait exécuter. De fait, il s'appliqua à lire tout ce qui s'y° trouvait écrit, ensuite à mêler ensemble et à broyer des pincées de poudre qu'il prit à gauche, à droite, par en haut,° dans tous ses bocaux. Maman me faisait signe de ne pas rire. Quand sa cliente eut pris[8] son petit paquet et qu'elle eut payé,[8] le docteur Nault se tourna vers nous, tout intrigué.

— Samuel, dit alors maman, ne te rappelles-tu pas la douzaine d'œufs cassés?

Le bonhomme sursauta et mit des lunettes pour mieux nous voir.

— Qui est-ce que t'es, toi? . . .°

— Eh oui, dit maman, qui l'aida beaucoup à ce qui me semble.° Je suis ta cousine Eveline.

Au... At the same time

= **quand** / reached

in it

par... from the top of the jar

Qui...? Who are you? (*Canadian*)
l'aida... helped him a lot in my opinion

Questions

1. Pourquoi est-ce que la mère devient très soucieuse?
2. Est-ce que la mère et la fille ont trouvé facilement la maison du docteur Nault? Pourquoi pas?
3. Est-ce que le docteur Nault a reconnu sa cousine? Pourquoi pas?
4. Quelle est l'occupation principale du docteur Nault?
5. Qu'est-ce qu'on trouve dans cette pharmacie?
6. Qu'est-ce qu'il y a derrière le mur de la pharmacie?
7. Qu'est-ce que le docteur Nault enlève et remet sur sa tête? Cet objet symbolise une transformation. Laquelle? Que devient le pharmacien quand il enlève sa calotte?
8. Qu'est-ce qu'il y a sur le bout de papier que tient la cliente? Que fait le docteur Nault quand la cliente lui donne le papier?
9. Pourquoi est-ce que la petite fille a envie de rire?
10. Qu'est-ce que la douzaine d'œufs cassés évoque, probablement? Quelle réaction a le bonhomme? Se souvient-il? Pourquoi est-ce que la petite fille pense que sa maman a beaucoup aidé le docteur Nault à se rappeler?

[7] **petite porte . . . dite** The past participle agrees with **que**, a direct object that represents **porte**, a feminine noun (see p. 48).
[8] **eut pris, eut payé** (passé antérieur) had taken, had paid (see p. 101).

Le nom

Le genre des noms des personnes

Un nom de personne a un genre, masculin ou féminin, déterminé par le sexe.

un garçon   **une** fille
un homme   **une** femme

◇ **1.** Pour certains noms, terminés par un -e, on change simplement l'article.

un artiste   **une** artiste   **un** pianiste   **une** pianiste
un camarade   **une** camarade   **un** secrétaire   **une** secrétaire

◇ **2.** On peut ajouter un -e au nom masculin pour obtenir un nom féminin.

un ami   **une** amie   **un** gérant   **une** gérante (*manager*)
un employé   **une** employée   **un** avocat   **une** avocate

EXCEPTION: un enfant   une enfant (sans -e)

Placé après une voyelle, ce -e n'est pas prononcé. Placé après une consonne, il n'est pas prononcé, mais la consonne qui précède est prononcée, parfois redoublée. Remarquez les changements orthographiques dans le tableau suivant:

-er ⟶ -ère	un boulanger	une boulangère (*baker*)
	un infirmier	une infirmière (*nurse*)
-on ⟶ -onne	un patron	une patronne (*owner, boss, manager*)
-ien ⟶ -ienne	un mécanicien	une mécanicienne (*mechanic*)
	un informaticien	une informaticienne (*computer engineer, technician*)
-an ⟶ -anne	un paysan	une paysanne (*farmer*)

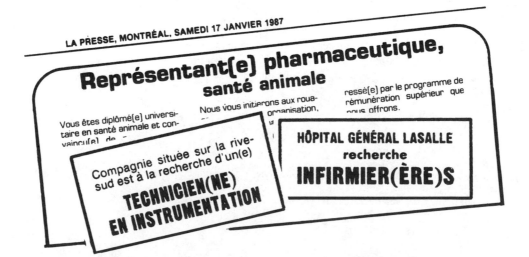

LA PRESSE, MONTRÉAL, SAMEDI 17 JANVIER 1987

Représentant(e) pharmaceutique, santé animale

Vous êtes diplômé(e) universitaire en santé animale et convaincu(e) de ...

Nous vous initierons aux rouaorganisation, ...

ressé(e) par le programme de rémunération supérieur que nous offrons.

Compagnie située sur la rive-sud est à la recherche d'un(e) **TECHNICIEN(NE) EN INSTRUMENTATION**

HÔPITAL GÉNÉRAL LASALLE recherche **INFIRMIER(ÈRE)S**

◇ **3.** Les noms masculins en **-eur** ont leur féminin en **-euse.**

un coiff**eur**   une coiff**euse**   un vend**eur**   une vend**euse**

◇ **4.** Les noms masculins en **-teur** ont leur féminin en **-trice.**

un ac**teur**   une ac**trice**   le direc**teur**   la direc**trice**

EXCEPTIONS:

le chan**teur**   la chan**teuse**   le men**teur**   la men**teuse** (*liar*)

◇ **5.** Certains noms masculins ont leur féminin en **-esse.** Il y a beaucoup de *cognates* dans cette catégorie.

le prince   la princ**esse**   le duc   la duch**esse**
le comte   la comt**esse**   le tigre   la tigr**esse**

◇ **6.** Certains noms sont toujours masculins, même pour désigner une femme.

un bébé   un auteur   un docteur
un médecin   un peintre   un mannequin (*model*)
un chef   un ingénieur (*engineer*)   un professeur

REMARQUES:

■ Si on veut préciser, on dit une **femme-peintre**, une **femme-architecte.**

■ Les jeunes Français disent «**la prof**» pour une **femme-professeur.**

■ Le mot **écrivaine** (*author*) a été récemment créé et devient populaire.

◇ **7.** Certains noms sont toujours féminins, même pour désigner un homme.

une personne   une vedette (*movie star*)   une victime

Exercices

A. Donnez le genre opposé de ces noms.

1. un infirmier
2. la patronne
3. un avocat
4. un guide
5. un chanteur
6. une informaticienne
7. la marquise
8. un docteur
9. un musicien
10. un duc
11. une amie
12. une personne

B. Quelle est l'activité ou la profession de ces personnes?

1. Lady Diana, c'est ___ .
2. Michael Jackson, c'est ___ .
3. Gabrielle Roy, c'est ___ .
4. Shirley MacLaine, c'est ___ .
5. Picasso, c'est ___ .
6. Madonna, c'est ___ .
7. Tom Cruise, c'est ___ .
8. M. Spock, c'est ___ .

◇ **8.** Certains noms ont un mot spécial pour le féminin.

le mâle	la femelle	le roi	la reine
le garçon	la fille	le garçon (*waiter*)	la serveuse (*waitress*)
un homme	une femme	un monsieur (*gentleman*)	une dame (*lady*)

◇ **9. La famille.**   Remarquez les noms des membres d'une famille.

le mari	la femme	le neveu	la nièce
le père	la mère	le grand-père	la grand-mère
le fils	la fille	le petit-fils (*grandson*)	la petite-fille
le frère	la sœur	le parrain (*godfather*)	la marraine (*godmother*)
l'oncle	la tante	le jumeau (*twin*)	la jumelle

◇**10.** Les noms d'animaux suivent les même règles.

| le chien | le chienne |
| le chat | la chatte |

Il y a parfois un nom spécial pour le féminin.

le coq (*rooster*)	la poule (*hen*)
le taureau (*bull*)	la vache (*cow*)
le cheval	la jument (*mare*)

Quand l'animal a seulement un nom d'espèce, on ajoute mâle ou femelle.

une souris **mâle**   un poisson **femelle**

◇**11.** Les prénoms français ont des formes masculines et des formes féminines qui suivent les règles précédentes.

René	Renée	Jean	Jeanne *ou* Jeannine
André	Andrée	Julien	Julienne *ou* Julia
Simon	Simone *ou* Simonne	Jules	Juliette

Exercices

A. Complétez les phrases suivantes avec un nom du genre opposé qui correspond au nom en italique.

Modèle: J'ai un **frère** et deux ____.
J'ai un frère et deux sœurs.

1. Mon ____ et ma *tante* viennent dîner.   2. Avez-vous vu le film: *Cousin* ____?   3. Lassie est un *chien*. Non, c'est une ____.   4. Comment dit-on quand, au restaurant, le *garçon* est une ____? On dit: «Mademoiselle, s'il vous plaît.»   5. Le *boulanger* fait le pain et la ____ est derrière le comptoir.   6. Mon *professeur* de philo est un *homme*, et ma ____ de latin est une ____.   7. J. P. Sartre était un *écrivain* célèbre. Simone de Beauvoir était une ____. 8. Catherine Deneuve est une *actrice* connue. Alain Delon est-il un ____ connu?   9. Allez-vous chez un *coiffeur* ou une ____?   10. Le docteur Nault n'est pas *instituteur*, mais Gabrielle Roy fut ____.

B. Récrivez les phrases suivantes avec le nom du genre opposé au nom en italique.

1. Au baptême de *Julien*, la *marraine* n'était pas là! 2. La *sœur jumelle* de *Simone* s'appelle *Pierrette*. 3. La *reine* et la *duchesse* sont *cousines*. 4. Le *neveu* de Michel est le *directeur* de cette école. 5. Dans cette maison, il y a un *cheval*, un *taureau*, des *poules* et une *chatte*. 6. Le jeune *homme* est le *petit-fils du comte* de Paris.

Le genre des noms de choses

◇ **1.** Pour les noms de choses, quelquefois la terminaison permet d'identifier le genre du nom. Le tableau suivant présente certaines terminaisons courantes du masculin ou du féminin, avec des exceptions.

Masculin	Exceptions courantes	Féminin	Exceptions courantes
-able le sable	la table	**-ade** la promenade (*walk*) la limonade	
-age le garage	la plage la cage la page l'image		
-ail le travail		**-aille** la trouvaille (*interesting finding*)	
-aire le dictionnaire	la grammaire	**-aine** la douzaine	
-al le journal		**-ance** la connaissance la correspondance	
-ant le restaurant		**-ence** la science	le silence
-eau le tableau le manteau	la peau (*skin*) l'eau (*water*)	**-ée** une allée une idée	le lycée le musée
		-eur la longueur la largeur la hauteur (*mots abstraits formés sur adjectifs*)	le bonheur l'honneur le malheur
-c, -r, -g le banc le bar le rang		**-esse** la promesse	

Masculin	*Exceptions courantes*	Féminin	*Exceptions courantes*
-euil le fauteuil		**-ice** la justice	le supplice un artifice
		-ie la boucherie	le génie le parapluie un incendie
-et le jardinet		**-ette** la cigarette	le squelette
		-ique la politique	
-ier le cahier		**-té** la liberté	l'été
-isme le communisme		**-tion** la conversation	
-ment le gouvernement un appartement		**-tude** la certitude	
		-ture la nature	
		-oire une histoire	le laboratoire le répertoire
-a, -o, -ou le cinéma le piano le trou		**-on** la leçon la maison	le soupçon

Exercice

Indiquez le genre des noms suivants. Mettez l'article **un** ou **une** devant.

1. invention	2. fleur	3. gare	4. sable
5. amour	6. question	7. quinzaine	8. cage
9. catéchisme	10. gâteau	11. silence	12. arbre
13. lycée	14. peau	15. oiseau	16. paquet
17. largeur	18. pharmacie	19. département	20. histoire
21. odeur	22. laboratoire	23. maison	24. cliente
25. distance	27. papier	28. clochette	29. justice
30. cabinet	31. tour	32. fraternité	33. mannequin
34. miroir	35. piano	36. leçon	37. été

◇ **2.** Certaines catégories de noms ont le même genre. Les noms d'arbres (**le peuplier, l'oranger**) sont masculins, et aussi les noms de métal et de couleur (**l'or, l'argent, le bleu**), les noms de langues (**le français**), les noms de jours et de saisons (**le jeudi, le printemps**). Les noms de sciences (**la physique, la chimie**) sont féminins.

◇ **3.** Trois mots — **automne, après-midi, interview** — sont masculins ou féminins. On a le choix: **un après-midi** ou **une après-midi**.

◇ **4.** Quelques mots ont deux genres et ont un sens différent au masculin et au féminin.

le livre (*book*)   la livre (*pound*)
le crêpe (*crepe*)   la crêpe (*pancake*)
le tour (*tour*)   la tour (*tower*)
le mort (*dead man*)   la mort (*death*)
le poste (*job*)   la poste (*post office*)
le poêle[9] (*heating stove*) la poêle (*frying pan*)

Exercice

Indiquez le genre des noms suivants avec l'article **le, la,** ou **un, une** devant le mot.

1. géographie
2. physique
3. automne
4. après-midi
5. printemps
6. latin
7. poste (*job*)
8. or (*gold*)
9. peuplier (*poplar tree*)
10. bleu
11. crêpe (*pancake*)
12. rouge
13. jeudi
14. mort (*death*)
15. chimie

Pluriel des noms

◇ **1.** Pour former le pluriel de la plupart des noms on ajoute -s au singulier.

REMARQUES:

■ Les noms terminés en **-s, -x,** ou **-z** ne changent pas: le **pas**, les **pas**; le **nez**, les **nez**; la **voix**, les **voix**.

■ Les noms d'origine anglaise ont leur pluriel en **-s** ou **-es**: un match, des matchs *ou* matches; un sandwich, des sandwichs, *ou* sandwiches.

◇ **2.** Le tableau de la p. 120 présente des terminaisons de mots qui ont leur pluriel en -s ou -x.

---

[9] poêle à bois (*wood stove*), poêle à charbon (*coal stove*)

Terminaisons	Singulier / Pluriel		Exceptions communes
ail → **s**	le chandail (*sweater*)	les chandails	les travaux (*works*)
	le détail	les détails	les vitraux (*stained-glass windows*)
al → **aux**	le cheval	les chevaux	les bals
			les festivals
			les récitals
au → **aux**	le tuyau (*hose,*[1] *pipe*)	les tuyaux	les landaus (*baby carriages*)
eau → **eaux**	le château	les châteaux	
	le manteau	les manteaux	
eu → **eux**	le jeu (*game*)	les jeux	les pneus (*tires*)
	le neveu	les neveux	
ou → **ous**	le clou (*nail*)	les clous	
	le sou (*cent*)	les sous	
ou → **oux**	le bijou (*jewels*)	les bijoux	
(*Il n'y a que sept*	le joujou (*toy*)	les joujoux	
noms en -**ou** *qui*	le hibou (*owl*)	les hiboux	
ont leur pluriel	le chou (*cabbage*)	les choux	
en -**oux**)	le caillou (*stone*)	les cailloux	
	le genou (*knee*)	les genoux	
	le pou (*louse*)	les poux	

[1] On trouve ce mot surtout dans les expressions communes suivantes: **tuyau d'arrosage** (*garden hose*), **tuyau d'incendie** (*fire hose*).

◇ 3. Quelques noms courants ont un pluriel irrégulier.

un monsieur — des messieurs   un bonhomme — des bonshommes
madame — mesdames   un jeune homme — des jeunes gens
mademoiselle — mesdemoiselles

◇ 4. Les noms propres ne prennent pas de **s**.

les Dupont   les Renaud

◇ 5. Dans les noms composés qui sont formés avec des noms et des adjectifs, les noms et les adjectifs s'accordent en nombre.

les grands-parents   les petits-enfants

◇ 6. Quand les noms composés sont formés avec des verbes, les verbes sont invariables; le nom qui suit reste au singulier si son emploi est généralement au singulier.

les gratte-ciel (*skyscrapers*)   les lave-vaisselle (*dishwashers*)   les timbres-poste (*postage stamps*)

◇ 7. Quand les noms composés sont formés avec des mots invariables (préposition, nom toujours singulier), ces mots restent invariables.

les après-midi   les hors-d'œuvre   les arc-en-ciel (*rainbows*)

◇ 8. Quelques mots sont toujours au pluriel.

les gens   les vacances   les fiançailles   les mathématiques   les ciseaux (*scissors*)

ATTENTION: la vacance = *vacancy*

◇ **9.** La prononciation des pluriels suivants est irrégulière.

un œuf   des œufs / ø /   un bœuf   des bœufs / bø /   un œil   des yeux / jø /

Exercices

A. Donnez le pluriel des noms suivants.

1. le sou	2. le châtcau	3. le porte-monnaie (*wallet*)	4. un pou
5. le hibou	6. la mer	7. un détail	8. un oiseau
9. le pneu	10. le nez	11. la voix	12. la croix
13. le bal	14. un match	15. un sandwich	16. un récital
17. le cheval	18. le bijou	19. un travail	20. un genou
21. le jeu	22. le journal	23. le neveu	24. un lave-vaisselle
25. le gratte-ciel	26. la petite fille	27. un général	28. le hors-d'œuvre

B. Donnez le singulier des noms suivants.

1. des coraux
2. les festivals
3. les gens
4. des manteaux
5. des minéraux
6. les grands-mères
7. des pas
8. les pneus
9. les yeux
10. des maisons
11. les matches
12. les jeunes gens
13. des choux
14. des cailloux
15. messieurs

C. Mettez les noms dans les phrases suivantes au pluriel.

Modèle: Il achète **une maison.** Nous achetons trois . . .
Nous achetons trois **maisons**

1. Elle achète un chapeau. Tu achètes plusieurs . . .
2. Vous avez un cheval? Vous avez des . . .
3. Il oublie ce détail. Vous oubliez ces . . .
4. Ce vitrail est magnifique. Ces . . . sont magnifiques.
5. J'ai un pneu crevé (*flat*). Il a 2 . . . crevés.
6. Avez-vous un sou? Oui, j'ai des . . .
7. Monsieur et madame, . . .
8. Je reconnais cette voix. Je reconnais ces . . .
9. Sais-tu ta leçon? Je sais toujours mes . . .
10. Je regarde le lave-vaisselle; nous regardons plusieurs . . .
11. A New York il y a un gratte-ciel; il y a des quantités de . . .
12. J'ai mal à l'œil; il a mal aux . . .
13. Ce jeune homme est sérieux; ces jeunes . . . aussi.
14. Ma grand-mère est gentille; les . . . sont toujours gentilles.
15. Nous commençons par le hors-d'œuvre; il y a plusieurs . . . pour un grand repas.

L'adjectif

Le féminin des adjectifs

◇ **1.** Un grand nombre d'adjectifs sont semblables au féminin et au masculin; ils se terminent avec un **-e.**

jeune   rapide   facile   ordinaire   magnifique

◇ **2.** Pour beaucoup d'adjectifs, le masculin n'a pas de **-e** final. On ajoute un **-e** pour former le féminin.

grand   grande   bleu   bleue
vert   verte   général   générale

◇ **3.** Remarquez les changements orthographiques dans le tableau suivant. Ces changements sont identiques aux terminaisons des noms.

Terminaisons				Exceptions communes	
Masculin / Féminin		*Masculin*	*Féminin*	*Masculin / Féminin*	
-er ⟶ -ère		cher	chère (*expensive*)		
-ier ⟶ -ière		dernier	dernière (*last*)		
-eur ⟶ -euse		travailleur (*hard-working*)	travailleuse	meilleur supérieur inférieur intérieur	meilleure supérieure inférieure intérieure
-teur ⟶ -teuse		menteur	menteuse		
⟶ -trice		créateur	créatrice		
-en ⟶ -cnne		canadien	canadienne		
-on ⟶ -onnc		bon	bonne		
-el, -eil ⟶ -elle, -eille		naturel pareil	naturelle pareille		
-et ⟶ -ette		coquet	coquette	complet secret	complète secrète
-f ⟶ -ve		neuf (*brand-new*) actif sportif	neuve active sportive		
-x ⟶ -se		amoureux heureux (*happy*) jaloux (*jealous*)	amoureuse heureuse jalouse	doux faux	douce fausse (*false*)

Exercices

A. Donnez le féminin des adjectifs suivants.

1. splendide   2. formidable   3. menteur
4. jaune   5. bleu   6. soucieux
7. discret   8. jaloux   9. cruel
10. italien   11. doux   12. premier
13. sportif   14. inférieur   15. bon

B. Donnez le masculin des adjectifs suivants.

1. coquette   2. meilleure   3. pareille
4. fausse   5. extraordinaire   6. secrète
7. sportive   8. générale   9. mexicaine
10. protectrice   11. amoureuse   12. ravissante
13. bonne   14. petite   15. grande

◇ **4.** Ces cinq adjectifs sont très irréguliers au féminin, et ils ont aussi une deuxième forme au masculin devant un mot qui commence par une voyelle ou un **h** muet.

masculin	féminin	masculin
beau	belle	bel
fou (*crazy*)	folle	fol
mou (*soft*)	molle	mol
nouveau	nouvelle	nouvel
vieux	vieille	vieil
un beau bateau	une belle pomme	un bel homme

◇ **5.** Voici des féminins à retenir:

masculin	féminin	
blanc	blanche	*white*
favori	favorite	(*favorite*)
frais	fraîche	(*fresh, cool*)
grec	grecque	(*Greek*)
long	longue	(*long*)
public	publique	(*public*)
sec	sèche	(*dry*)
turc	turque	(*Turkish*)

Exercices

A. Donnez le féminin des adjectifs dans les groupes suivants.

1. un corsage blanc, une robe ____
2. un nouveau chapeau, une ____ blouse
3. un beau château, une ____ maison
4. un acteur favori, une actrice ____
5. un vent frais, une brise ____
6. un vieil homme, une ____ femme
7. un projet fou, une pensée ____
8. un jardin public, une place ____

B. Donnez le masculin des adjectifs dans les groupes suivants.

1. une vieille camarade, un ____ ami
2. une île grecque, un plat ____
3. une fleur sèche, un arbre ____
4. une cigarette turque, un ambassadeur ____
5. une surface molle, un coussin (*pillow*) ____
6. une belle peinture, un ____ tableau
7. une gentille amie, un ____ fiancé
8. une longue histoire, un ____ projet

Le pluriel des adjectifs

◇ **1.** Le pluriel des adjectifs se forme comme le pluriel des noms. On ajoute un **-s** au masculin et au féminin.

◇ **2.** Voici un tableau de terminaisons communes au masculin singulier et au masculin pluriel.

Terminaisons	Singulier / Pluriel		Exceptions	
s ⟶ s	gros	gros		
x ⟶ x	faux	faux		
	vieux	vieux		
eau ⟶ eaux	nouveau (*new*)	nouveaux		
eu ⟶ eux	hébreu	hébreux	bleu	bleus
al ⟶ aux	spécial	spéciaux	final	finals
	général	généraux	fatal	fatals
	idéal	idéaux		

Exercice

Donnez le singulier des groupes suivants.

1. les connaissances passées
2. les journaux provinciaux
3. les études présentes
4. les choix heureux
5. les repas frais
6. les livres confus
7. les voix douces
8. les jeux matinaux
9. les jeunes gens jaloux

Bijoux
originaux
à gogo

Pendentifs d'oreille en métal emmailloté de perles et strass
(Lolaz).

L'accord des adjectifs

◇ **1.** L'adjectif s'accorde en genre et en nombre avec le nom qu'il modifie.

un garçon intelligent   des garçons intelligents
une fille intelligente   des filles intelligentes
une mère et une fille intelligentes

REMARQUES:

- Après **c'est,** l'adjectif ne s'accorde pas.

  C'est **intéressant,** cette histoire.   C'est **grand,** Montréal!

- Après **quelqu'un de, quelque chose de, personne de, rien de,** l'adjectif ne s'accorde pas.

  Mme Loiseau est **quelqu'un d'important.**

◇ **2.** Si l'adjectif modifie deux ou plusieurs noms singuliers de genres différents, l'adjectif est toujours au masculin pluriel.

un père et une fille intelligents

◇ **3.** Les adjectifs de couleurs communs s'accordent en genre et en nombre.

masculin	féminin	masculin pluriel	féminin pluriel
bleu	bleue	bleus	bleues
vert	verte	verts	vertes
gris	grise	gris	grises
blanc	blanche	blancs	blanches
noir	noire	noirs	noires

◇ **4.** Les adjectifs suivants ne s'accordent pas:

a. Les adjectifs qui sont aussi des noms de plantes ou de fruits

orange   cerise (*cherry*)   marron (*chestnut*)   fuschia   lavande
une blouse **marron**   des robes **cerise**   les murs **orange**

b. Les adjectifs formés de deux mots:

bleu-marine (*navy blue*)   vert foncé (*dark green*)   rose clair (*light pink*)
des yeux **bleu clair**   une robe **vert foncé**

REMARQUE: Un adjectif de couleur devient un nom de couleur si on l'emploie avec un article masculin.

le bleu (*the color blue*)   **le** vert (*the color green*)

◇ **5.** Voici des adjectifs pour décrire la couleur des cheveux:

brun / brune (*dark hair*)   roux / rousse (*red hair*)   blond / blonde

REMARQUES:

- **Châtain** (*brown hair*) ne s'accorde pas.
- **Une brune, une blonde, une rousse** = *a brunette, a blond, a redhead.*

◇ **6.** Les adjectifs **chic** et **snob** ont une seule forme au singulier. Au pluriel, **chic** ne s'accorde pas. **Snob** s'accorde.

> Mon frère porte toujours une cravate **chic** quand il sort.
> Ces gens sont **chic** et pas **snobs**.

Exercices

A. Donnez le pluriel des groupes suivants.

1. le travail forcé	2. l'examen final	3. le beau nez grec
4. le premier repas	5. le vieux rail	6. le genou blanc
7. la nouvelle leçon	8. le joli tableau	9. le caillou bleu

B. Complétez les phrases suivantes avec l'adjectif entre parenthèses.

1. Il a pris des décisions (final).
2. Claire s'achète des robes (chic).
3. Robert porte des cravates (orange).
4. Le professeur dit quelque chose (intéressant).
5. Nous n'aimons pas les garçons (snob).
6. Les jeunes filles (roux) ont la peau (clair).
7. Ce ne sont pas des travaux (spécial).
8. Jacqueline s'est fait teindre les cheveux. Maintenant, ils sont (châtain).
9. Nos voisins ont une fille et un fils (sportif).
10. Ce jour-là, Renée portait une robe (bleu clair) et des chaussures (marron).

Place des adjectifs

◇ **1.** Les adjectifs se placent généralement après le nom.

> un voyage **extraordinaire**   une ordonnance **simple**

Dans la langue écrite surtout, certains adjectifs peuvent être placés avant le nom pour produire un effet spécial, emphatique.

> Ils ont fait un **excellent** voyage.   C'est une **splendide** pharmacie.

◇ **2.** On place avant le nom les adjectifs courts et courants suivants:

autre	dernier	gros	joli	meilleur	premier
bon	gentil	haut	long	nouveau	vieux
beau	grand	jeune	mauvais	petit	vrai

> une **autre** nuit   une **jolie** fille
> un **bon** vin   le **premier** jour

ATTENTION: **Dernier, haut, long, faux** et **vrai** peuvent se placer avant ou après.

    une **longue** histoire   une robe **longue**   un **faux** bijou   une réponse **fausse**

◇ **3.** Si un nom est déterminé par deux adjectifs, un qui se place avant, l'autre qui se place après, on met chacun à sa place.

    une **petite** maison **blanche**   un **joli** chapeau **français**

Si les deux adjectifs se placent après, ils peuvent être simplement juxtaposés ou séparés par **et.**

    un film **italien sensationnel**   un manteau **chaud et élégant**

Si les deux adjectifs précèdent le nom, l'ordre est généralement fixe, pour certains adjectifs communs.

    un **joli petit** chien   son **premier grand** bal
    un **beau grand** garçon   un **bon gros** chien

Mais on peut aussi placer les adjectifs après le nom, avec **et.**

    une princesse **jeune et jolie**   un monsieur **vieux et gentil**

SAUT D'OBSTACLES
LES PROCHAINS GRANDS RENDEZ-VOUS INTERNATIONAUX
LES CONCOURS DE L'ÉTÉ

Exercice

Mettez les adjectifs entre parenthèses dans les phrases suivantes.

1. (bon)   Les notes vous font plaisir?
2. (dernier)   Son voyage, il l'a fait en Espagne
3. (public)   Ce jardin est agréable.
4. (blanc)   Je n'aime pas les fleurs.
5. (long)   Ah! oui, c'est une histoire!
6. (vieux)   Quel piano!
7. (gentil, petit)   Vous avez un garçon.
8. (gros, orange)   Regardez les ballons!
9. (mauvais, italien)   Je n'ai pas lu cette comédie.
10. (grand, vert)   J'aime la maison.
11. (dernier, petit)   Raconte-moi une histoire.
12. (nouveau, joli)   Vous avez vu ses bijoux?
13. (autre, magnifique)   Elle m'a offert un cadeau.
14. (joli, mexicain)   Tu as une robe.
15. (faux, noir)   C'est une perle.
16. (bon, français)   Allons à ce restaurant.
17. (vieux, canadien)   Nous connaissons ces dames.
18. (premier, marron)   C'est ma blouse.
19. (gros, gentil)   C'est une jeune fille.

◇ **4.** Certains adjectifs changent de place et de sens. Comparez les groupes suivants:

	avant le nom	*après le nom*
ancien	*former*	*ancient*
	une **ancienne** pharmacie	une horloge **ancienne**
brave	*fine, good*	*brave*
	un **brave** garçon	un soldat **brave**
certain	*particular*	*sure*
	un **certain** docteur Nault	un âge **certain**
cher	*dear*	*expensive*
	mon **cher** ami	un bijou **cher**
dernier	*the last of a series*	*the one just passed*
	son **dernier** voyage	la semaine **dernière**
même	*same*	*very*
	la **même** robe	ce jour **même**
pauvre	*unfortunate*	*penniless*
	ma **pauvre** amie	des amis **pauvres**
propre	*own*	*clean*
	sa **propre** ordonnance	des cheveux **propres**
sale	*nasty*	*dirty*
	une **sale** histoire	des mains **sales**
seul	*only*	*single, lonely*
	un **seul** jour	un ami **seul**

Exercice

Complétez les phrases suivantes. Mettez l'adjectif entre parenthèses à la place qui lui convient d'après la définition.

> Modèle: (**sale**)   Cette affaire est très désagréable. C'est une ...
> *C'est une **sale** affaire.*

1. (propre)   Le docteur Nault remplit son ordonnance personnelle. Il remplit ...
2. (ancien)   La pharmacie n'est pas récente. C'est une ...
3. (certain)   Je connais un docteur particulier. Je connais ...
4. (pauvre)   Ce millionnaire a des chagrins d'amour. C'est un ...
5. (cher)   Cette voiture coûte 20.000 dollars. C'est une ...
6. (brave)   Ce bonhomme a des qualités; il est gentil. C'est un ...
7. (dernier)   Après ce repas, c'est fini, il n'y en a plus. C'est le ...
8. (sale)   Ce chien n'a pas eu de bain depuis longtemps; c'est un ...
9. (ancien)   Cette pièce était autrefois une salle de bain. C'est maintenant un placard (*closet*). C'est une ...
10. (pauvre)   Mes cousins n'ont pas d'argent. Ce sont ...
11. (brave)   Ce jeune homme est courageux. C'est un ...
12. (propre)   Je me suis lavé les mains. J'ai les ...
13. (dernier)   La semaine qui précède, j'ai eu trois examens. La ...
14. (même)   Il est venu me voir précisément le jour où je l'ai invité. Il est venu le ...

Formule à retenir

◇ **1. Les adverbes en -ment**

    a. Un grand nombre d'adverbes de manière sont formés avec le suffixe **-ment: rapidement, honnêtement.** Ils correspondent aux adverbes qui se terminent en *-ly* en anglais: *rapidly, honestly.*

- On ajoute **-ment** au féminin de l'adjectif: **naïvement, clairement.**
- Les adjectifs terminés par une voyelle perdent le **-e** du féminin: **vraiment, joliment.**
- Les adjectifs en **-ent** et **-ant** ont des adverbes en **-emment** et **-amment** (la prononciation est / amã /).
- Certains adverbes ont une terminaison en **-ément: énormément, précisément.**

    b. L'adverbe n'est jamais placé entre le sujet et le verbe comme en anglais. Il est placé après le verbe ou devant l'adjectif.

Je le vois **rarement.**	*I **rarely** see him.*
C'est **vraiment** beau.	*It's **really** beautiful.*

Exercices

A. Formez des adverbes en **-ment** avec les adjectifs suivants.

1. simple	2. sec	3. lourd	4. étonnant
5. gracieux	6. négatif	7. silencieux	8. heureux
9. intelligent	10. horrible	11. grossier	12. précis
13. passionné	14. récent	15. courant	16. mou
17. nerveux	18. brave	19. énorme	20. fou
21. patient	22. jaloux		

B. Faites une phrase avec les adverbes de l'exercice A.

> Modèle: Marie-France s'habille **simplement**.
> Josée danse **gracieusement**.

Exercices

A. **Les qualités et les défauts.** Trouvez pour chaque personne ou chaque objet les qualités et les défauts qui le ou la décrivent. Le vocabulaire entre parenthèses vous aide à former des adjectifs.

> Modèle: Cet étudiant réussit à ses examens. Il est . . . (travailleur / la paresse / briller)
> *Il est travailleur, il n'est pas paresseux, il est brillant.*

1. Charlie Chaplin est un acteur. Il est . . . (l'originalité / le comique / célébrer)
2. Marie a trouvé un bon ami. Elle est . . . (l'amour / la passion / le bonheur)
3. Le secrétaire parfait. Il est . . . (la ponctualité / la discrétion / l'activité)
4. Le mari idéal. Il doit être . . . (la richesse / l'intelligent / le sport / la loyauté / la jalousie)
5. L'épouse idéale. Elle doit être . . . (l'affection / la beauté / la sincérité / la générosité / la fidélité)
6. La cuisine française. Elle est . . . (la richesse / la réputation / la légèreté / la célébrité / délicieux / favori)
7. Cette actrice s'achète des vêtements. Ils sont. . . (l'élégance / qui coûtent cher / l'extravagance)

B. **Un appartement.** Vous cherchez un appartement. Quelles qualités doit-il avoir? Quel défauts est-ce que vous évitez (*avoid*)?

la grandeur / le style / le calme / la clarté / le bruit / le prix du loyer (*rent*)

C. Vous allez acheter une voiture. Décrivez-la:

sa taille (*size*) / sa couleur / son prix / sa vitesse / l'économie / l'état des sièges / la mécanique

D. **Votre famille.** De combien de personnes se compose votre famille? Décrivez chaque personne avec un ou plusieurs adjectifs.

> Modèle: Ma grand-mère n'est pas vieille. Elle est petite, blonde, élégante.

E. **Le jeu de portraits.** Vous décrivez un personnage célèbre. Vos camarades essaient de deviner qui c'est.

> Modèle: C'est une princesse. Elle est grande, blonde, élégante, très populaire. Elle a deux petits garçons. Son mari est le fils de la reine. (*Lady Diana*)

Traduction

I went to visit an old cousin who is a former pharmacist. He is now retired. I had not seen him for 20 years. I found his address in the phone book. I took the street car and arrived at the street. At first, I could not find the house. Finally, someone gave me the information and I found it. It was an old house, a former art studio.

  I rang the bell and my cousin opened the door. I saw a little man dressed in grey, with a grey beard and light blue eyes. I recognized him immediately. I said, "Do you recognize me?" He answered, "No. Am I supposed to know you?" I said, "I am your cousin Josephine." He said, "Josephine? But you used to be thin, elegant, pretty. Now you are fat, short, and old. What happened to you?" I closed the door and left.

Conversations

1. Visite chez le docteur.

 a. Qu'est-ce qui se passe avant et pendant l'auscultation?

  souffrir (*to suffer*), la souffrance, le douleur (*pain*), avoir mal à (*to hurt somewhere*), aller chez le docteur, la visite, la salle d'attente (*waiting room*), la température, le thermomètre, la tension artérielle (*blood pressure*), Respirez! (*Take a breath!*), Toussez! (*Cough!*)

 b. Que dit le docteur après l'auscultation?

  le diagnostic (*diagnosis*), l'ordonnance (*prescription*), le médicament (*medicine*), le médecin (*doctor*), la médecine (*the practice of medicine*)

2. Visite chez le pharmacien. Qu'est-ce qu'on achète chez le pharmacien?

 la pilule (*general term for pill*), le cachet (*capsule*), le comprimé (*tablet, generally refers to aspirin*), la pommade, les produits de beauté, les produits diététiques

Rédaction

1. Racontez ou imaginez un voyage par le train.

2. Avez-vous été malade récemment? Racontez vos symptômes et votre visite chez le médecin. Comment est-ce que vous vous êtes guéri?

Chapitre 7

L'article

133

Vocabulaire

s'affairer   to fuss
aîné(e) (*m., f.*)   the oldest
allongé   stretched out
s'allonger   to stretch out
s'apercevoir   to realize
bac (*m.*) à glaçons   ice-cube tray
casserole (*f.*)   pan
cérémonieusement   formally
charger   to load
compotier (*m.*)   fruit-salad bowl
cresson (*m.*)   watercress
décapsuleur (*m.*)   bottle opener
découpé   cut in pieces
découper   to cut in pieces
délicieux(-se)   delightful, charming
se détendre   to relax
détendu   relaxed
disposé   arranged
disposer   to arrange
dresser le couvert   to set the table
effectivement = en effet   indeed
éloge (*m.*)   praise
émission (*f.*)   program
envahi   invaded
envahir   to invade
éplucher   to peel
étonné   surprised
étonnement (*m.*)   surprise
étonner   to surprise
évidemment = naturellement   of course
évier (*m.*)   kitchen sink
fromage (*m.*)   cheese
gentiment   nicely
geste (*m.*)   gesture
glace (*f.*)   ice, ice cream, mirror
glaçon (*m.*)   ice cube
s'immobiliser   to stop abruptly
incroyablement   incredibly
s'interrompre   to interrupt oneself
invité (*m.*)   guest
laisser tout en plan   to drop everything
léger   light
légume (*m.*)   vegetable
lèvres (*f. pl.*)   lips
lourd   heavy

malgré   in spite of
se mordre les lèvres   to bite one's lip
natal   native
nez (*m.*)   nose
ouvre-boîte (*m.*)   can opener
paresseux(-se)   lazy
pêle-mêle   helter-skelter
plat (*m.*)   platter
plateau (*m.*)   tray
ponctuer   to punctuate
poulet (*m.*)   chicken
presque   almost
prévenir   to anticipate
radieux(-se)   beaming
réclamation (*f.*)   complaint
réclamer   to call for
résultats (*m. pl.*) sportifs   sportscast
se retourner   to turn around
réveiller   to awaken
sable (*m.*)   sand
saladier (*m.*)   salad bowl
sans cérémonie   informally
secouer   to shake
son (*m.*)   sound
subitement   suddenly
sûrement   surely
table (*f.*) roulante   tea cart
terrine (*f.*)   a jar of pâté
tire-bouchon (*m.*)   corkscrew
victuailles (*f. pl.*)   food

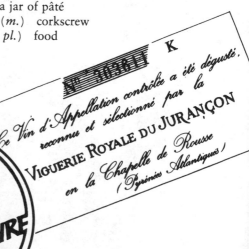

Un dîner vite prêt

Françoise Dorin (1928–   ) est la fille du chansonnier René Dorin. Elle a été comédienne et a composé des paroles de chansons avant d'écrire des pièces et des romans. Elle présente des personnages qui ont des difficultés à accepter la tyrannie de la vie moderne. Dans cet extrait du livre «Va voir Maman, Papa travaille» elle décrit le dilemme suivant: «Maman travaille et gagne plus d'argent que Papa. Maman va-t-elle divorcer ou sacrifier sa carrière pour garder sa famille intacte?» Serge, le mari, a amené des invités, Frédéric et Ketty, pour le dîner. Agnès, sa femme, est très fatiguée: elle a gardé son petit garçon toute la journée et son travail est en retard; elle n'est pas très enthousiaste pour préparer un dîner impromptu.

D'une phrase, Serge prévient toutes les objections de sa femme:
— Ne t'inquiète pas, dit-il, ils ont tout apporté. Il y a un énorme paquet sur le balcon. Je vais te l'apporter dans la cuisine parce qu'il est trop lourd.

5 Effectivement, il est lourd: deux bouteilles de champagne, deux de beaujolais,[1] un poulet, une terrine, de la salade, un ananas, des bocaux de légumes, des fromages, des tartes. Le marché fait par un homme.[2] Trois fois plus qu'il n'en faut. Agnès est anéantie.° Les trois ⟶ stunned
autres radieux.[3] La cuisine, envahie. Les deux garçons sortent tout,
10 pêle-mêle: tire-bouchon, bac à glaçons, ouvre-boîtes, casseroles, plats, verres, décapsuleur... puis subitement s'immobilisent et réclament le silence. Deux Jeanne d'Arc[4] à l'affût du message divin. Le leur,° c'est l'annonce à la télévision de l'émission consacrée aux ré- ⟶ Le... Their message
sultats sportifs. Ils laissent, bien entendu, tout en plan.
15 Agnès, le nez sur son évier,° commence à éplucher la salade. Du ⟶ le nez... bent over the sink
cresson, évidemment: ce qu'il y a de plus long!° Elle se mord les ⟶ ce... what takes the longest
lèvres pour ne pas pleurer. Dans son dos, Ketty s'affaire en pépiant° ⟶ en... chirping
joyeusement. Elle ponctue ses phrases de petits rires agaçants° mais ⟶ irritating
son accent est délicieux, sa voix mélodieuse et Agnès, malgré elle, en
20 subit le charme.° Ketty parle de tout, de rien, de sa Martinique[5] ⟶ en... is charmed by it

---

Extrait de Françoise Dorin: *Va voir Papa, Maman travaille.* Reproduit avec la permission de Editions Robert Laffont.

[1] **beaujolais** red wine from Burgundy
[2] **Le marché... homme.** This sentence implies that Frenchmen don't often shop; and when they do, they buy more than necessary.
[3] Contemporary French writers or journalists have a tendency to end groups of words with a period before the sentence is grammatically completed. This procedure isolates a part of the sentence and emphasizes one idea at a time, imitating the way some people speak.
[4] **Deux Jeanne d'Arc** Reference to Joan of Arc, who heard voices of saints ordering her to go and fight the English invaders. The two men heard the announcement of the sportscast on the television: they behave as if it were a message from God and drop everything in the kitchen.
[5] **la Martinique** One of the French Caribbean islands noted for its tropical climate, beautiful beaches, and the melodious accent of its native people. Although situated in another hemisphere, it is a part of France, a D.O.M. (**département d'outremer** *overseas department*), and its citizens send representatives to the French National Assembly. (La Guadeloupe, a neighboring island, and the island of Tahiti are also D.O.M.)

TOUS LES EXPLOITS, TOUS LES CHAMPIONS, TOUS LES RESULTATS DU WEEK-END.

natale, de la grande maison toute blanche, de sa plage qui était
«absolument fabuleuse» où le sable était presque blanc, la mer
presque turquoise.

—Il faudrait que vous veniez,° Agnès! Oh! oui, quelle bonne
5 idée! Venez cet été chez moi,° vous voulez?

Agnès ne répond pas. Au son émollient° de la voix de Ketty, elle
y° était déjà partie sur cette plage. Elle y était déjà allongée au soleil,
calme, détendue, heureuse. Ketty insiste gentiment.

—Vous venez avec Serge, bien entendu! dit-elle.
10 Agnès se réveille.

—Oui, bien sûr, Ketty, avec Serge. Nous aimerions sûrement
beaucoup.

Et puis sans transition,° très vite, Agnès annonce qu'elle a fini
de laver la salade, qu'il va falloir la secouer, dans la baignoire, ou
15 mieux sur le balcon, pour ne pas réveiller Jérôme,[6] et ensuite s'occuper de tout le reste.°

—Quoi, tout le reste? demande Ketty.

Agnès se retourne et s'aperçoit avec surprise que le désordre a
disparu: la vinaigrette attend dans le saladier, le poulet découpé est
20 dans son plat, les fromages disposés sur le plateau, l'ananas épluché
dans le compotier. Tout est impeccable. Ketty rit de l'étonnement
d'Agnès et, tout en chargeant° les victuailles sur la table roulante avec
des gestes incroyablement précis, elle lui explique qu'elle sait s'occuper de tout dans une maison car elle était l'aînée de huit frères, tous
25 aussi beaux les uns que les autres,° et tous aussi paresseux... Il y avait
d'abord Rodolphe qui... puis Paul qui... Elle n'en est qu'au quatrième frère° quand ayant fini° de dresser le couvert avec Agnès, elle
s'interrompt pour annoncer cérémonieusement à Serge et à Frédéric
que «ces messieurs sont servis.»[7]

Il... You ought to come
chez... to my home
soft, soothing
there

sans... abruptly

tout... everything else

tout... while loading

tous... all equally handsome

Elle... She has just begun talking about
  the fourth brother / **ayant...** having
  finished

---

[6] **Jérôme** Serge and Agnès' little boy, who is asleep
[7] In a formal dinner, the butler or the maid usually announces: **«Madame est servie.»** ("Dinner is served.")

Questions

1. Pourquoi est-ce que Agnès a des objections au dîner?
2. Que contient le paquet? Est-ce qu'il y a trop ou pas assez de victuailles pour un dîner? Est-ce qu'Agnès a beaucoup de choses à préparer?
3. Les deux invités et le mari sont radieux: qu'est-ce qu'ils font dans la cuisine? Que vont-ils faire avec les glaçons, le tire bouchon, le décapsuleur, le plat, les verres et les autres choses?
4. Pourquoi est-ce que les deux garçons s'arrêtent brusquement d'aider Agnès et Ketty? Quelle message divin avait reçu Jeanne d'Arc? Quel message reçoivent les deux hommes?
5. Pourquoi est-ce qu'Agnès a envie de pleurer?
6. De quel pays vient Ketty? Décrivez ce pays. Comment est-ce qu'elle parle?
7. A quoi rêve Agnès quand Ketty l'invite à venir chez elle?
8. Pourquoi faut-il secouer la salade sur le balcon ou dans la baignoire? Qui est Jérôme? Que fait-il?
9. Qu'est-ce que Ketty a fait pendant qu'Agnès lavait la salade? Donnez des détails.
10. Pourquoi est-ce que Ketty sait s'occuper de tout dans une maison?
11. Trouvez les détails qui indiquent que l'auteur, Françoise Dorin, n'a pas une bonne opinion des hommes.

L'article

Formes

Il y a trois sortes d'articles en français: l'article défini, l'article indéfini et l'article partitif.

	masc.	*fém.*	*pl.*
article défini	le (l')	la (l')	les
contracté + **de**	du (de l')	de la (de l')	des
contracté + **à**	au (à l')	à la (à l')	aux
article indéfini	un	une	des
article partitif	du (de l')	de la (de l')	

Emplois

On emploie presque toujours un des ces trois articles devant un nom, et on répète l'article devant chaque nom.

◇ **1.** L'article défini = **le, la, l', les** (*the*)

    a. **Le** est masculin singulier, **la** est féminin singulier, **l'** précède un nom qui commence par une voyelle ou un **h** muet, **les** est pluriel pour les deux genres.

	masc.	*fém.*
sing.	le dîner	la maison
	l'animal	l'idée
	l'homme	l'héroïne
pl.	les glaçons	les salades
	les ananas	les émissions

    b. Souvent en anglais il n'y a pas d'article. En français on emploie l'article défini si le nom est déterminé par un possesseur (*owner*) [avec la préposition **de**], ou si le nom est un nom d'espèce, un nom abstrait, ou un nom qui désigne un groupe en général.

        Qui a pris **le** livre **de** Marie-Josée?   (*possesseur*)
        Les insectes ne vivent pas longtemps.   (*nom d'espèce*)
        L'ambition et **la** modestie sont souvent contradictoires.   (*noms abstraits*)
        Les grandes personnes ne comprennent pas toujours **les** enfants.   (*groupes généraux*)

    c. **Au, aux,** (*to, at, in*); **du, des** (*of, from, about*)

        Les articles **le** et **les** se contractent avec la préposition **à** et la préposition **de**.

        à + le = au   **de + le = du**
        à + les = aux   **de + les = des**

        A la, à l', de la, de l' ne sont pas contractés.

        Vous parlez **au** professeur, **à la** secrétaire, **à l'**ambassadeur.
        Vous parlez **du** beau temps, **des** saisons et **de la** pluie.

◇ **2.** L'article indéfini = **un, une** (*a, an, one*), **des** (*any, some several*)

	masc.	*fém.*
sing.	**un** livre	**une** page
	un enfant	**une** amie
pl.	**des** verres	**des** nouvelles
	des ouvre-boîtes	**des** annonces

REMARQUES:

■ On prononce **les** / lez / , **aux** / oz / , **des** / dez / devant une voyelle ou un **h** muet.[1]

    les enfants   **des** hommes   **aux** amis   **aux** hôtels

■ On prononce **les** / le / , **au** / o / , **des** / de / devant une consonne ou un **h** aspiré.[2]

    les / casseroles   **des** / héros   **aux** / hiboux

Au pluriel, souvent en anglais il n'y pas d'article. En français on emploie **des** avec des noms qu'on peut compter, pour donner aux noms un sens de nombre indéterminé.

Vous avez **des** enfants?	*You have children?* (*any children*)
Ils ont **des** problèmes?	*They have problems?* (*some, several*)

Exercices

A. Mettez l'article qui convient dans les phrases suivantes: l'article indéfini, à gauche, l'article défini à droite.

    Modèle: J'ai acheté _____ poulet; _____ poulet est bon marché.
                *J'ai acheté **un** poulet; **le** poulet est bon marché.*

1. J'ai acheté _____ ananas; _____ ananas est un fruit exotique.
2. J'ai acheté _____ laitue; _____ laitue est bonne pour la santé.
3. J'ai acheté _____ yaourts; _____ yaourt est excellent pour _____ digestion.
4. J'ai acheté _____ bouteille de champagne. Où est _____ bouteille de champagne?
5. J'ai acheté _____ œufs; _____ œufs sont riches en cholestérol.

B. Dites à qui vous parlez. Utilisez la préposition **à**, contractée ou non avec l'article défini.

1. Je parle _____ professeur, _____ vendeuse, _____ coiffeur, _____ étudiants, _____ pharmacien, _____ personne qui téléphone, _____ enfants.
2. J'écris _____ ma mère, _____ directeur, _____ actrice, _____ cousin de mes parents, _____ danseuse, _____ petites filles de ma sœur.

---

[1] H is never pronounced. It is a remnant of Latin orthography.

[2] H aspiré indicates that no liaison or no elision takes place between the article and the noun. In dictionaries, words with **h aspiré** are preceded by an asterisk (***héros**). This grammar pronunciation rule is being slowly eliminated by the French Academy, which now "tolerates" the liaison between certain nouns and articles: **les haricots** / lezariko / as compared to **les** / **haricots** / leariko / .

C. Dites de quoi Ketty a parlé; utilisez la préposition **de**, contractée ou non avec l'article défini.

Elle a parlé _____ pays où elle est née, _____ plage, _____ mer, _____ sable blanc, _____ dîners qu'elle préparait, _____ frères qu'elle a à la Martinique, _____ enfants de son frère aîné, _____ maison où elle habitait quand elle était jeune.

◇ **3. L'article partitif = du, de la, de l'** (*some, any*)

a. On emploie **du** au masculin singulier, **de la** au féminin singulier, **de l'** aux deux genres devant un nom qui commence par une voyelle ou un **h** muet.

masc.	*fém.*
du travail	**de la** patience
de l'argent	**de l'**huile

b. On emploie l'article partitif avec des noms qui ne peuvent pas être comptés mais qui peuvent être mesurés, fractionnés. En anglais, souvent il n'y a pas d'article, mais on peut mettre *some* devant le nom singulier.

Je mange **du** pain avec **de la** marmelade et je bois **de l'**eau.
I eat bread with marmalade and I drink water.

Voulez-vous **du** cresson?
Do you want some watercress?

Vous avez **de l'**argent pour acheter ce gâteau?
Do you have any money to buy this cake?

ATTENTION: Il ne faut pas confondre:

Du (de + le = *of the*): Le livre **du** professeur.
Du (*some*): Je mange **du** pain.
Des (de + les = *of the*): Les livres **des** élèves.
Des (pluriel de **un, une** = *some*): Je mange **des** pommes.

Exercices

A. Mettez l'article partitif qui convient.

Au marché, j'ai acheté _____ pain, _____ salade, _____ eau minérale, _____ sucre, _____ farine, _____ beurre, _____ margarine, _____ bière, _____ papier W.C., _____ huile, _____ vinaigre, _____ fromage, _____ viande, _____ poisson; heureusement j'avais _____ argent pour payer.

B. Répétez les phrases avec l'article qui convient.

Modèle: Serge ouvre le paquet; il sort **le** poulet, **la** salade, **les** fruits
*Ce soir ils vont manger **du** poulet, **de la** salade, **des** fruits.*

1. Ketty épluche les fruits pour faire une salade; elle épluche l'ananas, les oranges, un melon, les pommes; elle lave les fraises. Dans le compotier, elle met _____ ananas, _____ oranges, _____ melon, _____ pommes, _____ fraises.
2. Sur la table je vois le poulet, les légumes en bocaux, la salade, les fromages, les tartes, le vin rouge, la terrine que tu as achetés. Le menu de notre dîner c'est: _____ poulet, _____ légumes, _____ salade, _____ fromage, _____ tartes, _____ terrine, _____ vin rouge.

3. Je prépare une vinaigrette: l'huile, le vinaigre, la moutarde, l'ail (*garlic*), les herbes, le sel et le poivre sont les ingrédients d'une bonne vinaigrette. Je mets ____ huile, ____ vinaigre, ____ moutarde, ____ ail, ____ herbes, ____ sel, ____ poivre dans ma vinaigrette.

Emplois spéciaux de l'article défini

On emploie l'article défini dans les cas suivants:

◇ **1.** devant un nom de personne précédé de sa profession, de sa fonction ou d'un adjectif.

le docteur Nault	**le** président Mitterrand
la petite Gabrielle	**le** prince Charles

◇ **2.** devant un nom géographique: les noms de continents ou de régions, de pays, d'états ou de provinces, de fleuves, de montagnes.

l'Asie	**la** France	**la** Seine
l'Amérique du Nord, du Sud	**le** Manitoba	**le** Mont-Blanc
le Midi	**le** Tennessee	**les** Alpes

REMARQUE: L'article n'est pas employé devant Israël, Tahiti, Haiti, Hawaï.

◇ **3.** pour indiquer la date, ou un jour habituel ou la partie du jour

> **le** premier avril, **le** vingt-quatre janvier
> **Le** lundi, elle va au supermarché. (*on Monday*)
> **Le** soir les étudiants vont à la bibliothèque avant de rentrer à la maison d'étudiants
> (*dormitory*).

REMARQUES: Il n'y a pas d'article dans la date précédée du jour, ou si on parle d'un jour précis.

> dimanche, 2 février
> Ils arrivent lundi (*this Monday*).

◇ **4.** avec les verbes **aimer, adorer, détester, préférer.**

> Elle aime **la** salade et elle déteste **les** escargots.

◇ **5.** dans les expressions de mesure, de poids (*weight*) ou de vitesse.

> J'ai payé ces tomates cinq francs **la** livre. (*5 francs a pound*)
> Elle ne gagne pas deux dollars de l'heure. (*2 dollars an hour*)
> Le TGV roule à 260 kilomètres à l'heure.

◇ **6.** avec les parties du corps, à la place de l'adjectif possessif (voir p. 210).

> Serge a **les** yeux bleus et **les** cheveux bruns.   Agnès, **le** nez sur son évier, épluche la
>   salade.

◇ **7.** avec les langues et les matières d'enseignement.

> Marc est très intelligent: il étudie **le** japonais, **la** biologie et l'histoire européenne en même
> temps.

L'absence d'article

Dans certains cas, on supprime complètement l'article:

◇ **1.** dans un proverbe ou un dicton.

> Noblesse oblige.
> Pierre qui roule n'amasse pas mousse. (*A rolling stone gathers no moss.*)

◇ **2.** devant un titre, une adresse, une inscription.

> grammaire française   rue Paradis   Maison à vendre

◇ **3.** avec certaines prépositions.
> **en:** Nous sommes **en** France. Elle va **en** classe. Il est **en** bonne santé.
> **avec, sans, comme** et **sous** (si le nom qui suit est abstrait ou indéterminé)

> Les Indiens luttaient **sans** fusils (*guns*), mais **avec** courage.
> L'actrice était **sous** contrat avec la MGM.
> Il travaille **comme** secrétaire.
> **Comme** boisson, prenez du Coca.

◇ **4.** Dans beaucoup d'expressions idiomatiques comme: avoir faim, soif, etc.

> faire peur *to scare*   faire attention *to pay attention*   perdre patience *to lose patience*

◇ **5.** dans une énumération, pour la vivacité de l'expression.

> Vieillards, hommes, femmes, enfants, tous voulaient le voir.
> Ils sortent tout: tire-bouchon, bac à glaçons, ouvre-boîtes.

◇ **6.** après **de** entre deux noms, si le deuxième nom est indéterminé.

> la classe **de** français   un livre **de** poche

◇ **7.** avec le verbe **parler** et un nom de langue.

> Il **parle** français, elle **parle** chinois.

Exercice

Mettez l'article qui convient, ou ne mettez pas l'article.

1. ____ Dr. Nault habite ____ rue Rachel. 2. ____ premier janvier est ____ date importante. 3. Je vais aller ____ marché ____ samedi. 4. Elle a perdu ____ courage. 5. Aimez-vous ____ classe de français? 6. Tu parles ____ chinois? 7. Sur ____ monuments publics, en ____ France, on lit: ____ Liberté, ____ Egalité, ____ Fraternité. 8. On fait du ski dans ____ Alpes. 9. ____ Mont-Blanc est la plus haute montagne d'Europe. 10. Il est sorti sans ____ chapeau, sans ____ parole. 11. Que prenez-vous comme ____ dessert? 12. Ils se sont levés et ont pris ____ congé. 13. Oh! vous m'avez fait ____ peur. 14. ____ petite Gabrielle a écrit ce livre toute seule. 15. J'aime ____ froid mais je déteste ____ pluie. 16. Il a eu ____ accident parce qu'il roulait à 150 kilomètres ____ heure. 17. J'ai trouvé des oranges à 2 francs ____ kilo. 18. Elle a tout perdu dans l'incendie: ____ maison, ____ meubles, ____ papiers personnels, ____ souvenirs, ____ vêtements, ____ photos, etc. 19. ____ président Lincoln est un des grands hommes de ____ histoire américaine. 20. Où habitez-vous? —J'habite ____ rue de Paris.

Transformation de l'article en **de**

On met **de** à la place de **un, une, des, du, de la, de l'** dans les cas suivants:

◇ **1.** dans une phrase négative.

> Vous avez une piscine? —Non, je n'ai **pas de** piscine.
> Tu manges des champignons? —Non, **jamais de** champignons.
> Cette grosse dame mange du pain? —Non, elle ne mange **plus de** pain.

EXCEPTION: On garde l'article avec **ce n'est pas, ce ne sont pas,** et **pas un** qui signifie *not one single one.*

> Ce **n'est pas du** beurre, c'est **de la** margarine.
> Ce **n'est pas du** vin, c'est **du** vinaigre.
> Je n'ai **pas un** sou.

ATTENTION: Si la négation est partielle, on garde l'article complet.

> Je **n'ai pas de** l'argent pour le dépenser à la roulette.
> (J'ai de l'argent, mais pas pour...)
> Il **n'a pas une** maison très pratique.
> (Il a une maison, mais elle n'est pas pratique.)

◇ **2.** avec une expression de quantité. Voici les principales expressions de quantité.

   a. Certaines sont des *adverbes*.

beaucoup de	*much, many*	trop de	*too much, too many*
assez de	*enough*	peu de	*little, few*
un peu de	*a few, little*	tant de	*so much, so many*
tellement de	*so much, so many*	autant de	*as much, as many*
plus de	*more*	moins de	*less*

Il y avait **trop de** sel dans la soupe.
Les Français boivent **beaucoup de** vin.

   b. Certaines sont des *noms*.

une bouteille de	*a bottle of*	un kilo de	*a kilo of*
une livre de	*a pound of*	une tasse de	*a cup of*
un verre de	*a glass of*	une boîte de	*a box of*
un litre de	*a liter of*	une douzaine de	*a dozen of*

J'achète **une bouteille de** vin et **une boîte de** gâteaux salés.

   c. Certaines sont des *adjectifs*.

plein de, rempli de	*full, filled*	entouré de	*surrounded*
couvert de	*covered*	garni de, décoré de, orné de	*decorated*

Les rayons sont **remplis de** bocaux.
La ville est **couverte de** neige.

Mais si le nom qui suit est accompagné d'un adjectif descriptif, on garde l'article indéfini.

La ville est **couverte d'*une*** neige épaisse.

Exercice

Dans les phrases suivantes, mettez l'expression de quantité qui convient et changez l'article, si c'est nécessaire.

    Modèle: Vous buvez du café. (une tasse)
            *Vous buvez **une tasse de** café.*

1. Dans le paquet, il y avait du champagne. (deux bouteilles)
2. Ils ont mangé des fruits. (un compotier)
3. Au marché, nous avons acheté des légumes frais. (des bocaux)
4. A la fin du repas, on sert des fromages. (un plateau)
5. Le matin, je vous recommande de boire du jus de fruits. (un verre)
6. Agnès pleure, parce qu'il y a du cresson à éplucher. (beaucoup)
7. Pour le dessert, il y avait des tartes. (une douzaine)
8. Ils réclament du silence pour écouter les résultats sportifs. (un peu)
9. Je n'ai jamais vu de désordre dans la cuisine. (autant)
10. Il y a des gâteaux salés pour l'apéritif. (une boîte)
11. Ces enfants devraient manger des bonbons. (moins)

◇ **3.** On garde **de** + l'article entier dans les expressions suivantes: **bien . . .** (*much, many*), **encore . . .** (*some more*), **la moitié . . .** (*half*), **la plupart . . .** (*most*)

Marie a **bien de la** chance, mais sa sœur, Jeanne, a **bien des** soucis.	*Marie has **much** luck, but her sister, Jeanne, has **many** worries.*
Voulez-vous **encore du** café?	*Do you want **some more** coffee?*
Il avait tellement soif qu'il a bu **la moitié de la** bouteille d'eau minérale.	*He was so thirsty that he drank **half** of the bottle of mineral water.*
La plupart des Américains mangent trop quand ils vont en France.	***Most** Americans eat too much when they go to France.*
La plupart du temps il fait très froid en hiver dans la Nouvelle Angleterre.	***Most** of the time it's very cold during the winter in New England.*

REMARQUE: **encore un** = *one more*

—J'ai quarante-cinq ans aujourd'hui.   — **Encore un** anniversaire?

◇ **4.** On emploie toujours **la plupart des** avec un nom pluriel et un verbe pluriel sauf dans l'expression **la plupart du temps.**

En France, **la plupart des** vieux vivent chez leurs enfants.
La plupart du temps, les gens s'ennuient le dimanche.

REMARQUE: Avec un nom singulier, *most* se dit **la plus grande partie . . .**

La plus grande partie de la population va voter.

◇ **5.** On met **de** à la place de **des** devant un adjectif pluriel, qui précède un nom.

des roses rouges	MAIS:	**de** jolies roses
des fraises fraîches	MAIS:	**de** belles fraises

Cette règle est un peu archaïque; elle appartient à la langue élégante, écrite ou parlée. Plus familièrement, on peut dire

des belles fraises   **des** jolies roses

REMARQUES:

■ Si l'adjectif est long et commence par une voyelle ou un **h** muet, l'emploi de **d'** est obligatoire; **des** est impossible.

Il prend **d'excellentes** photos avec son appareil.
Quand je bois trop, je fais **d'horribles** rêves.

■ On garde **des** devant les noms composés comme *des* grands-mères, *des* petits pois, *des* jeunes gens; mais à la forme négative on emploie **de.**

pas de grands-mères, **plus de** petits pois, etc.

■ On a toujours **d'** devant **autres**, pluriel de **un autre, une autre.**

Nous avons un sujet et **d'autres** choses à discuter.

Exercice

Dans les phrases suivantes, introduisez l'expression de quantité entre parenthèses.

1. Agnès avait du travail pour préparer le dîner.   (bien)
2. Elle a pris de la terrine.   (encore)
3. Les Français boivent du vin à leurs repas.   (la plupart)
4. Jérôme a mangé les fruits.   (la moitié)
5. Elle parle avec des rires nerveux.   (petits)
7. Avez-vous acheté des bouteilles de vin.   (autres)
8. Elle a reçu des notes à son examen.   (excellentes)
9. J'ai acheté des oranges au marché.   (grosses)
10. Ils ont des soucis avec leur chien.   (bien des)
11. Avez-vous rencontré des gens au bal?   (jeunes)
12. Elle fait cuire des pois.   (petits)

Emploi de l'article avec les noms de nationalité, de religion, de profession

◇ **1.** Avec le verbe **être** et les noms de nationalité, de religion, de profession, à la 3ème personne, on a deux constructions:

> le sujet + **être** + le nom sans article

    Ketty est martiniquaise.   Elle est martiniquaise.

> c'est + l'article indéfini + le nom

    C'est **une** Martiniquaise.

REMARQUES:

- Si l'adjectif **bon** ou **mauvais** qualifie le nom, les constructions sont les mêmes.

    Mme Leroy est bonne catholique.   (*pas d'article*)
    Elle est bonne catholique.   (*pas d'article*)
    C'est **une** bonne catholique.   (*un article*)

- Si l'adjectif est autre que **bon** ou **mauvais**, seule la construction avec l'article indéfini est possible.

    Mme Diva est **une** chanteuse extraordinaire.   C'est **une** chanteuse extraordinaire.

◇ **2.** Pour les autres personnes (**je, tu, nous, vous**), on a le choix.

    Je suis étudiant. Je suis un étudiant.
    Je suis bon étudiant. Je suis **un** bon étudiant.

   Je suis étudiant répond à la question: **Qu'est-ce que vous faites?**
   Je suis un étudiant répond à la question: **Qui êtes-vous?**

GUADELOUPE~MARTINIQUE
VIVEZ FRANÇAIS

Exercices

A. Mettez l'article qui convient, ou ne mettez pas d'article.

1. M. Duvalier est _____ haïtien. 2. Il était _____ président. 3. C'était _____ président autoritaire. 4. Jean-Paul était _____ mauvais élève. Il est devenu _____ philosophe. 5. M. Collard est _____ pianiste. C'est _____ pianiste célèbre. 6. Est-ce que tu es _____ bon élève? 7. Camille Claudel était _____ sculpteur. C'était _____ femme-sculpteur. 8. Elle était _____ amie de Rodin. 9. Debussy était _____ musicien. 10. M. Nault était à la fois _____ médecin et _____ pharmacien. 11. Ketty est _____ martiniquaise. C'est _____ jeune Martiniquaise qui parle avec un accent charmant. 12. Gabrielle Roy était _____ écrivaine canadienne. 13. Avez-vous entendu parler _____ docteur Schweitzer? C'était _____ docteur qui soignait les lépreux en Afrique. 14. Cette femme est _____ religieuse (*nun*). On l'appelle _____ Sœur Thérèse.

B. Dites en français.

1. She is a dancer. 2. She is a remarkable dancer. 3. You are English? 4. No, we are Spanish. 5. My sister is a Protestant. 6. She is a very strict Protestant. 7. I am a good Frenchman. 8. He is a teacher. 9. He is a bad teacher. 10. He is an excellent teacher. 11. They are Jewish (**juif**). 12. She is a Jew from Israel.

Formules à retenir

Les prépositions à, en, dans, de

◇ **1.** La préposition **à** signifie *at* ou *to*. **De** signifie *from*.

Elle est **à** la maison.	*She's **at** home.*
Vous allez **à** l'église le dimanche?	*Do you go **to** church on Sunday?*
Elle va **au** magasin.	*She's going **to** the store.*
Nous revenons **de** la maison, **de** l'église, **du** magasin.	*We return **from** home, **from** church, **from** the store.*

◇ **2.** **En** signifie *in* ou *to* et s'emploie toujours sans article. **Dans** signifie **à l'intérieur de** (*inside, within*) et s'emploie toujours avec un article.

Nous sommes **en** classe.	*We're **in** class.*
Nous allons **en** classe.	*We're going **to** class.*
On ne fume pas **dans** la classe.	*Smoking is forbidden **in** class.*
Nous sommes **en** ville aujourd'hui et nous retournons **en** ville demain.	*We're in town today and we're returning **to** town tomorrow.*
Nous nous promenons **dans** la ville.	*We're strolling **in** the city.*

Les prépositions avec les noms géographiques

◇ **1.** Les noms de villes

    a. On emploie **à** ou **de** sans article devant tous les noms de ville.

       à Paris   de Paris

    b. On emploie **au, à la** ou **du, de la** devant un nom de ville avec un article.

       le Havre   **au** Havre   **du** Havre
       le Bourget   **au** Bourget   **du** Bourget
       la Nouvelle-Orléans   **à la** Nouvelle-Orléans   **de la** Nouvelle-Orléans

    c. On emploie **dans** devant le nom de ville seul avec le sens de **à l'intérieur de** ou devant le nom de ville accompagné d'un adjectif.

       Je me suis promené **dans** Paris, **dans** le vieux Paris.

◇ **2.** Les noms de pays

Le choix (*choice*) de la préposition devant les noms géographiques dépend du genre du nom (si le nom est masculin ou féminin).

    a. Les noms de pays terminés par un **e** sont presque tous féminins. On utilise les prépositions suivantes, sans article, devant ces noms: **en** (*in, to*) et **de, d'** (*from*).

       en France   **de** France   **en** Italie   d'Italie
       en Pologne   **de** Pologne   **en** Australie   d'Australie

       On va **en** France }
       On est **en** France }   On revient **de** France

CESSEZ DE FUMER A MARLIOZ-AIX-LES-BAINS

DANS UNE FERME DE BEAUTE EN ANGLETERRE

DANS L'ILE DE SANTE EN ITALIE

L'EVASION TONIQUE AUX BALEARES

LA « PECHE » EN ESPAGNE

UN CLUB DE SANTE A HONG KONG

UN RETOUR AUX SOURCES EN TUNISIE

UNE CURE DE JEUNESSE EN ROUMANIE

LES « BIO-VACANCES » EN AUTRICHE

EN SUISSE NATURELLEMENT...

LA FETE DU CORPS AU BRESIL

b. On utilise **en** et **de, d'** avec les noms de pays masculins qui commencent par une voyelle.

en Afghanistan	**d'**Afghanistan
en Iran	**d'**Iran
en Israël	**d'**Israël

On va **en** Israël.   On vient **d'**Israël.

c. Certains noms qui commencent avec une consonne sont masculins. On utilise les prépositions suivantes devant ces noms: **au** / **aux** (*in, to*), **du** / **des** (*from*).

au Canada	**du** Maroc	**au** Danemark	**du** Chili
au Japon	**du** Mexique	**aux** Etats-Unis	**des** Pays-Bas (*Holland*)
au Pérou	**du** Vietnam		

On va **au** Canada et **aux** Etats-Unis.   On revient **du** Canada et **des** Etats Unis.

Exercice

Répondez aux questions par des phrases complètes.

Modèle: Où allez-vous? (Italic)   D'où venez-vous? (Iran)
         Je vais en Italie.   *Je viens d'Iran.*

1. Où allez-vous?

   Maroc, Belgique, Ecosse, Mexique, Pays Bas, Chine, Autriche, Japon, Etats-Unis, Canada, Angleterre, Norvège, Portugal.

2. D'où venez-vous?

   Russie, Egypte, Vietnam, Chili, Argentine, Grèce, Israël, Maroc, Lybie, Suisse, Luxembourg, Pays-Bas, Pérou, Suède.

◇ **3.** Les noms de provinces françaises / états américains / provinces canadiennes.

   Ces noms ont aussi un genre, féminin ou masculin, et ils suivent les mêmes règles (*rules*) que les noms de pays.

Les noms féminins / les noms masculins à voyelle initiale

---

en Normandie	**de** Provence
en Bretagne	**d'**Anjou
en Californie*	**d'**Indiana*
en Arkansas	**de** Caroline du Nord
en Colombie Britannique	**d'**Alberta
en Nouvelle-Ecosse	

---

* Les états américains en **-ia** sont francisés et féminisé en **-ie**. On dit aussi **la Louisiane**. Les noms d'origine étrangère ou indienne en **-a** gardent le **-a** en français et restent masculins: **le Montana, le Nevada**. (Voir la p. 494 pour une liste complète d'états américains et de provinces canadiennes.)

REMARQUES:

■ On emploie **dans l'état de** si l'état est un nom de ville: **dans l'état de** New York, **dans l'état de** Washington.

■ On peut aussi dire **dans l'état de** avec tous les états américains et **dans la province de** avec toutes les provinces du Canada.

Les noms masculins	
au Berry	**du** Dauphiné
au Colorado	**du** Vermont
au Delaware	**du** Maryland
au Nouveau-Brunswick	**du** Québec
au Saskatchewan	**du** Manitoba

REMARQUES:

■ Les provinces françaises peuvent aussi être précédées de **dans le**.

■ On emploie **dans l'** devant **Ontario** pour des raisons de prononciation.

◇ **4.** Les noms des îles

    a. Les noms de grandes îles féminisées sont précédés de **en** et de **de, d'**.

        en Sardaigne (*Sardinia*)   **de** Corse
        en Islande (*Iceland*)   **de** Sicile
        en Nouvelle-Zélande (*New Zealand*)

EXCEPTION: **à** Terre-Neuve (*Newfoundland*)

    b. Les noms de petites îles sont précédés de **à, à la, à l'** et de **de, d'**.

        à Hawaï   **de** Malte (*Malta*)
        à l'Ile du Prince-Edouard   **de** Madagascar

REMARQUE: On peut dire aussi **dans l'Ile du** Prince-Edouard.

Exercice

Répondez à la question suivant les modèles.

        Modèle: Où allez-vous? (Martinique)   *Je vais* **à la** *Martinique*

1. Où allez-vous?

    Bretagne, Provence, Arizona, Québec, Washington, Maryland, Corse, les îles Marquises, Poitou, Louisiane, Orégon, Nouveau-Mexique, Sardaigne, la Réunion, Montana.

        Modèle: D'où vient-elle? (Manitoba)   *Elle vient* **du** *Manitoba.*

2. D'où vient-elle?

Texas, Bourgogne, Tahiti, Maine, Caroline du Nord, Sicile, Californie, Normandie, la Guadeloupe, Manitoba, Poitou, Orléans.

Emploi de l'article avec certains verbes

◇ 1. **se servir de / avoir besoin de / avoir envie de**

L'emploi de l'article avec les noms qui suivent ces expressions est semblable (*similar*) en français et en anglais.

a. DE, D': Les noms qui suivent représentent des quantités indéterminées (*noncountable nouns*). (En anglais: *some, or no article.*)

J'ai **besoin d'**argent.	*I need **some** money.*
Je **me sers de** beurre.	*I use butter.*
J'ai **envie de** silence.	*I need silence.*

b. D'UN, D'UNE: Le nom qui suit représente un seul objet non-identifié. (En anglais: *a, an.*)

J'ai **besoin d'un** ouvre-boîte.	*I need a can opener.*
Je **me sers d'un** décapsuleur.	*I'm using a bottle opener.*
J'ai **envie d'un** Coca.	*I feel like having a Coca Cola.*

c. DU, DE LA, DE L', DES: Les noms qui suivent sont des objets identifiés. (En anglais: *the.*)

J'ai **besoin du** dictionnaire	*I need **the** dictionary.*
Je **me sers de la** table roulante.	*I'm using **the** tea cart.*
J'ai **envie du** dernier gâteau sec.	*I feel like having **the** last cookie.*

Exercice

Finissez les phrases suivantes. Employez **de** ou **d'un, d'une, du, de la, de l', des**.

1. Pour faire du pain, un boulanger se sert:

   la farine, l'eau, le sel, des machines, un four (*oven*), l'énergie

2. Pour faire la cuisine, ma mère se sert:

   les légumes, la viande, l'huile, le beurre, les casseroles, un four à micro-ondes, une cuisinière à gaz

3. M. Horowitz est un pianiste célèbre; il a besoin:

   un nouveau piano, un manager, le travail régulier, une salle de concert

4. De quoi avez-vous envie quand il pleut, quand il fait froid? J'ai envie:

   le soleil, la chaleur, les vacances, un bon feu de cheminée

5. De quoi est-ce qu'on a envie quand on voyage au Sahara? On a envie:

   l'eau fraîche, l'ombre, une sieste au bord d'une piscine, un grand verre de Coca

◇ **2. il y a / il faut / il reste**

Ces expressions sont généralement suivies de l'article indéfini et de l'article partitif, presque jamais suivies de l'article défini.

Il y a **du** pain français sur la table.
Il faut **du** beurre pour faire de la bonne cuisine.
Il reste toujours **de la** dinde après le repas de Thanksgiving.   *Some turkey is always left over after Thanksgiving dinner.*

Exercice

Faites des phrases avec les expressions entre parenthèses et le vocabulaire suggéré.

1. (Il y a)   le champagne dans le frigidaire.
              les champignons (*mushrooms*) dans les bois.
              les escargots dans les jardins après la pluie.
2. (Il faut)   l'endurance pour gagner un marathon.
              les œufs pour faire une omelette.
3. (Il reste) le gâteau d'anniversaire après la réception.
              la neige dans le jardin au mois de mars.

Exercices

A. **Choix de l'article.**   Dans les phrases suivantes, mettez l'article qui convient, ou ne mettez pas l'article.

1. Dans la salade, nous mettons toujours _____ vinaigrette. Marie fait _____ vinaigrette délicieuse. _____ vinaigrette est sur la table.
2. Au marché, j'achète _____ gros poulet. Le samedi, nous mangeons toujours _____ poulet. Le chat a mangé _____ poulet!
3. Comme _____ dessert, nous prenons _____ ananas. N'oublie pas d'acheter _____ ananas! _____ ananas est un fruit qui pousse dans les pays tropicaux.

B. **Chez le docteur.**   Vous avez mal à l'estomac. Le docteur vous demande ce que vous avez mangé la veille.

1. J'ai mangé... (côtes de porc, pommes de terre frites, terrine de canard (*duck*), pâté, fromages [3 sortes], choux à la crème)
2. Le docteur vous ordonne un petit régime (*diet*). Ne mangez plus... (le beurre, le pain). Mangez moins... (la viande, le sucre, le sel)
3. Mangez plus... (les légumes, les fruits)
4. Buvez, ne buvez pas... (le vin, les jus de fruits, l'eau minérale, le lait)

C. **Recette de cuisine.**

Pour faire une bouillabaisse, il faut _____ poissons, _____ oignons, _____ poireaux, _____ huile d'olive, _____ tomates, _____ basilic (*basil*), _____ ail, _____ pommes de terre, _____ sel, _____ poivre, _____ eau, _____ thym.

D. **Les activités favorites de chacun.**

1. Une jeune fille qui a des dons (*talents*) artistiques: Que fait-elle? (la danse, les visites aux musées, le dessin, la peinture, le chant, la sculpture)
2. Un jeune homme très sportif: Que fait-il? (le ski en hiver, la planche à voile en été, la natation, le foot, le jogging, le tennis)

E. **Un voyage au Proche-Orient** (*Middle East*). Deux journalistes Nathalie et François font un voyage autour de la Méditerranée. Racontez leur voyage, qui a commencé le 1er juin et qui s'est terminé le 20 juillet. Donnez les dates de leurs escales (*stops*). Décrivez les gens (*people*) qu'ils ont rencontrés, ce qu'ils ont vu et ce qu'ils ont fait. Utilisez les verbes **partir, arriver, rester, quitter** et le vocabulaire suggéré.

> Modèle: Israël / Jérusalem / les Israéliens / le vieux quartier / les églises / le 25 juin
> *Le 25 juin, ils sont arrivés en Israël. Ils ont visité Jérusalem, le vieux quartier et les églises catholiques et protestantes. Ils ont rencontré beaucoup d'Is-raéliens. D'Israël, ils sont partis (en / au)...*

1. Paris / le 1er juin
2. la Turquie / Istambul / les Turcs / l'Eglise Ste Sophie
3. la Syrie / Damas / les Syriens / les mosquées
4. l'Egypte / le Caire / les Egyptiens / les pyramides
5. la Tunisie / Bizerte / les Tunisiens / les ruines de Carthage
6. la Corse / Ajaccio / les Corses / la maison de Napoléon
7. la Sicile / Palerme / les Siciliens / les châteaux normands et les temples grecs
8. Marseille / les Marseillais / le vieux port

Traduction

I am a Frenchman. I am a real Frenchman. Most Frenchmen do the shopping. But I don't do the shopping because I am lazy. Last Tuesday we needed bread, wine, meat, butter, vegetables. Pauline, my wife, was busy: she was organizing the kitchen and everything was in disorder. I was watching a sports program on television.

So (*Alors*) I had no excuse. I had (*passé composé de* **devoir**) to go to the market. Pauline had made a list. I bought most of the things that were on the list. I bought beautiful tomatoes, a dozen eggs, ten pounds of potatoes, red apples at 35 cents a pound, roses for Pauline at the flower market. I came home and Pauline said: "You forgot the yoghurt, you did not buy enough wine, the eggs are not fresh, we have too many potatoes, and where is the milk? I don't need spinach! You did not buy half of the things . . ."

Conversations

1. Un voyage en Extrême-Orient (*Far East*) et au Pacifique

   Vous êtes parti de San Francisco, puis vous êtes allé . . . Décrivez votre voyage: les gens que vous avez rencontrés, ce que vous avez fait et vu. Utilisez les verbes **partir, arriver, rester, quitter** et le vocabulaire suggéré.

- les états d'Orégon et de Washington: les forêts, l'industrie du bois, la vallée de la Colombia, les pêcheries de saumon, les lacs, la nature sauvage

- la Colombie Britannique: Vancouver, l'île de Victoria, les jardins, les scieries (*saw mills*), les constructions navales et aéronautiques

- l'Alaska: les montagnes, les glaciers, les Esquimaux, les églises russes, les moustiques (*mosquitos*)

- le Japon: Tokyo, les Japonais, les volcans, la pêche, l'industrie de l'informatique, la culture du riz, la culture du thé, le kimono

- la Corée du Sud: Séoul, les Coréens, l'industrie textile, l'industrie de l'acier (*steel*), le soja (*soy bean*)

- la Chine: Pékin, les Chinois, le ver à soie (*silkworm*), le mûrier (*mulberry tree*), la Grande Muraille (*Great Wall*), la cuisine chinoise, les baguettes (*chopsticks*), les temples, les bicyclettes

- les Philippines: Manille, les Philippins, la canne à sucre (*sugar cane*), le tabac, les orchidées (*orchids*), les typhons (*typhoons*), la révolution, la Présidente

- l'Australie: Sydney, Melbourne, les Australiens, les kangourous, les aborigènes, les déserts

- la Nouvelle-Zélande: Wellington, les Néo-Zélandais, les moutons, la viande, la laine, le paysage grandiose

- Tahiti: la lagune, les cocotiers (*coconut trees*), les colliers de fleurs (*leis*), les paréos (*sarongs*), le musée Gauguin

- les Etats-Unis: Los Angeles, Hollywood, les gratte-ciel, la ville du cinéma et des studios, les autoroutes (*freeways*), les voitures

2. Quel est le menu d'un repas de midi en France? Qu'est-ce que vous mangez et buvez le soir à votre dîner? Qu'est-ce que vous ne mangez pas? Qu'est-ce qu'on mange en France? Qu'est-ce qu'on mange et boit en grande quantité?

le déjeuner:

- les hors d'œuvre: le pâté, le saucisson (*salami*), la salade de tomates, les œufs mayonnaise (*deviled eggs*), le thon à l'huile, les sardines, les carottes râpées (*grated carrots*)

- une entrée: une omelette, un soufflé, un poisson, des escargots

- le plat principal: une viande garnie (viande avec légumes), la salade

- les fromages: le camembert, le brie, le gruyère (*Swiss cheese*)

- le dessert: des fruits, un entremets (*custard*)

le dîner:

- la soupe ou le potage

- une entrée ou des pâtes (des nouilles) ou un légume ou de la viande froide, une salade, un dessert.

Rédaction

1. Vous êtes allé au marché; racontez ce que vous y avez vu et acheté.
2. Racontez votre dernier grand repas et décrivez chaque plat.

Chapitre 8

Les pronoms personnels

Vocabulaire

à bord   on board
aide-cuisinier (*m.*)   cook's helper
au bout de   at the end of
avoir de la peine   to be sad, to have a hard time
bateau-fantôme (*m.*)   ghost ship
se blesser   to hurt oneself
ce n'est pas la peine   it's no use
chapeau (*m.*) **de paille**   straw hat
cœur (*m.*)   heart
cou (*m.*)   neck
école (*f.*) **communale**   public school
empêcher   to prevent
équipage (*m.*)   crew
exprès   especially
faire de la peine   to hurt someone's feelings
faire exprès   to do something on purpose
faire plaisir à   to please
folie (*f.*)   craziness
fou, folle   crazy
garder   to keep
imbécile (*m.*)   dummy (*stupid person*)

joie (*f.*)   joy
jusqu'à   up to
matelot (*m.*)   sailor
mettre en quarantaine   to put in quarantine
peine (*f.*)   sorrow, grief
penser à   to think about
peste (*f.*)   plague
plus tard   later
plus tôt   earlier
pourtant   yet
préserver   to protect
puisque   since
Que pensez-vous de... ?   What do you think of . . . ?
raconter   to tell
se rapprocher   to get nearer
ravi   delighted
remuer   to move
santé (*f.*)   health
tout va bien   everything is fine
tristesse (*f.*)   sadness
voilier (*m.*)   sailing ship

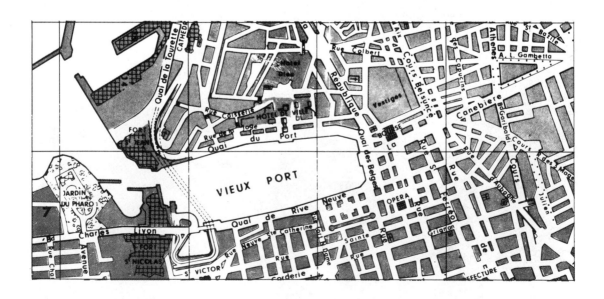

La Lettre de Marius

Marcel Pagnol (1895–1974), de l'Académie Française, est né à Marseille. Les personnages de ses pièces, principalement de la trilogie *Marius, Fanny, César,* dont il a tiré des films, sont des gens du Midi, à l'accent savoureux° et à la franchise° simple et directe.

    Dans cet extrait de *Fanny,* Marius, le fils de César, patron du bar de la Marine, est parti à l'aventure sur un voilier. Il a tout quitté, même Fanny, qu'il aimait. César vient de recevoir une lettre de Marius, et Fanny la lui lit.

colorful
candor

FANNY (*elle lit*). «Mon cher papa, pardonne-moi, mon cher papa, la peine que j'ai pu te faire: je sais bien comme tu dois être triste depuis que je suis parti, et je pense à toi tous les soirs...»

CÉSAR (*il parle au chapeau de paille*[1]). Bon. Il pense à moi tous les
5   soirs, mais moi, grand imbécile, je pense à toi toute la journée! Enfin,° continue.

Anyway

FANNY. «Pour dire de t'expliquer toute la chose° et de quelle façon j'avais cette envie, je ne saurais pas te l'écrire.[2] Mais tu n'as qu'à demander à° Fanny: elle a connu toute ma folie.»

toute... the whole affair

tu... just ask

10 CÉSAR (*il parle au chapeau*). Folie, c'est le mot. Ça me fait plaisir de voir que tu te rends compte!

FANNY. «Maintenant, laisse-moi te raconter ma vie... Quand je suis parti on m'avait mis° aide-cuisinier.»

on... they had appointed me

CÉSAR. Aide-cuisinier! Ils ont dû bien manger sur ce bateau! Au
15   bout d'un mois il n'y aura plus que° des squelettes° à bord. Ça va être le bateau-fantôme...

(*fut.*) there will be only / skeletons

FANNY. «Mais au bout de quelques jours, ils m'ont remplacé par un autre homme de l'équipage qui s'était blessé à la jambe en tombant[3] dans la cale,° et moi, j'ai pris sa place sur le pont.°»

ship's hold / deck

20 CÉSAR. Bon. Maintenant, attention, ça va devenir terrible!

FANNY. «Je ne t'ai pas écrit plus tôt parce que, en arrivant° à Port-Saïd,[4] nous avons eu de gros ennuis. Comme un matelot de bord était mort d'une sale maladie, les autorités ont cru que peut-être c'était la peste, et on nous a mis en quarantaine.»

en... on arriving

25 CÉSAR, exorbité.° La Peste! Tu entends, la peste! Coquin de sort!° La peste sur son bateau! Et dire que° quand un de ses camarades de l'école communale attrapait les oreillons,° je gardais M. Marius à la maison pendant un mois, pour le préserver! Et maintenant il s'en va nager dans la peste! De la peste jusqu'au cou!

(eyes) bulging / **Coquin...** I'll be darned!
Et... When I think that
the mumps

Extraits de la scène XIV, Acte I de la pièce *Fanny* de Marcel Pagnol, reproduits avec la gracieuse autorisation de Mme Jacqueline Pagnol.

[1] **au chapeau de paille** To hide his emotion, César talks to Marius' straw hat, which is hanging in a corner.

[2] **Pour dire... l'écrire.** Marius' style is very complicated because he is not an educated man. The sentence generally means, "I don't know how to begin to explain the whole affair and how I got this desire (to go away)."

[3] **en tombant** while falling. This construction is called the **gérondif.**

[4] **Port-Saïd** an Egyptian port on the Mediterranean.

FANNY.   Mais il ne l'a pas eue, lui, puisqu'il vous écrit.

CÉSAR.   Il ne l'a pas eue, mais il a bien failli l'avoir!° Continue, il y a quelque chose pour toi un peu plus loin°...
> **il...** he almost got it
> **un peu...** a little further

FANNY.   «Enfin, tout ça° va très bien et j'espère que ma lettre te trouvera° de même,° ainsi que Fanny.»
> **tout...** all that
> (*fut.*) will find / **de...** in the same condition

CÉSAR, *affectueux*.   Ainsi que Fanny! Tu vois qu'il pense toujours à toi.

FANNY.   «Donne-moi un peu des nouvelles de sa santé et de son mariage avec ce brave homme de Panisse.[5] Elle sera° sûrement très heureuse avec lui, dis-le-lui bien° de ma part.»
> (*fut.*) will be
> **dis...** be sure to tell her that

CÉSAR.   Tu vois, dis-le-lui bien de ma part. Tu vois, il pense à toi.

FANNY.   «Ecris-moi à mon nom: bord de la *Malaisie*. A Aden.[6] Nous y serons° le 15 septembre. Je t'embrasse de tout cœur. Ton fils Marius.»
> (*fut.*) will be

CÉSAR (*avec émotion*).   Ton fils, Marius.

FANNY.   En dessous,° il y a: «Ne te fais pas de mauvais sang,° je suis heureux comme un poisson dans l'eau.»
> **En...** Underneath / **Ne...** Don't worry

CÉSAR.   Eh! oui, il est heureux... Il nous a laissés tous les deux° et pourtant il est ravi... (*Fanny pleure. César se rapproche d'elle.*) Que veux-tu,° ma petite Fanny, il est comme ça... et puis, il faut se rendre compte qu'il ne doit pas avoir beaucoup de temps pour écrire, et puis sur un bateau, c'est difficile; ça remue tout le temps, tu comprends... Evidemment, il aurait pu° mettre quelque chose de plus affectueux pour moi — et surtout pour toi... Mais peut-être que juste au moment où° il allait écrire une longue phrase exprès pour toi, une phrase bien sentimentale, peut-être qu'à ce moment-là, on est venu l'appeler pour mesurer l'océanographique?[7] Moi, c'est comme ça que je me l'explique°... Et puis, c'est la première lettre... Il y en aura° d'autres! Té,° maintenant nous allons lui répondre.
> **tous...** both of us
> **Que...** What do you expect
> **il...** he could have (*cond. past*)
> **juste...** just at the time
> **je...** I explain it to myself
> (*fut.*) There will be / = **Tiens!** Well, now!

Questions

1. Comment est-ce que Marius a fait de la peine à son père?
2. Marius dit à son père: «... je pense à toi tous les soirs.» César dit: «... mais moi, grand imbécile, je pense à toi toute la journée.» Quelle est la différence? Qu'est-ce que la phrase de César exprime?
3. Est-ce que César pense que Marius est bon cuisinier? Quelle phrase exprime son opinion?
4. Pourquoi est-ce que le bateau a été mis en quarantaine?
5. Quelles inquiétudes a César? Quel type de père était César quand Marius était enfant? Comment le savez-vous?

---

[5] **Panisse** Fanny was pregnant by Marius. She had to marry Panisse, an older man, in order to have a legitimate child.

[6] **bord de... Aden** aboard the **Malaisie** (the name of the ship) in Aden, a port in the Red Sea

[7] **mesurer l'océanographique** = mesurer l'océan. Marius works for the **services océanographiques**. César, who is impressed by big words, uses the adjective **océanographique** instead of the noun, **l'océan.**

6. Les gens du Midi, particulièrement de Marseille, ont la réputation d'exagérer. En ce qui concerne la peste, comment est-ce que César exagère?
7. Est-ce que la lettre de Marius est très affectueuse? De qui est-ce que Marius parle surtout?
8. Pourquoi est-ce que Fanny pleure?
9. Quelles excuses est-ce que César donne à son fils pour expliquer pourquoi il n'a pas parlé plus affectueusement de Fanny?
10. Que vont faire César et Fanny?

Les pronoms personnels

Formes

Le pronom personnel remplace un nom de personne ou un nom de chose.

Jean voit le professeur.	Il **le** voit.
Vous aimez les oranges?	Vous **les** aimez?

La forme du pronom est déterminée par la fonction du nom qu'il remplace.

Sujet:	**Les étudiants** sont étonnés.	**Ils** sont étonnés.
Objet direct.	Tu comprends **la question?**	Tu **la** comprends?
Objet indirect (*prép.* à):	Vous parlez **à Robert.**	Vous **lui** parlez.
Objet de prép:	Elle habite **chez ses parents.**	Elle habite **chez eux.**

sujet	objet direct*	objet indirect*	objet de préposition (*pronoms disjoints ou toniques*)†
je	me, m'	me, m'	moi
tu	te, t'	te, t'	toi
il	le, l'	lui	lui
elle	la, l'	lui	elle
nous	nous	nous	nous
vous	vous	vous	vous
ils	les	leur	eux
elles	les	leur	elles
	en	y	

* se place entre le sujet et le verbe
† se placent après le verbe ou après une préposition

Emplois

Les pronoms sujets

Les pronoms sujets sont **je, tu, il, elle, nous, vous, ils, elles.**

Il représente une personne ou un animal mâles ou une chose masculine.

Marius écrit une lettre.	**Il** écrit une lettre.
Le bateau quitte le port.	**Il** quitte le port.

Ils est employé pour le masculin pluriel.

Les matelots sont occupés.	**Ils** sont occupés.
Les ports se trouvent sur la Méditerranée.	**Ils** se trouvent sur la Méditerranée.

Elle représente une personne ou un animal femelles ou une chose féminine.

La jeune fille est indépendante.	**Elle** est indépendante.
La peste est terrible.	**Elle** est terrible.

Elles est employé pour le féminin pluriel.

Les femmes des matelots s'ennuient.	**Elles** s'ennuient.
Les nouvelles sont bonnes.	**Elles** sont bonnes.

Les pronoms objets directs

Les pronoms objets directs sont **me, m'; te, t'; le, l'; la, l'; nous; vous; les.** Ils se placent *devant* le verbe.

◇ **1.** **Le** remplace un nom objet direct masculin, qui représente une personne ou une chose (*him, it*).

La remplace un nom objet direct féminin, qui représente une personne ou une chose (*her, it*).

L' est l'élision de **le** ou **la** devant un verbe qui commence par une voyelle ou un **h** muet.

Je vois le tableau.	Je **le** vois, je l'admire.
Il préfère la musique.	Il **la** préfère, il l'aime.

Les est la forme du pluriel pour le masculin et le féminin *them.*

◇ **2.** Certains verbes qui se construisent avec une préposition en anglais ont un *objet direct* en français.

to look at:	**regarder**	Je regarde **la mer.**
		Je **la** regarde.
to look for:	**chercher**	Tu cherches **tes clés?**
		Tu **les** cherches?
to listen to:	**écouter**	Vous écoutez **le concert.**
		Vous l'écoutez.
to wait for:	**attendre**	Elle **m'**attend.
to ask for:	**demander**	Nous demandons **l'heure.**
		Nous **la** demandons.

REMARQUES:

- Le déterminant du nom peut être un adjectif possessif ou un adjectif démonstratif.

  Elle étudie **ses** leçons.   Elle **les** étudie.
  Tu aimes **ce** livre?   Tu l'aimes?

- **Le** remplace aussi toute une proposition (*clause*), ou un adjectif.

  Je vais dire **que tu as lu la lettre**.   Je vais **le** dire.
  Tu es **heureux?**   Tu l'es?

- Le pronom peut remplacer un seul nom, ou un groupe de mots (*phrase*) qui représente une seule personne ou un seul objet.

  Je rencontre **le directeur.**   Je **le** rencontre.
  Je rencontre **le directeur de la compagnie aérienne.**   Je **le** rencontre.
  Il a perdu **ses clés.**   Il **les** a perdues.
  Il a perdu **les clés de la voiture de Jacques.**   Il **les** a perdues.

- Le pronom objet direct suivi de **voici** ou **voilà** traduit:

  Here I am! There they are!   **Me** *voici!* **Les** *voilà!*

L'ordre des mots à la forme négative est le suivant:

  sujet + **ne** + pronom + verbe + **pas**

  Je **ne** les aime **pas.**   Vous **ne** l'avez **pas** vu?

Exercice

Refaites les phrases suivantes. Employez un pronom objet direct.

  Modèle: Je regarde **le voilier.**
           *Je **le** regarde.*

1. Elle lit la lettre / les cartes / le journal.
2. Fanny a connu Marius / je / nous.
3. Ils ont remplacé le matelot blessé / la directrice / les voyageurs.
4. Je ne comprends pas ce problème / cette histoire / ces enfants.
5. Il a perdu sa clé / son chien / ses notes de cours.
6. Elles prenaient l'avion / le bateau / la route.
7. Il attend ses lettres / tu / vous.
8. Les matelots lavent le pont / la cuisine / les cabines.
9. Je cherche l'ouvre-boîte / les verres bleus / la casserole.
10. Nous regardons / l'émission sportive / le documentaire / les danseurs.
11. Vous attendez / votre petit garçon / vos neveux / votre grand-mère?
12. Ils n'écoutent pas / ce que je dis / le bruit du vent / les conseils du docteur.
13. Le touriste a attrapé la peste / le choléra / ses valises.

LES ENFANTS LUI PARLENT... ET ELLE LES COMPREND

Les pronoms objets indirects

Les pronoms objets indirects sont **me, m', te, t', lui, nous, vous, leur.** Ils se placent *devant* le verbe. On emploie ces pronoms seulement pour remplacer des noms de personne. On a un pronom objet indirect si le verbe a la construction suivante: verbe + à + nom.

Je parle à **César.**	*I speak to Cesar.*
Je **lui** parle.	*I speak to him.*

Voici d'autres verbes qui ont cette construction:

appartenir à (*to belong*)	Ce livre **m'appartient.**	*This book belongs to me.*
demander à (*to ask*)	Tu demandes à ta mère quelle heure il est. Tu **lui demandes** quelle heure il est.	*You ask your mother what time it is.* *You ask her what time it is.*
dire à (*to tell*)	Elle dit à Jean Paul de venir. Elle **lui dit** de venir.	*She tells Jean Paul to come.* *She tells him to come.*
écrire à (*to write*)	Tu écris à tes cousines. Tu **leur écris.**	*You write your cousins.* *You write to them.*
obéir à	Il obéit à ses parents. Il **leur obéit.**	*He obeys his parents.* *He obeys them.*
plaire à (*to please*)	Mon cadeau **vous plaît?**	*My present pleases you?*
raconter à (*to tell*)	Elle **me raconte** sa vie.	*She tells me her life story.*
répondre à (*to answer*)	Je réponds au professeur. Je **lui réponds.**	*I answer the professor.* *I answer him (or her).*
ressembler à (*to look like*)	Ton frère **te ressemble.**	*Your brother looks like you.*
téléphoner à (*to telephone*)	Elle téléphone à sa tante. Elle **lui téléphone.**	*She telephones her aunt.* *She telephones her.*

NOTE DE L'AUTEUR: L'auteur de ce manuel préfère enseigner tous les pronoms seuls avant de présenter les pronoms ensemble. Les constructions «J'y vais», «tu en manges» sont plus fréquentes que «je la lui raconte», «il les lui montre.» Les professeurs qui tiennent à enseigner les combinaisons de pronoms objets directs et objets indirects à ce stade peuvent se reporter à la p. 170)

Les pronoms disjoints

Les pronoms disjoints sont **moi, toi, lui, elle, nous, vous, eux, elles.** On utilise ces pronoms seulement pour remplacer les noms de personne.

◇ **1.** L'emploi le plus courant des pronoms disjoints est après une préposition; le groupe préposition + pronom disjoint est placé *après* le verbe.

Est-ce que ça vous intéresse de travailler **pour ces gens?**

Est-ce que ça vous intéresse de travailler **pour eux?**

Voici une liste de prépositions courantes:

pour	devant	près de
avec	derrière	à propos de (*about*)
sans	à côté de	au sujet de (*about*)

Vendredi, il est venu **chez moi.**

*Friday he came **to my house.***

Exercice

Refaites les phrases suivantes avec des pronoms disjoints.

1. Il vient s'asseoir à côté de Suzanne, de Pierre, de (je).
2. Ils se disputent à propos des enfants, de (vous), de (nous).
3. Nous n'habitons plus chez nos parents, (nous), Mme Voisin.
4. Il ne peut pas vivre sans Marie, Julie et Pauline, (tu).
5. Quand vous courez, restez derrière (je), Robert, les autres coureurs.
6. Fanny s'est sacrifiée pour sa mère, ses parents, (tu).

◇ **2.** Avec certains verbes qui sont suivis de la préposition **à,** on ne peut pas employer les pronoms objets indirects devant le verbe. On répète la préposition **à** après le verbe et on emploie les pronoms disjoints.

On a cette construction seulement avec les noms de personne.

Il pense à moi, à toi, à vous.

Je pense à **mon frère.**
Elle s'adresse à **ses parents.**
Je m'intéresse à **Suzanne.**

Je pense à **lui.**
Elle s'adresse à **eux.**
Je m'intéresse à **elle.**

Voici quelques verbes qui ont cette construction:

aller à	to go to	s'adresser à	to address oneself to
courir à	to run to	s'habituer à	to get used to
être à	to belong to a person	s'intéresser à	to be interested in
être habitué à	to be used to	se fier à	to trust
faire attention à	to pay attention to	songer à	to dream, to think about
penser à	to think of	tenir à	to value
rêver à	to dream of	venir à	to come to

Exercices

A. Répétez les phrases suivantes avec **à** + le pronom disjoint à la place du groupe en italique.

1. Fanny pense *à Marius;* il ne pense pas *à Fanny,* il pense *à son père.*   2. Une mère tient *à ses enfants.*   3. Je ne me fie pas *à cette dentiste.*   4. Nous ne nous habituons pas *à ce nouveau député.*   5. Vous vous adressez *à cette vendeuse.*   6. Ce livre est *à Jacqueline et à Marcel.*   7. Les matelots font attention *à l'homme blessé.*   8. Elle rêve *à ces actrices de cinéma.*

B. Faites des phrases avec le vocabulaire suggéré et avec le pronom objet indirect ou avec le pronom disjoint.

> Modèles: Est-ce que vous parlez / je / ?
> *Est-ce que vous **me** parlez?*
>
> Est-ce que vous pensez / je / ?
> *Est-ce que vous pensez **à moi?***
>
> Est-ce que vous pensez / à votre grand-père / ?
> *Est-ce que vous pensez **à lui?***

1. Je m'adresse / tu /. Je téléphone / tu /.
2. Je prête mon auto / mes amis /. J'écris / mes amis /. Je me fie / mes amis /.
3. Son fiancé tient / elle /. Il écrit / elle /. Il pense / elle /. Il téléphone / elle / tous les jours.
4. Cette bicyclette est / je /. Cette bicyclette appartient / je /. Julia a prêté cette bicyclette / je /.
5. Votre enfant ressemble / vous /. Votre enfant tient / vous /. Votre enfant répond / vous / gentiment.
6. Le professeur s'intéresse / à cet étudiant /. Le professeur ne parle pas / nous /. Le professeur dit d'aller au tableau / nous /.

◇ **3.** On emploie les pronoms disjoints pour insister sur les pronoms sujets. On place le pronom disjoint au début de la phrase, devant le pronom sujet, ou à la fin de la phrase.

> **Moi,** je ris, et lui, il pleure.
> Tu vas partir en vacances, **toi?**
> **Lui et moi,** nous sommes de grands amis.

Le pronom sujet disparaît, et le pronom disjoint a la fonction de sujet dans les cas suivants:

a. avec plusieurs sujets

> **Lui et moi** avons fait un voyage ensemble.

b. dans l'expression **c'est . . . qui**

> **C'est lui** qui fait la cuisine, **c'est moi** qui fais la vaisselle.

c. dans une réponse elliptique, sans verbe, et avec les adverbes **aussi, non . . . plus**

Qui a parlé?	—**Moi,** pas elle.
J'ai le mal de mer.	—**Moi aussi.**
Elle n'a plus faim.	—**Lui non plus.**

MOI, J'AIME LA FÊTE!

La fête du soleil, pour savoir bien vivre le soleil et profiter pleinement de l'été. Du 26 mai au 2 juin, prenez l'air de vos vacances au Printemps : le soleil est là ! Chaque jour découvrez au 4ᵉ étage du nouveau magasin tous les maillots de bain de votre été. Et n'oubliez pas d'assister aux shows dansés du Printemps au 6ᵉ étage du nouveau magasin où vous retrouverez tous les maillots de bain de ce catalogue. (Horaires : 11 h 30 - 13 h 30 - 16 h - 16 h 45 - chorégraphie Nicole Guitton)

    d. avec **ni . . . ni**

        Ni lui ni elle ne parlent français.

    e. dans une comparaison (voir p. 400)

        Vous parlez **plus** fort **que lui.**

◇ **4.** On emploie les pronoms disjoints pour insister sur les pronoms objets directs ou indirects. L'expression d'insistance est **c'est . . . que.** Pour insister sur l'objet indirect, on répète **à** devant le pronom objet disjoint.

    Objet direct

    Personne ne **m'**aime, **moi.**
    C'est **toi** que je regarde.
    Qui cherches-tu? **Eux,** pas **elles.**
    Je ne trouve ni **lui,** ni **elles.**

    Objet indirect

    Je te parle, à **toi,** pas à **elle.**
    C'est à **lui** que je pense.
    A qui téléphones-tu? **A lui.**
    Il n'obéit ni à **vous,** ni à **moi.**

Exercice

Dans les phrases suivantes, mettez le pronom qui convient dans l'espace vide. Dans certaines phrases le pronom anglais vous indique la personne.

1. ____ écris à mon père tous les jours; et ____ tu écris à ton père aussi souvent que ____ ?
2. Les enfants n'ont pas de soucis, ____. ____ s'amusent pendant que les parents travaillent. ____, je trouve ça normal. Et ____, qu'en pensez ____ ?
3. C'est ____ qui étudions le plus. Pas du tout. Ni (*you*) ____ ni (*he*) ____ n'étudiez autant que (*I*) ____.
4. Ces femmes sont fatiguées de rester à la maison, ____. Elles désirent accompagner leurs maris, qui, ____, font des voyages, sortent, jouent au tennis.
5. Tu fais des économies, ____? Oui, je suis jaloux de ma sœur. Elle vient de s'acheter une voiture. C'est qu'elle dépense moins d'argent que (*I*) ____. C'est vrai, elle est plus raisonnable que (*you*) ____, elle.
6. Tu es fatigué? (*me*) ____ aussi.
7. Nous n'avons pas d'argent. (*They*) ____ non plus.
8. Ma chère Isabelle, c'est ____ que j'aime, c'est ____ que je pense quand je suis en voyage, c'est ____ qui me rend heureux, c'est ____ qui avons de la chance.
9. Cet enfant est terrible. Il ne respecte ni son père ni sa mère; il n'obéit ni à ____, ni à ____.

Y / En

Y et **en** sont adverbes et pronoms. Ces deux mots remplacent des noms de *lieu* (*location*) et des noms de *choses*. Ils n'ont pas de genre. Ils n'ont pas de pluriel. On les place toujours *devant* le verbe.

Y / En (adverbes de lieu)

◇ **1. Y** indique le lieu *où* une personne *va*. **Y** indique aussi l'endroit où se trouvent une personne, une chose. Il remplace **à** + nom de lieu.

Fanny a toujours vécu **à Marseille**.	*Fanny has always lived in Marseilles.*
Fanny **y** a toujours vécu.	*Fanny has always lived **there**.*
Le bateau de Marius est **à Aden**.	*Marius' boat is at Aden.*
Le bateau de Marius **y** est.	*Marius' boat is **there**.*

REMARQUES:

- **Y** remplace aussi **sur, chez, dans** + nom.

Tu mets du sucre **dans ton café**?	*You put sugar in your coffee?*
Tu **y** mets du sucre?	*You put sugar **in it**?*
Nathalie n'est pas restée **chez elle** samedi soir.	*Natalie didn't stay home Saturday evening.*
Nathalie n'**y** est pas restée.	*Natalie didn't stay **there**.*

- On ne traduit pas toujours **y**.

Est-ce que la dinde est **dans le four**?	*Is the turkey in the oven?*
Oui, elle **y** est.	*Yes, it is.*

◇ **2. En** indique le lieu *d'où* une personne *vient*. **En** indique aussi l'origine d'une personne ou d'une chose. **En** remplace **de** + nom de lieu.

Est-ce que Jean vient **de Bourgogne**?	*Is John coming from Burgundy?*
Est-ce qu'il **en** vient?	*Is he coming **from there**?*
Le bateau est parti **du Havre** hier soir.	*The boat left Le Havre last night.*
Il **en** est parti hier soir.	*It left **from there** last night.*
Est-ce que ce fromage vient **de Normandie**?	*Is this cheese from Normandy?*
Oui, il **en** vient.	*Yes, it's **from there**.*

Exercice

Remplacez les expressions en italique par **y** ou **en**.

1. Ces objets d'art sont fabriqués *en Afrique*. 2. Ils sont importés *d'Afrique* par le directeur de ce musée. 3. *Dans ce musée,* on trouve aussi des statues grecques. 4. J'ai acheté ce tableau *au Marché aux Puces*. 5. Est-ce que votre hôtel se trouve *dans le cinquième arrondissement?* 6. Les touristes sortent *de l'hôtel* tous ensemble pour prendre leur bus.

Y / *En* (pronoms)

Y (*it, about it*)

Y est le pronom objet indirect qui remplace un nom de *chose,* un mot abstrait ou un infinitif avec tous les verbes qui sont suivis de **à.** Avec le verbe pronominal y précède immédiatement le verbe.

Elle n'obéit pas **au règlement.**	*She doesn't obey the rule.*
Elle n'**y** obéit pas.	*She doesn't obey it.*
Je tiens **à cette bague** ancienne.	*I value this old ring.*
J'**y** tiens.	*I value it.*
Vous vous intéressez **à l'informatique?**	*Are you interested in computer science?*
Vous vous **y** intéressez?	*Are you interested in it?*
Marius s'habitue **à dormir sur un bateau.**	*Marius gets used to sleeping on a boat.*
Marius s'**y** habitue.	*Marius gets used to it.*

Rappelez-vous!

Pour remplacer un nom de personne, avec les verbes comme **obéir à, répondre à,** on emploie un pronom objet indirect *devant* le verbe (voir p. 162).

Personnes	*Choses*
me / **nous** **te** / **vous** } + verbe **lui** / **leur**	y + verbe

Avec les verbes comme **penser à, tenir à,** on emploie à + un pronom disjoint *après* le verbe (voir p. 163).

Personnes		*Choses*
verbe + à + {	**moi** / **nous** **toi** / **vous** **lui** / **eux** **elle** / **elles**	y + verbe

L'IMMOBILIER EN PARTICIPATION

Vous avez toutes les raisons d'y investir!

Exercices

Répétez les phrases suivantes avec le pronom **y** à la place de l'expression en italique.

1. Marius pense *à son voyage.*   2. Fanny tient *à son honneur.*   3. Cette jeune fille s'intéressait beaucoup *à la danse.*   4. Est-ce que vous songez *à vos vacances?*   5. Elle ne s'est jamais habituée *à la vie à la campagne.*   6. Tu ne fais pas attention *à tes affaires.*   7. Il s'adresse *au bureau des douanes* pour expédier des fromages de France.   8. Les matelots obéissent *aux ordres.*   9. Vous avez répondu *à ce questionnaire?*   10. Votre tableau ressemble *à un dessin de Picasso.*   11. On ne touche pas *à ce gâteau* avant le dîner.

En (*some, any, of it, of them*)

En est le pronom qui remplace **de** + nom de chose ou **de** + infinitif. **En** précède immédiatement les verbes.

J'ai besoin **de chaussures.**	*I need some shoes.*
J'**en** ai besoin.	*I need* **some.**
J'ai l'intention **de voyager.**	*I intend to travel.*
J'**en** ai l'intention.	*I intend* **to do so.**

REMARQUE: **En** remplace **du** ou **des** + nom: (1) article partitif, (2) article indéfini pluriel ou (3) article contracté.

(1) Tu veux **du** café?	Tu **en** veux?
(2) Elle achète **des** pommes.	Elle **en** achète.
(3) Il se sert **du** tire-bouchon.	Il s'**en** sert.

◇ **1.** On emploie **en** après les verbes suivis de **de.** Voici une liste de verbes courants:

s'approcher de (*to approach*)	profiter de (*to take advantage of*)
se passer de (*to do without*)	se souvenir de (*to remember*)
se servir de (*to use*)	prendre soin de (*to take care of*)
parler de (*to talk about*)	s'occuper de (*to deal with*)

On emploie aussi **en** avec les expressions formées avec **avoir** et avec **être** suivi d'un adjectif.

Avoir

avoir besoin de	avoir l'habitude de (*to be used to*)
avoir peur de	avoir l'intention de (*to intend to*)
avoir envie de	

J'ai besoin **de vanille** pour cette recette.	*I need vanilla for this recipe.*
J'**en** ai besoin.	*I need* **some.**

Etre

être heureux de   être triste de   être ravi de (*to be delighted about*)

Elle était triste **de son départ.**	*She was sad about his departure.*
Elle **en** était triste.	*She was sad* **about it.**
Nous sommes heureux **de parler** français.	*We're happy to speak French.*
Nous **en** sommes heureux.	*We're happy* **about it.**

Exercice

Refaites les phrases suivantes. Utilisez **en** à la place du groupe en italique.

1. Elle donne souvent *de ses nouvelles.* 2. Tu fais *de la peine* à ton père. 3. Nous avons eu *des ennuis.* 4. Nous ne mangeons pas *de viande.* 5. Elle se sert *de l'ouvre-boîtes.* 6. Vous avez envie *de sortir?* 7. Nous changeons *de cuisinier.* 8. Tu avais besoin *de voyager.* 9. Il fait *des calculs.* 10. Vous avez pris *des vitamines?* 11. Le capitaine s'occupe *du bateau.* 12. Nous étions heureux *de voir nos amis.* 13. L'enfant a peur *de l'orage.* 14. Ils n'ont pas l'habitude *de faire du ski.*

◇ **2.** Quand ces verbes et ces expressions sont suivis d'un nom de personne, on a le choix de pronom: **de lui, d'elle, d'eux, d'elles** ou **en.** Si le nom représente une personne précise, on emploie le *pronom disjoint.* Si le nom est indéterminé (*indefinite*), on emploie **en.**

> Je me souviens **de Marie.**   Je me souviens **d'elle.**
> On a toujours besoin **d'amis.**   On **en** a toujours besoin.

Exercice

Remplacez le groupe en italique par le pronom qui convient: **de lui, d'eux, d'elle, d'elles,** ou **en.**

1. Il écrit beaucoup *de poèmes.* 2. Vous avez besoin *du téléphone?* 3. Il s'est approché *du monsieur.* 4. Il n'a pas besoin *de ses parents.* 5. Il manque *de volonté.* 6. Le chien a peur *de son maître.* 7. Elle souffre *de votre silence.* 8. Elle n'a pas *de courage.* 9. Tu as honte *de tes parents?* 10. Je ne me souviens pas *de cet écrivain.* 11. César prend soin *de son petit-fils.* 12. Fanny s'occupe *de sa tante.* 13. J'ai peur *du capitaine.* 14. Vous vous occupez *des malades?* 15. On a toujours besoin *d'amis.* 16. Marius n'a pas besoin *de son père.* 17. Tu te souviens *de notre voyage.*

◇ **3.** **En** remplace **de** + nom après une expression de quantité comme **beaucoup de, assez de, trop de.** On répète l'expression de quantité après le verbe.

> Tu as acheté **beaucoup de fruits.**   Tu **en** as acheté **beaucoup?**
> Il boit **trop de lait.**   Il **en** boit **trop.**

En remplace aussi un nom qui suit un adjectif de quantité (**plusieurs, certains**) ou un nombre, sans **de.** Dans ce cas, on répète **plusieurs, certains** et on répète le nombre.

> Il a écrit **plusieurs poèmes.**   Il **en** a écrit **plusieurs.**
> Vous avez **une voiture?**   Vous **en** avez **une?**
> Il prend **trois morceaux** de sucre.   Il **en** prend **trois.**

A la forme négative, **un** et **une** disparaissent. Les autres nombres sont répétés. Comparez ces phrases positives et négatives:

> Ils ont acheté **un bateau.**   Ils **en** ont acheté **un.**
>   Ils **n'en** ont pas acheté.
>
> Nous commandons **cinq** Cocas.   Nous **en** commandons **cinq.**
>   Nous **n'en** commandons pas **cinq.**

Exercice

Refaites les phrases suivantes. Mettez **en** à la place de l'expression en italique.

> Modèle: Tu as mangé **trois gâteaux.**
> *Tu **en** as mangé **trois.***

1. Nous écrivons *une lettre* à nos parents.   2. Il parle *trop de ses voyages.*   3. Ce matelot attrapait *beaucoup de maladies.*   4. Vous avez acheté *deux voitures?*   5. Ils boivent *un peu d'eau.*   6. Nous avons fait *plusieurs excursions.*   7. Il faut *quatre sortes de poissons* pour faire la bouillabaisse.   8. Tu n'as pas *assez de travail?*   9. Ces enfants font *trop de bruit.*   10. Je n'ai *plus d'argent.*   11. Vous trouvez toujours *mille excuses.*   12. Elle n'a pas trouvé *des quantités de fautes* à mon exercice.   13. Il a apporté *une bouteille de vin.*   14. Je n'ai pas gagné *trois dollars.*   15. Tu prends *deux comprimés d'aspirine.*   16. Il a mis *vingt litres d'essence* dans sa voiture.   17. Je n'ai pas *autant d'énergie* aujourd'hui.

L'ordre des pronoms ensemble.

◇ **1.** Certains verbes ont deux objets: l'objet direct pour la chose, l'objet indirect pour la personne.

	O.D.	O.I.		O.D.	O.I.
On donne	**une chose**	**à une personne.**	*One gives*	***something***	***to somebody.***
César donne	**la lettre**	**à Fanny.**	*Cesar gives*	***the letter***	***to Fanny.***

Voici quelques verbes qui ont cette construction:

acheter (un cadeau, un objet) à . . .	**expliquer** (un problème, une difficulté) à . . .
apporter (un objet) à . . .	**montrer** (une photo, une image) à . . .
demander (des conseils, la permission) à . . .	**poser** (une question) à . . .
dire (la vérité, une chose) à . . .	**prêter** (un livre, une voiture) à . . .
écrire (une lettre, une carte) à . . .	**raconter** (une histoire, sa vie) à . . .
emprunter (un dollar, un livre) à . . .	**rendre** (un livre, un objet) à . . .
envoyer (une lettre, un paquet) à . . .	**vendre** (un objet) à . . .

◇ **2.** Quand deux pronoms objets se trouvent (*occur*) dans une phrase, les pronoms **me, te, nous, vous** (*objet indirect*) précèdent les pronoms **le, la, les** (*objet direct*) et les deux pronoms sont placés *devant* le verbe.

O.I.	O.D.	
me		Tu **me** donnes **le sucre?**
te	**le**	Tu **me le** donnes?
nous	**la**	
vous	**les**	Il **nous** envoie **les lettres.**
		Il **nous les** envoie.

◇ **3.** Avec les pronoms de la 3ème personne, l'ordre est inverse (*reversed*): **le, la, les** (*objet direct*) précèdent **lui, leur** (*objet indirect*).

O.D.	O.I.	
le		Je raconte **l'histoire à Fanny**
la }	lui	Je **la lui** raconte.
les	leur	
		Vous posez **les questions aux étudiants**.
		Vous **les leur** posez.

Exercice

Refaites les phrases suivantes avec des pronoms personnels à la place des groupes en italique.

Modèle: Fanny lit **la lettre à César**.
*Elle **la lui** lit.*

1. Je donne *mon numéro de téléphone à Jacques.*   2. Le professeur m'explique *la difficulté.*
3. Elle ne dit pas *la vérité (truth) à sa mère.*   4. Vous donnez *votre adresse à des inconnus?*
5. Il rend *ses livres à Marianne.*   6. Le touriste demande *la clé au réceptionniste de l'hôtel.*
7. Le garçon apporte *l'addition aux clients.*   8. La serveuse *nous* apporte *le plateau de fromage.*   9. Votre père *vous* prête *sa voiture?*   10. Nous *te* demandons *ce service (favor)*
11. J'ai montré *ce film à mes amis.*   12. Jacqueline *me* vend *son appareil-photo.*   13. Les étudiants ne posent pas *cette question au professeur.*   14. J'achète *mes légumes à ce marchand.*

L'ordre des pronoms avec y *et* en

On emploie **y** et **en** et les pronoms personnels avec les verbes qui sont suivis de deux objets. Les pronoms objets directs et objets indirects précèdent **y** et **en**. Si **y** et **en** sont utilisés dans la même phrase, **y** précède **en**.

O.I.			
m'		Il me donne **de l'argent**.	Il **m'en** donne.
t' }		Elle **vous** envoie **des nouvelles**.	Elle **vous en** envoie.
nous }	+ en	Je parle **de mon voyage à Marius**.	Je **lui en** parle.
vous			
lui leur			

O.D.			
m'		Vous m'invitez **à votre soirée**.	Vous **m'y** invitez.
t'		Il **nous** envoie **au cinéma**.	Il **nous y** envoie.
nous }	+ y		
vous			
l'			
les			

y	+ en	Il **y en** a
		(On appelle cette règle *the donkey's rule*, à cause du son «hi-han».

L'Assurance-Vie.
Elle vous offre
beaucoup de possibilités.
Elle vous laisse beaucoup
de temps pour réfléchir.

Le tableau suivant illustre l'ordre habituel de tous les pronoms *devant* le verbe:

sujet (ne)	me te nous vous	le la les	lui leur	y	en	*verbe* (pas)

Exercices

A. Refaites les phrases suivantes avec des pronoms personnels + y à la place des groupes en italique.

> Modèle: J'expédie **les paquets en Amérique.**
> *Je **les y** expédie.*

1. Ces parents envoie *leur fils au meilleur collège.*   2. Nous invitons *nos cousins à notre mariage.*   3. Je n'ai pas vu *Georges à la bibliothèque.*   4. Tu as rencontré *ces gens au Club Med!* 5. Tu ajoutes *assez de sel dans la soupe.*   6. Vous mettez *un peu de curry dans la salade?*   7. On trouve *de bonnes affaires dans ce magasin.*   8. J'ai mis *les lettres à la boîte aux lettres.*

B. Refaites les phrases suivantes avec des pronoms personnels + **en** à la place des groupes en italique.

> Modèles: Vous envoyez **des nouvelles à vos parents?**
> Vous **lui en** envoyez?

1. Tu *m*'achètes *une voiture* pour mon anniversaire?   2. Ces personnes riches donnent *des vêtements aux pauvres.*   3. J'emprunte *un peu d'argent à ma tante.*   4. Elle envoyait *des paquets de provisions aux prisonniers.*   5. Il ne sert pas *de vin à ses invités.*   6. Le garçon apporte *de la soupe au client.*   7. Mes parents ne *m*'ont pas donné *de cadeau pour mon anniversaire.*   8. Il *nous* a montré *des photos de son voyage à Aden.*

L'ordre des pronoms à l'impératif

◇ **1.** A l'impératif affirmatif les pronoms suivent le verbe, comme en anglais. Voici les changements dans la forme et l'ordre des pronoms.

    a. Le pronom objet direct précède le pronom objet indirect.

    b. Les pronoms **me** et **te** deviennent **moi** et **toi**, sauf quand ils sont suivis de **en**: **m'en, t'en.**

    c. Le pronom **en** suit les pronoms personnels.

    d. On utilise rarement la combinaison O.D. + **y** pour des raisons de sonorité (*sound*). On utilise **là** ou **cela** à la place de **y**.

Mettez-les **là**.	*Put them **there**.*
Assieds-toi **là**.	*Sit **there**.*
Intéresse-toi **à cela**.	*Get interested **in that**.*
Habitue-toi **à cela**.	*Get used **to that**.*

	O.D.	O.I.				
verbe +	le la les	moi (m') toi (t') lui leur nous vous	y	en	Dites-**le-lui**. Envoyez-**la-nous**. Racontez-**la-moi**.	Vas-**y**. Donnez-**m'en**. Occupez-**vous-cn**.

◇ **2.** Pour l'impératif négatif, il faut suivre l'ordre habituel des pronoms et supprimer le pronom sujet.

    [vous] **Ne** lui en donnez **pas.**

L'ordre des pronoms objets avec l'infinitif.

Si le verbe est suivi d'un infinitif, le pronom objet de l'infinitif se place *devant* le verbe principal excepté avec les verbes **faire, laisser** et les verbes de perception (voir p. 274).

Je vais lire **cette histoire**.	Je vais **la** lire.
Je vcux voir **ce film**.	Je veux **le** voir.
Je peux manger **du poisson**.	Je peux **en** manger.

La recherche d'un nouvel ordre économique

« **Amérique, réveille-toi !** »

par Bruno Dethomas

Les crises majeures qu'a connues l'économie mondi... fin du dix-neuvième si... dans le...

l'épargne est forte — vont prendre le pas sur les pays cigales. L'équation américaine est sim- : l'épargne privée représente ...ordre de 16 % du PNB, la ...nt trois fois ...des ...ur

Exercices

A. Refaites les phrases suivantes avec des pronoms à la place des groupes en italique. Puis mettez ces phrases à l'impératif positif, et à l'impératif négatif.

> Modèle: Tu me donnes **le livre.**   *Tu **me le** donnes.*
> *Donne-le-moi.*   *Ne **me le** donne pas.*

1. Vous *m'*achetez *un cadeau.*   2. Tu *lui* expliques *la leçon.*   3. Nous envoyons *des chocolats à Michelle.*   4. Tu lis *la lettre à ta grand-mère.*   5. Vous rendez *les affaires à votre frère.*   6. Vous *me* faites *de la monnaie (change).*   7. Tu mets *tes pieds sur la pelouse.*   8. Nous préparons *une surprise à nos parents.*

B. Refaites les phrases suivantes avec des pronoms personnels à la place des groupes en italique.

> Modèle: Je vais **vous** montrer **mes films.**
> *Je vais **vous les** montrer.*

1. Le professeur de piano va féliciter *la petite fille.*   2. Est-ce que vous savez jouer *du violon?*   3. Elle va apprendre *le latin.*   4. Elle a peur de manger *des pâtisseries.*   5. Il voudrait acheter *un bateau.*   6. Vous voulez inviter *la jeune fille américaine?*   7. Tu peux *me* donner *cette permission.*   8. Nous n'avons pas oublié de téléphoner *à Suzanne.*   9. Nous allons faire *un voyage.*   10. Je ne peux pas *te* prêter *de l'argent.*

Formules à retenir

◇ **1.** Expressions idiomatiques avec les pronoms **en** et **y.**

En et y apparaissent aussi dans plusieurs expressions idiomatiques courantes.

    a. En

- **en être** (*to be at a point in a story, in a book*)
  Où **en sommes-nous?**

- **en avoir assez** (ou **marre**) (*to be fed up with*)
  J'**en ai assez** de cette situation.

- **en vouloir à quelqu'un** (*to bear a grudge*)
  J'**en veux** à mon professeur, je lui **en veux.**

- **s'en aller** (*to go away*)
  On s'**en va?**

- **s'en ficher** (*not to care less*)
  Elle s'**en fiche.**   *She could not care less.*

b. **Y**

- **y être** (*to be ready*)

  Vous y êtes?

  Ça y est.   *That's it.*

- **y en avoir**

  Il **y en** a.   *There is some.*

- **y aller** (*to go ahead*)

  On **y** va.

  Allons-y.   *Let's go.*

- **s'y connaître** (*to know about something, to be an expert*)

  Je **m'y** connais.

- **s'y faire** (*to get used to something*)

  Cette situation? Je **m'y** fais.

- **s'y prendre** (*to go about something*)

  Il répare sa voiture. Il sait **s'y prendre.**

Exercice

Choisissez dans la liste suivante l'expression idiomatique qui correspond aux définitions suivantes ou aux situations suggérées.

Je vous en veux.	Tu t'en fiches.	J'en ai marre.
Elle s'y connaît.	Tu t'y fais.	Allons-y!
J'en ai assez.	Tu t'y prends bien.	Elle ne s'en fait pas.

1. Je suis en train de lire un livre très long, la vie de Mathusalem. Je ne vais pas le finir.
2. Tu es très habile à réparer ta maison.
3. Josette vend des tableaux. Elle a une connaissance très étendue de la peinture.
4. Je suis fâché. Vous ne m'avez pas écrit pendant vos vacances. Je ne veux plus vous parler.
5. Tu as l'air indifférent. Tu ne te fais pas de soucis.
6. Je suis fatiguée de travailler tous les dimanches.
7. Tu t'habitues à ton travail?
8. Nous partons!

◇ **2. Prépositions et adverbes communs**

Pour remplacer une préposition et un nom, on peut employer un adverbe qui correspond à la préposition.

Le chat monte **sur** la table. Il monte **dessus.**
Quand il fait froid, nous préférons être **dans** la maison. **Hors de** la maison, on gèle (*freeze*).
Nous préférons être **dedans. Dehors,** on gèle.

Voici une liste des prépositions communes et des adverbes correspondants.

prépositions		*adverbes*
sur	on	**dessus**
au-dessus de	above	**au-dessus**
sous	under	**dessous**
au-dessous de	underneath	**au-dessous**
dans	in, inside of	**dedans**
hors de	out of, outside of	**dehors**

Exercice

Dans les phrases suivantes mettez la préposition ou l'adverbe qui convient: **sous, dessous, au-dessus de, au-dessus, hors de, dehors,** etc.

1. Mets tes paquets ＿＿ cette chaise. Mais le chat est couché ＿＿! 2. ＿＿ la table, il y a un tapis. Mets ton sac ＿＿. 3. Allons jouer au jardin! Non, il fait froid ＿＿. Jeanne d'Arc a chassé les Anglais ＿＿ France. 4. L'enfant est malade; il doit rester ＿＿ à chambre; il n'aime pas rester ＿＿. 5. Mon appartement est situé ＿＿ une boulangerie: les odeurs montent. ＿＿, il y a une terrasse. 6. La solution des mots croisés est ＿＿ la grille (*grid*). Quand vous cherchez les réponses, ne regardez pas ＿＿.

◇ **3.** Formules de lettres

Au commencement d'une lettre, on emploie les formules suivantes:

a. pour une personne connue

Cher Monsieur, Chère Madame, Chère Mademoiselle,

On ne dit jamais «Cher Monsieur Dupont» avec le nom de la personne.

b. pour une personne inconnue et dans une lettre d'affaire

Monsieur, Madame,

On ne dit pas «cher». On peut aussi indiquer le titre.

Monsieur le Ministre   Madame la Présidente

A la fin d'une lettre on emploie des formules différentes suivant (*according to*) les degrés d'affection:

a. amour violent

Mon amour, je t'embrasse passionnément.   Ma chérie, je te serre contre mon cœur.

On ne dit jamais «Amour»!

b. ami(e) intime

Je t'embrasse affectueusement.   Baisers affectueux.

c. ami(e) moins intime

Pensées amicales.   Pensées affectueuses.   Amicalement.

d. ami(e) beaucoup moins intime

Bien cordialement.   Bien sincèrement.   Amical souvenir.

e. dans une lettre d'affaires

Avec mes meilleurs sentiments.   Avec mes sentiments distingués.

f. dans une lettre officielle

Veuillez agréer cher(e) Monsieur, Madame
(*jamais le nom de la personne*) l'assurance } = *Sincerely yours*
de mes sentiments distingués.

Exercices

A. Un beau voyage.   Vous rentrez de voyage. Une amie est impatiente de savoir ce que vous avez fait. Elle vous pose des questions. Vous répondez avec des pronoms.

Modèle: Tu vas me raconter **ton voyage?**
*Oui, je vais te **le** raconter.*

1. Tu as pris le bateau?
2. Tu n'as pas pris l'avion?
3. Tu as visité beaucoup de pays?
4. Tu as acheté des souvenirs?
5. Tu m'as rapporté un cadeau?
6. Tu as rapporté ces objets d'art?

7. Tu vas mettre ces masques africains sur tes murs?
8. Tu as pris des photos?
9. Tu as rencontré des personnes intéressantes?
10. Tu as écrit leur adresse sur ton carnet?
11. Tu vas revoir ces personnes?
12. Tu vas retourner dans ces pays?

Croisières
COSTA
**Le charme italien
qui séduit les Français.**

CARLA C.
Croisière-séjour
aux Caraïbes de 13 jours:
7 jours de croisière,
5 jours au Méridien Guadeloupe.
Départs de Paris tous les jeudis.
Embarquement à Pointe-à-Pitre.

Informations, brochures,
inscriptions dans toutes
les Agences de voyages.

COSTA

B. Un enfant modèle.   Quelles sont les qualités de cet enfant? Répétez les phrases suivantes avec des pronoms à la place des groupes en italique, sur le modèle.

> Modèle: Cet enfant n'a pas **de problèmes.**
> *Il n'en a pas.*

1. Il n'a pas eu toutes les maladies infantiles.   2. Il obéit à ses parents. Il accepte leur autorité.   3. Il n'a pas besoin de voir un psy.   4. Il ne se moque jamais de ses parents.   5. Il respecte ses parents; il respecte sa grand-mère.   6. Il fait attention à ce qu'on lui dit.   7. Il fait ses devoirs.   8. Il ne fait pas de peine à sa mère.   9. Est-ce que cet enfant est réel?   10. Je ne crois pas qu'il existe.

C. Une jeune fille capricieuse.   Donnez les réponses de la jeune fille aux suggestions qu'on lui fait: elle dit oui, puis elle dit non. Employez des pronoms et des impératifs.

> Modèle: Voilà **du pain.**
> *Oui, donne m'en . . .*
> *Non, ne m'en donne pas.*

1. Tu veux de l'eau? —Oui, apporte . . . / Non, . . .
2. Préfères-tu un Coca? —Oui, donne . . . / Non, . . .
3. Si on allait au cinéma? —D'accord, . . . / Non, . . .
4. Tu as envie de regarder un film à la télé? —Oui, . . . / Non, . . .
5. Veux-tu aller faire du shopping? —Oui, . . . / Non, . . .
6. Je vais te montrer mes photos. —Oui, . . . / Non, . . .

D. Un bon médecin. Que fait-il?   Employez des pronoms à la place des groupes en italique.

1. Il ordonne *du repos à un malade surmené (overworked)*.   2. Il envoie *une mère fatiguée à la campagne*.   3. Il prescrit *des calmants à un nerveux*.   4. Il envoie *une personne déprimée chez le meilleur psy de la ville*.   5. Il recommande *un régime à une personne trop grosse*.   6. Il donne *des fortifiants (vitamin supplements) à une personne sans énergie*.   7. Il défend *à un cardiaque* de boire *de l'alcool*.   8. Il félicite *le jeune sportif qui n'a pas de problèmes de santé*.

E. Des bons conseils. Vous donnez des conseils à un ami qui prépare son voyage. Refaites les phrases avec des pronoms à la place des groupes en italique.

1. Tu dois prendre *ton billet.*   2. Tu dois réserver *ta place.*   3. Tu vas faire *ta valise.*   4. Tu vas emporter *des vêtements pratiques?*   5. Tu veux mettre *ton chat à l'hôtel pour chats?* 6. Tu veux fermer *le compteur d'électricité* (electricity meter).   7. Tu peux me prêter *ta voiture.*   8. Tu peux me laisser *les clés de ton appartement.*

Traduction

1. ANNE: Sylvie, I feel like having a picnic at the beach. I really feel like it. Let's pack (**préparer**) some food and go there.
2. SYLVIE: No, I don't feel like it. I don't like to eat sand with my sandwiches or find some in my glass.
3. ANNE: There is no wind today, in fact, there is none at all, and if you are careful [about it], it is possible to eat without finding sand in your food.
4. SYLVIE: All right, then, let's go. What are we going to take? We need plates, forks, knives, a tablecloth . . .
5. ANNE: We don't need all this; for a picnic, we have fingers, let's use them. Let's take cheese, fruits, cookies. Let's take a lot of them.
6. SYLVIE: And for drinks, wine! I am putting a bottle in our basket (**panier**). And ice cubes? I always use them in . . .
7. ANNE: You are getting on my nerves (**agacer**). Are you doing it on purpose? I see Thierry who is waving at me (**faire signe**). Thierry, I feel like having a picnic . . .

Conversations

1. Croisière sur un bateau.   Un (ou une) de vos amis a gagné un prix: une croisière aux Antilles. Vous l'aidez à faire des préparatifs. Quels vêtements est-ce qu'il (elle) va choisir? De quels objets est-ce qu'il (elle) a besoin? Vous lui décrivez la vie à bord: les distractions, les activités. Vous lui faites des recommandations.

   un appareil photo, un walkman, des palmes (*fins*), un masque de plongée, la dramamine, la cabine, le pont, le mal de mer, le canot de sauvetage (*lifeboat*), le gilet de sauvetage (*life jacket*), la bouée (*buoy*), avoir le pied marin, une escale (*port of call*), les palmiers (*palm trees*), le brouillard (*fog*).

2. Un voyage par avion.   Quelles sont les différentes étapes (*steps*) d'un voyage par avion?

   ▪ **une ligne aérienne:** prendre son billet, réserver sa place.

   ▪ **une agence de voyage:** un charter, le passeport, les devises (*foreign currency*), les chèques de voyage (*traveler's checks*)

   ▪ **le douanier, la douanière:** passer la douane

   ▪ **le départ:** la carte d'embarquement (*boarding pass*), l'hôtesse de l'air, le steward, attacher sa ceinture, éteindre sa cigarette, le plateau-repas (*meal served on tray*), décoller (*to take off*), atterrir (*to land*), la piste d'envol (*runway*).

Rédaction

Une de vos amies s'est cassé le bras. Elle ne peut plus écrire. Elle a trois lettres à écrire. Vous en écrivez une, deux ou trois pour elle.

1. Une lettre d'affaire: une demande de poste à une compagnie aérienne, pour être hôtesse de l'air.
2. Une lettre à sa grand-mère pour s'excuser d'avoir oublié son anniversaire et de lui avoir fait de la peine.
3. A son fiancé qui est officier sur un bateau de croisière qui va faire escale à la Guadeloupe.

Chapitre 9

Le verbe pronominal

Vocabulaire

angoisse (*f.*)   anxiety
apparaître   to appear
avancer   to move forward
avoir pitié de   to feel pity for
barrer   to block
céder la place   to yield
chagrin (*m.*)   sorrow
chemin (*m.*)   way, path
croisée (*f.*)   (*litt.*) window
défiance (*f.*)   mistrust
se dégager   to step back
disparaître   to disappear
élan (*m.*)   forward movement
s'éloigner   to move away
étrangère (*f.*)   stranger
s'évanouir   to faint, to disappear
félicité (*f.*)   bliss
frapper   to knock (*at the door*)
larmes (*f. pl.*)   tears
loin   far
lointain   far away
maigrir   to lose weight

se mêler   to mix
mensonge (*m.*)   lie
ombre (*f.*)   shadow
oser   to dare
se passer   to happen
pourtant   moreover
se précipiter   to rush
pressé (*here*)   squeezed
proche   close
reculer   to move back
se retirer   to move out of the way
se retourner   to turn around
se retrouver   to find oneself (each other) again
ride (*f.*)   wrinkle
seins (*m. pl.*)   breasts
solitaire (*m.*)   recluse
taille (*f.*)   size, waist
teint (*m.*)   complexion
se tenir par la main   to hold hands
vieillir   to grow old
visage (*m.*)   face
visiteur (*m.*), **visiteuse** (*f.*)   guest, visitor

Vocabulaire supplémentaire

Un château (*castle*)

armoiries (*f. pl.*)   coat of arms
armure (*f.*)   suit of armor
assiéger   to besiege
chapelle (*f.*)   chapel
chevalier (*m.*)   knight
cour (*f.*) **intérieure**   courtyard
dame (*f.*)   lady
donjon (*m.*)   keep (*of a castle*)

douves (*f. pl.*)   moat
faire le siège   to lay siege
fossé (*m.*)   moat
muraille (*f.*)   rampart
oubliettes (*f. pl.*)   secret dungeon
pont-levis (*m.*)   draw-bridge
seigneur (*m.*)   lord of the manor
tour (*f.*)   tower

Amours mémorables

Le comte Jean d'Ormesson (1925–   ) est le fils d'un ambassadeur de France. Il a vécu à l'étranger. Il est agrégé de philosophie, et il a fait en même temps une carrière de haut fonctionnaire et de journaliste. Il est devenu le directeur du journal *Le Figaro* puis a commencé à écrire des romans. Les plus célèbres sont des romans historiques. Dans *Mon dernier rêve sera pour vous*, il essaie de recréer le passé — la vie de Chateaubriand — avec beaucoup de détails, d'érudition, et beaucoup d'imagination.

Dans le premier passage, «coup de foudre»°, il décrit la première rencontre de René avec l'amour et montre comment le jeune homme (17–18 ans) solitaire prend feu à l'occasion d'une rencontre innocente.

> coup... love at first sight

Coup de foudre

... Un voisin de campagne était venu un jour à Combourg,[1] accompagné de sa femme, qui était très jolie. Il se passa tout à coup quelque chose, dont il ne se souvenait même plus,° le long° des murs du château. Tout le monde, pour regarder, se précipite[2] aux fenêtres. La
5 jeune femme et René arrivent en même temps à une croisée. Il veut lui céder la place et se retire, mais elle, dans son élan, lui barre sans le vouloir le chemin et il se sent pressé entre la fenêtre et le corps ferme et rond de la jeune visiteuse. Déjà ils s'éloignent l'un de l'autre, mais pendant une seconde, image de l'éternité, ils se sont regardés et ils se
10 sont touchés. Il crut qu'il allait s'évanouir de plaisir et d'angoisse.

> dont... which he did not even remember any longer / le... along

Ce délire d'amour° dura plus de deux ans. Il y avait d'autres femmes, lointaines, et Lucile,[3] trop proche. Pourtant, aimer et être aimé apparaissait déjà comme la félicité et comme le seul bonheur au solitaire de Combourg. Il ne parlait plus. Il ne lisait plus. Il ne dor-
15 mait plus. Il maigrissait...

> délire... ecstasy of love

René se composa une femme de toutes les femmes qu'il avait vues. Elle avait la taille et les seins de l'étrangère à la fenêtre, le visage des vierges° de la chapelle du château, les long cheveux, le sourire triste, le teint pâle, toutes les passions contenues de Lucile. Il l'appela
20 sa Sylphide.

> virgins

Dernier amour

La vie politique et amoureuse de René a été longue. A la fin de sa vie, quand il est vieux, il va rendre visite à Juliette Récamier, une femme qu'il a beaucoup aimée, très célèbre par sa beauté et son esprit°...

> intelligence, wit

Extrait de Jean d'Ormesson: *Mon dernier rêve sera pour vous*. Copyright © Editions Jean-Claude Lattès.

[1] **Combourg** a huge, severe castle of the Middle Ages where René de Chateaubriand lived as a child with his parents and his sister Lucile
[2] Note the use of the present tense for narration: the events seem to happen faster.
[3] **Lucile** la sœur de René

Il avance, il hésite, il ferme les yeux un instant, il frappe, il
pousse une porte: Juliette Récamier est enfin devant lui. Les larmes
leur viennent aux yeux.° Ils se jettent, sans un mot, dans les bras l'un
de l'autre.°

5   Et puis, ils se dégagent. Ils se regardent longuement. Les ombres
de Charlotte, de Claire, de Delphine[4]... de Jean-Jacques, de Ballanche[5]... s'évanouissent d'un seul coup. Ils se tiennent par la main
comme deux enfants qui jouent, ou peut-être qui se reposent après
avoir trop joué. René regarde Juliette: elle a beaucoup de cheveux
10 blancs. Juliette regarde René: il a beaucoup de rides. Mais ils sentent
leur cœur qui se remet, comme jadis, à battre à l'unisson.[6] Ils n'ont
pas besoin de parler: ils se sont déjà retrouvés. Quelque chose de très
fort se mêle à leur tendresse: ils ont pitié l'un de l'autre.°

Ils se regardent. Ils s'aiment. Ils vont s'asseoir aux mêmes places
15 où quelques° deux ans plus tôt ils avaient coutume de° s'asseoir. Dix-
huit mois de défiance, de jalousie, de mensonges, de chagrin s'abolis-
sent° d'un seul coup. Ils vont vieillir ensemble.

leur... come to their eyes
dans... in each other's arms

ils... they feel pity for each other

about / avaient... used to

are abolished

Questions

1. Où est-ce que la jeune visiteuse et René se sont rencontrés, et dans quelles circonstances?
2. Pourquoi est-ce que tout le monde s'est précipité à la fenêtre?
3. Qu'est-ce qui a causé l'émotion très forte de René?
4. Quelles réactions provoque le désir chez René?
5. De quelles femmes est-ce que la Sylphide est composée?
6. Qui est Juliette Récamier?
7. A quel moment et après combien de temps est-ce que Juliette et René se retrouvent?
8. Quelles personnes est-ce qu'il y a entre eux et qu'est-ce qui arrive à ces ombres?
9. Quel est le signe de la vieillesse chez Juliette; et chez René?
10. Quel nouveau sentiment s'ajoute à leur amour? Qu'est-ce qui s'abolit à cause de leur amour?
11. Est-ce que René a changé entre son premier coup de foudre et son dernier amour? A votre avis (opinion) quelle est la qualité la plus importante dans les relations (relationships) entre hommes et femmes?

---

[4] **Charlotte, Claire, Delphine** some of the women René has loved
[5] **Jean-Jacques, Ballanche** some of the men Juliette has loved
[6] **Mais ils sentent... l'unisson.** But they feel their hearts begin to beat once again in unison, as in former times.

Un grand roman d'amour romantique

Le verbe pronominal

Formes

◇ 1. On appelle un verbe *pronominal* parce qu'il est conjugué avec deux pronoms: le pronom sujet et un pronom qui répète le sujet (le pronom réfléchi).

    a. A la première personne (**je, nous**) et à la deuxième personne (**tu, vous**) on a toujours le pronom sujet suivi du pronom objet.

    Je **me** lave   tu **te** dépêches
    nous **nous** levons   vous **vous** aimez

    b. A la troisième personne, le sujet peut être un nom ou un pronom (**il, elle, ils, elles, on**); le pronom répété est toujours **se**.

    Jean **se** promène.   Il **se** promène.
    Antoinette **s'**amuse.   Elle **s'**amuse.
    Les enfants **se** battent.   Ils **se** battent.
    Les amies **se** téléphonent.   Elles **se** téléphonent.
    On **se** souvient.

◇ 2. A l'infinitif, le pronom est **se**, quand on donne simplement l'infinitif du verbe.

    Conjuguez le verbe **s'***aimer* au présent.

On Si l'infinitif du verbe pronominal suit un verbe principal conjugué, le pronom qui accompagne l'infinitif correspond au sujet.

    Je ne peux pas **me** rappeler.   Nous allons **nous** rencontrer?
    Tu vas **te** dépêcher?   Vous voulez **vous** marier.
    Il essaie de **se** lever.   Ils décident de **se** séparer.

◇ 3. Beaucoup de verbes pronominaux appartiennent au premier groupe: **s'aimer, s'amuser, se parler.**

◇ 4. Voici la conjugaison du verbe irrégulier **s'asseoir** (*to sit down*):

Prés.:	je **m'assieds**	nous **nous asseyons**
	tu **t'assieds**	vous **vous asseyez**
	il **s'assied**	ils **s'asseyent**
P.C.:	je **me suis assis**, etc.	
Imparf.:	je **m'asseyais**, etc.	
Impératif:	**assieds-toi, asseyez-vous, asseyons-nous**	

Ce verbe a une autre conjugaison, plus employée dans la langue populaire: **je m'assois, nous nous assoyons,** etc. (voir l'appendice p. 472).

Exercice

Donnez les verbes suivants au présent.

1. Les deux amants (se regarder). 2. Vous (se souvenir). 3. Nous (s'amuser). 4. Elles (se reconnaître). 5. Tu (s'asseoir). 6. Je (se sentir) fatigué. 7. Il (s'endormir). 8. Elle (s'ennuyer). 9. Vous (se dépêcher). 10. Ils (s'éloigner).

Place des pronoms aux temps simples

◇ **1.** A la forme négative, **ne** est placé entre les deux pronoms.

Je **ne** me rappelle **pas**.   Nous **ne** nous sommes **pas** promenés.

◇ **2.** A l'impératif négatif, le pronom sujet est supprimé.

Ne te fatigue **pas**.   **Ne** nous battons **pas**.   **Ne** vous inquiétez **pas**.

◇ **3.** A l'impératif positif, le pronom sujet est placé après le verbe. A la deuxième personne du singulier, ce pronom est **toi** (forme tonique ou disjointe).

Dépêchons-**nous**   Amusez-**vous**   Rappelle-**toi**.

◇ **4.** Si le verbe pronominal est accompagné d'un autre pronom, le pronom réfléchi est placé avant l'autre pronom.

Je m'achète **ces chaussures**.   Je **me les** achète.
Il s'intéresse **à la musique**.   Il s'**y** intéresse.

A l'impératif positif, l'ordre varie:

$$\left.\begin{array}{l}\textbf{le}\\\textbf{la}\\\textbf{les}\end{array}\right\} + \text{pronoms réfléchis} \qquad \text{pronoms réfléchis} + \left\{\begin{array}{l}\textbf{y}\\\textbf{en}\end{array}\right.$$

Brossez-vous **les dents**.   Brossez-**les-vous**.
Achète-toi **des vêtements chauds**.   Achète-**t'en**.

REMARQUE: **toi** + **en** = **t'en**.

Exercice

Mettez les phrases suivantes à l'impératif positif, puis à l'impératif négatif. Remplacez les noms par des pronoms.

Modèle: Tu t'amuses.   *Amuse-toi.*   *Ne t'amuse pas.*

1. Tu t'habilles. 2. Nous nous reposons. 3. Vous vous dépêchez. 4. Tu t'inquiètes. 5. Nous nous promenons. 6. Vous vous asseyez. 7. Tu t'achètes une voiture neuve. 8. Vous vous coupez les cheveux. 9. Nous nous envoyons des nouvelles. 10. Tu te rappelles cette histoire.

◇ **5.** Forme interrogative

On place le pronom sujet après le verbe. Le pronom répété est le premier mot du groupe. La formule est:

> pronom répété + verbe au temps simple + pronom sujet

Te regardes-tu?   **Se** lavera-t-il?   **Vous** amusez-vous?

REMARQUE: Il n'y a pas de forme interrogative à la première personne du singulier de présent. On emploie **est-ce que.**

◇ **6.** Forme interrogative-négative

La négation entoure tout le groupe. La formule est:

> **ne** + pronom répété + verbe au temps simple + pronom sujet + **pas**

Ne te fatigues-tu **pas**?   **Ne** vous aimiez-vous **pas**?

Exercice

Mettez les verbes suivants à la forme négative, à la forme interrogative, puis à la forme interrogative-négative.

Modèle: Ils se souviennent.   Se souviennent-ils?
         Ils ne se souviennent pas.   Ne se souviennent-ils pas?

1. Vous vous entendez.
2. Nous nous aimons.
3. Elles se parlent.
4. Tu te rappelles.
5. Elle s'amuse.

6. Il se repose.
7. Vous vous inquiétez.
8. Nous nous baignons.
9. Tu t'énerves.
10. Elle se trompe.

Place des pronoms aux temps composés

◇ **1.** Forme positive

Au passé composé et aux autres temps composés, l'auxiliaire est toujours **être.**

Je me **suis** promené.   (*passé composé*)   Tu t'**étais** regardé.   (*plus-que-parfait*)

◇ **2.** Forme négative

Ne se place entre les deux pronoms, **pas** après l'auxiliaire. La formule est:

sujet + **ne** + pronom répété + auxiliaire + **pas** + participe passé

Je **ne** me suis **pas** lavé.   Tu **ne** t'étais **pas** rasé.

◇ **3.** Forme interrogative

Le pronom sujet se place immédiatement après l'auxiliaire. Le premier mot est le pronom répété, le dernier est le participe passé. La formule est:

pronom répété + auxiliaire + pronom sujet + participe passé

T'es-tu **amusé?**   **Vous** étiez-**vous perdus?**

◇ **4.** Forme négative-interrogative

La négation entoure le groupe pronom auxiliaire. La formule est:

ne + pronom répété + auxiliaire + pronom sujet + **pas** + participe passé

Ne vous êtes-vous **pas** ennuyés?   **Ne** s'étaient-ils **pas** connus?

Exercice

Répétez les phrases suivantes au passé composé, au passé composé négatif, au passé composé interrogatif, puis au passé composé interrogatif-négatif.

Modèle: Tu t'amuses.   Tu t'es amusé.   Tu ne t'es pas amusé.
          T'es-tu amusé?   Ne t'es-tu pas amusé?

1. Vous vous aimez.   2. Ils se reconnaissent.
3. Elle se baigne.   4. Il se met en colère.

Sens

◇ **1.** Il y a beaucoup de verbes pronominaux en français. Certains sont réfléchis (*reflexive*) et sont faciles à reconnaître car le sujet fait l'action sur lui-même.

Vous **vous** lavez.   *You wash **yourself.***
Tu **te** parles quand tu es seule?   *Do you talk to **yourself** when you're alone?*

Voici des verbes réfléchis communs; ces verbes gardent le même sens que les verbes non réfléchis.

couper	to cut	**se couper**	to cut oneself
raser	to shave	**se raser**	to shave oneself
lever	to raise	**se lever**	to get up, to arise
coucher	to put to bed	**se coucher**	to go to bed
habiller	to dress	**s'habiller**	to get dressed
déshabiller	to undress	**se déshabiller**	to get undressed

REMARQUE: On emploie l'article défini devant les parties du corps quand on utilise les verbes réfléchis comme **se laver, se brosser** (*to brush*) (voir p. 209).

Laurent s'est brossé **les** dents, puis il s'est lavé **la** figure.

*Laurent brushed **his** teeth, then he washed **his** face.*

Exercice

Dans les phrases suivantes, mettez les verbes entre parenthèses au temps indiqué.

1. (présent) Tous les matins je (se réveiller, se lever, se préparer).
2. (passé composé) Hier soir, Jean-Paul (se déshabiller, ne pas se laver, se coucher).
3. (imparfait) Quand nous étions jeunes, nous (s'acheter des bonbons et des gâteaux, se promettre de suivre un régime, ne pas se laver les dents tous les jours!).
4. (présent) Marie-Claire (se maquiller, s'habiller élégamment, se plaire).

◇ **2.** Certains des verbes pronominaux sont réciproques (*reciprocal*): deux sujets font une action l'un sur l'autre (*on each other*) ou plusieurs sujets font une action sur d'autres personnes. Les pronoms se traduisent *each other, one another*.

Ils **s'aiment.**
Est-ce que vous **vous connaissez?**
Ma cousine et moi ne **nous téléphonons** plus.

*They **love each other**.*
*Do you **know each other?***
*My cousin and I no longer **telephone each other**.*

Voici des verbes réciproques communs; beaucoup de ces verbes gardent le même sens que les verbes non réciproques. Les verbes réciproques sont toujours au pluriel.

aimer	to love	**s'aimer**	to love each other
battre	to beat	**se battre**	to have a fight
écrire	to write	**s'écrire**	to write each other
embrasser	to kiss	**s'embrasser**	to kiss each other
marier	to marry off someone	**se marier**	to get married
quitter	to leave	**se quitter**	to leave each other
rencontrer	to meet	**se rencontrer**	to meet each other
téléphoner	to telephone	**se téléphoner**	to telephone each other
voir	to see	**se voir**	to see each other

Vous vous sentez bien dans un jean coupé pour vous.

REMARQUE: **On se = Nous nous.**

> L'année dernière **on se** voyait tous les jours.   *Last year **we** saw **each other** every day.*

Exercice

Dans les phrases suivantes, mettez les verbes entre parenthèses au temps indiqué.

1. (présent)   Josée et Michel (s'aimer, s'embrasser beaucoup, se téléphoner tous les jours)
2. (l'imparfait)   Vous (s'écrire tous les jours, se rencontrer régulièrement, se battre ne jamais)
3. (passé composé)   Nous (se rencontrer dans un bal, se voir plusieurs fois, se marier au bout d'un mois!)

◇ **3.** La majorité des verbes pronominaux n'ont ni sens réfléchi ni sens réciproque.

   a. Certains ont le sens passif (voir p. 418).

Ce journal **ne se vend pas** ici.	*This paper **is not sold** here.*
Ces verbes **se conjuguent** au présent.	*These verbs **are conjugated** in the present.*

   Voici des verbes pronominaux de ce type.

s'accorder	s'appeler	se comprendre
se conjuguer	se dire	s'employer
se faire	se manger	se placer
se traduire	se trouver	se voir

REMARQUE: Ces verbes sont souvent employés au présent.

Exercice

Remplacez les verbes en italique par un verbe pronominal à valeur passive.

> Modèle: On **accorde** les adjectifs avec le nom.
> *Les adjectifs **s'accordent** avec le nom.*

1. On *conjugue* un verbe impersonnel à la 3ème personne du singulier.   2. Est-ce qu'on *trouve* ce produit de beauté en pharmacie?   3. Une expression idiomatique n'est jamais *traduite* littéralement.   4. Les tableaux de Picasso *ont été vendus* et *seront vendus* toujours très cher. 5. Est-ce qu'on *chantait* cette chanson en 1914?   6. Où est-ce qu'on *place* le sujet, avec «sans doute»? On *place* le sujet après le verbe.   7. On *ne mange pas* les frites avec les doigts à la table du Président de la République.   8. Cette attitude *était compréhensible* au 18ème siècle. 9. Comment *sont employés* ces verbes?   10. Le mot que vous venez de prononcer est très grossier (*rude*). Il *n'est pas dit* dans la bonne société.

b.   Quelques verbes pronominaux existent sous la forme non-pronominale et ils ont un sens différent.

Je **passe** devant le magasin.	I **walk** by the store.
Qu'est-ce qui **se passe?**	*What **is happening?***
J'**entends** la musique.	I **hear** the music.
Ils ne **s'entendent** pas.	*They **don't get along.***

Voici des verbes pronominaux de ce type.

aller	to go	s'en aller	to go away, to depart
attendre	to wait	s'attendre à	to expect
apercevoir	to see vaguely	s'apercevoir	to realize
demander	to ask	se demander	to wonder
douter	to doubt	se douter	to suspect
entendre	to hear	s'entendre	to get along
passer	to go by	se passer	to happen
servir	to serve	se servir	to use
tromper	to deceive	se tromper	to be mistaken

Exercice

Dans les groupes suivants, mettez un verbe pronominal dans l'espace vide. Ensuite (*then*) traduisez les phrases.

> Modèle: Janine **promène** son bébé.   *Janine **takes** her baby **for a walk**.*
> Elle **se promène**.   *She **goes for a walk**.*

1. Je vais à Paris. Je ____ pour un mois.   2. Tu entends la musique. Tu ____ avec ton amie? 3. Il trompe sa femme. Il ____ de rue.   4. Ça passe. Ça ____ .   5. Ils servent le dîner. Ils ____ de la voiture.   6. Vous doutez de ma sincérité. Vous ____ que je mens.   7. Elle a demandé l'heure à un passant. Elle ____ quelle heure il était.   8. Nous attendons le train. Nous ____ à un certain retard.   9. Vous apercevez le bateau, au loin? Vous ____ qu'il va pleuvoir.   10. Je vous rappelle dans dix minutes! Je ne ____ pas que je dois lui téléphoner!

c. Quelques verbes pronominaux n'existent pas sous la forme simple; ils n'existent que sous la forme pronominale.

L'oiseau **s'envole.**	*The bird **flies away.***
Le voleur **s'enfuit.**	*The thief **runs away.***

Voici des verbes pronominaux de ce type.

se dépêcher	to hurry	**s'enfuir**	to run away
s'envoler	to fly away	**s'évanouir**	to faint
se méfier	to distrust	**se moquer**	to make fun of
se souvenir	to remember	**se taire**	to keep silent

REMARQUE: Les verbes **se rappeler** et **se souvenir** ont le même sens. **Se rappeler** est suivi de l'objet direct. **Se souvenir** et suivi de **de** + nom.

Tu te rappelles **cette histoire?**	Tu te **la** rappelles?
Je ne me souviens pas **de ce film.**	Je ne m'**en** souviens pas.

"*J'ai décidé d'écrire ce livre pour ceux qui m'aiment ou se souviendront de moi.*"

Marlène D.
PAR
MARLENE DIETRICH
Grasset

Exercice

Remplacez les groupes en italique par un verbe pronominal au temps qui convient.

1. L'oiseau *a pris son vol.* Il _____.
2. Claudine a appris la mauvaise nouvelle et elle *a perdu conscience.* Elle _____.
3. *Allez un peu plus vite!* _____!
4. Les étudiants *arrêtent de parler.* Ils _____.
5. Je *n'ai pas confiance* en cet homme. Je _____ de lui.
6. Mon frère *fait* toujours *des plaisanteries (jokes)* à mon sujet. Il _____ de moi.
7. Le voleur a ouvert la porte de la prison et il *a pris la fuite.* Il _____.
8. *J'ai une bonne mémoire.* Je _____ de toute mon enfance.

Accord du participe passé

◇ **1.** Pour les verbes réfléchis ou réciproques, on suit la règle de l'accord avec l'auxiliaire **avoir**. Le participe passé s'accorde avec l'objet direct placé avant le verbe.

    a. Quand **se** (**me, te, nous, vous**) est objet direct, il y a un accord avec le pronom qui représente aussi le sujet.

        Elle s'est vue.   Nous **nous** sommes aimés.

    b. Quand **se** (**me, te, nous, vous**) est objet indirect, il n'y a pas d'accord.

        Ils **se** sont téléphoné.   Vous **vous** êtes parlé.

    c. Quand **se** (**me, te, nous, vous**) est objet indirect, et quand le verbe a un objet direct placé après lui, il n'y a pas d'accord.

        O.I.   O.D.
    Elle **s'**est **acheté** des chapeaux bizarres.

          O.I.   O.D.
    Nous **nous** sommes **lavé** les mains.

REMARQUE: Le pronom réfléchi des verbes suivants est toujours objet indirect: au participe passé il n'y a pas d'accord avec le sujet.

s'acheter	s'écrire	se promettre
se demander	s'offrir	se rendre compte
se dire	se parler	se sourire
se donner	se plaire	se téléphoner

Julien et sa femme se sont acheté une belle voiture.
Après qu'ils ont eu déménagé, ils se sont offert un bon dîner au restaurant français.
Renée et Giselle se sont parlé tous les jours.

Exercice

Mettez les phrases suivantes au passé composé.

1. Elle se lave les cheveux.   2. Vous vous téléphonez?   3. Ils se voient, ils se disent «bonjour», ils se parlent, ils se souviennent, ils se plaisent et ils se marient.   4. Marie-France, tu te brosses les dents?   5. Ces amoureux s'écrivent de longues lettres pendant leur séparation.   6. Les deux jeunes gens se sourient.   7. Elles se promettent de s'écrire.

> **d.** Quand **se** (**me, te, nous, vous**) est objet indirect et quand le verbe a un objet direct placé devant lui, le participe passé s'accorde avec cet objet direct.
>
>   O.D.   O.I.
>
> Vous avez vu les **chapeaux qu'**elle **s'est achetés?**

Exercice

Mettez les verbes entre parenthèses dans les phrases suivantes au passé composé et accordez le participe passé si c'est nécessaire.

1. Il ne m'a pas montré la maison qu'il (s'achète).
2. René n'a pas oublié les promesses qu'(ils se font).
3. La bague que (tu m'offres) doit coûter cher.
4. Ils vont regretter les injures (*insults*) qu'ils (se disent).
5. (Elle s'offre) des bijoux extraordinaires.
6. Elle a donné aux pauvres tous les vêtements qu'(elle s'achète).
7. Les petites filles (se tiennent) la main.
8. Les lettres que (nous nous envoyons) ne sont pas arrivées.

> ◇ **2.** Pour les verbes qui ont ni le sens réfléchi ni le sens réciproque, on accorde le participe passé avec le sujet.
>
> Les **tableaux** de Picasso se sont **vendus** pour des millions.
> **Vous** ne vous êtes **aperçus** de rien?
> **La princesse** s'est **évanouie.**

Exercice

Mettez les phrases suivants au passé composé. Faites attention à l'accord du participe passé.

1. Les deux amies se connaissent pendant un voyage, se revoient à Paris, puis se disputent et se fâchent.
2. Nous allons à la plage en été: nous nous allongeons au soleil, nous nous promenons au bord de la mer, nous nous baignons, nous nous amusons.
3. Janine s'ennuie à la soirée: elle s'impatiente, elle s'énerve, elle se sent furieuse d'avoir accepté l'invitation.

Formules à retenir

◇ **1. en même temps / à la fois** (*at the same time*)

On emploie généralement **en même temps** avec un verbe et **à la fois** avec deux adjectifs ou deux noms.

> Ils sont arrivés **en même temps.**   Elle est **à la fois** triste et optimiste.

Exercice

Faites des phrases avec les éléments indiqués et les expressions **en même temps** ou **à la fois**.

1. On ne peut pas être / à la mer / à la montagne.
2. En France / manger / des choses sucrées / des choses salées. (*négatif*)
3. Ils se sont dit / «je t'aime».
4. Certains enfants / fatigants / attachants.
5. Il pleut / il fait soleil.
6. René est / plein de désir / plein d'angoisse.

◇ **2. tout**

    a. Tout (*adjectif*) signifie *all, the whole.* Ses formes sont:

	masc.	fém.
sing.	**tout**	**toute**
pl.	**tous**	**toutes**

Il s'emploie devant le nom et un déterminant.

tout l'or	**toute** la famille
tous mes amis	**toutes** ces pièces

REMARQUES:

- **Tout,** avec un nom singulier sans déterminant, signifie *any, every, each.*

    tout homme   **toute** jeune fille

- **Tout ce qui, tout ce que** signifient *everything* (voir p. 333).

Exercice

Répétez avec **tout:** la famille, ses amies, ton travail, cette tristesse, les invités, l'importance, les bijoux, la journée, les jours, la vie.

    b. Tout (**toute, tous, toutes**) peut être pronom. Dans ce cas, le **-s** de **tous** est prononcé / tus /.

> Il a fait les exercices de la page 8. —Quoi, **tous**?

On place le pronom entre l'auxiliaire et le participe passé, au temps composé.

> Il a **tout** mangé. Je les ai **tous** vus.

Exercice

Répétez avec le pronom.

1. Il comprend *toute la leçon*. Il l'a ____ comprise.   2. Vous embrassez *tous vos amis?* —Oui, ____.   3. Dans la maison, elle fait ____ elle-même.   4. J'ai lu *toutes ces nouvelles*. ____ m'intéressent.

c. **Tout** peut être adverbe. Il signifie **très.**

René est **tout** étonné.

Il est invariable au masculin, mais il s'accorde au féminin.[7]

Les tout petits enfants.   Elle est toute petite.

La maison est toute entourée d'arbres.

Exercice

Répétez avec **tout** adverbe.

1. Ils sont heureux.   2. Elles sont contentes.   3. Vous êtes bronzé.   4. Elle est énervée. 5. Tu es fatigué.   6. Tu es blanche.   7. Le ciel est bleu.   8. La mer est verte.

d. Expressions idiomatiques avec **tout.** Voici des expressions adverbiales communes formées avec **tout.**

tout à fait	*completely*	à toute allure	*at full speed*
tout de suite	*right away*	tout à l'heure	*in a moment, a moment ago*
tout à coup	*suddenly*	en tous cas	*in any case*

◇ **3. coup**

Le mot **coup** entre dans la composition de beaucoup d'expressions courantes; en voici un petit nombre:

d'un seul coup	*all at once*	un coup de téléphone, de fil	*a phone call*
tout à coup	*suddenly*	se donner un coup de peigne	*to comb one's hair quickly*
un coup d'œil	*a glance, a peek*	un coup de soleil	*sunburn*
un coup de main	*a help*	un coup de tonnerre	*thunder*
boire un coup	*to have a drink*		

Exercice

Traduisez les phrases suivantes. Utilisez une expression qui contient le mot **coup.**

1. He gave me a phone call.   2. All of a sudden, I heard thunder.   3. You are red: you have a sunburn.   4. René glanced at the pretty lady.   5. Let's have a drink.   6. They met and got married the same day: it was love at first sight.   7. This package is heavy: come and help me.   8. In the morning, I comb my hair quickly.

---

[7] Une règle ancienne spécifiait que **tout** adverbe ne s'accordait pas devant une voyelle ou un **h** muet, au féminin. Dans un effort de simplification de l'orthographe de la langue française, un arrêt ministériel du 17 juillet 1977 a rendu cette règle périmée (*obsolete*).

Exercices

A. **Action appropriée.**   Dites ce que ces personnes font dans les situations indiquées.

> Modèle: Christine est fatiguée (se reposer / se détendre / s'asseoir)
> *Christine est fatiguée: elle se repose, elle se détend, elle s'assied.*

1. Jules et Jim sont des ennemis: (se haïr / se disputer / se battre / mais se réconcilier / s'embrasser).
2. Vous arrivez à la plage: (se déshabiller / se mettre en maillot de bain / s'allonger / se couvrir de crème solaire).
3. Nous avons faim: (se précipiter vers le frigidaire / se gaver [*to stuff oneself*] de chips / se faire une omelette).
4. Tu vas faire des courses dans un magasin de vêtements: (se regarder dans les glaces / s'admirer / s'acheter plusieurs robes / se laisser convaincre par la vendeuse).

B. **Une histoire d'amour.**   Inventez l'histoire de René et de Juliette. Où est-ce qu'ils se sont rencontrés? Qu'est-ce qu'ils se sont dit quand ils se sont vus? (se parler / se donner rendez-vous / se promener / se plaire / se jurer qu'ils vont s'aimer toujours / se fiancer / se marier / se disputer / se séparer / se revoir / se réconcilier)

C. **Expérience personnelle.**   De quoi vous souvenez-vous particulièrement quand vous étiez enfant? A quoi vous intéressiez-vous? De quoi vous occupiez-vous? Dans quelles circonstances vous êtes-vous amusé; ou ennuyé? Vous êtes-vous blessé une fois, ou vous êtes-vous fait mal? Vous sentiez-vous heureux ou malheureux, généralement?

Traduction

1. Two friends confided in me (**se confier à**).   2. They are wondering if it is a good idea to get married.   3. Often they look at each other, but they don't see each other.   4. They get along, but do they understand each other?   5. Maybe they love each other, but they don't really admire each other.   6. They told and wrote each other nice things for years; but do they agree?   7. When they kiss each other, do they really feel close to each other?   8. They have not gotten into a fight for months.   9. They do get bored, and they don't have much fun. 10. So what's going on?   11. Should they get married if they are not going to adore each other?

Conversations

1. Quels vêtements portez-vous dans les différentes circonstances de la vie? Pour aller à l'école? En été? En hiver? Pour aller travailler? Pour faire du sport? Pour aller à une soirée élégante? A la maison pour vous reposer?

   ■ **les vêtements de femmes:** les sous-vêtements (*underwear*), la robe (*dress*), la jupe (*skirt*), la blouse, un pull, un sweater, un tricot, une veste (*jacket*), un manteau (*coat*), un imper (*raincoat*), un anorak (*ski jacket*), un pantalon (un jean), un T-shirt, un short, un maillot de bain, une chemise de nuit, un pyjama, une robe de chambre, une robe du soir, un survêtement (*sweat suit*), des chaussures à talons hauts, des chaussures à talons plats, des chaussures de tennis, les baskets

■ **les vêtements d'homme:** une chemise (*shirt*), un blouson (*windbreaker*), des chaussettes (*f.*) (*socks*), un costume (*suit*), une cravate (*tie*), un veston (*suit jacket or sport jacket*), un gilet (*vest*), un smoking (*tuxedo*), un habit, un polo (*knit shirt*), les chaussures de tennis, les baskets

■ être habillé de (*to be dressed in*), habillé (*dressed elegantly*)

2. Quels journaux français lisez-vous? Quels sont les types de journaux qui existent?

le journal (*newspaper, also diary:* **tenir son journal**), un quotidien (*daily paper*) un journal d'information (*news*), satirique (*satirical*), humoristique, provincial (*local*), une revue (*magazine*), hebdomadaire (*weekly*), mensuel (*monthly*), une revue spécialisée

a. Quelles parties du journal lisez-vous surtout?

la politique, l'éditorial, les nouvelles de la région, la page sportive, les dessins humoristiques (*cartoons*), les b.d. (**bandes dessinées,** *comics*), la publicité commerciale (*ads*), les petites annonces (*classified ads*), les offres d'emploi (*help-wanted ads*), les demandes d'emplois (*employment-wanted ads*), à louer (*for rent*), les annonces immobilières (*real estate ads*), la mode (*fashion news*), la page féminine (*women's page*).

Rédaction

Ecrivez au passé composé, avec beaucoup de verbes pronominaux, le récit d'une rencontre, d'une union, d'une dispute et de la réconciliation de deux amoureux.

Chapitre 10

Le possessif

Vocabulaire

affectueux fond
aimable friendly
amateur (*m.*) **d'art** art collector
antiquaire (*m.*) antique dealer
au fond de at the back of
avoir lieu to take place
bonbonnière (*f.*) candy box
bredouiller to stammer
cuir (*m.*) leather
défiler to walk in file
demoiselle (*f.*) **d'honneur** maid of honor
désagréable unpleasant
époux (*m.*), **épouse** (*f.*) spouse
garçon (*m.*) **d'honneur** best man
gâté spoiled
gâter to spoil
goutte (*f.*) drop
marié (*m.*) groom
mariée (*f.*) bride
masse (*f.*) heap
merveille (*f.*) marvel

mouchoir (*m.*) handkerchief
murmurer to whisper
œuvre (*m.*) **d'art** work of art
parcourir to travel through
pareil(le) similar
parvenir to succeed
passer la main to rub, to stroke
politesse (*f.*) courtesy
radin stingy
ravissant extremely beautiful
reconnaissance (*f.*) gratitude
reconnaissant grateful
rejoindre to join
remerciement (*m.*) thank(s)
sacristie (*f.*) vestry
semblable like, similar
serré clenched
serrer to squeeze
service (*m.*) **à porto** set of port wine glasses
tour (*m.*) turn

Vocabulaire supplémentaire

Meubles d'occasion (*second-hand furniture*)

brocante (*f.*) second-hand shop
brocanteur (*m.*) dealer in second-hand objects

marché (*m.*) **aux puces** flea market
meuble (*m.*) **ancien** antique furniture
objet (*m.*) **d'occasion** second-hand, used item
vente (*f.*) **aux enchères** auction

Le cadeau de mariage

Michelle Maurois (1924–   ) est la fille de l'Académicien André Maurois. Elle écrit des livres et est en train de composer une saga familiale. Elle a reçu plusieurs prix littéraires, parmi lesquels un prix du roman de l'Académie Française.

M. et Mme Martin-Leduc sont invités à un grand mariage, celui° de la fille de M. et Mme La Madière. M. et Mme Martin-Leduc sont riches, mais ils sont un peu radins; pour faire des économies, ils n'achètent pas de cadeau mais envoient une petite boîte, une bon-
5 *bonnière avec une jolie miniature peinte sur le dessus, qu'ils ont trouvée au fond d'un placard et qui appartenait à une vieille tante.*

    Monsieur Martin-Leduc partit pour son bureau et quand il revint le soir, il trouva une lettre qui avait été déposée° dans l'après-midi:[1]

    «Cher ami,

10   Je veux ajouter mes remerciements à ceux de ma fille,° mais je suis confus° que vous ayez fait[2] à ces enfants un tel° cadeau, et j'ai scrupule à le leur laisser accepter.° Soyez sûr que je me souviendrai° d'une pareille générosité et avec encore toute ma reconnaissance, recevez, ainsi que Madame Martin-Leduc, nos
15 très affectueux souvenirs.

    Yves La Madière

    —Sapristi,° dit Monsieur Martin-Leduc, en passant° la main dans° ses cheveux, crois-tu qu'il se paye notre tête?°
    —Je ne pense pas qu'il oserait,° dit sa femme. Ils sont peut-être
20 simplement polis.
    —C'est plus que de la politesse!
    —Elle était gentille,° cette petite boîte, dit Madame Martin-Leduc, elle leur a peut-être fait plaisir...
    —Non. Je pense, dit Monsieur Martin-Leduc, que La Madière
25 veut être aimable; il doit avoir besoin d'un service.
    —J'ai une idée, dit sa femme, ils ont peut-être mélangé les cartes... peut-être qu'on a mis notre carte[3] avec quelque chose de très bien.°

Right column glosses:

= le mariage de

delivered

a... to my daughter's
embarrassed / such a
j'ai... I hesitate to let them accept it
je... (*fut.*) I shall remember

Good grief / en... *running*
through / qu'il... that he's pulling our
   leg
il... (*cond.*) he would dare

pretty

quelque... some high-priced item

Extrait de Michelle Maurois: *La Tables des Matières*, reproduit avec la permission de la Librairie Ernest Flammarion.

[1] **dans l'après-midi** Dans with an expression of time means *during, in the middle of:* **dans l'été, dans le mois de décembre.**
[2] **que vous ayez fait** (*past subj.*) that you made (The forms of this tense appear on p. 235.)
[3] **notre carte** In France one uses a personal card (**carte de visite**), printed with one's name and address, to accompany a gift rather than a special gift card.

—Oui, Rose, tu dois avoir raison; je n'y avais pas pensé. C'est parfait, dit Monsieur Martin-Leduc.

La cérémonie eut lieu le samedi à la Madeleine.[4] Ce fut magnifique: il y avait la plus belle musique, les plus jolies fleurs. La mariée était ravissante, bref,° c'était un grand mariage.

Madame Martin-Leduc... attendait avec son mari pour défiler à la sacristie. Il y avait des centaines de gens. Quand arriva le tour de Monsieur et Madame Martin-Leduc, Madame La Madière ouvrit ses bras:

—Ah! chers amis, dit-elle, comment vous remercier d'avoir gâté ainsi ces chers petits!

Et la jeune épouse présenta son mari:

—Chéri, ce sont Monsieur et Madame Martin-Leduc qui nous ont fait ce si° beau cadeau!

—Bien peu de chose°... Heureux que cela vous plaise[5]... parvint à articuler Monsieur Martin-Leduc.

Ils sortirent les dents serrées: Monsieur Martin-Leduc suait à grosses gouttes.°

—Ils ont sûrement changé les cartes, dit-il, ils n'oseraient° pas se moquer de nous comme cela...

—Nous allons admirer les cadeaux d'abord, dit Madame Martin-Leduc.

—Je ne serais pas fâché° de voir le nôtre, dit son mari...

Il y avait une masse de cadeaux: des lampes, des vases, des services à porto, soigneusement rangés dans les boîtes entrebaillées° et accompagnés de cartes de visite.

—Nous ne retrouverons jamais notre bonbonnière là-dedans,° dit Madame Martin-Leduc. Allons toujours voir la corbeille de la mariée.[6]

Sur une table, au fond de la pièce, étaient disposés les bijoux... Au milieu, à côté du collier de perles, il y avait la bonbonnière de Monsieur et Madame Martin-Leduc, dans sa boîte de cuir rouge, avec leur carte de visite.

—Qu'en penses-tu, Rose? demanda Monsieur Martin-Leduc...

Ils furent rejoints à ce moment-là par le frère de Monsieur La Madière,° grand amateur d'œuvres d'art.

—Ah mes amis! leur dit-il, comme vous avez gâté ma nièce: cette miniature de Boucher[7] qu'on a montée en bonbonnière° est une des plus belles qu'il m'ait été donné de voir.[8] On n'en connaît que

in short

ce... this such
Bien... Practically nothing

à... heavily
(*cond.*) would dare

Je... (*cond.*) I would not mind

half open

in there

Ils... M. de la Madière's brother joined them

qu'on... set into a candy box

---

[4] **la Madeleine** a famous church in Paris, near the **Opéra,** where elegant marriages take place
[5] **que cela vous plaise** (*pres. subj.*) that it pleases you
[6] **la corbeille de la mariée** Since bridal showers do not exist in France, personal gifts to the bride (heirlooms, jewelry) are displayed in a special "basket."
[7] **Boucher** François Boucher (1703–1770), an 18th-century artist and decorator famous for his graceful paintings of pastoral and mythological scenes
[8] **qu'il m'ait... voir** (*past subj.*) that I have been allowed to see

deux ou trois au monde.⁹ J'ai moi-même° une collection de minia-
tures de cette époque, mais aucune° ne peut se comparer à celle-ci.
C'est une pièce unique.° Je me demande comment vous avez pu
découvrir une semblable merveille. Je parcours depuis vingt ans les
⁵ antiquaires d'Europe et n'ai rien vu de tel...

    —Euh! C'est-à-dire... bredouilla Monsieur Martin-Leduc, je
suis content que cela leur ait fait plaisir¹⁰...

    —Plaisir! reprit Monsieur La Madière, vous pouvez être sûr que
cela leur a fait plaisir! Je donnerais° toute ma collection pour ce
¹⁰ trésor... Mais Madame, vous ne vous sentez pas bien...

    Madame Martin-Leduc était tombée lourdement sur une chaise
et portait° son mouchoir à ses lèvres.

    —C'est la chaleur, l'émotion, les fleurs.

myself

not one

une pièce... a one-of-a-kind item

Je... (*cond.*) I would give

lifted

Questions

1. Pourquoi est-ce que le père de la jeune fille qui se marie écrit qu'il
   hésite à laisser ses enfants accepter ce cadeau? Comment était le
   cadeau, aux yeux de M. et Mme Martin-Leduc? Comment apparaissent les remerciements du père?
2. M. Martin-Leduc pense que M. la Madière veut être aimable.
   Quelle intention est-ce qu'il lui attribue?
3. Mme Martin-Leduc suggère la possibilité d'une erreur. Laquelle?
4. Quelles autres personnes font des remerciements exagérés pour le
   cadeau?
5. M. et Mme Martin-Leduc commencent à être troublés. Quels
   sont les signes de leur inquiétude?
6. Ils vont voir les cadeaux. Pourquoi est-ce qu'ils pensent qu'ils ne
   vont pas trouver leur bonbonnière? Où est-ce qu'on a placé leur
   cadeau? Est-ce qu'on s'est trompé de carte?
7. Le frère de M. La Madière donne la solution du mystère. Qui a
   peint la miniature sur la bonbonnière? Est-ce que ce peintre est
   célèbre? Est-ce que la bonbonnière a de la valeur? Pourquoi?
8. Quelle est la réaction de Mme Martin-Leduc? Pourquoi est-ce
   qu'elle a cette réaction? Quelle raison est-ce qu'elle donne?
   Quelle est la vraie raison?
9. Résumez l'histoire. Quelle est la leçon de cette histoire?

---

⁹ **On n'en connaît... monde.** Only two or three are known in the world. (**ne ... que** = *only*).

¹⁰ **que cela... plaisir** (*past subj.*) that it pleased them

L'adjectif possessif

Formes

L'adjectif possessif est un mot qui précède le nom, comme un article. Voici les formes de l'adjectif possessif.

je	mon	ma	mes	*my*
tu	ton	ta	tes	*your (fam.)*
il, elle	son	sa	ses	*his, her, its*
nous	notre	notre	nos	*our*
vous	votre	votre	vos	*your*
ils, elles	leur	leur	leurs	*their*

◇ **1.** Les formes **mon, ton, son** correspondent à l'article défini **le** et à l'article élidé **l'** (*m. ou f.*). C'est ce qui explique l'emploi de **mon, ton, son** devant un nom féminin qui commence par une voyelle.

> **mon** cadeau   (**ton, son** cadeau)
> **mon** époux   (**ton, son** époux)
> **mon** admiration   (**ton, son** admiration)

◇ **2.** Les formes **ma, ta, sa** correspondent à l'article **la.**

> **ma** bonbonnière   **ta** femme   **sa** politesse

◇ **3.** Les formes **mes, tes, ses** correspondent à l'article **les.**

> **mes** parents   **tes** papiers   **ses** photos

Emplois

◇ **1.** On accorde **son, sa, ses** avec l'objet possédé (le nom qui suit). Le genre du possesseur n'est pas important.

> Dans **sa** chambre (**la** chambre), Bernard a **son** micro-ordinateur (**un** micro-ordinateur), **sa** calculatrice (**la** calculatrice), **ses** cassettes (**les** cassettes). Rosine aussi a **son** micro-ordinateur, **sa** calculatrice et **ses** cassettes dans **sa** chambre.

◇ **2.** On emploie **notre, votre, leur** avec un nom singulier, masculin ou féminin, et **nous, vous, leurs** avec un nom pluriel, masculin ou féminin.

> **notre** cadeau   **notre** carte   **votre** mariage   **votre** politesse
>
> **leur** appartement et **leur** maison   **nos** frères et **nos** sœurs   **vos** oncles et **vos** tantes

ATTENTION: **Leur** (*adjectif possessif*) s'accorde; **leur** (*pronom personnel*) est invariable.

1965 : MA RADIO
1968 : MA STEREO
1970 : MA TELE
1974 : MON AUTO
1979 : MA VIDEO
1983 : MON MICRO

1986 : MA MOTOMOBILE **HONDA**
Il manque 2 roues à votre train de vie.

Exercice

Dans les phrases suivantes, mettez l'adjectif possessif qui correspond au sujet du verbe à la place du mot en italique.

Modèle: J'ai apporté **le** cadeau.
J'ai apporté **mon** *cadeau.*

1. Les invités ont envoyé *les* cartes.   2. Elle parle avec *la* mère.   3. Je mets toujours *les* lettres à cette poste.   4. M'as-tu donné *l'*adresse?   5. Yves a cassé *le* vase.   6. *Au* mariage, vous avez eu de la musique? 7. Les époux remercient *la* famille. 8. Nous allons voir *les* cadeaux.   9. Vous avez apporté *les* photos?   10. Tu ne viens pas? *L'*auto est en panne? Prends *la* bicyclette.   11. Ces gens sont trop aimables. *La* politesse est excessive.

◇ **3. Son, sa, ses, leur, leurs** peuvent avoir comme possesseurs des noms de choses; c'est la traduction de *its, their*.

J'aime Paris, **ses** vieilles maisons, **son** atmosphère...
Enlevez ces fleurs; **leur** parfum me donne mal à la tête.

◇ **4.** On répète l'adjectif possessif devant chaque nom.

Mon père et **mon** frère sont partis à la chasse.

EXCEPTION: Dans la langue administrative, parfois on ne répète pas l'adjectif.

Ecrivez **vos** nom, prénoms, et adresse.

◇ **5.** Quand il y a une confusion sur le possesseur, à la troisième personne du singulier ou du pluriel, il faut préciser; on peut employer la préposition **à** + un pronom disjoint (**à lui, à elle, à eux, à elles**) après le nom.

> Félix serait heureux de revoir Stéphanie avant **son** départ.
> (Le départ de Félix? — **Son** départ à lui.)
> (Le départ de Stéphanie? — **Son** départ à elle.)

On peut aussi ajouter l'adjectif **propre** (*own*) entre le possessif et le nom; **propre** renvoie alors à la personne qui fait l'action.

> Valérie a dit à son mari de s'occuper de **ses** affaires, de **ses propres** affaires (*his own*).

◇ **6.** L'adjectif **leur** s'emploie quand plusieurs personnes possèdent une seule chose en commun.

> Ces enfants adorent **leur** père.

Leur indique aussi que chaque personne du groupe possède un objet.

> Dans cet autobus, tous les hommes fumaient **leur** pipe. (Chaque homme a **une** pipe.)
> Ils gagnent **leur** vie et préparent **leur** avenir. (Chacun a **une** vie, **un** avenir.)

◇ **7.** Si le sujet est un mot indéfini comme **on, tout le monde, quelqu'un, chacun,** le possessif est **son, sa, ses.**

> **Tout le monde** doit gagner **sa** vie pour élever **ses** enfants.

Exercices

A. Refaites les phrases suivantes et employez après l'expression en italique le pronom tonique: **à moi, à toi, à lui, à elle, à nous, à vous, à eux, à elles.**

> Modèle: J'ai **mon** appartement.
> *J'ai **mon** appartement **à moi**.*

1. C'est *ton livre?* 2. *Mes parents* sont généreux.   3. Vous avez *votre auto?* 4. *Leurs enfants* vivent à la maison.   5. Natalie? *Son mariage* a eu lieu à la Madeleine.   6. François? *Son mariage* a eu lieu à Notre Dame.   7. Dans *notre église*, la sacristie est trop petite pour une réception.   8. C'est la famille de Gérard, *sa famille* qui a offert aux jeunes mariés leur voyage de noces.   9. *Mon mariage* n'a pas eu lieu à l'église.

B. Dans les phrases suivantes, mettez l'adjectif possessif qui convient.

1. Avez-vous visité Marseille? —Oui, je me rappelle ＿＿ vieux port, ＿＿ gare, ＿＿ vieux quartiers pittoresques, ＿＿ animation.   2. Je visite toujours les musées d'une ville. ＿＿ œuvres d'art m'intéresse.   3. A ce mariage, tout le monde avait apporté ＿＿ cadeaux à l'avance et envoyé ＿＿ félicitations par la poste.   4. Chacun garde les photos de ＿＿ mariage dans ＿＿ album.   5. Quelqu'un vous a téléphoné pour vous envoyer ＿＿ souvenir et exprimer ＿＿ reconnaissance pour le service que vous lui avez rendu? —Qui est cette personne? —On n'a pas donné ＿＿ nom.   6. Ma tante et ＿＿ oncle ne viendront pas à notre mariage civil. ＿＿ cousins et ＿＿ cousines assisteront aux deux cérémonies.   7. Jacqueline a ＿＿ compte en banque. ＿＿ mari n'est pas chauviniste.   8. Tout le monde doit travailler pour gagner ＿＿ vie.

Le pronom possessif

Formes

Le pronom possessif est un mot qui remplace un nom précédé d'un adjectif possessif. Il est formé de deux mots, l'article **le, la, les** et un autre mot, **mien, tienne, siens,** etc. Voici les formes du pronom possessif qui correspondent aux pronoms sujets et aux adjectifs possessifs.

pronom sujet	pronom	adjectif
je	le mien (*m.*) mine	mon
	la mienne (*f.*)	ma
	les miens, les miennes (*pl.*)	mes
tu	le tien (*m.*) yours	ton
	la tienne (*f.*)	ta
	les tiens, les tiennes (*pl.*)	tes
il, elle	le sien (*m.*) *his, hers*	son
	la sienne (*f.*)	sa
	les siens, les siennes (*pl.*)	ses
nous	le nôtre (*m.*) ours	notre
	la nôtre (*f.*)	notre
	les nôtres (*pl.*)	nos
vous	le vôtre (*m.*) yours	votre
	la vôtre (*f.*)	votre
	les vôtres (*pl.*)	vos
ils, elles	le leur (*m.*) theirs	leur
	la leur (*f.*)	leur
	les leurs (*pl.*)	leurs

REMARQUES:

- Il y a un accent circonflexe sur le ô de **le nôtre, la nôtre, les nôtres, le vôtre,** etc. Le o est fermé / o /. L'adjectif **votre, notre,** n'a pas d'accent circonflexe; le o est ouvert / ɔ /.

  Notre prononciation est meilleure que **la vôtre.**

- Dans **la leur, leur** est invariable.

Emplois

Les pronoms possessif s'accordent avec les noms qu'ils remplacent.

◇ **1. Le mien, le tien, le nôtre, le vôtre, le leur** remplacent un nom masculin singulier.

J'admire les cadeaux: **le vôtre** et **le nôtre** sont dans la corbeille. Jeannine a oublié **le sien.**

◇ **2. La mienne, la tienne, la nôtre, la vôtre, la leur** remplacent un nom féminin singulier.

J'ai fait ma communion; il n'a pas fait **la sienne.** Ils feront **la leur** ce printemps.

◇ **3. Les miens, les tiens,** etc. remplacent un nom masculin pluriel.

> Est-ce que vous préférez ses parents ou **les nôtres**? **Les leurs** sont plus libéraux que les miens.

◇ **4. Les miennes, les tiennes,** etc. remplacent un nom féminin pluriel.

> Vos vacances sont plus longues que **les miennes.**

◇ **5. Le sien** représente un objet masculin possédé par un homme ou par une femme; **la sienne** représente un objet féminin possédé par un homme ou par une femme.

> Annie a déménagé dans mon appartement; **le sien** n'avait pas le téléphone.
> Daniel est jaloux de mon auto; **la sienne** est toujours en réparation.

◇ **6.** Les articles **le, les** qui composent les pronoms possessifs se contractent avec les prépositions **à** et **de.** On obtient:

> **au mien, aux vôtres, au tien,** etc.   (à + le, à + les)
> **du mien, du nôtre, des leurs,** etc.   (de + le, de + les)
> Je m'occupe de mes affaires et vous **des vôtres.**

> Au féminin, **à la, de la** ne se contractent pas: **à la mienne, à la vôtre, de la sienne, de la leur.**

> Tu penses à ta mère et moi, **à la mienne.**
> Nous parlons de notre lune de miel, et eux, **de la leur.**

Exercice

Remplacez les groupes entre parenthèses par un pronom possessif.

1. Ses enfants et (mes enfants) vont à la même école.   2. Il a perdu son chien l'année où j'ai perdu (mon chien).   3. Mes parents et (vos parents) vont faire un voyage ensemble. 4. Occupez-vous de vos affaires et non (de ses affaires).   5. Qui est le meilleur: votre docteur ou (leur docteur)?   6. Je pense à mon mari, pas (à votre mari).   7. Joséphine nous a donné des nouvelles (de nos cousins).   8. Mon explication est plus logique que (ton explication). 9. Ton frère et (son frère) ont fait des études de médecine.   10. Je m'embête dans ma famille autant que vous vous embêtez dans (votre famille).   11. Elle parle de ses maladies et ils parlent (de leurs maladies).   12. Il dit: «A votre santé!» et je réponds («A votre santé!»).

L'article ou le possessif pour les parties du corps

◇ **1.** On emploie l'article défini (**le, la, les**) à la place d'un adjectif possessif (**mon, ta, ses, notre,** etc.) avec certains verbes qui indiquent que l'action du possesseur est faite sur son propre corps; il n'y a pas de doute sur le possesseur. Ces verbes peuvent être **lever, baisser, ouvrir, fermer, hausser** (*shrug*), ou des verbes pronominaux, **se laver, se brosser, se maquiller, se raser, se casser,** etc.

> Levez **la** main! (*votre*)   Je me lave **les** pieds. (*mes*)
> Nous avons baissé **la** tête (*notre*)   Tu te brosses **les** dents? (*tes*)
> Ils ont ouvert **les** yeux. (*leurs*)   Elle s'est cassé **la** jambe. (*sa*)
> Ferme **la** bouche! (*ta*)

Mais si l'objet possédé est accompagné d'un adjectif qualificatif, il faut employer l'adjectif possessif.

> Elle a baissé **ses grands** yeux.   Ferme **ta jolie** bouche!   Tu as rasé **ta belle** barbe rousse!

Seuls les adjectifs **droit** et **gauche** font exception. On emploie l'article devant un nom accompagné de **droit** ou **gauche**.

> Levez **la** main gauche.   Elle s'est cassé **le** bras droit.

◇ **2.** On emploie un article défini à la place du possessif et on ajoute un pronom personnel objet indirect (**me, te, nous, vous, lui, leur**) devant le verbe, quand l'action est faite par une autre personne.

> Gisèle est affreuse (*looks awful*); sa sœur **lui** a coupé **les** cheveux.
> Jean-Claude s'est blessé; le docteur **lui** a bandé **la** main.

Dans ce cas aussi, si le nom est accompagné par un adjectif (autre que **droit** ou **gauche**), on garde l'adjectif possessif.

> Sa sœur **lui** a coupé **ses** longs cheveux.   Le docteur **lui** a bandé **sa** main blessée.

Exercice

Dans les phrases suivantes, mettez l'article ou l'adjectif possessif.

1. En classe, levez _____ main avant de répondre. 2. Jérôme s'est cassé _____ bras droit pendant une partie de foot. 3. Mais _____ bras gauche est en bon état. 4. Tu as vu Sophie? _____ mère lui a fait couper _____ cheveux. 5. Sophie a pleuré quand elle a dû couper _____ beaux cheveux blonds. 6. Le docteur m'a ausculté. Il m'a dit: «Ouvrez _____ bouche. Fermez _____ yeux. Baissez _____ tête.» 7. Jean-Paul n'a rien dit. Il a haussé _____ épaules. 8. Il a _____ épaules larges. Il porte son enfant sur _____ épaules.

◇ **3.** On emploie l'article à la place de l'adjectif possessif devant le nom d'une partie du corps avec les expressions suivantes: **avoir mal à, avoir froid à, avoir chaud à, faire mal à, faire** ou **donner chaud** ou **froid à.**

ATTENTION: La contraction **à + le = au; à + les = aux.**

> Il n'a pas froid **aux** pieds.   Cela me fait mal **au** cœur.   Tu as mal **à la** tête?

Mais si le nom est accompagné par un adjectif (autre que **droit** ou **gauche**), on garde l'adjectif possessif. Comparez ces deux phrases:

> Tu as mal à **ton petit** cœur?
> J'ai chaud **au** pied **droit** et froid **au** pied **gauche.**

Si vous perdez vos cheveux, ne perdez pas la tête!

◇ **4.** On emploie l'article défini à la place de l'adjectif possessif dans la construction suivante: un complément descriptif formé d'un nom et d'un complément de lieu, placé après un nom ou un verbe et séparé de ce nom ou de ce verbe par une virgule (*comma*).

> Le professeur, **les** mains dans **les** poches, marchait dans la classe.
> Les élèves rêvaient, **les** yeux au plafond.
> Ils sortirent, **les** dents serrées.

Comparez les exemples ci-dessus avec les exemples suivants (ce n'est pas un complément descriptif et il n'y a pas de virgule).

> Le professeur a mis **ses** mains dans **ses** poches.
> Elle a ouvert **ses** yeux pleins de larmes.

Cette règle s'applique aussi aux vêtements.

> Il est entré, **le** chapeau sur **la** tête.

MAIS:

> Il a mis **son** chapeau sur **sa** tête.

◇ **5.** Dans beaucoup d'expressions idiomatiques, l'article a une valeur de possessif.

(se) donner la main	to hold hands	**perdre la mémoire**	to lose one's memory
perdre la tête	to lose one's head	**perdre la voix**	to lose one's voice
perdre la vie	to lose one's life	**(se) serrer la main**	to shake hands
perdre la vue	to lose one's eyesight		

Résumé

l'article	le possessif
verbes + partie du corps	*partie du corps + adjectif*
lever se laver	Elle a levé **ses grands** yeux.
baisser se brosser	MAIS
ouvrir se casser	Levez **la** main droite, puis **la** gauche.
fermer	
Levez **les** yeux!	
verbe + pronom objet indirect	*partie du corps + adjectif*
Le docteur **lui** a bandé **la** main.	Sa sœur **lui** a coupé **ses** beaux cheveux.
	MAIS
	Le docteur **lui** a bandé **la** main gauche.
avoir froid, chaud, mal + à + *partie du corps*	*partie du corps + adjectif*
J'**ai mal à la** tête.	J'**ai froid à mes** petits pieds.
	MAIS
	J'**ai froid au** pied gauche.
complément descriptif ou expression idiomatique	
les mains dans **les** poches	
donner **la** main	

Exercice

Dans les phrases suivantes, mettez l'article ou l'adjectif possessif.

1. A table un monsieur bien élevé ne doit pas garder ⎯⎯ chapeau sur ⎯⎯ tête. 2. Les beaux-parents (*in-laws*) se sont serré ⎯⎯ main. 3. Les invités sont allés voir les cadeaux, ⎯⎯ dents serrées, ⎯⎯ cœur battant. 4. Tu as mal à ⎯⎯ main droite. —Oui, je suis obligé d'écrire avec ⎯⎯ main gauche. 5. L'acteur James Dean est mort très jeune. Il a perdu ⎯⎯ vie dans un accident de voiture. 6. L'encens dans les églises me donne mal à ⎯⎯ tête. 7. En France, la mariée coupe ⎯⎯ voile ([*m.*] *veil*) et en donne un morceau à tous les invités. 8. La jeune mariée, ⎯⎯ visage recouvert par un voile, s'est avancée vers l'autel.

Formules à retenir

◇ **1. Expressions idiomatiques avec le possessif**

    a. Les pronoms **les miens, les tiens, les vôtres,** etc. (au masculin pluriel) ont le sens spécial de **ma famille, mes parents, tes parents, vos parents.**

Il est rentré de voyage et il est revenu vivre près **des siens.**	He returned from his trip and he came back to live near **his family.**
Mon bon souvenir **aux vôtres.**	My regards **to your family.**

    b. L'expression *it is mine* (*yours, his*) peut se traduire de deux façons. La première façon est **être + à + moi** (*pronom disjoint*). Dans ce cas on répond à la question *Whose . . . is . . . ?* Une personne identifie un objet et nomme son possesseur.

        A qui est ce livre? —Il est à moi.

    La deuxième façon est **C'est + le mien** (*pronom possessif*). Dans ce cas on répond à la question. *Is . . . yours?* On distingue deux ou plusieurs objets presque identiques, et on en reconnaît un.

        Est-ce **le vôtre?** —Oui, c'est **le mien.**

REMARQUE: *To belong* se dit **appartenir à.**

    Ce livre m'appartient.

    c. *A friend of mine, a friend of yours.* Ces deux expressions se traduisent ainsi:

    un **de mes amis**   un ami **à moi**   un **de vos amis**   un ami **à vous**

Exercice

Dans les phrases suivantes, traduisez les expressions en italique.

1. Cette Française aime retourner dans son pays et passer des vacances parmi *her family.*
2. Vous avez vu ce cadeau magnifique dans la corbeille de la mariée? —*It's not mine.*
3. La grande maison blanche sur la colline, *does it belong to you?* —*Yes, it is mine.*
4. *A friend of mine* a été le témoin de la princesse de Monaco à son mariage.
5. Cet acteur célèbre est *a friend of yours?*
6. A la fin d'une lettre polie, qu'est-ce que vous écrivez? —*My regards to your family.*

◇ **2.** La matière: **En quoi est . . . ?**

    a. Quand on veut savoir en quelle matière un objet est fait, on utilise la formule suivante:

> **En + quoi + être + le nom?**

Dans la question **En quoi est . . .** et dans la réponse, avec le verbe **être** seul **en** est possible.

En quoi est votre pull? Il est **en laine.**   *What is your sweater **made of**? It is **made of wool.***

En quoi est le sac de Renée? Il est **en plastique.**   *What is Renée's purse **made of**? It is **made of plastic.***

    b. Pour décrire la matière d'un objet on peut utiliser deux formules:

> nom de l'objet + **en** + nom de matière
>
> nom de l'objet + **de** + nom de matière

Après le nom de l'objet, on a le choix entre **en** et **de.** La différence entre **en** et **de** n'est pas très importante.

Jacques achète un T-shirt {**en coton. / de coton.**}   Marlyse porte une blouse {**en soie. / de soie.**}

    c. Voici des matières différentes:

■ **Les tissus des vêtements** (*clothing material*)

le coton	l'acrylique	le synthétique
la laine	la soie	le nylon

■ **Les bijoux**

l'argent (*silver*)	l'or (*gold*)	le diamant
le faux (*costume jewelry*)	le toc (*fake jewelry*)	le jade
la perle (*pearl*)	l'ivoire (*ivory*)	la turquoise
le rubis		

■ **Les chaussures**

le cuir (*leather*)	la toile (*canvas*)	le caoutchouc (*rubber*)
la fourrure (*fur*)		

■ **Les maisons**

la brique (*brick, adobe*)	le ciment, le béton (*concrete*)	le plâtre (*plaster*)
le bois (*wood*)	la pierre (*stone*)	la tuile (*tile*)
les shingles	le verre (*glass*)	le stuc (*stucco*)

■ **Les autres objets**

l'acier (*steel*)	l'aluminium	le plomb (*lead*)
le cuivre rouge (*copper*)	le cuivre jaune (*brass*)	le fer (*iron*)
le zinc	le plastique	

Or et Argent
«Liberty»

15 000 F.

4 600 F.

2 900 F.

O.J. PERRIN

PARIS: 8, rue Royale · 33, av Victor Hugo · Aéroport de Roissy · Duty Free ·

Exercice

Répondez aux questions suivantes.

1. Quels tissus préférez-vous pour les vêtements? En quoi sont les vêtements que vous portez en été, en hiver? En quoi sont les vêtements que vous portez aujourd'hui?
2. Avez-vous une montre, des bijoux? En quoi sont-ils?
3. Les maisons de différents pays sont faites de matériaux différents. Dans les villes, le béton, la brique; à la campagne, dans les pays nordiques, à la montagne, le bois. En quoi sont faites les maisons dans votre région? En quoi est faite votre maison, et les objets familiers qui vous entourent?

Exercices

A. Qu'est-ce que Marie-Josée a dans son sac? Employez l'adjectif possessif devant chaque nom.

un porte-monnaie / un chéquier / un carnet d'adresses / des clés / une trousse de maquillage (*makeup kit*) / une brosse à cheveux / un stylo / une calculatrice de poche / des cartes de crédit / un paquet de kleenex / des bonbons

B. Françoise et Christophe partent en vacances à Tahiti. Qu'est-ce qu'ils emportent dans leurs valises? Répétez les mots avec un adjectif possessif.

un drap de bain (*beach towel*) / une rabane (*mat*) / les bikinis / un appareil photo / des lunettes de soleil / un équipement de plongée / la crème solaire / les chapeaux en toile

1. Qu'est-ce que Françoise laisse?

le chien à la belle-mère / le chat chez la voisine / les enfants chez les parents / la perruche à la concierge

2. Qu'est-ce que Christophe donne?

l'adresse aux amis / le numéro de téléphone de l'hôtel à l'associé / la voiture au garagiste / les vêtements à nettoyer

C. Toujours plus. Josette a toujours besoin de surpasser tout le monde. Suivez le modèle et employez des pronoms possessifs.

> Modèle: MARION: Moi, j'ai des skis excellents
> JOSETTE: *Et moi, **les miens** sont encore meilleurs.*

1. MARION: J'aime beaucoup ma voiture.
   JOSETTE: ____ va plus vite.
2. MARION: J'ai fait mes devoirs en deux heures.
   JOSETTE: Et moi, j'ai fait ____ en une demi-heure.
3. MARION: Je suis contente de ma composition.
   JOSETTE: J'ai toujours un A à ____.
4. MARION: J'ai 100 dollars d'économies dans mon compte en banque (*bank account*).
   JOSETTE: J'ai 200 dollars dans ____.
5. MARION: Mes amis m'ont fait un cadeau pour mon anniversaire.
   JOSETTE: ____ m'ont fait plusieurs cadeaux.
6. MARION: J'ai réussi à mon examen la troisième fois.
   JOSETTE: Moi, j'ai réussi ____ la première fois.

D. Des personnes affectueuses et des personnes réservées. Dites ce que font ou ne font pas ces personnes.

> Modèle: Jeannette embrasse toujours ses enfants.
> *Marcelle n'embrasse jamais ____.*

1. Pierre écrit à ses parents. Eric n'écrit pas ____.
2. Guy pense à sa grand-mère. Nous ne sommes pas fidèles à ____.
3. Jacqueline téléphone à sa vieille cousine. Vous ne téléphonez pas ____.
4. Alain parle de son enfance. Tu ne parles pas ____.
5. Je n'oublie pas mon père pour son anniversaire. Marie oublie ____.
6. Tu achètes des cadeaux à tes parents pour Noël. Mes cousins n'achètent rien à ____.

Traduction

My friends Christelle and Julien are going to get married on Saturday. Their wedding is taking place at Notre Dame. I am their maid of honor. I go with my brother to the antique shop dealer to look for a personalized gift. Their parents are rich, and I am sure they have already received from their friends some beautiful presents. I am not rich, but I am not stingy. Mine must look different. I see vases, lamps, tea sets. Not *my* style. My brother is unhappy: "I am getting a headache. Make up your mind. I am losing my mind (*head*)."

Finally, in a second-hand store, I find the perfect object: a used book; its title is: "How to find the perfect gift for one's friend." I am sure that *my* friends are going to be grateful. But on the wedding day, instead of thanks, Julien says: "Surely, you are pulling my leg (**se payer la tête de**)."

Madame Claude Descosse,

Monsieur René Decaux, Architecte Diplômé par le Gouvernement, Chevalier de l'Ordre National du Mérite, et Madame René Decaux ont l'honneur de vous faire part du mariage de Mademoiselle Nathalie-Carole Decaux, leur petite-fille et fille, avec Monsieur Edouard Brinon.

Et vous prient d'assister ou de vous unir d'intention à la célébration de mariage le Samedi 7 Juin 1986, à 16 h 30, en la Basilique Sainte Clotilde, 23 bis, rue Las Cases, à Paris.

Le consentement des époux sera reçu par le Révérend Père Henri-Marie Manteau-Bonamy, o.p., au cours d'une messe concélébrée par le Père J. Caryl Kamnitzer, Curé de la paroisse.

16, square Michelet - 13009 Marseille
23, rue de Bourgogne - 75007 Paris

me René Riffault,

Dominique Brinon

part du mariage de

leur petit-fils et fils,

Carole Decaux.

unir d'intention à la
1986, à 16 h 30, en la
Las Cases, à Paris.
x sera reçu par le
eau-Bonamy, o.p.,
le Père J. Caryl

Laborde - 75008 Paris
Passy - 75016 Paris

Conversations

1. Quelles sont les différentes cérémonies aux différentes étapes de la vie?

   ▪ **le baptême:** le parrain, la marraine, le filleul (*godson*), la filleule (*goddaughter*), baptiser, la dragée (*sugar-coated almonds*)

   ▪ **la première communion** ou **le bar-mitzvah**

   ▪ **les fiançailles:** le fiancé, la fiancée

   ▪ **le mariage, civil, religieux:** le maire (en France), le juge (aux E.-U.), le témoin, la bénédiction nuptiale

   ▪ **l'anniversaire de mariage:** les noces d'argent, d'or, de diamants, de papier, de fer

   ▪ **la mort:** les saints sacrements, l'enterrement (*funeral*), la sépulture (*burial, interment*), la tombe (*grave, tombstone*)

2. Les cadeaux: utiles, inutiles, personnalisés, impersonnels.

   Quels cadeaux aimez-vous recevoir? Quels cadeaux offrez-vous à vos amis pour certaines circonstances? Quels cadeaux vous font plaisir, vous déçoivent?

   cadeaux d'anniversaire, cadeaux de Noël, les étrennes (somme d'argent que l'on donne en France pour le premier de l'An)

Rédaction

Racontez une cérémonie de mariage simple, sans façons, comme il y en a à notre époque. Quels cadeaux pratiques font les invités? Où a lieu la cérémonie? Qu'est-ce qui se passe après la cérémonie? Où partent les jeunes mariés?

Chapitre 11

Le subjonctif

Vocabulaire

ainsi   thus, so
ainsi soit-il   Amen
aussitôt   immediately
cacher   to hide
caisse (*f.*)   wooden box
chêne (*m.*)   oak
couler   to flow, to run
crèche (*f.*)   day-care center
cueillir   to pick a plant
de mon côté   for my part
de plus   moreover
de plus en plus   more and more
désapprobation (*f.*)   reproach, disapproval
douceur (*f.*)   softness, sweetness
se droguer   to take drugs
s'emparer de   to seize
enlever   to take away
enterrer   to bury

être humain (*m.*)   human being
faire des grimaces   to make faces
faire une piqûre   to give an injection
humour (*m.*)   humor
interviewer   to interview
jardin (*m.*)   yard
laid   ugly
larmes (*m. pl.*)   tears
loge (*f.*)   actor's dressing room
malgré   in spite of
prendre au sérieux   to take seriously
prier   to pray
renoncer   to give up
seringue (*f.*)   syringe
songer à   to think of
terrain (*m.*)   lot, field
voiture (*f.*) **d'enfant**   baby carriage, pram

Animaux et amis

Il nous a été impossible d'obtenir des renseignements sur Carmen Bernos de Gasztold. Elle est l'auteur d'un livre pour enfants, *Prières dans l'Arche,* dont les deux poèmes suivants sont extraits.

Prière du petit âne

Mon Dieu, qui m'avez créé
pour que je marche sur la route
toujours,
et que je porte de lourds fardeaux°   loads
5 toujours,
et que je sois battu,[1]
toujours!
Donnez-moi beaucoup de courage et de
douceur.
10 Faites qu'°un jour on me comprenne   **Faites...** Make it happen that
et que je n'aie plus envie de pleurer,
parce que je m'exprime mal°   **parce que...** because I make strange
et qu'on se moque de moi.   sounds
Faites que je trouve un beau chardon°   thistle
15 et qu'on me laisse le temps de le cueillir.
Faites que je rejoigne un jour
mon petit frère de la Crèche.[2]
     Ainsi soit-il!

Prière du singe°   monkey

Mon Dieu
20 pourquoi m'avez-vous fait si laid?
A cause de ce ridicule visage,
l'humour veut que je° fasse des grimaces.   **l'humour...** my funny disposition
Serai-je° toujours   forces me to
le clown de Votre création?   (*fut.*) Shall I be
25 Qui m'enlèvera° cette mélancolie du cœur?   (*fut.*) will remove
Ne permettrez-vous pas,° un jour,   **Ne...** (*fut.*) Won't you permit
que quelqu'un me prenne au sérieux?
Seigneur,
     Ainsi soit-il!

Extraits de *Prières dans l'Arche* de Carmen Bernos de Gasztold (Editions du Cloître).

[1] **que... battu** so that I be hit. In the Mediterranean countries, North Africa, and Egypt, donkeys are used to carry heavy loads and are often mistreated, beaten, and poorly fed. They are known to eat thistles, probably because they can't find anything else.
[2] **la Crèche** the Manger, where newborn Jesus was kept warm by the ox and the donkey

Jean Marais (1913–   ) est né à Paris. Très jeune, il a été découvert par l'écrivain-poète-cinéaste Jean Cocteau (1889–1964). Jean Marais est devenu une des vedettes favorites des Français, au cinéma et au théâtre. Il a joué dans des films qui sont devenus des classiques: *La Belle et la Bête, Orphée.* Son chien, qui était un compagnon inséparable, apparaît dans plusieurs de ses films. Dans cet extrait de *Histoire de ma vie,* Jean Marais décrit le triste événement de la mort de son chien et sa douleur intense.

La mort de Moulouk

Moulouk va mourir.

Il faut que j'aille dans ma loge. Le vétérinaire m'y rejoint. C'est de l'asthme cardiaque. Pendant deux ans, je ne sortirai° plus sans du solu-camphre, une seringue, de l'éther, du coton. Moulouk a des syncopes.° Où qu'il se trouve,° je fais une piqûre. Une fois dans le métro la boîte tombe, la seringue, l'éther et le reste s'éparpillent.° Les gens me regardent avec désapprobation. Ils croient sûrement que je me drogue.

(fut.) shall go out

fainting spells / **Où...** Wherever he is
scatter

Je peux de moins en moins emmener Moulouk dans mes promenades. Je songe à acheter une voiture d'enfant pour l'emmener avec moi. J'imagine alors les reporters, les journaux qui s'empareraient° de cette idée. J'y renonce. Il faut un jardin à Moulouk; j'en cherche un; je trouve un terrain à Marnes-la-Coquette.[3] On établit° les plans° d'une maison, dont° on commence aussitôt la construction. Moulouk mourra° avant que la maison soit finie.

(cond.) would take hold of

draws up / architectural plans
of which
(fut.) will die

Un matin, il demande à sortir: on lui ouvre, et il meurt dehors. Toute la matinée,° je m'occupe d'une caisse de chêne, d'une caisse en fer galvanisée° dans laquelle je mettrai° la caisse de chêne pour qu'il n'y ait pas d'infiltration d'eau. Je l'enterre. Jean[4] devait venir déjeuner. Le voilà. Il ne me demande pas de nouvelles de Moulouk. De mon côté, «Moulouk est mort» ne peut pas sortir de ma bouche.

Toute... Throughout the morning
galvanized (rust-proof) / *(fut.)* will
put

Huit jours plus tard, Jean revient déjeuner. Il me demande cette fois des nouvelles de mon ami. Je lui dis qu'il est mort la dernière fois qu'il est venu. Jean a de la peine que je n'aie rien dit.

Je cache à tout le monde sa mort. J'ai peur qu'on m'interviewe à ce sujet. Que dire? De plus, si j'en parlais je ne pourrais° pas empêcher les larmes de couler. Et puis, n'est-ce pas un peu ridicule de parler de Moulouk comme je parlerais° d'un être humain? Comme de mon meilleur ami? Non, je mens. C'est Jean, mon meilleur ami.

(cond.) could

(cond.) would talk

Extrait de Jean Marais: *Histoire de ma vie.* Reproduit avec la permission de Editions Albin Michel.

[3] **Marnes-la-Coquette** a pretty town in the suburbs of Paris
[4] Jean Cocteau, the French poet, playright, and artist of enormous and varied talents, who was Jean Marais' close friend

Questions

1. Pourquoi faut-il que l'âne ait de la douceur et du courage?
2. L'âne n'a pas le temps de cueillir les chardons. Que doit-il faire?
3. Pourquoi est-ce que l'âne veut rejoindre son petit frère de la Crèche? Que représente ce lieu pour lui?
4. Pourquoi est-ce que le singe est mélancolique? Que faut-il qu'il fasse pour montrer de l'humour?
5. Qu'est-ce que Jean Marais emporte avec lui, pour faire des piqûres à Moulouk? Pourquoi est-ce que les gens croient que Jean se drogue?
6. Que disent les reporters si un homme promène son chien dans une petite voiture?
7. Pourquoi est-ce Jean Marais ne dit pas à son ami Jean Cocteau que Moulouk est mort? Quelle est la réaction de Jean Cocteau, huit jours plus tard?
8. Jean Marais cache à tout le monde la mort de son chien. De quoi est-ce qu'il a peur?
9. Résumez les preuves d'amour que Jean Marais a données à son chien.
10. Malgré cet amour, qui est son meilleur ami?

Le présent du subjonctif

L'indicatif et le subjonctif sont des modes. L'indicatif est le mode des actions réelles. Il décrit les faits (*facts*). Le subjonctif est le mode des actions souhaitées, possibles, douteuses. En français, on emploie souvent le subjonctif: il est surtout utilisé dans les subordonnées (*dependent clauses*). C'est le verbe principal ou la conjonction qui détermine si on a un subjonctif dans la proposition subordonnée.

Il faut qu'il **vienne**.
Je veux qu'il **vienne**.
Je regrette qu'il **vienne**.
Je me prépare avant que nous **sortions**.

Je souhaite qu'il **vienne**.
Il est possible qu'il **vienne**.
Je doute qu'il **vienne**.

En anglais, le subjonctif est rare.

*I wish I **were** in France.*
*The students ask that the teacher **speak** slowly.*
*It is essential that you **be** attentive.*

Il y a quatre temps au subjonctif. Dans la langue courante on emploie le présent et le passé. Dans la langue littéraire on emploie aussi l'imparfait et le plus-que-parfait (voir p. 490). Il n'y a pas de futur au subjonctif. C'est le présent du subjonctif qui donne l'idée du futur.

Je doute qu'ils **deviennent** des amis.   *I doubt that they **will become** friends.*

Formes

◇ **1.** La majorité des verbes ont un subjonctif régulier. On forme le subjonctif avec la 3ème personne du pluriel du présent. On enlève la terminaison **-ent** et on ajoute les terminaisons suivantes: **-e, -es, -e, -ions, -iez, -ent.**

    a. Verbes du 1er groupe

        regarder   ils regardent   **regard-**

    b. Verbes du 2ème groupe

        finir   ils finissent   **finiss-**

    c. Verbes du 3ème groupe

        entendre   ils entendent   **entend-**

regarder	finir	entendre
regard-	**finiss-**	**entend-**
que je regarde	finisse	entende
que tu regardes	finisses	entendes
qu'il, elle regarde	finisse	entende
que nous regardions	finissions	entendions
que vous regardiez	finissiez	entendiez
qu'ils, elles regardent	finissent	entendent

REMARQUES:

- Pour les verbes du 1er groupe, les trois personnes du singulier et la 3ème personne du pluriel sont identiques à l'indicatif présent.

- Pour les verbes du 2ème et du 3ème groupe, la 3ème personne du pluriel est identique à l'indicatif présent.

- Pour les trois groupes de verbes, les formes **nous** et **vous** sont identiques à l'imparfait.

Exercice

Refaites les phrases suivantes. Remplacez **je pense** par **il faut.**

Je pense . . .
1. que tu choisis un bon docteur
2. que le champagne coule à ton mariage
3. que vous arrivez tôt
4. qu'ils réfléchissent à leurs malheurs
5. que vous trouvez le temps de vous amuser
6. qu'il répond correctement
7. que nous étudions les formes du subjonctif
8. que je monte sur la Tour Eiffel

9. qu'elle maigrit
10. que tu attends un peu
11. que nous rendons ces livres à la bibliothèque
12. que je vends ma vieille voiture
13. qu'ils écoutent de la musique classique
14. que tu finis tes devoirs
15. que vous vous parlez souvent

◇ **2.** Les verbes qui ont des changements orthographiques sont conjugués comme les verbes réguliers. Les formes pour **je, tu, il, ils** sont identiques à l'indicatif présent. Les formes pour **nous** et **vous** sont identiques à l'imparfait.

commencer	que je **commence**	que nous **commencions**
voyager	que je **voyage**	que nous **voyagions**
payer	que je **paie**	que nous **payions**
acheter	que j'**achète**	que nous **achetions**
préférer	que je **préfère**	que nous **préférions**
appeler	que j'**appelle**	que nous **appelions**
jeter	que je **jette**	que nous **jetions**

Exercice

Refaites les phrases suivantes. Remplacez **je pense** par **il faut**.

Je pense . . .

1. que vous arrangez notre maison.
2. que tu commences à me prendre au sérieux.
3. qu'elle achète une voiture d'occasion.
4. que vous jetez vos vieilles boîtes de conserve.
5. que j'appelle mes parents pour leur anniversaire de mariage.
6. qu'ils paient leurs factures.
7. que les touristes voyagent en été.
8. que nous déménageons.
9. qu'on emploie le subjonctif dans cette phrase.
10. que tu répètes cette chanson.
11. que j'emmène mon chien chez le vétérinaire.
12. qu'elle se pèse tous les jours.
13. que vous épelez ce mot correctement.
14. que les étudiants prononcent bien.

—Il faut absolument que nous commencions l'année à New York!

—En ce cas, il faudra que vous payiez le prix fort.

◇ 3. Les verbes suivants qui sont irréguliers à l'indicatif présent sont réguliers au subjonctif présent: c'est-à-dire que pour les conjuguer, on utilise le radical de la 3ème personne du pluriel de l'indicatif présent pour toutes les formes.

Verbes en **ir** (sans **-iss**)

courir	que je **coure**	que nous **courions**
dormir	que je **dorme**	que nous **dormions**
offrir	que j'**offre**	que nous **offrions**
ouvrir	que j'**ouvre**	que nous **ouvrions**
partir	que je **parte**	que nous **partions**
sortir	que je **sorte**	que nous **sortions**
servir	que je **serve**	que nous **servions**
mentir	que je **mente**	que nous **mentions**
sentir	que je **sente**	que nous **sentions**
souffrir	que je **souffre**	que nous **souffrions**

Verbes en **-re**

conduire	que je **conduise**	que nous **conduisions**
construire	que je **construise**	que nous **construisions**
connaître	que je **connaisse**	que nous **connaissions**
convaincre	que je **convainque**	que nous **convainquions**
dire	que je **dise**	que nous **disions**
écrire	que j'**écrive**	que nous **écrivions**
lire	que je **lise**	que nous **lisions**
mettre	que je **mette**	que nous **mettions**
vivre	que je **vive**	que nous **vivions**

Exercice

Refaites les phrases suivantes. Remplacez **je pense** par **il faut**.

Je pense . . .

1. qu'il dort le jour.
2. que vous offrez des fleurs à la mariée.
3. que tu pars plus tôt.
4. que nous sortons nous promener.
5. qu'elle se sert d'un ouvre-bouteilles.
6. qu'ils se sentent heureux.
7. que le chauffeur du car conduit plus lentement.
8. que Jean construit une caisse en chêne.
9. que tu écris à tes grands-parents.
10. que vous mettez le couvert.
11. qu'elle dit la vérité.
12. que je reconnais cet acteur dans la foule.
13. qu'ils vivent plus simplement.
14. que nous lisons l'autobiographie de Jean Marais.
15. qu'elle convainc sa mère de la laisser sortir.

16. que tu ouvres la porte du garage.
17. qu'elle cueille un bouquet dans son jardin.
18. que la bonne sert le dîner à 8 heures.
19. que nous mentons aux reporters.
20. que tu te mets à travailler sérieusement.

◇ **4.** Les verbes en **-ir, -oir** et **-re** suivants qui sont irréguliers à l'indicatif présent ont deux radicaux au subjonctif présent: on utilise le radical de la 3ème personne du pluriel du présent pour **je, tu, il, ils** et l'imparfait pour **nous** et vous.

mourir	que je **meure**	que nous **mourions**
tenir	que je **tienne**	que nous **tenions**
venir	que je **vienne**	que nous **venions**
apercevoir	que j'**aperçoive**	que nous **apercevions**
devoir	que je **doive**	que nous **devions**
recevoir	que je **reçoive**	que nous **recevions**
voir	que je **voie**	que nous **voyions**
boire	que je **boive**	que nous **buvions**
croire	que je **croie**	que nous **croyions**
prendre	que je **prenne**	que nous **prenions**
rire	que je **rie**	que nous **riions**

Exercice

Refaites les phrases suivantes. Remplacez **je pense** par **il faut**.

Je pense . . .

1. que le chien meurt sans souffrir.
2. que vous retenez cette règle facilement.
3. que tu viens me voir bientôt.
4. que j'aperçois la solution de ce problème.
5. que nous nous revoyons la semaine prochaine.
6. que ce prêtre croit en Dieu.
7. que vous prenez moins de sucre.
8. que tu ris de tes malheurs.
9. qu'il boit plus de lait.
10. que je retiens mes verbes irréguliers.
11. que vous revenez nous voir.
12. que nous recevons de vos nouvelles.

–J'aimerais bien qu'on se revoie après le spectacle.
–D'accord. Chez Flo ou chez Julien?

◇ **5. Verbes irréguliers**

Les verbes du tableau suivant sont irréguliers au subjonctif. **Faire, pouvoir** et **savoir** ont un seul radical. **Aller** et **vouloir** ont deux radicaux.

faire	que je **fasse**	que nous **fassions**
pouvoir	que je **puisse**	que nous **puissions**
savoir	que je **sache**	que nous **sachions**
aller	que j'**aille**	que nous **allions**
vouloir	que je **veuille**	que nous **voulions**
		que vous **vouliez**[1]

[1] ATTENTION: **Veuillez** est l'impératif.

◇ **6. Verbes impersonnels**

	Indicatif	*Subjonctif*
falloir	il **faut**	qu'il **faille**
plaire	il **plaît**	qu'il **plaise**
pleuvoir	il **pleut**	qu'il **pleuve**
valoir	il **vaut**	qu'il **vaille**

◇ **7. Avoir / Etre**

avoir		être	
que j'**aie**	que nous **ayons**	que je **sois**	que nous **soyons**
que tu **aies**	que vous **ayez**	que tu **sois**	que vous **soyez**
qu'il **ait**	qu'ils **aient**	qu'il **soit**	qu'ils **soient**

ATTENTION: Ait et **soit** sont les seuls subjonctifs avec un **-t.**

Exercice

Refaites les phrases suivantes. Remplacez **je pense** par **il faut**.

Je pense . . .

1. que tu fais un effort.
2. qu'il peut comprendre.
3. que je vais au supermarché.
4. qu'elle veut nous accompagner.
5. que nous avons du courage.
6. que vous êtes à l'heure à la cérémonie.
7. que ça lui plaît de courir sous la pluie.
8. qu'il pleut pour avoir de bonnes récoltes.
9. que tu es patient.
10. que je sais ma leçon parfaitement.
11. que vous faites ce travail le plus vite possible.
12. que nous pouvons partir en vacances.
13. qu'elles veulent rester.
14. qu'ils vont voir ce film.
15. que je suis le premier en classe.
16. que vous avez de l'énergie.
17. que nous allons au Musée du Louvre ensemble.
18. que j'ai de la chance à la loterie.
19. qu'ils sont raisonnables.
20. qu'elles font des grimaces.

Emplois

On rencontre trois emplois courants:

- Le subjonctif après certains verbes (volonté, doute, sentiment)

- Le subjonctif après certaines conjonctions

- Le subjonctif seul

Les verbes de volonté et de préférence

On emploie toujours le subjonctif après les verbes qui expriment une volonté, un souhait (*wish*), une préférence, un désir.

Jean **veut** que son chien **guérisse**.	*Jean **wants** his dog **to recover**.*
Le petit garçon **souhaite** que ses parents le **comprennent**.	*The little boy **wishes** that his parents **will** **understand** him.*

REMARQUE: La construction du verbe **vouloir** (*to want*) est très différente dans les deux langues.

- En anglais on a: *I want you to* + infinitif

- En français on dit: **Je veux que vous** + subjonctif.

*I want you **to listen** to me.*	Je veux que vous **m'écoutiez**.
*They want us **to go away**.*	Ils veulent que nous **partions**.

Voici des verbes de volonté et de préférence:[6]

accepter	to agree	empêcher	to prevent	souhaiter	to wish
admettre	to accept, to admit	exiger	to demand	suggérer	to suggest
aimer mieux	to prefer	interdire	to forbid	vouloir	to want
défendre	to forbid	préférer	to prefer	vouloir bien	to be willing,
demander	to ask	proposer	to suggest		to accept
désirer	to desire				

---

[6] Toutes les listes de verbes suivis du subjonctif qui apparaissent dans ce chapitre contiennent seulement des verbes courants. Une liste plus complète se trouve dans l'appendice, p. 487.

Exercice

Combinez les phrases suivantes.

> Modèle: Il veut / nous **travaillons** avec lui.
> *Il veut que nous **travaillions** avec lui.*

1. Je ne veux pas / vous êtes triste.
2. Acceptez-vous / votre fille sort tous les soirs?
3. Il n'admet pas / nous fumons dans le salon.
4. J'aime mieux / mon chien meurt.
5. Elle désire / vous écrivez cette lettre.
6. Ils défendent / tu bois du whisky.
7. Le président souhaite / le peuple français est d'accord.
8. Tu veux bien / nous allons au cinéma avec toi?
9. La loi n'admet pas / on met des affiches sur ces murs.
10. Personne n'empêche / les animaux sont maltraités.
11. Les jeunes mariés souhaitent / il fait beau pendant leur lune de miel.
12. Je suggère / le vétérinaire garde mon chat en observation.
13. Certaines personnes souhaitent / on met les animaux des zoos en liberté.
14. Nous n'acceptons pas / nos enfants prennent de la drogue.
15. Ce docteur interdit / ses malades font du jogging.
16. Elle aime mieux / nous restons à la maison ce soir.
17. Le professeur désire / les étudiants savent bien leurs conjugaisons.
18. Souhaitez-vous / nous vous envoyons des nouvelles?
19. Cette dame ne veut pas / sa fille va à l'université.

Les verbes impersonnels de nécessité et d'opinion

On emploie le subjonctif après la majorité des verbes impersonnels de nécessité et des verbes impersonnels d'opinion.[7] **Avoir besoin** est une expression courante qui n'est pas impersonnelle, mais qui est suivie du subjonctif.

Il faut que Jean **construise** une caisse pour enterrer Moulouk.
J'ai besoin que tu me **rendes** un service.

Voici une liste de ces verbes de nécessité:

avoir besoin	c'est étrange	il vaut mieux
il faut	il est bon	il est juste (*fair*)
il est nécessaire	il est curieux	il est injuste
il est indispensable (*essential*)	il est essentiel	c'est naturel
c'est[8] bizarre	il est utile (*useful*)	c'est normal
c'est drôle	il est inutile (*useless*)	c'est ridicule

---

[7] On emploie l'indicatif après **penser** et **croire**, qui sont des verbes d'opinion courants.
[8] Souvent on dit **c'est** au lieu de (*instead of*) **il est** dans la langue familière.

Exercice

Combinez les phrases suivantes, suivant le modèle.

> Modèle: Il est important / tu fais ton travail
> ***Il est important*** *que tu* ***fasses*** *ton travail.*

1. Il faut / tu prends ton billet d'avion en avance.
2. Il est absurde / les hommes se font la guerre.
3. Il est bon / vous prenez des vitamines.
4. C'est étrange / cette jeune fille ne sort jamais.
5. Il est important / vous écrivez à vos parents.
6. Il est inutile / je vais chez le vétérinaire pour mon chat.
7. Il est nécessaire / tu suis un cours d'informatique.
8. C'est ridicule / elle n'apprend pas à conduire.
9. Il vaut mieux / vous devenez plus patient.
10. C'est drôle / Janine met tant de rouge sur son visage.
11. C'est bizarre / ces deux jeunes amis ont le même anniversaire.
12. Il est inutile / vous emportez des pulls pour aller à la Martinique.
13. C'est normal / il pleut en cette saison.
14. Il est essentiel / le Président répond aux questions des reporters.
15. Nous n'avons pas besoin / nos amis nous font des cadeaux.
16. Il est indispensable / tu lis *La Peste* par Albert Camus.
17. Il est important / Renée apprend ses verbes irréguliers.
18. C'est étrange / ce jeune homme n'a pas envie de faire du sport.
19. Elle a toujours besoin / on lui fait des compliments.
20. C'est injuste / une grande partie du monde souffre de la faim, et / l'autre a trop à manger.

Les verbes de sentiment et d'émotion

◇ **1.** On emploie le subjonctif avec des verbes ou des expressions qui expriment un sentiment (*feeling*) ou une émotion. Avec ces verbes, il faut avoir des sujets qui représentent des personnes différentes, un pour le verbe principal, l'autre pour le verbe subordonné.

> Jean **est triste** que son chien **soit** malade.
> Je **suis désolé** que vous ne **puissiez** pas nous accompagner au cinéma.
> Mes amis **ont peur** que leur maison **perde** de la valeur.

◇ **2.** Si le sujet du verbe principal et du verbe subordonné représente la même personne, on emploie *l'infinitif* (voir p. 269).

> Je **suis désolé** de **manquer** votre soirée.
> Mes amis **ont peur** de **perdre** de l'argent sur leur maison.

> *I'm sorry I shall miss your party.*
> *My friends are afraid they will lose money on their house.*

ATTENTION: Après tous les verbes de sentiment et d'émotion, il faut employer **de** devant l'infinitif.

Voici une liste de ces verbes:

être content	to be happy	être navré	to be very sorry
être désolé	to be sorry	être ravi	to be delighted
être embarrassé	to be embarrassed	être surpris	to be surprised
être ému	to be moved	être triste	to be sad
être enchanté	to be delighted	adorer	to adore
être ennuyé	to be sorry	aimer	to love
être étonné	to be surprised	craindre	to fear
être fâché	to be upset	regretter	to regret
être fier	to be proud	se réjouir	to rejoice
être furieux	to be mad	avoir honte	to be ashamed
être gêné	to be bothered	avoir peur	to be afraid
être heureux	to be happy	ça me plaît	I like
être honteux	to be ashamed	c'est dommage	it is too bad
être malheureux	to be unhappy		

Exercice

Combinez les phrases suivantes suivant le modèle:

Modèle: J'ai de la peine / vous ne dites rien.
   J'ai de la peine *que vous ne **disiez** rien.*

1. Cet homme adore / sa femme lui fait de la soupe tous les jours.
2. Je me réjouis / vous réussissez dans votre carrière.
3. Ça vous plaît / on se moque de vous?
4. C'est dommage / tu ne comprends pas.
5. Je suis content / nous allons au concert ensemble.
6. Maryse a peur / son fils a un accident.
7. Nous sommes furieux / il pleut pour notre pique-nique.
8. Ils regrettent / vous êtes absent.
9. Elle est ravie / son fiancé vient la voir.
10. Ulysse est ému / son chien le reconnaît.

11. Les parents ont honte / leurs enfants sont des délinquants.
12. C'est surprenant / vous oubliez tout.
13. Nous sommes navrés / notre cadeau ne vous plaît pas.
14. Elle est ennuyée / son chat a des puces (*fleas*).
15. Je suis désolé / votre voyage est raté.
16. Est-ce que son médecin a peur / il a une crise cardiaque?
17. Cet homme est malheureux / son fils vit loin de lui.
18. Les jeunes mariés sont furieux / vous êtes en retard à la cérémonie.
19. Céline est fâchée / tu ne lui téléphones jamais.
20. Je me réjouis / vous êtes guéri.

Les verbes de doute et de possibilité

◇ 1. On emploie le subjonctif après les verbes qui expriment un doute ou une possibilité.

   Je **doute** que Gisèle **réussisse** à son examen.
   Il est possible que votre chien **guérisse** de l'asthme.

   Voici une liste de ces verbes:

douter	il est possible	nier	to deny
il est douteux	il se peut	attendre que	to wait until
il est impossible	il semble it seems	s'attendre à ce que	to expect

◇ 2. On emploie l'indicatif après les verbes qui expriment une croyance (*belief*), une certitude, une opinion. Mais si ces verbes sont à la forme négative ou interrogative, ils sont suivis du subjonctif.[9] Dans la langue courante, ils sont toujours suivis de l'indicatif.

Indicatif	*Subjonctif*
Je **suis sûr** qu'il **vient** ce soir.	Je ne **suis** pas **sûr** qu'il **vienne** ce soir.
Tu **penses** que nous **avons** raison.	Est-ce que tu **penses** que nous **ayons** raison?
Il **croit** que Dieu **répond** à sa prière.	Il ne **croit** pas que Dieu **réponde** à sa prière.

ATTENTION: **Je ne doute pas = je suis sûr.** Cette expression est suivie de l'indicatif.

   Je **ne doute pas** que vous **avez** raison.

   Voici une liste de ces verbes:

croire	il est certain
dire	il est évident
espérer	il est probable
être certain, sûr	il me semble
penser	il paraît it appears, I heard that
savoir	

---

[9] The choice between the use of the indicative or the subjunctive depends upon the doubt or certainty in the mind of the speaker and the level of education a person has.

Emploi de l'indicatif ou du subjonctif

indicatif		subjonctif	
opinion / certitude		*volonté*	
Je crois Je dis J'affirme	qu'il **vient**.	Je désire Je veux Je souhaite	qu'il **vienne**.
J'espère	qu'il **vient**. ← —— EXCEPTION		
		nécessité	
		Il **faut**	qu'il **vienne**.
		sentiment / émotion	
		J'ai **peur** Je suis **heureux** Je suis **triste**	qu'il **vienne**.
		doute	
		Je **doute** Je **nie**	qu'il **vienne**.
langue courante		*langue soignée*	
Je ne **pense** pas **Pensez**-vous	qu'il **viendra**.	Je ne **crois** pas **Pensez**-vous	qu'il **vienne**.

Exercice

Combinez les phrases suivantes. Employez le subjonctif ou l'indicatif.

> Modèle: Je doute / il vient
> **Je doute** qu'il **vienne**.

1. Je pense / il ne trouve pas de maison.
2. C'est dommage / ils ne sont pas à Paris pour le 14 juillet.
3. Il est possible / elle obtient un divorce.
4. Tu es sûr / c'est ton meilleur ami?
5. Nous espérons / elle va passer de bonnes vacances.
6. Attendez / nous partons.
7. Il me semble / ces gens ont de la désapprobation.
8. Il est certain / nous nous aimons.
9. Il est douteux / cet animal guérit.
10. Il est probable / le mariage a lieu à la Madeleine.
11. Il est évident / ces gens ne sont pas heureux.
12. Il se peut / nous allons en Australie cet hiver.

13. Nous ne sommes pas certains / cet acteur vit maintenant en Angleterre.
14. Il paraît / leur fils fait du karaté.
15. Vous doutez / elle se sert d'un ordinateur pour écrire ses livres.
16. Il semble / vous comprenez mieux l'emploi du subjonctif.
17. J'attends / tu fais ta prière.
18. Elle s'attend à ce / nous nous moquons d'elle.
19. Vous croyez / le professeur me prend au sérieux?
20. C'est inutile / vous faites des grimaces.

Le subjonctif après certaines conjonctions

◇ **1.** Voici les principales conjonctions suivies du subjonctif (les autres conjonctions sont expliquées au chapitre 23):

à condition que	provided	bien que	although	pour que	in order that
à moins que	unless	de peur que	for fear that	pourvu que	provided
avant que	before	jusqu'à ce que	until	sans que	without

Pour certaines de ces conjonctions, le subjonctif s'explique parce que l'action qui suit n'a pas encore eu lieu, n'est pas réelle (**jusqu'à ce que, avant que, pourvu que, pour que**) ou contient une émotion (**de peur que**).

Nous allons vous expliquer cette règle **jusqu'à ce que** vous la **compreniez**.
Les enfants sont sortis du salon **sans que** je m'en **aperçoive**.
Mets deux timbres sur ta lettre **de peur qu'**elle **soit** trop lourde.

REMARQUE: On ne traduit pas *until* dans l'expression *to wait until:* **attendre que**.

*Wait **until** we come back.*   **Attendez** que nous revenions.

◇ **2.** On emploie le subjonctif avec les conjonctions **avant que, pour que, de peur que, sans que,** quand on a deux sujets différents, dans la proposition principale et dans la proposition subordonnée. Si le sujet des deux propositions représente la même personne, on a une construction avec une préposition et un infinitif.

avant que ⟶	avant de	de peur que ⟶	de peur de
pour que ⟶	pour	sans que ⟶	sans

Je me prépare **avant que** nous **sortions**.	*I get ready **before we go**.*
Je me prépare **avant de sortir**.	*I get ready **before going**.*
Je prends mon parapluie **de peur qu'**il **pleuve**.	*I take my umbrella **for fear it will rain**.*
Je prend mon manteau **de peur d'avoir froid**.	*I take my coat **for fear of being cold**.*
Il travaille **pour que** sa famille **puisse** vivre.	*He works **so that** his family **can** live.*
Il travaille **pour faire vivre** sa famille.	*He works **to help** his family **to live**.*
Il est sorti **sans que** je le **voie**.	*He left **without my seeing** him.*
Il est sorti **sans faire** de bruit.	*He left **without making** any noise.*

Exercice

Combinez les phrases suivantes avec la conjonction suggérée.

> Modèle: Nous allons faire un pique-nique demain / il ne pleut pas (pourvu que)
> *Nous allons faire un pique-nique demain **pourvu qu'il ne pleuve** pas.*

1. L'étudiant quitte la salle de classe / le professeur le voit. (sans que)
2. Céline adore son mari / il est laid. (bien que)
3. Je téléphone à cette compagnie / j'ai une réponse. (jusqu'à ce que)
4. Il va chez le meilleur vétérinaire / son chien reçoit les meilleurs soins. (pour que)
5. La femme de ménage va nettoyer votre maison / vous la payez bien. (pourvu que)
6. Ils veulent se marier tout de suite / ils ne peuvent pas le faire avant le mois de juin. (bien que)
7. Allons boire un verre / tu pars en voyage. (avant que)
8. Emportons des couvertures *(blankets)* à la plage / il fait froid. (de peur que)
9. La police arrive / le cambrioleur peut s'échapper. (avant que)
10. Nous allons faire une excursion / la voiture veut bien démarrer *(start)*. (à condition que)

Le subjonctif seul

Le subjonctif seul est rare. On le trouve dans des phrases toutes faites comme:

Vive le roi!	*Long **live** the King.*
Ainsi **soit**-il!	*So **be** it.*

ou bien pour exprimer l'impératif à la 3ème personne du singulier et du pluriel.

Qu'elles **aillent** se promener!	*Let them **go** take a walk!*
Qu'il **fasse** ce qu'il veut!	*Let him **do** what he wants.*

Voici des expressions courantes contenant le subjonctif:

Que Dieu vous entende.	*May God hear you.*
Que Dieu vous bénisse!	*May God bless you!*
Soit!	*All right!*
Ainsi soit-il!	*Amen.*
Advienne que pourra!	*Come [Happen] what may!*
Sauve qui peut!	*Run for your life!*
Coûte que coûte!	*At all cost!*
Grand bien vous fasse!	*May that do you good!*
Qu'il pleuve ou qu'il vente...	*Rain or shine . . .*

Ainsi soit-il!

Vive le Roi!

Advienne que pourra!

Exercice

Employez la formule appropriée à la suite de chaque phrase.

> Modèle: Je fume, je bois et je ne suis pas de régime!
> *Grand bien vous fasse!*

1. La reine d'Angleterre arrive en Australie.
2. Nous allons faire une promenade à la campagne par tous les temps (*in all kinds of weather*).
3. Ils font un voyage en bateau. Le bateau coule (*sinks*).
4. Si seulement les hommes pouvaient arrêter de faire la guerre! J'espère que Dieu entend notre prière!
5. Cette jeune fille travaille jour et nuit pour aller passer un an en France. Elle va réussir . . .
6. C'est la fin de ma prière.
7. «Atchoum!» J'éternue (*sneeze*)!
8. J'ai fait le maximum de révisions en préparation de mon examen. Je suis fataliste. On verra bien ce qui arrivera.

Le passé de subjonctif

Formes

Le passé du subjonctif est régulier pour tous les verbes. On prend le passé composé de l'indicatif et on met l'auxiliaire **avoir** ou **être** au subjonctif.

verbes avec avoir		*verbes avec* être	
que j'**aie parlé**	que je **sois allé**	que je **me sois lavé**
que tu **aies vu**	que tu **sois venu**	que tu **te sois réveillé**
qu'il **ait pris**	qu'il **soit parti**	qu'il **se soit rasé**
que nous **ayons fini**	que nous **soyons montés**	que nous **nous soyons vus**
que vous **ayez entendu**	que vous **soyez descendus**	que vous **vous soyez écrit**
qu'ils **aient ouvert**	qu'ils **soient entrés**	qu'ils **se soient reconnus**

REMARQUES:

- Le passé du subjonctif du verbe **avoir** est: **que j'aie eu, qu'il ait eu**, etc.

- Le passé du subjonctif du verbe **être** est: **que j'aie été, qu'il ait été**, etc.

Exercices

A. Répétez les phrases suivantes avec **Je suis content que.**

1. Vous n'avez pas dormi en classe. 2. Nous sommes allés faire des courses ensemble. 3. Elle est restée dîner avec nous hier soir. 4. Il a trouvé une bonne situation. 5. Ils n'ont pas perdu la tête. 6. Elles sont sorties. 7. Tu as eu une bonne note. 8. Elle n'est pas tombée dans la rue. 9. Vous êtes rentré tôt. 10. Ils n'ont pas oublié notre rendez-vous.

B. Combinez les phrases suivantes. Employez le passé du subjonctif.

> Modèle: Je suis surpris / vous ne voyez pas Maurice au concert.
> *Je suis surpris que vous **n'ayez pas vu** Maurice au concert.*

1. Je regrette / vous n'aimez pas ce film.
2. Il attend / nous finissons.
3. Je suis désolé / leur mariage n'a pas lieu à la Madeleine.
4. Elle n'est pas sûre / son mari songe à acheter du pain.
5. C'est dommage / il ne vérifie pas les plans de sa maison.
6. C'est bizarre / on lui fait une piqûre.
7. Il est possible / ils se trompent de jour pour notre rendez-vous.
8. Le professeur est content / vous comprenez.
9. Je suis content / vous n'oubliez pas mon anniversaire.
10. Elle doute / tu fais ce travail tout seul.

Emplois

Le subjonctif passé exprime qu'une action s'est passé *avant* l'action du verbe principal même si le verbe principal est au passé.

Tu es content que je t'**aie donné** un autre chien.	= Tu es content: je t'**ai donné** un autre chien.
Elle avait peur que son ami **ait oublié** leur rendez-vous.	= Elle avait peur: son ami **avait oublié** leur rendez-vous.

Concordance des temps

◇ **1.** Dans la langue parlée et dans la langue écrite simple, on emploie le subjonctif présent et le subjonctif passé.

   a. Le subjonctif présent s'emploie pour indiquer que l'action du verbe subordonné a lieu en même temps ou après l'action du verbe principal, même si le verbe principal est au passé.

Je **suis** content que tu **prennes** des vacances = Je **suis** content: tu **prends** / tu **vas prendre** des vacances. / tu **prendras**

Jean **était** content que son ami lui **rende** visite. = Jean **était** content: son ami lui **rendait** visite. / **allait** lui rendre visite.

   b. Le subjonctif passé s'emploie comme indiqué plus haut (*above*).

◇ **2.** Dans la langue écrite littéraire, on a deux autres temps: le subjonctif imparfait et le subjonctif plus-que-parfait (voir l'appendice à la p. 487).

Exercice

Combinez les phrases suivantes. Employez le subjonctif présent ou le subjonctif passé.

1. Je suis surpris / vous n'avez pas entendu la nouvelle.
2. Les reporters étaient contents / Jean répondait à toutes leurs questions.
3. Le président n'est pas sûr / son discours a été très clair.
4. Elle attendait / nous sortons.
5. Tu regrettes / les oiseaux sont partis?
6. Nos parents ont été contents / Nous leur avons écrit pendant nos vacances.
7. C'est possible / Carmen a perdu notre numéro de téléphone.
8. Ils ont été étonnés / nous sommes arrivés à l'heure.
9. Ça vous a plu / vos amis se souviennent de votre anniversaire?
10. J'ai eu peur / il ne fait pas beau pour notre pique-nique.

Formules à retenir

◇ **1. il faut:** autres emplois.

    a. L'expression **il faut** + infinitif s'emploie pour exprimer l'obligation, sans spécifier le sujet: *it is necessary to, one must.*

        Il faut travailler pour vivre.   *One must work to make a living.*

    Si on parle à une personne en particulier, cette expression signifie: *you must, you have to.*

        Si tu veux réussir, **il faut** travailler plus.   *If you want to succeed, **you must** work harder.*

    A la forme négative, **il ne faut pas** signifie *one, you should not, must not.*

        Il ne faut pas vous (ou **se**) décourager.   *You (or one) **must not** become discouraged.*

    b. Il faut + nom ou pronom.

    Le nom qui suit **il faut** est précédé de l'article indéfini ou partitif. Le nom de la personne est *objet indirect* et précédé de **à**. La forme du pronom de la personne est *objet indirect*.

        Il faut **du** temps, **de la** patience.
        Il faut un jardin **à Moulouk**.
        Il **me, nous, lui, leur** faut de l'argent.

    c. L'expression **il me faut** + infinitif est archaïque et est souvent remplacée par **il faut que** + subjonctif.

        Il me faut aller en ville.   **Il faut que j'aille** en ville.

Exercice

Traduisez les phrases suivantes avec **il faut.**

1. You must not cry.   2. They need a big yard.   3. I have to read this book.   4. You need time.   5. We must not forget.   6. One must not lose one's head.   7. It is necessary to be patient.   8. This family needs a new house.   9. You have to get up early.   10. One must do it.

◇ **2.** Les verbes **demander** (*to ask*), **empêcher** (*to prevent*), **permettre** (*to permit*), **défendre** et **interdire** (*to forbid*).

Ces verbes ont une double construction:

a. avec **que** + subjonctif.

Je **demande** qu'on **fasse** moins de bruit.
Vous **permettez** que je **sorte** une minute?
Elle **défend** que les étudiants **se moquent** d'elle.

b. avec **de** + l'infinitif.

Je **demande** aux étudiants **de faire** moins de bruit.
Elle **empêche** ses enfants **de sortir** tard le soir.
Tu **permets** à ton chien **de dormir** dans ton lit?

REMARQUES:

- **Empêcher** est suivi d'un nom objet direct.

- **Demander, permettre, défendre, interdire** sont suivis d'un nom objet indirect.

Exercice

Refaites les phrases suivantes avec les deux constructions: le subjonctif ou l'infinitif.

Modèle: Je défends / vous parlez anglais en classe.
*Je **défends** que vous **parliez** anglais en classe.*
*Je vous **défends** de parler anglais en classe.*

1. Elle permet / son chien court dans le jardin.
2. Tu empêches / tes enfants se battent.
3. Le professeur permet / les étudiants font des grimaces.
4. L'acteur interdit / les reporters le photographient.
5. Nous demandons / vous fumez dans le couloir.

◇ **3. la prochaine fois / la dernière fois**

a. Le mot anglais *time* se dit **fois** dans les expressions suivantes:

this time	cette fois	*last time*	la dernière fois
next time	la prochaine fois	*each time*	toutes les fois, chaque fois

REMARQUE: L'ordre des mots est inversé dans cette expression:

les **deux premières fois**   *the first two times*

   b. **Une fois, deux fois** est la traduction de *once, twice.*

   c. Dans d'autres cas, *time* se traduit par

     ■ **l'heure:**

     *What **time** is it?*   Quelle **heure** est-il?

     ■ **le temps:**

     *I don't have **time**.*   Je n'ai pas **le temps**.

     ■ **le moment:**

     *I remember **the good times** of my life.*   Je me rappelle **les bons moments** de ma vie.

Exercice

Mettez le mot qui correspond à *time* dans les phrases suivantes.

1. Tu n'as pas _____ de t'amuser.
2. La première _____ que j'ai mangé des escargots, j'ai été dégoûté.
3. Il y a souvent des mauvais _____ dans la vie.
4. La prochaine _____ je vais mettre moins de sel dans la soupe.
5. Cette _____ ne te trompe pas de route pour venir me voir.
6. Ah! les bons _____ que nous avons passés cet été!
7. Il n'est pas arrivé à _____ qu'il avait indiquée.
8. Chaque _____ que Régine vient nous voir, elle apporte quelque chose.

**Si vous pensez que c'est deux fois le même film,
posez la question à notre magnétoscope.**

Exercices

A. Obligations.   Que faut-il que ces personnes fassent?

>   Modèle: le père célibataire / élever son enfant seul
>   ***Il faut qu'il élève* son enfant seul.**

1. Le père célibataire / faire manger le bébé / le changer / le conduire chez la nourrice / se lever la nuit quand le bébé pleure / se souvenir d'acheter du lait.
2. La grande sœur / aider ses petits frères / leur lire des histoires / les sortir au parc / leur faire un goûter (*snack*).
3. La secrétaire parfaite / écrire des lettres pour le patron / connaître ses habitudes / répondre au téléphone / mettre ses dossiers en ordre / être aimable et sourire toujours.

B. Emotions appropriées.   A certaines situations correspondent certaines réactions émotionnelles. Faites des phrases avec un verbe de la colonne de gauche et un groupe de la colonne de droite.

1. Les parents sont contents
2.   sont désolés
3.   sont furieux
4.   sont fiers
5.   sont surpris
6.   regrettent

7.   ont peur
8.   sont émus

a. leur fils Marc a cassé leur stéréo.
b. Jean-Marie leur écrit.
c. Monique reçoit son diplôme d'avocate.
d. leurs enfants se droguent.
e. leurs enfants font des bêtises.
f. leurs enfants ont oublié leur anniversaire de mariage.
g. Julie a eu un accident.
h. on leur fait des compliments.

C. Croyances et doutes.   Dites ce que certaines personnes croient et ce dont (*what*) les autres doutent.

>   Modèle: Les guerres / disparaître
>   *Les uns **croient** que les guerres **vont disparaître**.*
>   *Les autres **doutent** que les guerres **disparaissent**.*

1. La vie sur la terre / devenir facile pour tous.
2. Les hommes politiques / être honnêtes.
3. Tout le monde / pouvoir manger à sa faim (*satisfy one's hunger*)
4. La pollution / être contrôlée.
5. Chacun / avoir une chance de réussir.

D. Prières.   Exprimez les prières que vous faites (ou que d'autres personnes font) dans certaines circonstances. Commencez par: «Mon Dieu, faites que...

1. Vous, avant un examen: les questions sont faciles / je comprends ce qu'on me demande / je n'oublie pas de relire / le professeur est de bonne humeur pour corriger / je réussis.
2. Une personne craintive va chez le dentiste: cela ne fait pas trop mal / le dentiste me fait une piqûre / je n'ai pas besoin de revenir / la séance finit vite.
3. Un jeune homme timide avant une interview: ce patron me reçoit bien / mon apparence lui plaît / j'ai toutes les qualités pour le job / je suis plein d'assurance.

E. Chez le docteur. Votre cousin a des problèmes de santé. Le docteur lui recommande certaines choses et lui défend d'autres choses. Avec les verbes de la colonne de gauche et les groupes de droites, faites des phrases.

1. Il faut que
2. Il est évident
3. Je recommande
4. Il ne faut pas que
5. Il est regrettable
6. Il est bon
7. Je suggère aussi
8. Je suis certain

a. vous avez de l'asthme cardiaque.
b. vous faites de l'exercice.
c. vous buvez du vin.
d. vous allez guérir.
e. vous mangez des légumes et des fruits.
f. vous avez toujours faim.
g. vous vous couchez tôt.
h. vous fumez.

Traduction

I am afraid my cat Ali is ill. It is obvious he is not hungry. It's not normal that he sleeps all day. I must take him to the vet. I put him in a box so that he cannot escape during the trip (**en chemin**). Before I say hello, the vet says: "It is evident this animal is sick. I must give him a shot of vitamins. It is important that you give him a lot of fresh milk and meat, and I also recommend that he exercise. Too bad you did not come last week. It is possible that he will get better, but I am not sure he will live long, unless you pray a lot." I pray: "Dear Lord, make it happen that Ali becomes active and healthy again. I promise I will not smoke (**de ne pas** + infinitif) and will not drink until my dear friend is saved (**sauvé**). Amen." The morning after, I notice Ali is doing better. I am delighted that my prayer has been answered (**exaucée**).

Conversations

1. Animaux familiers.

   a. Avez-vous un animal familier? Quelle sorte d'animal avez-vous?

   - **animaux habituels:** un chien, un chat (ordinaire, de race, à poils courts, à poils longs? de quelle couleur?)

   - **un oiseau:** un canari, une perruche (*parakeet*).

   - **un poisson:** rouge, doré (*gold*).

   - **un animal exotique:** un perroquet (*parrot*), un cacatoès (*cockatoo*), un cochon d'Inde (*guinea pig*), un hamster, un lapin (*rabbit*), une souris (*mouse*), un rat, un serpent (*snake*).

   b. Où habite, couche (*sleep*) votre animal?

   un panier (*a basket*), un aquarium, une cage.

c. Que lui donnez-vous à manger?

de la pâtée (pour le chien), des croquettes (*dry food*), des graines (*seeds*).

d. Quels sont vos rapports avec cet animal? Quels soins est-ce qu'il demande?

donner un bain, brosser, se promener, parler

e. Quelle satisfaction est-ce qu'il vous procure?

tenir compagnie

f. Avez-vous jamais perdu un animal, de maladie, d'accident? Qu'avez-vous ressenti?

2. Prière et souhaits.

a. Priez-vous? Quand priez-vous? Pour qui ou pourquoi? La santé de ceux que vous aimez? Votre succès à votre examen? La chance à la loterie? La rencontre d'une personne spéciale? La fin des guerres, des famines, des crises politiques, de l'injustice? Exprimez ces prières.

b. Souhait du Nouvel An. Que souhaitez-vous aux personnes qui vous entourent?

Rédaction

1. Sur le modèle de la prière du petit âne, et la prière du singe, écrivez de courts paragraphes: la prière du chat, la prière du serpent, la prière du lion enfermé dans un zoo, du dauphin dans un aquarium, ou choisissez un animal qui vous intéresse.
2. Ecrivez les recommandations de parents très stricts à leur fille qui va vivre dans une autre ville, pour aller à l'université. Toutes leurs phrases commencent par: **il faut que, il ne faut pas que, il est bon que, il est défendu que,** etc.

Chapitre 12

La négation

Vocabulaire

à mon tour   for my part
assuré   insured
assurer   to insure
avertir   to warn, to notify
bien entendu   of course
bricoler   to putter around the house
briller   to shine
brûler   to burn
ça ne marche pas   it's not working
ça ne vous regarde pas   it's none of your business
ça sent le roussi   it smells of something burning
se cacher   to hide
compter   to count
confondre une chose avec une autre   to take something for something else
de quoi s'agit-il?   what is it about?
des fois   sometimes
désolé   to be disheartened, very sorry
se disputer   to argue, to have a dispute
en somme   in brief
entendre sonner   to hear a bell ring
éteindre   to put out

fâché   angry
faire venir   to import
fermer le gaz, l'électricité   to turn off the gas, the electricity
grave   serious
il s'agit de   it is about
mêler   to involve someone
se mêler de   to get involved in
mettre d'accord   to make someone agree
nier   to deny
ouvrir le gaz, l'électricité   to turn on the gas, the electricity
poser des questions   to ask questions
pour rire   for a joke
prétendre   to claim
qu'est-ce qu'il y a pour votre service?   How can I help you?
rapporter   to be profitable
rien du tout   nothing at all
roussi   scorched
tout de suite   right away
voyez-vous   see

Vocabulaire supplémentaire

La chanson (*song*)

avoir une belle voix   to have a beautiful voice
chanter comme une casserole   to sing very badly
chanter faux   to sing off key
chanter juste   to sing on key

chanteur (*m.*) **chanteuse** (*f.*)   singer, vocalist
compositeur (*m.*)   composer
fredonner   to hum
musique (*f.*)   music
paroles (*f. pl.*)   words, lyrics
tube (*m.*)   very popular song

Jamais personne ou toujours quelqu'un

Ionesco (1912–   ) est né en Roumanie, mais il vit en France depuis longtemps. Il écrit des romans et des pièces° qui dénoncent l'absurdité de l'existence. Il est membre de l'Académie Française.[1]

    La Cantatrice chauve (The Bald Soprano) est une pièce où il ne se passe rien, en réalité, et où les personnages parlent de tout, et de rien. Dans cette scène, M. et Mme Martin sont en visite chez M. et Mme Smith. On sonne à la porte. M. et Mme Smith se disputent. M. Smith dit: «Quand on sonne à la porte, c'est qu'il y a quelqu'un.» «Non», dit Mme Smith, «l'expérience nous apprend que lorsqu'on sonne à la porte, il n'y a jamais personne.» Finalement, M. Smith va ouvrir, et le Capitaine des Pompiers entre.

plays

Scène VIII

LES MEMES, LE CAPITAINE DES POMPIERS

LE POMPIER (*il a, bien entendu, un énorme casque° qui brille et un uniforme*).   Bonjour, Mesdames et Messieurs. (*Les gens sont encore un peu étonnés. Mme Smith, fâchée, tourne la tête et ne répond pas à son salut.*) Bonjour, Madame Smith, vous avez l'air
5   fâché.

helmet

Mme SMITH.   Oh!

M. SMITH.   C'est que,° voyez vous... ma femme est un peu humiliée de ne pas avoir eu raison.

C'est... It's because

M. MARTIN.   Il y a eu, Monsieur le Capitaine des Pompiers, une
10   controverse entre Madame et Monsieur Smith.

Mme SMITH (*à M. Martin*).   Ça ne vous regarde pas! (*A M. Smith*) Je te prie de ne pas mêler les étrangers à nos querelles familiales.

M. SMITH.   Oh, chérie, ce n'est pas bien grave.

LE POMPIER.   Enfin, de quoi s'agit-il?

15 Mme SMITH.   Mon mari prétendait...

M. SMITH.   Non, c'est toi qui prétendais.

M. MARTIN.   Oui, c'est elle.

Mme MARTIN.   Non, c'est lui.

LE POMPIER.   Ne vous énervez pas. Racontez-moi ça, Madame
20   Smith.

Mme SMITH.   Et bien, voilà... On se disputait parce que mon mari disait que lorsqu'on entend sonner à la porte, il y a toujours quelqu'un.

M. MARTIN.   La chose est plausible.

Extrait de Ionesco: *La Cantatrice chauve.* © Editions Gallimard.

[1] l'**Académie Française** This famous Academy was founded in 1635 for the purpose of codifying the French language. Since that time it has published dictionaries and grammar books. Its members are renowned writers and thinkers who were elected to the Academy after having achieved fame though their writing. They set the standards for all matters pertaining to the language — rhetoric, grammar, spelling, pronunciation, etc.

Mme SMITH.   Et moi, je disais que chaque fois que l'on sonne, c'est qu'il n'y a personne.

Mme MARTIN.   La chose peut paraître étrange.

Mme SMITH.   Mais elle est prouvée, non point° par des démonstra-   *not*
5 tions théoriques, mais par des faits.

M. SMITH.   C'est faux, puisque le pompier est là. Il a sonné, j'ai ouvert, il était là.

Mme MARTIN.   Quand?

M. MARTIN.   Mais tout de suite.

10 Mme SMITH.   Oui, mais ce n'est qu'après avoir entendu sonner une quatrième fois que l'on a trouvé quelqu'un.[2] Et la quatrième fois ne compte pas.

Mme MARTIN.   Toujours. Il n'y a que les trois premières° qui comp-   **les trois...** the first three
tent.

15 M. SMITH.   Monsieur le Capitaine, laissez-moi vous poser, à mon tour, quelques questions.

LE POMPIER.   Allez-y°.   Go ahead.

M. SMITH.   Quand j'ai ouvert et que je vous ai vu, c'était bien vous qui aviez sonné?

20 LE POMPIER.   Oui, c'était moi.

M. SMITH.   Mais quand on a ouvert, on ne vous a pas vu.

LE POMPIER.   C'est parce que je me suis caché... pour rire.

Mme SMITH.   Ne riez pas, Monsieur le Capitaine. L'affaire est trop triste.

25 M. MARTIN.   En somme, nous ne savons toujours pas si, lorsqu'on sonne à la porte, il y a quelqu'un ou non!

Mme SMITH.   Jamais personne.

M. SMITH.   Toujours quelqu'un.

LE POMPIER.   Je vais vous mettre d'accord. Vous avez un peu rai-
30 son tous les deux.° Lorsqu'on sonne à la porte, des fois il y a   **Vous...** You are both a little right.
quelqu'un, d'autres fois il n'y a personne.

M. MARTIN.   Ça me paraît logique.

Mme SMITH.   Et qu'est-ce qu'il y a pour votre service, Monsieur le Capitaine?

35 LE POMPIER.   Eh bien, voilà. Est-ce qu'il y a le feu chez vous?

Mme SMITH.   Pourquoi nous demandez-vous ça?

LE POMPIER.   C'est parce que... excusez-moi, j'ai l'ordre d'éteindre tous les incendies dans la ville.

Mme MARTIN.   Tous?

40 LE POMPIER.   Oui, tous.

Mme SMITH (*confuse*).   Je ne sais pas... je ne crois pas, voulez-vous que j'aille voir?

M. SMITH (*reniflant*°).   Il ne doit rien y avoir. Ça ne sent pas le   sniffling
roussi.

45 LE POMPIER (*désolé*).   Rien du tout? Vous n'auriez pas° un petit feu   **Vous...** (*cond.*) You would not have
de cheminée, quelque chose qui brûle dans le grenier ou dans la cave? Un petit début d'incendie, au moins?

---

[2] **ce n'est... quelqu'un** It's only after hearing the bell ring a fourth time that we found somebody.

Mme SMITH.   Ecoutez, je ne veux pas vous faire de la peine, mais je pense qu'il n'y a rien chez nous pour le moment. Je vous promets de vous avertir dès qu'il y aura quelque chose.°

dès... as soon as something happens

LE POMPIER.   N'y manquez pas,° vous me rendriez service.°

N'y... Be sure to do so / vous... (*cond.*) you would be doing me a favor

5 Mme SMITH.   C'est promis.

LE POMPIER (*aux époux Martin*).   Et chez vous, ça ne brûle pas non plus?

Mme MARTIN.   Non, malheureusement.

M. MARTIN (*au Pompier*).   Les affaires vont plutôt mal,° en ce
10 moment!

Les affaires... Things are going rather badly

LE POMPIER.   Très mal. Il n'y a presque rien, quelques bricoles, une cheminée, une grange. Rien de sérieux. Ça ne rapporte pas.° Et comme il n'y a pas de rendement,° la prime° à la production est très maigre.

Ça... It is not profitable.

productivity / bonus

15 M. SMITH.   Rien ne va. C'est partout pareil. Le commerce, l'agriculture, cette année c'est comme pour le feu,° ça ne marche pas.

c'est... it's like fire

M. MARTIN.   Pas de blé, pas de feu.

LE POMPIER.   Pas d'inondation non plus.

Mme SMITH.   Mais il y a du sucre.

20 M. SMITH.   C'est parce qu'on le fait venir de l'étranger.

Mme MARTIN.   Pour les incendies, c'est plus difficile. Trop de taxes!

LE POMPIER.   Il y a tout de même,° mais c'est assez rare aussi, une asphyxie au gaz, ou deux. Ainsi, une jeune femme s'est asphyxiée,°
25 la semaine dernière, elle avait laissé le gaz ouvert.°

tout... anyway

s'est... was suffocated

avait... had left the gas on

Mme MARTIN.   Elle l'avait oublié?

LE POMPIER.   Non, mais elle a cru que c'était son peigne.

M. SMITH.   Ces confusions sont toujours dangereuses!

Mme SMITH.   Est-ce que vous êtes allé voir chez le marchand d'allu-
30 mettes?

LE POMPIER.   Rien à faire.° Il est assuré contre l'incendie.

Rien... Nothing doing.

Questions

1. Qui sont les personnages de cette scène? Pourquoi est-ce que Mme Smith est fâchée?
2. Résumez le sujet de la querelle. Que disait M. Smith? Que disait Mme Smith?
3. Pourquoi est-ce qu'on n'a pas vu le pompier quand on a ouvert la porte?
4. Quelle est l'explication du pompier, pour mettre M. Smith et Mme Smith d'accord?
5. Quel ordre a le pompier? Comment sait-on qu'il n'y a pas le feu chez M. Smith?
6. Les affaires vont plutôt mal pour le pompier. Qu'est-ce qui ne marche pas? De quoi se plaint-il? Est-ce que la comparaison avec le monde des affaires est logique?
7. De quelle catastrophe est-ce que le pompier s'occupe?
8. Pourquoi est-ce que la jeune femme s'est asphyxiée? Quelle confusion est-ce qu'elle a faite?
9. La réponse: «Elle a cru que c'était son peigne» est absurde. Trouvez d'autres exemples de réponse absurde.
10. L'humour noir consiste à dire des choses amusantes sur des situations macabres. Résumez les exemples d'humour noir que contient ce texte.

La négation

La négation en français est toujours en deux parties — **ne** et un autre mot. Il faut employer **ne** dans tous les cas.

Il **ne** fume **pas**, il **ne** boit **jamais**, il **n'**a **aucun** vice.

Formes

Voici la liste des expressions négatives les plus usuelles.

ne . . . pas, ne . . . point	négation simple
ne . . . personne	négation de **quelqu'un, tous**
ne . . . rien	négation de **quelque chose, tout**
ne . . . jamais	négation de **quelquefois, toujours**
ne . . . plus	négation de **encore, toujours**
ne . . . pas encore	négation de **déjà**
ne . . . aucun	
ne . . . pas un	négation de **un**, ou **tous les**
ne . . . nul	
ne . . . guère	négation de **beaucoup, très**
ne . . . ni . . . ni	négation de **et . . . et, ou . . . ou**

Emplois

◇ **1. ne . . . pas / ne . . . point** (*not*)

a. Ces deux négations ont le même sens. **Ne . . . pas** est l'expression la plus courante. **Ne . . . point** est employé dans la langue littéraire.

b. La négation **ne . . . pas** entoure le verbe à la forme simple. A un temps composé, la négation entoure l'auxiliaire. Le participe passé est placé après **pas**.

Je **ne** comprends **pas**.
Je **n'**ai **pas** compris. Vous **n'**aviez **pas** entendu.

A l'infinitif **ne** et **pas** ne sont pas séparés.

Il est désolé de **ne pas** comprendre.
Vous avez honte de **ne pas** avoir répondu.

REMARQUE: Dans la langue littéraire on peut dire: de **n'**avoir **pas** répondu.

c. Dans la langue littéraire on emploie **ne** sans **pas**, avec les verbes suivants: **oser, savoir, cesser, pouvoir.**

Je **ne sais** s'ils viendront.   Il **ne cesse** de pleuvoir.
Elle **n'ose** parler.   Vous **ne pouvez** comprendre.

d. Dans la langue familière, on trouve **pas** sans **ne**.

J'ai **pas** faim.   Ils ont **pas** compris.

REMARQUE: Quand il y a des pronoms objets, **ne** précède tous ces pronoms.

Je **ne** leur en ai pas parlé.

◇ **2. ne . . . personne** (*nobody, anybody*)

a. Personne est la négation de **quelqu'un, tout le monde. Personne** a plusieurs fonctions.

Sujet **Personne** ne lui fait peur.
Objet direct Nous n'entendons **personne**.
Objet indirect Elle ne parle à **personne**.
Objet de prép. Tu ne sors **avec personne**.

b. A un temps composé, **personne** est placé après le participe passé.

Vous **n'**avez rencontré **personne**.

A l'infinitif **ne** et **personne** sont séparés.

Je suis triste de **ne** voir **personne**.

c. Personne, sans **ne**, peut être employé dans une réponse elliptique et après la préposition **sans**.

Qui a téléphoné? —**Personne**
Elle ose aller au café seule, **sans personne**.

◇ **3. ne . . . rien** (*nothing, anything*)

    a. **Rien** est la négation de **quelque chose, tout. Rien** a plusieurs fonctions:

        Sujet   **Rien** ne l'intéresse.
      Objet direct   Elle **ne** mange **rien.**
    Objet de prép.   Vous **ne** pensez **à rien.**

    b. Aux temps composés, **ne . . . rien** entoure l'auxiliaire. Le participe passé se place après **rien.**

    Vous **n'**avez **rien** compris.

    A l'infinitif, **ne** et **rien** ne sont pas séparés.

    Je suis triste de **ne rien** entendre.

    c. **Rien,** sans **ne,** peut être employé dans une réponse elliptique et après la préposition **sans.**

    Qu'est-ce que vous avez dit? —**Rien!**
    Il est sorti **sans rien** dire.

    d. Quand **rien** est suivi d'un adjectif, au passé on a le choix entre deux constructions:

    Je **n'**ai **rien** vu **d'**intéressant.   Je **n'**ai vu **rien d'**intéressant.

Exercice

Dans les phrases suivantes, mettez la négation entre parenthèses autour ou à la place de l'expression en italique.

1. Rachel et sa mère *se disputent.*   (pas)
2. Mme Smith *parle à quelqu'un.*   (personne)
3. *Vous comprenez tout.*   (rien)
4. Le pompier *éteint* l'incendie chez les Martin.   (pas)
5. *Nous voyageons* par le train.   (pas)
6. *Elles rencontrent quelqu'un* dans la rue.   (personne).
7. *Vous avez regardé* cette émission hier soir?   (pas)
8. Il a peur *de tout entendre.*   (rien)
9. Mon ami est sorti *sans emporter quelque chose.*   (rien)
10. Qui vous a appris la nouvelle? —*Quelqu'un.*   (personne)
11. *Nous nous sommes revus.*   (pas)
12. Je suis triste *d'avoir vu* ce spectacle.   (pas)
13. Ils sont désolés *de nous avoir vus.*   (pas)
14. Napoléon et Joséphine *vécurent* ensemble toute leur vie.   (point)
15. *J'ose* interrompre le professeur.   (pas)
16. *Il a cessé* de pleuvoir (toutes les vacances).   (point)
17. *Vous pensez à quelque chose?*   (rien)
18. Elle a fait son travail *sans quelqu'un.*   (personne)
19. Vous avez entendu? —*Oui, tout.*   (rien)
20. *J'ai menti.*   (pas)

> # Qui n'a jamais rêvé d'un chalet au bord de l'eau avec une barque et une plage de sable fin ?
>
> Planche à voile, pêche, promenade... au chaud soleil d'été LA FINLANDE change de visage. La région des lacs vous invite aux plaisirs aquatiques : découvrez les joies de vivre au bord de l'eau en louant un chalet par exemple. Vous pouvez aussi soit habiter à la ferme, ou dans un manoir finlandais, ou loger dans un hôtel typique, vous trouverez toujours un accueil chaleureux.

◇ **4. ne . . . jamais** (*never*)

    a. Jamais est la négation de **quelquefois, une fois, toujours, souvent. Jamais** est un adverbe (il n'est ni sujet, ni objet).

    b. Ne . . . jamais entoure le verbe aux temps simples, l'auxiliaire aux temps composés.

        Il **ne** mange **jamais** de tripes.   Il **n**'a **jamais** mangé de tripes.

        A l'infinitif, **ne** et **jamais** ne sont pas séparés.

        Je suis triste de **ne jamais** voyager.

    c. Jamais, sans **ne**, peut se trouver dans une réponse elliptique et après la préposition **sans**.

        Est-ce qu'elle a trompé son mari? —**Jamais**.
        Ils ont vécu ensemble trente ans sans **jamais** s'ennuyer.

        Jamais, sans **ne**, a le sens positif de *ever*.

        Avez-vous **jamais** vu une si jolie femme?

    d. Si **jamais** commence la phrase, on emploie **ne** devant le verbe. Il n'y a pas d'inversion comme en anglais.

        Jamais le printemps **n**'avait été plus chaud.

◇ **5. ne . . . plus** (*no more, no longer*)

    a. Ne . . . plus est la négation de **encore**.

        Je **ne** veux **plus** de gâteaux.   Elle **ne** sourit **plus**.

    b. Ne . . . plus entoure le verbe simple, et l'auxiliaire aux temps composés.

        Tu **ne** comprends **plus**.   Vous **n**'avez **plus** dormi après cinq heures?

        A l'infinitif, **ne** et **plus** ne sont pas séparés.

        Claude est heureux de **ne plus** fumer.

REMARQUE: La négation de **aussi** est **non plus . . . ne . . . pas.**

Elle aussi conduit vite?   Elle **non plus ne** conduit **pas** vite.

◇ **6. ne . . . pas encore** (*not yet*)

   a. C'est la négation de **déjà.**

     Il **n'a pas encore** l'âge de conduire.

   b. **Ne . . . pas encore** entoure le verbe aux temps simples; aux temps composés on place **pas encore** entre l'auxiliaire et le participe passé.

     Il **n'a pas encore** appris à conduire.

     A l'infinitif, **ne pas encore** ne sont pas séparés.

     Je suis surpris de **ne pas encore** avoir reçu sa lettre.

   c. On emploie **pas encore,** sans **ne,** dans une réponse elliptique.

     Tu es prêt? —**Pas encore.**

Exercices

A. Ecrivez les phrases suivantes avec la négation entre parenthèses.

1. Il écrit à sa famille. (jamais)
2. Ces amies se téléphonent. (plus)
3. Il est arrivé. (pas encore)
4. Je suis allé au Japon. (jamais)
5. Il a juré de fumer. (plus)
6. Je suis honteux de vous avoir écrit. (pas encore)
7. Vous avez des allumettes? (plus)
8. J'ai menti. (jamais)
9. Ils ont visité l'Italie (pas encore)
10. Est-ce que vous avez mangé des escargots? (jamais)

B. Refaites les phrases suivantes à la forme négative.

1. Vous êtes toujours fâché. 2. Le bébé dort déjà. 3. Je veux encore des chocolats. 4. Vous êtes déjà arrivé? 5. Il est humilié de toujours avoir raison. 6. Vous aussi vous avez faim? 7. Il est étonné d'avoir déjà fini. 8. Il y a encore du Coca au frigidaire. 9. Je suis fatigué. —Moi aussi. 10. Ils ont souvent voyagé en Afrique.

◇ **7. ne . . . aucun, ne . . . pas un** (*not one, not one single one*)

   a. Ces expressions sont la négation de **un, des, les, tous les, quelques, plusieurs.**

   b. Ces deux expressions entourent le verbe aux temps simples. Aux temps composés, **aucun** est placé après le participe. **Pas** et **un** sont séparés et entourent le participe passé. Avec **aucun,** on n'emploie pas d'article.

     Je n'ai **pas** vu un bon film.   Je n'ai vu **aucun** bon film.

c. **Aucun** peut être adjectif ou pronom. Son féminin est **aucune**. Si **aucun** est pronom, il est accompagné de **en**, sauf s'il est sujet.

Il n'y a **aucune** raison de se faire du souci.   (*adj.*)
Il n'y en a **aucune**.   (*pronom, avec* **en**)
Aucun de mes amis **ne** me comprend.   (*pronom*)
Aucun ne me comprend.   (*pronom sujet, pas* **en**)

d. On emploie **aucun**, seul, dans une réponse elliptique, ou avec la préposition **sans**.

Tu as des devoirs à faire? —**Aucun**.   L'avion a atterri **sans aucun** problème.

◇ **8. ne . . . nul / nulle** (*fém.*) (*not one, not one single one*)

a. Cette expression est surtout employée dans la langue littéraire, un peu pompeuse, comme pronom ou adjectif.

Nul n'est prophète en son pays.   Je n'ai **nulle** envie de vous voir.

b. Dans la langue courante, **nul** apparaît dans l'expression **ne . . . nulle part**, contraire de **quelque part, partout**. A un temps composé, **nulle part** est placé après le participe passé.

J'ai cherché mon portefeuille et je **ne** l'ai trouvé **nulle part**.
Cette femme voyage beaucoup, mais elle **n'**est heureuse **nulle part**.

◇ **9. ne . . . guère** (*not . . . too, not . . . much* or *many*)

C'est la négation de **très, beaucoup**. C'est une expression de langue littéraire et on peut la remplacer par **pas très, pas beaucoup**.

Elle **n'**est **guère** patiente avec ses enfants.   Vous **n'**avez **guère** de courage.

Dans la langue courante, on emploie souvent la négation **ne . . . pas . . . grand'chose**, qui signifie **pas beaucoup de choses**.

Elle **ne** mange **pas grand'chose**.   Je **n'**ai **pas** compris **grand'chose**.

REMARQUE: **Pas grand'chose** est l'objet direct du verbe. On emploie cette expression avec un verbe qui a un objet direct: **manger, entendre, comprendre, voir**.

◇ **10. ne . . . ni . . . ni** (*neither . . . nor*)

a. C'est la négation de **ou . . . ou, et . . . et**. On peut trouver cette expression avec:

Des sujets   **Ni** Pierre **ni** Paul **ne** lui parlent.
Des objets directs   Il **n'**aime **ni** les oranges **ni** les bananes.
Des objets indirects   Il **ne** parle **ni** à Pierre **ni** à Paul.

b. L'article partitif disparaît après **ni**:

Il boit **du** thé et **du** café.   Il **ne** boit **ni** thé **ni** café.

c. L'article défini reste après **ni**:

Il aime **le** thé et **le** café.   Il **n'**aime **ni le** thé **ni le** café.

d. *Neither do I* se traduit **moi non plus** ou **ni moi non plus**.

Exercices

A. Refaites les phrases suivantes avec la négation entre parenthèses.

1. Vous avez un ami.   (aucun)
2. Vous allez quelque part.   (nulle part)
3. Elle est pressée de partir.   (guère)
4. Nous irons en Italie et en Espagne.   (ni . . . ni)
5. On y voit.   (pas grand'chose)
6. Un incendie est une expérience plaisante.   (aucun)
7. Ça sert à une chose.   (pas grand'chose)
8. Il a trouvé ce livre.   (nulle part)
9. Sarah et son mari veulent aller en Suisse pour leur voyage de noces.   (ni . . . ni)
10. Un parfum peut chasser l'odeur de roussi.   (aucun)
11. Je connais la musique et les paroles de cette chanson.   (ni . . . ni)
12. Cette affaire rapporte beaucoup.   (pas grand'chose)

B. Mettez les phrases suivantes à la forme négative. Employez **aucun, pas grand'chose, nulle part, ni . . . ni.**

1. Dans ce pays tropical il y a des cheminées.   2. Il y avait un incendie à la cave et au grenier.   3. On y voit quelque chose dans ce tunnel.   4. Une dispute est profitable.   5. Le professeur a posé des questions à Maurice et à Bernadette.   6. Les pompiers ont trouvé l'incendie quelque part.   7. Ils ont éteint le feu de cheminée avec difficulté.   8. Tous nos amis nous ont rendu service.

Place des mots négatifs

aux temps simples	aux temps composés	à l'infinitif
		je suis désolé:
je **ne** vois **pas**	je n'ai **pas** vu	de **ne pas** voir
je **ne** voyais **rien**	je n'avais **rien** vu	de **ne rien** voir
je **ne vis jamais**	je n'ai **jamais** vu	de **ne jamais** voir
je **ne** vois **plus**	je n'ai **plus** vu	de **ne plus** voir
je **ne** voyais **personne**	je n'avais vu **personne**	de **ne** voir **personne**
je **ne vis aucun**	je n'ai vu **aucun**	de **ne** voir **aucun**
je **ne** vois **rien** de . . .	je n'ai vu **rien** de . . .	de **ne** voir **rien** de . . .

◇ 11. **Négations combinées**

Voici les combinaisons possibles entre **personne, rien, jamais, aucun, plus.**

rien personne	Ne dites **rien** à **personne.** *Don't say anything to anybody.*
jamais personne	Il ne voit **jamais personne.** *He never sees anybody.*
jamais rien	Il ne mange **jamais rien.** *He never eats anything.*
plus rien	Je ne dis **plus rien.** *I no longer say anything.*
plus personne	Je ne vois **plus personne.** *I don't see anyone anymore.*
jamais aucun	Il n'a **jamais aucun** ami. *He never has a friend.*
jamais plus (**plus jamais**)	Je ne vous vois **jamais plus.** (Je ne vous **vois plus jamais**) *I don't ever see you anymore.*
jamais plus rien	Elle ne dit **jamais plus rien.** *She doesn't say anything anymore.*
jamais plus personne	Je ne vois **jamais plus personne.** *I no longer see anyone.*
jamais plus aucun	Je ne vois **jamais plus aucun** ami. *I no longer see any friends.*
jamais plus rien personne	Je ne vais **jamais plus rien** dire à **personne.** *I shall never say anything to anyone again.*

Exercice

Refaites les phrases suivantes avec les groupes entre parenthèses. Traduisez votre phrase en anglais.

1. Il dit   (rien à personne)
2. Elle boit   (jamais rien)
3. Tu comprends   (plus rien)
4. Ils se sont vus   (jamais plus)
5. Tu fais   (jamais plus rien)
6. Elle téléphone   (jamais plus à personne)
7. Vous écoutez   (jamais personne)
8. Ils ont eu des problèmes   (jamais aucun)
9. Elle a donné   (jamais plus rien à personne)
10. Elle a mangé un bonbon   (jamais plus aucun)

Formules à retenir

◇ **1. quelqu'un, personne, quelque chose, rien + de + adjectif**

Quand ces quatres expressions sont employées avec un adjectif, il faut avoir **de** entre l'expression et l'adjectif. L'adjectif est au masculin.

C'est **quelqu'un de fort.**	Vous dites **quelque chose de vrai.**
Je n'ai rencontré **personne d'intéressant.**	Elle n'a acheté **rien de cher.**

REMARQUE: Quand **une personne, une chose** sont employés comme noms, on n'ajoute pas **de**, et l'adjectif est au féminin.

Voilà une personne intéressante.	Elle achète des choses chères.

Exercices

A. Répétez chaque adjectif avec **quelqu'un de, personne de, une personne:**   sportif, courageux, charmant, fort, intelligent, chic.

B. Répétez chaque adjectif avec **quelque chose de, une chose, rien de:**   positif, facile, important, gris, évident, douteux.

◇ **2. ne . . . que / seulement** (*only*)

Ne . . . que n'est pas une négation. C'est une expression de restriction. Elle entoure le verbe simple ou le verbe composé. On garde l'article complet.

Je **ne** bois **que** de l'eau.	Je **n'**ai lu **qu'**une page.

a. *Only* se traduit par **ne . . . que** ou **seulement** dans les cas suivants:

■ quand il modifie un nom objet direct.

*I like **only** milk.*	Je **n'**aime **que** le lait.
	J'aime **seulement** le lait.

■ quand il modifie un objet indirect.

*He talks **only** to Pierre.*	Il **ne** parle **qu'**à Pierre.
	Il parle **seulement** à Pierre.

■ quand il modifie un objet de préposition.

*She sleeps **only** with tranquilizers.*	Elle **ne** dort **qu'**avec des tranquillisants.
	Elle dort **seulement** avec des tranquillisants.

■ quand il modifie un infinitif objet avec **à** ou **de**.

*I ask you **only** to read this.*	Je **ne** vous demande **que** de lire cela.
	Je vous demande **seulement** de lire cela.
*He thinks **only** of having fun.*	Il **ne** pense **qu'**à s'amuser.
	Il pense **seulement** à s'amuser.

■ quand il modifie un groupe de mots qui commence par une conjonction autre que la conjonction **que**.

*She sings **only** when one begs her to.*	Elle **ne** chante **que** si on la supplie.
	Elle chante **seulement** si on la supplie.

b. *Only* se traduit par **seulement** dans les cas suivants:

- si la conjonction est **que** (**ne . . . que** est impossible).

    *I want you **only** to be a little more brave.* Je voudrais **seulement** que tu sois un peu
    plus courageux.

- avec un sujet sans verbe dans une verbe phrase elliptique.

    Qui a compris? —**Seulement** Pierre.

c. *Only* se traduit par **seul** (**seule**) avec un sujet dans une phrase complète. **Seul** peut être placé avant ou après le nom.

Seul Gérard (*ou* Gérard **seul**) a compris. **Seule** Jeanne (*ou* Jeanne **seule**) est venue.

Exercice

Dans les phrases suivantes, introduisez l'élément restrictif **ne . . . que, seulement,** ou **seul** pour affecter le groupe en italique.

1. Elle boit *de l'eau.* 2. Il mange *des carottes.* 3. Nous parlons *français.* 4. Elle danse *quand la musique est lente.* 5. Ils se promènent *le soir.* 6. J'espère *que vous irez un peu mieux.* 7. *Des amis* peuvent écrire une telle chose. 8. Qui a répondu à votre annonce? —*Jacques.* 9. Ils prennent l'apéritif *le dimanche.* 10. Ils ont déménagé *après l'incendie.* 11. Ce chien obéit *à son maître.* 12. On allume un cigare *avec une allumette.* 13. Je vous demande *de me rendre ce service.* 14. *Les Américains* pouvaient aider la France et l'Angleterre à gagner la guerre. 15. Combien de verres de champagne est-ce qu'il a bus? —*Un.*

◇ **3. n'avoir qu'à / il n'y a qu'à**

a. L'expression **n'avoir qu'à** + un infinitif s'emploie avec un sujet personnel.

Tu **n'**as **qu'à** demander à Fanny. *The best thing for you to do is to ask Fanny.*

Avec un sujet impersonnel, **il n'y a qu'à** signifie *the only (or the best) thing to do is . . .*

Il n'y a qu'à appeler la police. *The only (or the best) thing to do is to call the police.*

Dans la conversation familière, **tu n'as qu'à** est souvent contracté et prononcé **t'as qu'à** / taka /; **il n'y a qu'à** est contracté et prononcé **ya qu'à** / jaka /.

Exercice

Dites avec l'expression **n'avoir qu'à** ce que ces personnes devraient faire (*ought to do*).

Modèle: Tu as faim? (manger) *Tu n'as qu'à manger.*

1. Vous avez soif? (boire un grand verre d'eau)
2. Ces étudiants sont fatigués de prendre l'autobus? (aller à bicyclette)
3. Nous sommes en retard. (se dépêcher)
4. Cette jeune fille se trouve trop grosse? (manger moins de gâteaux)
5. Tu veux me parler demain? (téléphoner de bonne heure)
6. Il y a un incendie? (appeler les pompiers)

Exercices

A. **Tout va mal.** Certains jours, tout va mal. Utilisez des négations dans les phrases suivantes.

> Modèle: Je me suis levée tôt.
> *Je **ne** me suis **pas** levée tôt.*

1. J'avais faim. Je voulais manger quelque chose.
2. Il y avait encore du café. Il y avait du lait et des céréales.
3. J'avais envie d'aller au marché.
4. Il faisait beau.
5. Quelqu'un m'a téléphoné pour sortir.
6. J'ai toujours envie de travailler le dimanche.
7. Tout marchait bien.

B. **Excuses.** Une de vos amies vous écrit une lettre avec des excuses exagérées. Commencez les phrases par: **Je suis désolé(e), je suis navré(e).**

> Modèle: Je ne vous ai pas vu hier.
> *Je suis désolée de **ne pas vous avoir vu** hier.*

1. Je ne vous ai pas parlé.   2. Je n'ai reçu aucun message de vous.   3. Je n'ai rien compris à nos projets.   4. Je n'ai pas encore rencontré vos parents.   5. Je n'ai vu personne.   6. Je ne suis pas allé à notre rendez-vous.   7. Je ne vous vois plus.   8. Je n'ai jamais eu de chance.

C. **Restrictions et interdits.** Dites ce que ces personnes ne font pas et les restrictions qu'elles sont obligées de suivre.

> Modèle: Patrick est végétarien.   (manger de la viande, manger des légumes).
> *Patrick est végétarien; il **ne** mange **pas** de viande, il **ne** mange **que** des légumes.*

1. Marie a de l'asthme.   (fumer; respirer à la montagne)
2. Gabriel déteste le froid.   (vouloir vivre à Paris; être heureux à la Martinique)
3. Pendant la guerre, les Français (pouvoir acheter ce qu'ils voulaient; manger des rutabagas).
4. Avant un examen nous (sortir; se reposer 5 heures par nuit).
5. Ce millionnaire est difficile.   (prendre le train; voyager dans son avion personnel)
6. Janine est amoureuse.   (dormir; penser à son petit ami)

D. **Catastrophes.** Dites ce qui se passe de négatif, après les catastrophes indiquées.

> Modèle: Il y a eu une inondation; les gens / avoir une maison / aller quelque part en voiture.
> *Il y a eu une inondation; les gens **n'**ont **plus de** maison; ils **ne** peuvent aller **nulle part** en voiture.*

1. Une grande usine a été détruite par un incendie: les ouvriers travailler / la production augmenter / le patron prendre des vacances aux Antilles / l'assurance payer les dégâts avant une enquête (*investigation*).

Le plan « Sécurité » du réseau parisien

Trois préoccupations : le feu, la collision, la panique. Les gestionnaires du métro parisien ont consacré 400 millions de francs à la sécurité depuis dix ans, mais ils ne se montrent pas présomptueux.

Après chaque accident se pose le problème de la sécurité dans le métro. La catastrophe survenue, mercredi soir, à Londres, par son ampleur...

temps révolu et toutes les rames sont métalliques. L'aménagement in...

...ment de chaleur anormal ou de

jours été au centre des préoc-

2. Il y a eu une éruption volcanique: les gens respirer / les cultures (*crops*) être en bon état / le tourisme diminuer.

3. Il y a eu un coup d'état dans votre pays tropical préféré: les touristes avoir envie d'y aller / la population se sentir en sécurité / le nouveau régime est meilleur / tout le monde est content.

4. Les terroristes ont mis des bombes dans différents aéroports d'Europe: les gens voyager encore librement / le service de sécurité être suffisant / on passe vite à la douane / tout va bien.

Traduction

1. Mme MARTIN.   These Jones children are having a fight again.
2. M. MARTIN.   I don't hear anything.
3. Mme MARTIN.   I hear them. I think they are in the attic.
4. M. MARTIN.   No, I don't think [so]. I think they are in the cellar.
5. Mme MARTIN.   Their parents are never home . . . There is never anybody to watch them (**surveiller**).
6. M. MARTIN.   The Joneses are not very rich. They don't have enough money to pay for a baby-sitter.
7. Mme MARTIN.   I smell something [*it smells of something*] burning. I am sure they have been playing with matches. . . .
8. M. MARTIN.   You are imagining things. I don't smell anything. It must be your roast burning in the oven.
9. Mme MARTIN.   Look! Don't you see the smoke rising from the roof?
10. M. MARTIN.   No! It looks more like a cloud (**nuage**).
11. Mme MARTIN.   We must notify the firemen right away!
12. M. MARTIN.   Can't you mind your own business? This is none of your business.
13. Mme MARTIN.   I hear someone ringing the doorbell.
14. M. MARTIN (*goes and opens the door*).   It's the firemen. They are coming to extinguish the fire that is burning in our kitchen!

Conversations

1. Catastrophes naturelles.
   a. Décrivez ce qui se passe. Comment commence un incendie? Qui donne l'alarme? Que font les pompiers? Que fait le feu? Que reste-t-il?

   un incendie, le sinistre (*conflagration or disaster*) la sirène d'alarme, le feu prend (*the fire starts*), une étincelle (*spark*), l'auto-pompier (*fire truck*), une échelle (*ladder*), la bouche d'incendie (*fire hydrant*), les flammes, la fumée, les cendres

   b. Quels phénomènes peuvent causer une inondation? Dans quelles parties du monde est-ce qu'il y a des tremblements de terre? Décrivez ce qui se passe.

   une inondation, un tremblement de terre (*earthquake*), les décombres (*rubble, debris*), une éruption volcanique

2. Les secours.   Qui intervient?

   les services d'urgence (*emergency organizations*), l'entr'aide (*relief organization*), police-secours (*rescue squad*), SAMU: Service d'Aide Médicale aux Urgences (*medics*), la Croix Rouge, Médecins sans frontières (*French association that sends doctors and nurses to countries where catastrophies occur*), organiser des secours, transporter des vivres (*food*), des couvertures (*blankets*), des médicaments (*medicine*), les blessés (*wounded*), les victimes

3. La révolte (*rebellion*). Qui manifeste? Qui fait un coup d'état? Pourquoi fait-on la grève? Que revendiquent (*ask for*) les terroristes? Décrivez certaines formes de violence. Quel est le résultat? Comment est-ce que le calme revient?

   la révolution, le coup d'état, une bagarre (*riot*), une manif' (*demonstration*), faire la grève (*to go on strike*), les revendications (*demands*), les ouvriers (*workers*), un terroriste, une bombe, les syndicats (*unions*)

Rédaction

Imaginez un dialogue entre deux amis qui discutent de leurs études, de leur vie familiale, de leurs distractions, de leurs projets d'avenir. L'un est très optimiste et positif: il s'intéresse à tout, étudie plusieurs sujets, a de bons rapports avec sa famille, pratique plusieurs sports, espère voyager dans le monde, se marier, avoir une famille à lui. L'autre est pessimiste et négatif: il n'a aucun intérêt à ses études, il ne finit rien de ce qu'il commence, il est fâché avec les siens, il est hypocondriaque et pas sportif, refuse de voyager, etc.

Chapitre 13

L'infinitif

Vocabulaire

adorée beloved
affaires (*m. pl.*) things
alors que while
arracher to pull from, to grab
associé(e) (*m., f.*) business partner
au hasard at random
au moins at least
autocollant (*m.*) sticker
avis (*m.*) opinion
avoir l'esprit clair to have a clear mind
bloc (*m.*) note pad
boîte (*f.*) **de pâtée** canned pet food
bougie (*f.*) candle
cahier (*m.*) **de textes** assignment notebook
cartable (*m.*) school bag
chaussette (*f.*) sock
coller to stick
confier à to entrust
congélateur (*m.*) freezer
contenu (*m.*) content
coussin (*m.*) pillow
craquer to give in
d'autant plus all the more
dégoûter to make (someone) tired of, to disgust
désordre (*m.*) mess
dossier (*m.*) file
ensuite then
entasser to stuff
esprit (*m.*) mind

femme (*f.*) **de ménage** housekeeper
fringues (*m. pl.*) (*teenage slang*) clothes
hautement highly
infliger to inflict
interdire to forbid
lavabo (*m.*) sink
linge (*m.*) laundry
malgré in spite of
méprisé scorned
panier (*m.*) **à linge** clothes hamper
pelouse (*f.*) lawn
placard (*m.*) cupboard
produit (*m.*) **de maquillage** makeup
psycho-pédiatre (*m.*) child psychologist
quotidiennement daily
ramasser to pick up
ranger to put into order
récompense (*f.*) reward
recouvrir to cover totally
rentrer (*fam.*) to put back in
restes (*m. pl.*) remains
rosier (*m.*) rosebush
salière (*f.*) salt shaker
spectacle (*m.*) show
suspendre to hang
tandis que while
tiroir (*m.*) drawer
tondre to mow
veille (*f.*) **au soir** the evening before

Le lever de Prunelle

Nicole de Buron (1935–   ) est née à Paris. Elle a été journaliste avant de commencer à écrire des romans. Elle a aussi écrit des scripts pour la télévision. Une de ses œuvres «Les Saintes Chéries» est devenue un feuilleton très populaire. Dans «10 jours de rêve» elle raconte les aventures d'une mère de famille qui, fatiguée de la vie quotidienne et des corvées ménagères, part en vacances dans une île tropicale. Nicole de Buron utilise *vous, votre* à la place de *elle, son, sa* pour décrire les actions et les pensées du personnage° principal. Ce procédé° permet au lecteur ou à la lectrice de s'identifier avec le personnage de la mère.

character
device

C'est l'heure du lever° de votre enfant bien-aimée, élevée dans le cocon de luxe de votre charmant pavillon de banlieue,[1] à la pelouse bien tondue et aux rosiers jalousement taillés.

= sortir du lit

Prunelle se lève, hagarde, et, sans se soucier de la moindre
5 toilette,° saute dans un jean et un immense sweat-shirt noir portant la mention° *J'aime dormir en classe* qu'elle arrache propres° de l'armoire.[2] En même temps que deux jupes et trois pulls qui tombent par terre. Et y restent. Ses vêtements d'hier gisent,[3] eux, sous le lavabo. Prunelle chérie se refuse à porter les mêmes «fringues» deux jours de
10 suite,° malgré vos protestations. Elle remet un jean identiquement délavé° et un sweat-shirt également trop grand (mais, hier, mauve électrique et portant la mention *Née pour ne rien faire*).

sans... without worrying in the least about washing herself
portant... bearing the message / clean

de... in a row
identiquement... equally faded

Vous décidez régulièrement de *ne pas* ranger les affaires de Prunelle. Et d'interdire à la femme de ménage de le faire. D'éminents°
15 psycho-pédiatres vous ont assuré que c'était le seul moyen de dégoûter votre adolescente de son propre désordre. On voit bien qu'ils n'ont jamais rencontré Prunelle. En quarante-huit heures, le spectacle devient grandiose. Pantalons dits «futes»,° chaussettes sales, pots de yaourts vides, coussins (portant la mention *Love*), produits de
20 maquillage de toutes sortes, votre salière (?), restes de bougies, livres de classe et cahiers, robe indienne, baskets dépareillés° recouvrent le sol. Les tiroirs, tous ouverts, laissent échapper leur contenu.° L'armoire sans porte fait comprendre que plier et suspendre sont des activités magnifiquement méprisées par votre petite chérie.

distinguished

Pantalons... Narrow pants

unmatched
laissent... are overflowing

25 Au bout d'un moment,° la femme de ménage craque (le chien lui-même, frappé d'effroi,° refuse d'entrer dans la pièce). En cachette,° elle nettoie et remet tout en place. Superbe, Prunelle ne s'aperçoit de rien.

Au... After a while
frappé... panic-stricken
En... Secretly

Extrait de Nicole de Buron: *10 Jours de rêve*. Reproduit avec la permission de la Librairie Ernest Flammarion.

[1] **pavillon de banlieue** house in the Paris suburbs   [2] **armoire** large, free-standing closet
[3] **gisent** are lying like the dead (from the verb **gésir,** which is used mainly in the expression **ci-gît:**   here lies . . .)

Ce matin, en marmonnant° elle ramasse au hasard cahiers et   en... mumbling
livres de classe qu'elle jette dans une musette° kaki recouverte   army bag
d'autocollants: «Je vais craquer»... «Dur-Dur»... «C'est la panique!»⁴

5   Vous n'avez jamais pu obtenir de votre adolescente adorée
qu'elle prépare son «cartable» (comme vous dites dans votre jargon
maternel) la veille au soir, tandis qu'elle a l'esprit assez clair — en
principe — pour se reporter° à un cahier de textes — quasi illisible.°   se... to refer / quasi... almost
Non. Votre Prunelle préfère entasser dans la fameuse musette —   unreadable
10   alors qu'elle dort encore debout — tout ce qui lui tombe sous la
main, c'est-à-dire n'importe quoi,° y compris° votre salière (?). Et se   n'importe... no matter what it is / y...
voir infliger presque quotidiennement une colle° pour oubli° d'un   including
cahier, d'un livre, ou d'un devoir. Vous n'avez jamais osé demander   punishment / pour... for forgetting
au psychologue de l'école à quoi correspondait cette roulette° sco-   roulette game
15   laire quotidienne.

*La mère de famille part en vacances seule. Elle établit pour elle-
même une liste de choses à faire et colle des papiers de recommandations pour sa famille partout dans la maison.*

Avant de partir, vous devez absolument:

■   Etablir de longues notes pour chaque dossier confié à Suzanne
(votre associée).
■   Emplir° chez vous le réfrigérateur, le congélateur et les placards à   Fill
20   pleins bords.

---

⁴ **Je vais... panique!** "I'm cracking up!" "Life's a drag." "Panic has set in!"

Pour vous faire voyager gratuitement,

le plus vite possible...

Puis vous collez des papiers:

- Dans la salle de bains: «Merci de ne pas jeter le linge par terre, comme d'habitude, mais de le mettre dans le panier prévu° depuis dix ans à cet effet...»   *provided for*
5 - Dans la chambre de Prunelle: «Merci de porter tes jeans au moins deux jours de suite et de ne pas les enfouir° ensuite sous ton lit ou derrière ta commode.° Merci de les déposer° dans le panier à linge de la salle de bains (voir salle de bains).»   *bury* / *chest of drawers / drop in*
- A côté du téléphone: «Merci de bien vouloir noter sur ce bloc
10 les appels téléphoniques pour moi. Récompense.»
- Sur le frigidaire: «Ne pas oublier de rentrer le lait, le beurre, le jambon.»
- Sur le placard à provisions:° «Pour le chien, tant que la première boîte de pâtée n'est pas terminée, ne pas ouvrir toutes les   *placard... food cupboard*
15 autres.»

Questions

1. Où habitent Prunelle et sa famille? Quel type de maison occupe la famille? Quels sont les signes extérieurs de confort?
2. Est-ce que Prunelle fait sa toilette le matin? Est-ce typique? Quels vêtements est-ce qu'elle porte? Quel commentaire pouvez-vous faire sur les inscriptions des sweat-shirts?
3. Qu'est-ce qu'il y a par terre, sur le tapis? Pourquoi est-ce qu'il y a tout ce désordre? Est-ce typique?
4. Que conseille le psy? Quel est le meilleur moyen de dégoûter les adolescents du désordre?
5. Parmi les objets qui recouvrent le sol de la chambre de la jeune fille, lesquels sont inhabituels?
6. Quelles activités méprise Prunelle?
7. Que fait la femme de ménage et quel est le résultat de ses efforts? Pourquoi est-ce que le chien refuse d'entrer dans la chambre?
8. Où est-ce que les enfants mettaient leurs livres et leurs cahiers, autrefois? Où est-ce qu'ils les mettent maintenant?
9. Pourquoi est-ce que Prunelle reçoit des colles? Pourquoi est-ce que cette habitude devient une «roulette scolaire»?
10. Est-ce que cette mère de famille est distraite, désordonnée (*untidy*) ou organisée? Est-elle prévoyante (*foresighted*), généreuse ou insouciante (*unconcerned*)?
11. Quel souci principal a cette mère de famille quand elle colle des petits papiers dans la salle de bain, dans la chambre de Prunelle?
12. Pourquoi est-ce qu'elle promet une récompense?

L'infinitif

Formes

En français, contrairement à l'anglais, quand on donne l'infinitif d'un verbe, on n'emploie pas de préposition: **aller, venir** (*to go, to come*).

L'infinitif: présent / passé

L'infinitif a deux temps.

le présent:	**manger**	**boire**	**aller**	**venir**
le passé:	**avoir mangé**	**avoir bu**	**être allé**	**être venu**

◇ **1.** L'infinitif présent est caractérisé par sa terminaison.

-er	pour les verbes du 1er groupe	**donner**
-ir	pour les verbes du 2ème groupe	**finir**
-re	pour les verbes réguliers du 3ème groupe	**vendre**
-ir	pour les verbes irréguliers du 3ème groupe	**dormir**
-oir	pour les verbes irréguliers du 3ème groupe	**pouvoir**
-re	pour les verbes irréguliers du 3ème groupe	**dire**

◇ **2.** L'infinitif passé se forme avec l'auxiliaire **avoir** ou **être** à l'infinitif, et le participe passé suit les mêmes règles d'accord qu'au passé composé.

> Je suis content **d'avoir vu** cette pièce.
> Ces gens sont sympathiques: je suis ravi de les **avoir rencontrés**.

◇ **3.** L'infinitif présent d'un verbe pronominal contient un pronom personnel qui se décline. On met ce pronom devant l'infinitif.

Je vais **me reposer**	nous allons **nous reposer**
tu vas **te reposer**	vous allez **vous reposer**
il va **se reposer**	ils vont **se reposer**
elle va **se reposer**	elles vont **se reposer**

◇ **4.** L'infinitif passé d'un verbe pronominal contient aussi le pronom personnel. Le participe s'accorde avec le pronom.

> Après **m'être reposé** (reposée), je travaille.
> Après **t'être reposé** (reposée), tu travailles.
> Après **s'être reposé** (reposée), il, elle travaille.
> Après **nous être reposés** (reposées), nous travaillons.
> Après **vous être reposés** (reposées), vous travaillez.
> Après **s'être reposés** (reposées), ils, elles travaillent.

Exercice

Donnez l'infinitif présent et l'infinitif passé des verbes suivants.

1. je passe	2. il vient	3. vous dormez
4. elle ne veut pas	5. tu te rappelles	6. elles veulent
7. ils vont	8. je dois	9. nous croyons
10. vous vous reposez	11. vous écrivez	12. il faut
13. je rejoignis	14. ils font	15. il prit
16. je suivais	17. il a entendu	18. on peut
19. nous sommes	20. Voyez!	21. elle eut

L'infinitif négatif

◇ **1.** Les négations suivantes ne sont pas séparées devant l'infinitif présent ou l'infinitif passé: **ne pas, ne plus, ne jamais, ne rien, ne pas encore.**

> Sur le sweat-shirt de Prunelle, on lit: «Née pour **ne rien** faire».
> Cette maman est sûre de **ne jamais** avoir tort.
> Ils ont honte de **ne rien** avoir acheté[5] pour l'anniversaire de leurs amis.

◇ **2.** Les négations de **ne . . . personne, ne . . . aucun** entourent l'infinitif présent ou l'infinitif passé.

> Les enfants sont surpris de **ne** voir **personne,** de **n'**entendre **aucun** bruit.
> Ce promeneur est ravi de **n'**avoir rencontré **personne** dans le parc.

Exercice

Refaites les phrases suivantes. Mettez l'infinitif à la forme négative avec la négation entre parenthèses.

> Modèle: Claire préfère sortir avec Guy.   (ne pas)
> *Claire préfère **ne pas** sortir avec Guy.*

1. Patrick est triste d'aller au mariage de sa cousine.   (ne pas)
2. Tu es sûr d'avoir vu ce film?   (jamais)
3. Paulette est fière de faire une faute à ses exercices.   (aucun)
4. Raoul essaie d'oublier quelque chose au marché.   (rien)
5. Les pompiers décident d'éteindre l'incendie.   (ne pas)
6. Je décide de me promener seule.   (ne plus)
7. Ces deux amies promettent de se disputer.   (ne jamais)
8. Vous vous plaignez d'avoir raison?   (ne pas)
9. Mes amis regrettent d'avoir parlé à quelqu'un pendant la soirée.   (ne personne)
10. Je regrette de vous avoir écrit.   (pas encore)

---

[5] **N'avoir rien acheté** est possible, mais littéraire.

Emplois

On utilise l'infinitif plus souvent en français qu'en anglais. Souvent, l'infinitif en français est traduit par le *gerund* en anglais.

Elle met son manteau avant de **sortir**.   She puts on her coat before *going out*.

L'infinitif seul

◇ **1.** Employé seul (sans préposition), l'infinitif fonctionne comme nom abstrait. Il peut être sujet ou objet direct.

Sujet
Se lever tôt, c'est pénible.   *Getting up* early is painful.
Ranger ma chambre, ça me   *Straightening up* my room makes
    fatigue!   makes me tired.

Objet
Nous aimons **marcher** sur la plage   *We like walking* (or *to walk*)
    en hiver   along the beach in winter.

REMARQUE: On utilise **c'est** ou **ça** pour renforcer le sujet.

◇ **2.** On utilise l'infinitif, à la place de l'impératif, dans les recettes de cuisine, les prescriptions pharmaceutiques, les modes d'emploi d'un appareil, une recommandation (*instruction*).

Faire sauter les oignons et **ajouter** du vin blanc.
Agiter ce médicament avant l'emploi.
Ne pas oublier de rentrer le lait dans le frigidaire.

Exercices

A. Refaites les phrases suivantes avec un infinitif sujet.

1. Quand on voyage, ça enrichit l'esprit.   2. Ça vous tente de manger dans ce restaurant?
3. C'est possible de travailler à mi-temps (*part-time*)?   4. Ce n'est pas facile de voter pour ce candidat.   5. Ça les fatigue de rester debout trop longtemps.   6. C'est ennuyeux d'attendre un ami qui est en retard.   7. Ça les amuse d'écouter des cassettes.   8. Ce n'est pas possible de lire tout ce livre en deux jours.   9. C'est obligatoire d'attacher sa ceinture de sécurité.   10. Ça ne te plaît pas de rencontrer Marius?

B. Répétez les recettes et modes d'emploi suivants avec l'infinitif.

1. Pour faire une sauce béchamelle, vous faites fondre du beurre dans une casserole, vous ajoutez de la farine, vous mélangez bien, vous laissez cuire la farine un moment. Vous vous servez d'une cuillère en bois. Vous versez du lait chaud et vous tournez avec la cuillère. Quand la sauce est devenue épaisse, vous baissez le feu et vous ajoutez du sel, du poivre, du fromage râpé (*grated*).
2. Ce walkman est délicat (*sensitive*). Ne l'exposez pas à la pluie ni au soleil. Utilisez des piles (*batteries*) de bonnes qualités. Ne le laissez pas tomber. Ne le prêtez à personne.

◇ **3.** On utilise l'infinitif seul, comme objet direct après un certain nombres de verbes courants: des verbes de mouvement; des verbes de volonté et de nécessité; des verbes d'opinion et de préférence. Si l'infinitif a un objet qui est un pronom personnel, ce pronom se place devant l'infinitif.

a. Verbes de mouvement

aller	descendre	monter	sortir
courir	entrer	partir	venir

Gérard **est parti** voir sa mère.   Il **est parti** la voir.
Gisèle **sort chercher** des allumettes.   Elle **sort en** chercher.

b. Verbes de volonté et de nécessité

désirer	espérer	il faut
devoir	vouloir	il vaut mieux

Voulez-vous partager ce morceau de gâteau?   **Voulez**-vous le partager?
Il vaut mieux ne pas aller au cinéma ce soir.   **Il vaut mieux** ne pas y aller.

c. Verbes d'opinion et de préférence

aimer	croire	oser	préférer
aimer mieux	détester	penser	savoir

Nous **aimons mieux** rester chez nous.   Nous **aimons mieux** y rester.
Gabrielle **déteste** écrire des lettres.   Gabrielle **déteste** en écrire.

Exercice

Combinez les groupes suivants et mettez le deuxième verbe à l'infinitif.

> Modèle: Vous voulez / vous conduisez votre fille à l'école?
> *Vous* **voulez** *conduire votre fille à l'école?*

1. J'aime / je dors.
2. Tu préfères / tu te lèves tard?
3. Ils pensent / ils partent en vacances demain.
4. Elle n'ose pas / elle discute avec sa mère.
5. Nous aimons mieux / nous restons ici.
6. Ses parents doivent / ils achètent un micro-ordinateur.
7. Ses cousins espèrent / ils vont à la Martinique cet hiver.
8. Ils partent / ils font une randonnée au Népal.
9. Antoinette a couru / elle a embrassé sa grand-mère.
10. Montez / Prenez un verre avec nous.
11. Il vaut mieux / ne te décourage pas.
12. Savez-vous / vous vous servez d'une machine à copier?
13. Je crois / je comprends votre explication.
14. Il ne faut pas / nous nous fâchons.
15. Vous détestez / vous faites la cuisine.

> "Il vaut
> mieux rire que trop
> réfléchir"

L'infinitif précédé de à *ou de* **de**

Certains verbes sont suivis de la préposition à, certains verbes sont suivis de la préposition **de**. Il n'y a pas de règle pour trouver la construction d'un verbe. Consultez l'appendice ou le dictionnaire.

◇ **1.** L'infinitif peut être précédé d'un verbe + à. Le verbe principal peut indiquer un effort, une direction, une aspiration. Voici quelques verbes courants (voir p. 485 pour une liste plus longue).

aider à	to help	**servir à**	to be of use to
apprendre à	to learn how to	**songer à**	to think about
réussir à	to succeed in	**tenir à**	to insist on
chercher à	to seek to, to try	**s'amuser à**	to have fun
se mettre à	to begin	**se préparer à**	to get ready to

◇ **2.** L'infinitif peut être précédé d'un verbe + **de**. Un grand nombre de verbes pronominaux se trouvent dans ce groupe. Voici quelques verbes courants (voir p. 485 pour une liste plus longue).

avoir peur (honte, envie de)   to be afraid (ashamed, to want)

être obligé de	to be required to	**essayer de**	to try to
finir de	to finish	**oublier de**	to forget to
promettre de	to promise to	**refuser de**	to refuse to
s'arrêter de	to stop	**se contenter de**	to be content with
se dépêcher de	to hurry	**s'excuser de**	to apologize for

◇ **3.** Certains verbes ont les deux constructions et changent de sens.

se décider à	**décider de**
(*to make up one's mind*)	(*to decide*)
Il avait peur, mais il **s'est décidé** à plonger.	Nous avons **décidé d'**acheter une maison.
demander à	**demander** (à quelqu'un) **de**
(*to ask permission to*)	(*to ask*)
Il **demande à** sortir	Il **vous demande de** sortir.

REMARQUE: Les verbes **commencer** et **finir** ont deux constructions, avec à ou **de** et avec **par**. Leur sens change.

Il **commence à** pleuvoir.	J'ai **commencé par** faire mes maths.
*It's **starting** to rain.*	*I **started with** my math homework.*
Elle **a fini de** pleurer.	Elle **a fini par** comprendre.
*She is **through** crying.*	*She **finally** understood.*

◇ **4.** Si l'infinitif a un objet direct ou indirect qui est un pronom, ce pronom est placé entre la préposition et l'infinitif.

Il a peur de parler **au professeur.**	Il a peur de **lui** parler
Nous avons réussi à finir nos **devoirs.**	Nous avons réussi à **les** finir.
J'ai oublié d'acheter **du pain.**	J'ai oublié d'**en** acheter.

REMARQUE: Dans ce cas, on ne contracte jamais **à le, de le, à les, de les** parce que **le, les** sont des *pronoms*.

Exercice

Refaites les phrases suivantes avec les verbes indiqués.

> Modèle: Il **va faire** la sieste.   Il **refuse de** . . .
> *Il **refuse de faire** la sieste.*

1. J'aime dormir tard le dimanche matin.
   Essayez / Elle ne réussit pas / Tu n'es pas obligé / Je tiens
2. Vous pouvez attraper une colle.
   Elle ne cherche pas / Tu n'as pas honte / Vous vous excusez / Je refuse / Nous ne tenons pas
3. Je ne sais pas me servir d'un ordinateur.
   Avez-vous essayé? / Tu as appris / Nous nous amusons / Je décide / Il songe
4. Il faut vous acheter des fringues.
   Elle se décide / Nous oublions / Je promets / Il va m'aider / Ils ne tiennent pas
5. Je suis obligé de travailler dans un restaurant.
   Elle s'est arrêtée / Tu t'es mis / Vous refusez / Il a décidé / Je préfère

◇ **5.** L'infinitif qui suit un adjectif peut être précédé de **à** ou de **de**.

à   Le sujet du verbe **être** est un nom (ou un pronom), ou **ce** qui remplace une phrase, une idée déjà exprimées. Dans ce cas, l'infinitif ne peut pas avoir d'objet direct: il a un *sens passif*. On emploie **à**.

La leçon est **difficile à comprendre.**	Elle est **difficile à comprendre.**
*The lesson is **difficult to understand.***	*It is **difficult to understand.***
Marie ne s'est jamais mariée.	C'est **difficile à comprendre.**
Marie has never gotten married.	*It's difficult to understand (why).*

> sujet   + être + adjectif + à + infinitif
> (nom, pronom ou **ce**)

de   Le sujet n'est jamais un nom. Le sujet est **il** impersonnel ou **ce** (**ce** est plus fréquent que **il** [voir p. 288]). Dans ce cas, l'infinitif peut avoir un objet direct: il a un *sens actif*. L'infinitif seul (ou l'infinitif + son objet direct) est le véritable sujet du verbe **être**. On emploie **de**.

C'est **important de** se reposer.	*It's important to rest.*
Il est (c'est) **difficile de** dormir le jour.	*It's difficult to sleep during the day.*
Il est (c'est) **difficile de** comprendre cette leçon.	*It's difficult to understand this lesson.*
Il est **important d'**étudier vos verbes.	*It's important to study your verbs.*

◇ **6.** L'infinitif qui suit un nom peut être précédé de **à** ou de **de.**

à   On emploie **à** si en anglais la construction signifie *something which must be done to the preceding thing.*

une maison **à peindre**	*a house to paint*
un livre **à lire**	*a book to read*
une chanson **à chanter**	*a song to sing*
un film **à voir**	*a film to see*

de   On emploie **de** si l'équivalent en anglais est *of* + la forme du verbe *-ing.*

la pensée **de revenir**	*the thought of coming back*
la façon **de parler**	*the way of speaking*
l'idée **de partir**	*the idea of going*
la nécessité **de lire**	*the necessity of reading*

On trouve souvent **de** avec les expressions de temps.

le temps **de travailler**	*the time to work*
le moment **de partir**	*the time to go*
l'heure **de dormir**	*the time to sleep*

Exercice

Dans les phrases suivantes, mettez la préposition qui convient: **à** ou **de.**

1. J'ai une maison _____ vendre.   2. Je n'aime pas sa façon _____ parler.   3. Avez-vous le temps _____ lire?   4. Ce livre est difficile _____ lire.   5. C'est impossible _____ lire quand il y a du bruit.   6. L'arabe et le chinois sont des langues difficiles _____ apprendre.   7. Ce n'est pas agréable _____ travailler dans une usine.   8. Tu n'es pas facile _____ convaincre.   9. C'est toujours pénible _____ entendre le bruit des voitures.   10. Le macramé? Ce n'est pas difficile _____ faire. Il suffit _____ savoir faire des nœuds.   12. Vos dessins sont très jolis _____ regarder, mais trop chers _____ acheter.   13. C'est bon _____ boire quand on a soif.   14. Ce n'est pas recommandé _____ boire quand on a chaud.   15. La bière fraîche est bonne _____ boire.   16. Avez-vous le temps _____ regarder la télévision?   17. Non, d'ailleurs il n'y a pas beaucoup d'émissions intéressantes _____ regarder.   18. Dans cet immeuble, il y a trois appartements _____ louer.   19. C'est difficile _____ louer quelque chose quand on ne connaît pas le quartier. 20. Je n'ai pas encore eu l'occasion _____ voir *La Mission.* C'est un film _____ voir.

L'infinitif avec d'autres prépositions

On emploie l'infinitif après les autres prépositions courantes. Souvent on utilise *-ing* pour traduire l'infinitif.

avant de		*before*	
sans	} dormir	*without*	} *sleeping*
au lieu de		*instead of*	

Pour dormir, il prend des pilules.   *In order to sleep he takes pills.*
Sans dire un mot, elle est sortie.   *Without saying a word, she left.*

REMARQUES:

- **Après** est suivi seulement de l'infinitif passé.

Après avoir bien **dîné,** ils ont fumé un cigare.	*After dining well, they smoked cigars.*
Après être partis, ils ont regretté ne pas être restés.	*After they left, they were sorry they did not stay.*

- La préposition **en** est suivie de la forme verbale en . . . -ant. C'est le gérondif (voir p. 432). **En** n'est jamais suivi de l'infinitif.

Il chante toujours **en travaillant.**	*He always sings **while working.***

Exercices

A. Dans les phrases suivantes mettez la préposition qui convient dans l'espace vide.

1. Camille va au café après son travail ____ rentrer chez lui.   (pour, sans, au lieu de)
2. Josyane a écrit sa composition ____ faire des fautes.   (avant de, sans, pour)
3. Les enfants se lavent les mains ____ se mettre à table.   (après, au lieu de, avant de)
4. Jacques fait du jogging ____ rester en bonne santé.   (au lieu de, sans, pour)
5. Ils quittent le restaurant ____ avoir payé l'addition.   (pour, en, après)

B. Traduisez les phrases suivantes.

1. Instead of crying, you should work.   2. After he went up the Eiffel Tower, he refused to come down.   3. Before doing your homework, study your lesson.   4. After she took a nap, she read a book.   5. Without looking at me, he left.   6. After understanding this page, you will feel proud of yourself.

Faire + infinitif

◇ **1.** Le verbe **faire** suivi de l'infinitif est une construction courante qui signifie *to make or have someone do something* ou *to have something done*. Aux temps simples, le nom objet est placé *après* l'infinitif. Le pronom objet est placé *avant* **faire**.

Nom **après** l'infinitif	Pronom **avant** faire
Le professeur **fait travailler les étudiants**	Le professeur **les fait travailler.**
The teacher makes the students work.	*The teacher makes them work.*
Nos amis **font construire leur maison.**	Nos amis **la font construire.**
Our friends are having their house built.	*Our friends are having it built.*

REMARQUE: Les pronoms **me, te, nous, vous** sont aussi placés *avant* le verbe.

Elle **vous fait travailler.**	Tu **nous fais rire.**
She makes you work.	*You make us laugh.*

  a. L'ordre des mots à la forme négative et aux temps composés est normal.

Le professeur **ne** fait **pas** travailler les étudiants.	Le professeur **ne** les a **pas** fait travailler.
Nos amis **ne** font **pas** construire leur maison.	Nos amis ne l'ont **pas** fait construire.

  b. Il n'y a jamais d'accord du participe passé **fait** quand il est suivi d'un infinitif.

  c. A l'impératif positif, l'ordre des mots est **faire** + pronom + infinitif.

  Fais-moi rire.   **Faites**-les travailler.   **Faisons**-la construire.

  d. A l'impératif négatif, l'ordre des mots est normal: le pronom est placé avant le verbe.

  Ne **me fais** pas rire.   Ne **les faites** pas travailler.   Ne **la faisons** pas construire.

Exercices

A. Faites des phrases avec les groupes suivants et le verbe **faire**.

  Modèles: Le professeur / les étudiants travaillent
  *Le professeur **fait travailler les étudiants**.*
  *Il **les fait travailler.***

  Ses cousins / on a réparé leur voiture
  *Ses cousins **ont fait réparer leur voiture**.*
  *Ils **l'ont fait réparer.***

1. La pluie / les touristes sont partis
2. Le commissaire de police / on n'arrête pas le voleur
3. Le clown / les enfants riaient
4. La tempête (*storm*) / on a fermé les écoles
5. La directrice / on renvoie cet employé
6. Ce film émouvant / les spectateurs pleurent
7. Les gaz lacrymogènes (*tear gas*) / les manifestants pleurent

B. Combinez les groupes suivants avec le verbe **faire**. (Attention au temps!)

> Modèle: Le froid / tu trembles
> *Le froid **te fait trembler**.*

1. Ce film / elles ont pleuré
2. Le jogging / vous avez maigri
3. Le pain français / je grossissais
4. Le danger / nous n'hésitons pas
5. Leurs récits de voyage / vous rêvez
6. Cette mauvaise expérience / je réfléchis

C. Refaites les phrases suivantes à l'impératif positif, puis à l'impératif négatif.

> Modèle: Tu me fais rire.
> ***Fais-moi** rire.*
> *Ne **me fais pas** rire.*

1. Vous faites pleurer Madeleine. 2. Nous faisons cuire les haricots (*beans*). 3. Tu fais sauter les oignons. 4. Vous faites laver votre voiture. 5. Nous faisons chauffer le beurre. 6. Vous faites brûler ma côtelette.

◇ **2.** Dans certains cas, l'infinitif est suivi de deux noms. Le premier nom est l'objet direct de l'infinitif; le deuxième nom s'appelle *l'agent*. Ce deuxième nom est précédé de la préposition à ou de la préposition **par**. La formule est:

$$\text{faire} + \text{infinitif} + \left\{ \begin{array}{l} \text{à} \\ \text{au} \\ \text{aux} \\ \text{par} \end{array} \right\} + \text{nom de l'agent}$$

> Le professeur **fait réciter** un poème $\left. \begin{array}{l} \text{à l'étudiant.} \\ \text{aux étudiants.} \end{array} \right.$
> *The teacher has the student (students) recite a poem.*

> Nous avons **fait réparer** notre voiture **par ce mécanicien.**
> *We had this mechanic repair our car.*

Dans le premier exemple (**à l'**, **aux**), l'étudiant récite le poème avec l'aide, sous l'autorité (*direction*) du professeur.

Dans le deuxième exemple, le mécanicien répare notre voiture pour nous, à notre place.

Exercice

Combinez les groupes suivants avec **faire** et la formule **à** + agent ou **par** + agent.

1. Le patron / la secrétaire tape son courrier
2. La tante / le bébé prend un bain
3. La vieille dame / la bonne ne lave pas la vaisselle
4. Cette maman / ses enfants mangent des carottes
5. Ce monsieur / un domestique cire (*shines*) ses chaussures
6. Ma sœur / la meilleure vétérinaire soigne son chien
7. Je / ma voisine achète du pain
8. Nous / nos amis goûtent nos confitures (*jams*)

◇ **3.** Si on remplace les deux noms par des pronoms, le nom objet direct devient pronom objet direct (**le, la, les,** ou **en**) et le nom d'agent devient pronom objet indirect (**lui, leur**). Les autres pronoms (**me, te, nous, vous**) sont aussi placés devant **faire.**

Je fais ranger **ma chambre par la femme de ménage.**	Je **la lui fais** ranger.
Le professeur fait réciter **le poème aux étudiants.**	Le professeur **le leur fait** réciter.
Nos amis **nous** ont fait envoyer **des fleurs.**	Nos amis **nous en** ont fait envoyer.

REMARQUES:

■ Si l'infinitif est un verbe pronominal, **se** disparaît généralement.

Je **fais promener** les enfants. (**se promener**)

■ L'expression **faire faire** (*to have something done, to make someone do something*) est très fréquente.

Je lui **fais faire** la vaisselle.	*I make him do the dishes.*
Elle a **fait faire** sa robe par la couturière.	*She had her dress made by the dressmaker.*

Exercice

Refaites les phrases suivantes avec des pronoms. (Attention aux temps!)

Modèle: J'ai fait réparer ma montre par le bijoutier.
*Je **la lui ai fait** réparer.*

1. Le professeur fait faire des dictées à ses élèves.
2. Elle a fait planter des fleurs par son jardinier.
3. Ce patron faisait écrire ses lettres par sa secrétaire.
4. Ce chef fait goûter ses sauces à son apprenti.
5. Il faut que cette maman fasse boire du lait à ses enfants.
6. Le docteur nous fait prendre les mêmes médicaments.
7. Votre mère vous fait laver la vaisselle?
8. Est-ce que tu fais prendre des vitamines à ton chien?

◇ **4. Se faire** + infinitif

L'action de **se faire** est réfléchie. On emploie cette expression pour indiquer que le sujet fait faire une chose pour lui-même. Comparez les phrases suivantes:

Monique **se brosse** les cheveux.	*Monique **brushes** her hair.*
L'actrice **se fait brosser les cheveux.**	*The actress **has her hair** brushed.*

Aux temps composés, on emploie l'auxiliaire **être.** Le participe passé **fait** ne s'accorde pas.

Elle s'est **fait couper** les cheveux.	*She had her hair cut.*
Ils **se sont fait raser** la tête.	*They had their heads shaved.*

Les pronoms sont dans l'ordre normal.

Nous nous sommes fait envoyer **ces livres.**	**Nous nous les** sommes fait envoyer.
Ils se sont fait faire **des chaussures.**	Ils **s'en** sont fait faire.

Exercice

Faites des phrases avec le vocabulaire suggéré et le verbe **se faire.** Variez les temps.

Modèle: Elle / brosser les cheveux
*Elle **se fait** brosser les cheveux.*

1. Nous / envoyer du fromage
2. La princesse / faire des robes
3. Elle / cuire une dinde
4. Son frère / raser la barbe
5. Les jeunes mariés / offrir des cadeaux
6. Je / construire une maison
7. Stéphanie / acheter une Porsche
8. Marius / tatouer la poitrine
9. Vous / laver la tête
10. Ils / faire un massage.

Laisser + *infinitif* / *verbe de perception* + *infinitif*

◇ **1. Laisser** (*to let*) et les verbes de perception comme **voir, regarder, écouter, entendre, sentir** sont fréquemment suivis d'un infinitif.

a. Quand l'infinitif est employé seul, l'ordre des mots est variable: on place le nom avant ou après l'infinitif.

laisser / **regarder** + nom + infinitif	ou	**laisser** / **regarder** + infinitif + nom

Je **laisse** le chien **sortir.**
Je **regarde** les enfants **jouer.**

Je **laisse sortir** le chien.
Je **regarde jouer** les enfants.

« **Un essai nucléaire, comment ça se passe ? J'ai vu exploser la bombe !** »

b. Quand l'infinitif a un nom objet, le nom sujet est placé *avant* l'infinitif, le nom objet est placé *après*.

> laisser
> regarder } + nom sujet + infinitif + nom objet

           sujet   **O.D.**
Je **laisse** le chien manger ma **côtelette**.

           sujet   **O.I.**
Je **laisse** mes **enfants** téléphoner à leurs **amis**.

           sujet   **obj. de prép.**
Je **regarde** les **enfants** jouer **dans le jardin**.

Exercice

Faites des phrases avec les groupes suggérés sur le modèle.

> Modèle: Je laisse / les voitures passent.
> *Je **laisse passer** les voitures.*
> *Je **laisse** les voitures **passer**.*

1. Christiane ne laisse pas / sa fille vit dans le désordre.
2. Il a senti / la colère montait.
3. Je regarde / le soleil se lève.
4. J'ai vu / un voleur prenait des fruits.
5. Nous regardons / les touristes descendent du car.
6. Tu ne laisses pas / le chien dort avec toi?
7. Ce père laisse / sa fille conduit sa voiture.
8. Elle a laissé / la soupe a brûlé!

◇ **2.** Voici l'ordre des mots quand on remplace les noms par des pronoms:

   a. L'infinitif est employé seul: le pronom est placé *avant* **laisser** (ou le verbe de perception).

> Je **laisse** le chien sortir. }
> Je **laisse** sortir le chien. } Je **le laisse** sortir.

   b. L'infinitif a deux pronoms: le premier pronom qui fait l'action de l'infinitif est placé *avant* **laisser** (ou **regarder**, etc.); l'objet de l'infinitif est placé *avant* l'infinitif.

> Je laisse le chien manger ma côtelette.   Je **le** laisse **la** manger.
> J'entends les enfants chanter des chansons.   Je **les entends en** chanter.

   c. On a aussi la construction suivante qui est identique à la construction du verbe **faire**: le nom objet direct (**côtelette, chansons**) devient pronom objet direct (**la, en**) et le sujet de l'infinitif (**le chien, les enfants**) devient pronom objet indirect (**lui, leur**).

> Je **la lui** laisse manger.   Je **leur en** entends chanter.

◇ **3. Laisser** et les verbes de perception ont la même construction que **faire** dans les cas suivants:

a. A la forme négative et aux temps composés, l'ordre des mots est normal.

Il **ne** laisse **pas** ses enfants s'amuser.   Il **ne** les a **pas** laissé s'amuser.
Je n'entends **pas** sonner la cloche.   Je **ne** l'ai **pas** entendu sonner.

b. Quand ils sont suivis d'un infinitif, il n'y a pas d'accord[6] du participe passé.

Je **la lui** ai **laissé** manger.   Tu **les as entendu** sortir?

c. A l'impératif positif, l'ordre des mots est **laisser** (ou **regarder**, etc.) + pronom (ou pronoms) + infinitif.

Laisse sortir **le chien.**   **Laisse-le** sortir.
Regardons jouer **les enfants.**   **Regardons-les** jouer.

d. A l'impératif négatif, l'ordre des mots est normal: le pronom est placé avant le verbe.

Ne le laisse pas sortir.   **Ne les regardons pas** jouer.

Exercices

Faites des phrases avec les verbes suggérés sur le modèle.

Modèle: Elle laisse / son mari fait la cuisine
*Elle **laisse son mari faire** la cuisine.*
*Elle **le laisse faire** la cuisine.*

1. Nous regardons / le voisin tond sa pelouse
2. Elles ont entendu / les enfants crient dans le jardin
3. Vous avez laissé / ce maladroit a taillé vos rosiers
4. Tu as vu / les ballerines font des exercices?
5. Vous laissez / je lis la lettre de votre mère
6. Nous écoutons / M. Rubinstein joue cette sonate
7. Prunelle ne laisse pas / la femme de ménage nettoie sa chambre

B. Refaites les phrases suivantes à l'impératif.

Modèle: Vous laissez / votre fille sort seule
Laissez votre fille sortir seule.
Laissez-la sortir seule.

1. Tu laisses / tes enfants fume
2. Nous regardons / le jardinier plante des rosiers
3. Vous écoutez / le professeur explique la leçon
4. Vous laissez / cette personne passe devant vous
5. Tu écoutes / le pianiste joue ce concerto
6. Tu regardes / cet acrobate fait des pirouettes

---

[6] Une règle spécifiait que le participe passé (**laissé, vu, entendu, senti**) suivi d'un infinitif pouvait s'accorder dans certains cas. Dans un effort de simplification de l'orthographe de la langue française, un arrêté ministériel du 17 juillet 1977 dit que ces participes sont invariables.

Formules à retenir

◇ **1. faillir** + infinitif

On l'utilise de cette façon: on conjuge le verbe **faillir** au passé composé, puis on ajoute l'infinitif du verbe principal. Cette expression signifie **presque**.

Elle **a failli tomber**.   Elle est *presque* tombée.
J'ai **failli répondre**.   J'ai *presque* répondu.
Vous **avez failli avoir** un accident.   Vous avez *presque* eu un accident.

Exercice

Refaites les phrases suivantes avec le verbe **faillir**.

1. Ils ont presque tout perdu dans un incendie.   2. Elle a presque fait le tour du monde.
3. Les Allemands ont presque gagné la 2ème guerre mondiale.   4. Le champion est presque arrivé le dernier au marathon!   5. La tornade a presque touché la ville.

◇ **2. trop . . . pour / assez . . . pour**

a. L'expression **trop . . . pour** signifie *too . . . much to.* On emploie **trop** avec un verbe, un adjectif ou un adverbe. On emploie **trop de** avec un nom.

Il a **trop bu** pour pouvoir conduire   *He drank too much to be able to drive.*
Elle **est trop malade** pour venir en classe. *She is too sick to come to class.*
Vous êtes **parti trop tard** pour arriver à   *You left too late to arrive on time.*
  l'heure.
Il a **trop de travail** pour sortir.   *He has too much work to go out.*

—Cette jupe est trop large. Je suis bien trop mince pour l'essayer.

b. L'expression **assez . . . pour** signifie *enough . . . to*. On emploie **assez** avec un verbe, un adjectif ou un adverbe. On emploie **assez de** avec un nom.

Vous avez **assez travaillé pour** pouvoir vous reposer.	*You have **worked enough to** (be able to) rest.*
Prunelle n'a pas l'esprit **assez clair pour** emporter tous ses livres.	*Prunelle does not have a mind **clear enough to** take all her books.*
Il ne court pas **assez vite pour** gagner la course.	*He's not running **fast enough to** win the race.*
Ils ont **assez d'argent pour** faire un voyage en Europe.	*They have **enough** money to take a trip to Europe.*

Exercices

A. Faites des phrases avec **trop . . . pour** et **assez . . . pour** et le vocabulaire indiqué.

trop . . . pour

1. Jacques est paresseux / il range sa chambre
2. Le chien a peur / il rentre au salon
3. Il fait chaud / rester au soleil
4. J'ai trop de devoirs / je sors ce soir

assez . . . pour

1. Je n'ai pas d'appétit / je mange tout le gâteau
2. Cette jeune fille a du talent / elle joue dans une pièce
3. La femme de ménage n'est pas payée / elle fait ce travail
4. Le psy a du temps / il reçoit la mère de Prunelle

Exercices

A. Conseils du psy. La mère de Prunelle va chez le psy pour lui parler de sa fille. Écrivez leur conversation. Combinez un verbe de la colonne de gauche avec un verbe de la colonne de droite.

Modèle: La mère dit: Ma fille . . . oublier de   elle prend ses livres.
*La mère dit: Ma fille **oublie de prendre** ses livres.*

1. La mère dit:	Ma fille négliger de	elle lit des B.D.
	se plaire à	elle mange des yaourts dans sa chambre
	se mettre à	elle écoute de la musique pop
	s'amuser à	elle ramasse ses affaires
2. Le psy répond:	demandez à votre fille	elle décore sa chambre
	promettez lui	elle lit des livres intéressants
	obligez-la	elle va à un concert de musique classique
	invitez-la	elle fait son cartable la 'veille
	défendez-lui	vous l'envoyez en vacances si elle n'a pas de colle

B. **La meilleure chose à faire.** Que conseillez-vous à ces personnes qui ont des problèmes?

>Modèle: Un athlète qui prend des dopants   (arrêter / se droguer)
>*Arrêtez de vous droguer!*

1. Un monsieur de 50 ans qui est trop gros   (essayer / maigrir)
2. Une dame qui a de l'asthme   (éviter / fumer)
3. Une jeune fille qui va passer un examen   (ne pas oublier / prendre des vitamines)
4. Quelqu'un qui va prendre l'avion   (se dépêcher / aller à l'aéroport)
5. Un ami qui ne trouve pas de travail   (continuer / chercher)
6. Quelqu'un qui se plaint tout le temps   (cesser / se plaindre)

C. **Tout seul ou avec l'aide d'un spécialiste?**   Certaines personnes savent tout faire; d'autres se font aider par des spécialistes.

>Modèle: Daniel règle (*tune*) sa voiture lui-même; moi / un mécanicien
>*Moi, je fais régler ma voiture par un mécanicien.*

1. Robert tond sa pelouse; vous / jardinier
2. Marie-Claire nettoie sa maison; Chantol / une femme de ménage
3. Ma mère faisait ses robes; moi / une couturière
4. Vous repeignez (*repaint*) votre maison; nous / un peintre
5. Suzie coupe les cheveux de ses enfants; Gabrielle / un coiffeur

D. **Parents permissifs.**   Certains parents laissent leurs enfants faire ce qu'ils veulent.

>Modèle: Ils laissent / leurs enfants sortent tous les soirs.
>*Ils **les laissent sortir** tous les soirs.*

Ils laissent . . .

1. Leurs enfants mangent dans leur chambre.
2. Ils empruntent leur voiture.
3. Ils amènent leurs copains à toute heure à la maison.
4. Ils mettent du désordre dans toute la maison.
5. Ils font du bruit toute la nuit.
6. Ils vident le réfrigérateur.

Traduction

1. During her mother's absence, Prunelle decided to give her a surprise: She began by picking up all the clothes on the floor; she folded them and hung them in the armoire. She organized the drawers of her dresser and spent a long time finding all her unmatched shoes and socks.
2. In the kitchen, she did not forget to put back in the refrigerator the milk, the butter, and the ham after eating.
3. She tried to remember to look into her assignment notebook before packing her bag and to take the right (**bon**) books with her to school.
4. When her mother came back, she was delighted and gave Prunelle many rewards. Easy to understand!

Conversations

1. Les sports.
   Quels sont les sports favoris parmi les jeunes? Comment est-ce qu'on pratique ces sports?

- **le tennis:** une raquette et des balles, un court, un filet (*net*), taper sur la balle

- **le ski:** la neige, une station (*resort*), un remonte-pente (*lift*), des skis, des bâtons (*poles*)

- **le bateau à voile:** faire du bateau à voile, la voile, (*sail*)

- **la planche à voile** (*windsurfing*): la planche (*board*)

- **le foot** (*soccer*): un ballon (*ball*), donner un coup de pied (*to kick*), donner un coup de tête (*to kick with the head*), un goal ou un but (*goal*), un goal ou un gardien de but (*goalee*), un match (*game*), un arbitre (*umpire*)

- **le basket** (*basketball*): le ballon (*ball*)

- **la bicyclette:** le Tour de France

2. Décrivez votre chambre. Est-ce qu'elle ressemble à celle de Prunelle? Est-elle bien rangée? Que contient-elle?

des tableaux, des souvenirs de voyage, des objets d'art, une télé, un micro-ordinateur, une machine à écrire, une radio, une chaîne (*stereo*), des meubles confortables, des coussins par terre, une chaise, un sofa, un miroir, un bureau, une commode (*chest of drawers*), un placard (*closet*), des objets insolites (*unusual*): une salière, un pot de yaourt, une armoire sans porte

3. Quels vêtements avez-vous dans votre placard?

Rédaction

Vous allez prêter votre chambre (ou votre appartement) à un ami (une amie) pendant votre absence. Vous mettez des petits papiers partout pour lui recommander de faire attention à vos objets personnels. Ecrivez au moins 15 petits papiers, sur le frigidaire, sur votre électrophone (*record player*), dans la salle de bains, sur votre lit, etc.

Chapitre 14

Le futur

Vocabulaire

à domicile   at home
s'adresser à   to apply to
adulte (*m.*), grande personne (*f.*)   a grown-up
appelé à   destined for
à son rythme   at one's own pace
bureau (*m.*)   office
chandail (*m.*)   sweater
se charger de   to take care of
chiffre (*m.*)   number
comptabilité (*f.*)   accounting
confection (*f.*)   ready-made clothes
consacrer   to devote
corvée (*f.*)   chore
cours (*m.*) magistral   lecture
débouché (*m.*)   career opportunity
démontrer   to show
distraire   to entertain
dynamique (*f.*)   dynamics
écolier (*m.*), écolière (*f.*)   schoolboy,
   schoolgirl
écran (*m.*)   screen
s'effectuer   to take place
empêché   prevented
entourer   to surround

esprit (*m.*)   mind
évoluer   to progress
faire l'affaire   to do the job
grâce à   thanks to
machine (*f.*) à écrire   typewriter
matière (*f.*)   material, subject
opération (*f.*)   sum
pantoufles (*f. pl.*)   slippers
parc (*m.*)   playpen
par l'intermédiaire   through
se perfectionner   to improve one's knowledge
prendre livraison   to pick up
professeur (*m.*) particulier   tutor
programmateur (*m.*), programmatrice (*f.*)
   computer programmer
rabâcher   to repeat tediously
recherche (*f.*)   research
redécouverte (*f.*)   rediscovery
se rendre à   to go to
roman (*m.*)   novel
terminal (*m.*) ménager   home computer
terminal (*m.*) d'ordinateur   computer
tranquillement   quietly

Les avantages de l'ordinateur

Christiane Collange (1930–   ) est née à Paris. Elle est journaliste, a été rédactrice en chef° de la revue *L'Express* et editorialiste° au journal féminin *Elle*.

     Elle a écrit plusieurs livres, parmi lesquels *Madame et le bonheur, Madame et le management*. Elle s'intéresse aux difficultés que rencontrent les femmes qui travaillent et qui ont aussi une famille, des enfants. Ce passage est extrait de *Madame et le management*.

La personne qui parle est un expert en informatique, qui était une science toute nouvelle il y a dix ans.

«Vous avez la télévision, parce que vous n'imaginez plus de vivre sans. Elle vous intéresse, elle vous distrait, elle vous ouvre l'esprit. Le jour où° vous pourrez avoir un terminal d'ordinateur dans votre living-room pour deux cents francs par mois[1] et où vous réaliserez°
5 tout ce qu'il pourra vous apporter à vous et à votre famille, vous ne résisterez pas. Pas plus qu'à la télévision.° Vous voudrez participer à cette nouvelle révolution de la technologie.

     «Bien sûr, au début, certains refuseront. Comme pour la télévision. Ils estimeront qu'ils n'ont pas besoin de ces gadgets et que les
10 livres font fort° bien l'affaire et depuis fort longtemps. Mais la dynamique du progrès est irrésistible, surtout si elle est imposée aux adultes par l'intermédiaire des enfants.»

     Car le terminal s'adressera d'abord à eux. Il leur permettra de se débarrasser, par exemple, de corvées stupides et harassantes comme
15 celle° qui consiste à diviser des chiffres par un nombre décimal.[2] Dans certaines écoles confessionnelles du diocèse de New York, des recherches ont démontré que, dès l'âge de° neuf ans, les enfants sont parfaitement capables de se servir d'un ordinateur pour réaliser° toutes les opérations classiques° et tous les problèmes d'algèbre. Il
20 semble que, dans quelques années, la plupart des écoliers américains feront leurs devoirs du soir par le canal du téléphone à douze touches° ou du terminal ménager.

     C'est là que le rôle des adultes, et surtout des mères, devra évoluer fondamentalement.

25   Relayé° par la machine, le professeur aura de moins en moins° besoin de consacrer son cours magistral à des mécanismes de base.° L'ordinateur se chargera de ces corvées de rabâchage.° Par l'intermédiaire d'une petite machine à écrire et d'un écran cathodique° il permettra à chaque enfant d'apprendre à son rythme. Pour chaque
30 matière enseignée, la machine posera plusieurs questions à l'enfant

---

rédactrice... editor-in-chief /
contributing writer

Le jour... The day that
vous... you will understand

pas... No more than you resisted
television.

= très

= la corvée

dés... as young as
accomplish
opérations... simple calculations

le canal... by means of the touch-tone
telephone

Relieved / de moins... less and less
mechanismes... simple mechanical
drills
tiresome repetition
cathode = ray

Extrait de Christiane Collange: *Madame et le mangagement*. Reproduit avec la permission de Christiane Collange.

[1] **deux cents... mois** approximately thirty dollars for monthly rental (1987 exchange rate)
[2] **diviser des chiffres... décimal** Exemple: 9 divisés par 3,42 font 2,63.

pour s'assurer qu'il a bien compris ce qu'il vient de voir. La machine continuera ses explications aussi longtemps que° les réponses seront fausses. L'apprentissage° par ordinateur s'effectuera donc tranquillement à la maison, quelques heures par jour, sous le contrôle de la
5 mère. Pour suivre les études de son enfant, la femme devra elle-même apprendre à se servir du terminal. Tous les spécialistes sont d'accord, les mères appelées à devenir des professeurs particuliers devront d'abord se recycler.

      Mais l'ordinateur ne servira pas seulement aux enfants. Une fois
10 branché, il attirera tous les membres de la famille. Le père d'abord: le terminal permettra à l'homme de se recycler à domicile. Tranquillement, après le dîner, au lieu de regarder la télévision, il ira, s'il est ambitieux et volontaire,° suivre pendant une heure un cours de comptabilité avancée en pantoufles et chandail, bien au chaud.°
15   Les enfants d'abord, les hommes ensuite. Mais les femmes? C'est sans doute pour elles que le terminal à domicile représentera la plus grande révolution. Non seulement il simplifiera leur secrétariat domestique,° mais surtout il facilitera leur développement individuel. Grâce à la technologie, elles pourront profiter de leurs obliga-
20 tions maternelles pour se perfectionner et se cultiver, au lieu d'être empêchées par leur rôle de mère de sortir du monde qui les entoure. Il

aussi... as long as
Learning

determined
bien... comfortable and warm in his house.

leur... family record-keeping

est reconnu, par exemple, que les femmes sont d'excellentes programmatrices. Elles ont la méthode, le sérieux et la conscience professionnelle nécessaires pour converser avec ces machines. Cette pro-
fession est en pleine expansion,° bien rémunérée; elle représentera   en... is growing rapidly
5 pour les femmes intelligentes un débouché important. Grâce au ter-
minal à domicile, les programmatrices pourront parfaitement tra-
vailler de chez elles,° pendant que leur bébé dormira ou jouera dans   travailler... to work from their homes
son parc. Il leur suffira de se rendre une ou deux fois par semaine au
bureau pour prendre livraison des nouveaux programmes à réaliser.
10 Ce sera peut-être la redécouverte du travail à domicile et l'électronique aura remplacé la confection.[3]

      Tout cela ressemble à un roman de science-fiction. La tentation
est grande de se dire° que «ce n'est pas demain la veille.» Effective-   **La...** One feels very tempted to tell oneself
ment.° Ce n'est pas demain la veille, c'est aujourd'hui.   Yes, indeed.

Questions

1. Quels sont les avantages de la télévision? Certaines personnes
   n'ont pas besoin de ce gadget. Que préfèrent-elles?
2. Combien est-ce que cela coûtera de louer un terminal?
3. De quelles corvées stupides est-ce que le terminal permettra aux
   enfants de se débarrasser?
4. Dès quel âge est-ce que les enfants sont capables de se servir
   d'un ordinateur? Où est-ce qu'on a fait des recherches pour
   trouver ces renseignements?
5. Christiane Collange prédit que les écoliers américains feront
   leurs devoirs différemment. Comment est-ce qu'ils les feront?
6. Le professeur s'occupera de moins en moins de certains exercices.
   Lesquels? Qui se chargera de ces exercices?
7. Comment fonctionne un ordinateur qui enseigne?
8. Où s'effectuera l'apprentissage par ordinateur? Qui contrôlera
   cet apprentissage?
9. Que deviendront les mères, dans une famille où il y a un ordinateur? Que devront faire les mères?
10. Qui d'autres est-ce que la machine attirera?
11. Que fera le père, s'il est ambitieux et volontaire? Quels sont les
    avantages du terminal ménager pour l'homme qui veut se recy-
    cler à domicile? Comment est-il habillé pour suivre son cours de
    comptabilité? Pourquoi est-il habillé ainsi?
12. Pourquoi est-ce que les femmes font d'excellentes programma-
    trices?
13. Cette description de la vie future ressemble à une certaine sorte
    de roman; laquelle? Ce texte est-il prophétique?

---

[3] **la confection** Many women in France work at home, sewing for big stores that sell **prêt-à-porter,** ready-to-wear clothes.

Le futur

Le futur simple

◇ **1.** La majorité des verbes ont un futur régulier. On ajoute les terminaisons du futur à l'infinitif des verbes en **-er** (1er groupe) et en **-ir** (2ème et 3ème groupes). Les verbes du 3ème groupe en **-dre** et **-re** perdent le **-e** de l'infinitif.

	1er groupe **(parler)**	*2ème groupe* **(finir)**	*3ème groupe* **(vendre)**	**(conduire)**
-ai	je **parlerai**	finirai	vendrai	conduirai
-as	tu **parleras**	finiras	vendras	conduiras
-a	il, elle **parlera**	finira	vendra	conduira
-ons	nous **parlerons**	finirons	vendrons	conduirons
-ez	vous **parlerez**	finirez	vendrez	conduirez
-ont	ils, elles **parleront**	finiront	vendront	conduiront

REMARQUES:

- Les terminaisons sont presque identiques aux terminaisons du verbe **avoir** (excepté **avons** et **avez**).

- Il y a toujours le son / R / au futur: / Re /, Ra /, /Rõ /.

- Les verbes en **-ir** (2ème groupe et 3ème groupe) ne posent pas de problèmes de prononciation.

- Les verbes en **-er** (1er groupe) ont des problèmes de prononciation. Par exemple: **don / ne / rai.** On écrit *trois* syllabes; on prononce *deux* syllabes / dɔn-Re /; mais on écrit et on prononce trois syllabes dans les verbes comme **parlerai** et **montrerai.**[4]

Exercices

A. Mettez les verbes suivants au futur.

1. donner (tu)
2. partir (nous)
3. choisir (elle)
4. répondre (ils)
5. écouter (je)
6. construire (elles)
7. grandir (vous)
8. chanter (elles)
9. téléphoner (il)

B. Mettez les verbes suivants à l'infinitif, puis au futur.

1. vous dormez
2. elles obéissent
3. je perds
4. il se dépêche
5. tu résistes
6. nous réfléchissons
7. elles conduisent
8. ils dansent
9. vous vous entendez

---

[4] Ce problème de prononciation est expliqué dans le *Cahier*, au chapitre 14, et accompagné d'exercices.

◇ **2.** Certains verbes ont des changements orthographiques au futur.

employer ⟶ j'**emploierai**   appeler ⟶ j'**appellerai**
acheter ⟶ j'**achèterai**   jeter ⟶ je **jetterai**

REMARQUES:

- **Payer** a deux formes: **paierai** ou **payerai**.
- **Envoyer** est irrégulier: **enverrai**
- **Préférer:** l'accent ne change pas: je **préférerai**.

Exercice

Mettez les verbes suivants au futur.

1. tu essaies
2. vous jetez
3. ils épellent
4. nous nettoyons
5. ils répètent
6. vous interprétez
7. nous élevons
8. je suggère
9. tu rappelles
10. vous envoyez
11. il projette
12. nous achetons

◇ **3.** Plusieurs verbes irréguliers ont un futur irrégulier.

aller	j'irai		
courir	je **courrai** /RR/	tenir	je **tiendrai**
mourir	je **mourrai** /RR/	venir	je **viendrai**
apercevoir	j'**apercevrai**	vouloir	je **voudrai**
recevoir	je **recevrai**	voir	je **verrai** /R/
devoir	je **devrai**	savoir	je **saurai**
pouvoir	je **pourrai** /R/		
s'asseoir	je **m'assiérai** ou je **m'assoirai**		
faire	je **ferai**		
il faut	il **faudra**	ça vaut	ça **vaudra**
il pleut	il **pleuvra**		

REMARQUES:

- **Ça plaira** (**ça plaît**) est régulier.
- Le double **r** est parfois prononcé / R /, parfois / RR /

◇ **4. Avoir / être**

avoir		être	
j'**aurai**	nous **aurons**	je **serai**	nous **serons**
tu **auras**	vous **aurez**	tu **seras**	vous **serez**
il **aura**	ils **auront**	il **sera**	ils **seront**

Exercice

Mettez les verbes suivants à l'infinitif et au futur simple.

1. il fait	2. il est	3. vous allez
4. nous ne pouvons pas	5. elle ne va pas	6. vous vous asseyez
7. je sais	8. il faut	9. as-tu?
10. vient-il?	11. elle ne veut pas	12. il ne pleut pas
13. tu vois	14. ça vaut	15. nous recevons
16. nous courons	17. nous n'avons pas	18. nous revenons
19. il peut	20. elle doit	21. savez-vous?
22. ils ne s'aperçoivent pas	23. il contient	24. elles font
25. nous ne sommes pas	26. vous mourez	27. nous nous asseyons
28. pouvez-vous?		

Emplois

◇ **1.** On emploie le futur pour indiquer qu'une action va arriver (*is going to happen*).

Dans quelques années, les écoliers **feront** leurs devoirs avec l'aide d'un ordinateur.

REMARQUE: On emploie fréquemment **aller** + l'infinitif pour exprimer une action future proche (*immediate future*).

Je **vais suivre** un cours pour apprendre à me servir d'un ordinateur.

◇ **2.** On emploie le futur en français après les conjonctions de temps si le verbe principal est au futur ou à l'impératif (avec une idée d'action future). Voici quelques conjonctions de temps:

quand } when	**aussitôt que** } as soon as	
lorsque }	**dès que** }	
tant que as long as, since	**aussi longtemps que** as long as	

Dès qu'il **arrivera**, nous nous **mettrons** à table.

As soon as he arrives, we shall sit down to dinner.

Quand vous **aurez** le temps **téléphonez**-moi.

When you have time, give me a call.

La machine **continuera** ses explications, **aussi longtemps** que les réponses **seront** fausses.

The machine will go on explaining as long as the answers are wrong.

ATTENTION: En anglais on a le présent dans le groupe subordonné.

◇ **3.** On a le futur après **si** qui signifie *whether* (voir p. 367).

Je me demande **si** elles **s'amuseront** à ce match.
Savez-vous **si** vous **prendrez** des vacances d'hiver?

◇ **4.** On emploie le *présent*, pas le futur, après **si** de condition.

S'il fait beau, nous irons à la plage.

Si vous êtes snob et paresseux,
vous adorerez jouer au golf avec un doigt.

L'open de golf CQFD se déroule sur le parcours de Miami, pour ne pas trop vous dépayser. Il s'adresse tout autant aux débutants qu'aux champions. Vous choisissez vos clubs, votre force de frappe et même les effets que vous voulez donner à la balle. Les meilleurs joueurs sont inscrits dans un palmares et Hennessy Cognac récompense chaque mardi les 30 premiers du classement.

T a p e z 3 6 . 1 5 C Q F D

◇ 5. Traduction de *will*

a. Avant de traduire *will*, il faut déterminer si c'est l'auxiliaire du futur ou une conjugaison du verbe **vouloir**.

Will you stay long in Paris?	**Resterez-vous** longtemps à Paris? (*un futur*)
Will you please stay here?	—**Voulez-vous** rester ici, s'il vous plaît? (*une prière, une requête*)
Yes, I will.	—Oui, je **veux** bien.
No, I won't.	—Non, je ne **veux** pas.

b. Quand *will* indique en anglais une action habituelle, il se traduit en français par un présent.

This man will often go several days without eating.	Cet homme reste souvent plusieurs jours sans manger.

Exercices

A. Mettez les phrases suivantes au futur.

1. Les étudiantes ne disent rien en classe.   2. Elle dort pendant cent ans.   3. Quand tu veux me voir, tu viens.   4. Si tu vas à Paris, tu ne vois que des musées?   5. S'il ne se soigne pas, il meurt.   6. Quand ils entendent la cloche, ils courent.   7. Il faut prendre un parapluie quand il pleut.   8. Vous rencontrez mon frère ce soir?   9. Elle m'appelle bientôt.   10. C'est merveilleux.   11. Elle ne s'ennuie pas.   12. Elle ne peut pas venir.   13. Il vaut mieux rester chez vous.   14. Il n'y a personne.   15. Aussitôt qu'il se réveille, il prend son petit déjeuner. 16. Si vous avez des vacances, où les passez-vous?   17. Dès que la sonnerie retentit, nous quittons le magasin.   18. Tant qu'il fait froid, nous restons bien au chaud à la maison. 19. (Je me demande) si vous comprenez comment vous servir d'une calculatrice.

B. Traduisez les phrases suivantes.

1. When you buy a computer, I shall come and use it.   2. She wonders if her husband will take a course in accounting.   3. If robots take care of the house chores, what will women do? 4. Will you go to Europe this summer?   5. Will you please get rid of this machine?   6. He won't.   7. Whales (**les baleines**) will often swim close to shore (**le rivage**).   8. Our neighbors are going to buy a new car.   9. Mother, will you please buy me this sweat-shirt? 10. OK, I shall.

Le futur antérieur

Formes

◇ **1.** C'est le temps composé du futur. On prend l'auxiliaire au futur et on ajoute le participe passé.

verbes avec **avoir**		verbes avec être	
j'**aurai donné**	je **serai arrivé(e)**	je me **serai lavé(e)**
tu **auras pris**	tu **seras parti(e)**	tu te **seras réveillé(e)**
il, elle **aura vu**	il, elle **sera venu(e)**	il, elle se **sera dépêché(e)**
nous **aurons connu**	nous **serons allés(ées)**	nous nous **serons vus(es)**
vous **aurez choisi**	vous **serez descendu(s)(es)**	vous vous **serez rencontré(s)(es)**
ils, elles **auront parlé**	ils, elles **seront montés(ées)**	ils, elles se **seront téléphoné**

Elle **aura oublié.**   *She **will have forgotten.***

◇ **2.** On forme le futur antérieur interrogatif et le futur antérieur négatif comme les autres temps composés.

Auront-ils oublié de venir?   Non, ils **n'auront pas fait** une chose aussi stupide.

◇ **3.** On accorde le participe passé dans les mêmes conditions que le participe passé du passé composé.

Mettez au frigidaire les fruits que vous n'aurez pas mang**és.**
Je ne pense pas qu'elles se seront rencontr**ées.**

Exercice

Mettez les verbes suivants au futur antérieur.

1. nous réfléchissons
2. je me regarde
3. vous prenez
4. tu parles
5. ils entendent
6. il vend
7. vous sortez
8. nous rentrons
9. elle monte
10. il pleure
11. vous obéissez
12. vous allez
13. nous ne pouvons pas
14. elle ne dit pas
15. vous envoyez
16. je sais
17. il faut
18. il vient
19. il ne pleut pas
20. ça vaut
21. il meurt

Emplois

◇ **1.** Employé seul, le futur antérieur exprime l'idée qu'une action sera terminée dans le futur.

J'**aurai fini** mes exercices à 4 h.   *I **shall have finished** at 4 o'clock.*

◇ **2.** Le futur antérieur souligne la probabilité d'une action passée.

Jean Paul n'est pas encore arrivé?   *Jean Paul has not yet arrived?*
Il **aura manqué** son train.   *He **must have missed** his train.*
(Il a **probablement manqué** son train.)   *(He **probably missed** his train.)*

Exercice

Mettez les verbes entre parenthèses au futur antérieur et indiquez le sens de votre phrase: action terminée dans le futur ou probabilité.

1. L'oiseau s'est envolé: quelqu'un (oublier) de fermer sa cage.
2. Dans dix ans, nous ne serons plus des adolescents: nous (grandir); nous (devenir) des grandes personnes; nous (se marier) peut-être.
3. Vous n'avez pas reçu la lettre de votre mère? Elle (oublier) de la mettre à la poste.
4. Dans dix ans, l'Irlande (trouver) la paix; les groupes qui se battent (se réconcilier).
5. Je ne trouve plus mes clés: est-ce que je les (laisser) au supermarché?
6. Dépêchez-vous! Vous rêvez! Vous (ne pas finir) votre examen à l'heure.

◇ **3.** On trouve le futur antérieur avec la signification d'une action terminée, après **si** qui signifie *whether* (mais jamais après **si** de condition).

> **Si** (*whether*)
> Je me demande si j'**aurai** fini à cinq heures.
>
> **Si** (*if*)
> Si j'**ai fini** à cinq heures, j'irai au cinéma.

Exercice

Dans les phrases suivantes, mettez le verbe entre parenthèses au futur antérieur ou à un autre temps.

1. Je me demande si dans vingt ans on (trouver) une solution aux problèmes de la pollution. 2. Si vous (aller) à la pharmacie, achetez-moi de l'aspirine. 3. Savez-vous si vous (achever) vos études quand vos parents prendront leur retraite? 4. Ce jeune homme se demande s'il (gagner) assez d'argent pour s'acheter une bicyclette avant les vacances. 5. Si Catherine (apprendre) à se servir d'un micro-ordinateur, son travail sera plus facile. 6. Il ne sait pas si les ouvriers (construire) sa maison à temps pour l'hiver.

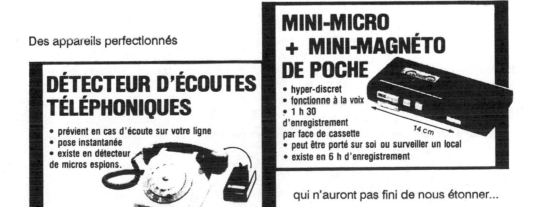

Des appareils perfectionnés

DÉTECTEUR D'ÉCOUTES TÉLÉPHONIQUES
• prévient en cas d'écoute sur votre ligne
• pose instantanée
• existe en détecteur de micros espions.

MINI-MICRO + MINI-MAGNÉTO DE POCHE
• hyper-discret
• fonctionne à la voix
• 1 h 30 d'enregistrement par face de cassette
• peut être porté sur soi ou surveiller un local
• existe en 6 h d'enregistrement

14 cm

qui n'auront pas fini de nous étonner...

◇ **4.** L'emploi le plus fréquent du futur antérieur est après les conjonctions **quand, après que, lorsque, aussitôt que, dès que** pour indiquer qu'une action future sera terminée avant une autre action future. Le verbe principal est au futur simple.

Quand j'**aurai terminé** mon travail, je sortirai.	When I **finish** (**have finished**) my work, I shall go out.
Une fois que vous **aurez compris** cette difficulté, nous pourrons continuer.	Once you **have understood** this difficulty, we shall continue.

Exercice

Construisez les phrases sur le modèle indiqué.

> Modèle: Lorsque vous / prendre des vacances / vous / se sentir reposé
> *Lorsque vous **aurez pris** des vacances, vous vous sentirez reposé.*

1. Quand le bébé / dormir / il / être plus calme
2. Une fois que tu / poser la question / tu / ne pas l'oublier
3. Le public / applaudir / aussitôt que / le chanteur / terminer sa chanson
4. Le bateau / partir / lorsque les passagers / embarquer (*to board*)
5. Après que nous / recevoir / notre chèque / nous / aller / dans les magasins faire des courses.
6. Dès que l'arbitre / donner le signal / le match / commencer
7. Quand Gisèle / gagner à la loterie / qu'est-ce qu'elle / faire de son argent?
8. Une fois que les savants / trouver / un remède contre le SIDA (*Aids*) / le monde entier / se réjouir (*to rejoice*).

Constructions avec **quand, après que, aussitôt que, dès que**

Quand + *passé composé*	*présent*
Quand j'**ai gagné** de l'argent,	je le **mets** à la banque.
Quand + *plus-que-parfait*	*imparfait*
Quand j'**avais gagné** de l'argent,	je le **mettais** à la banque.
Quand + *futur antérieur*	*futur*
Quand j'**aurai gagné** de l'argent,	je le **mettrai** à la banque.

REMARQUE: L'auxiliaire du verbe avec **quand** est au même temps que le verbe principal.

Exercices

A. Construisez des phrases avec le vocabulaire indiqué d'après ces deux modèles.

> Modèles: tu / m'obéir / je / être satisfait   (si / quand)
> *Si tu m'**obéis**, je serai satisfait.*
> *Quand tu m'**auras obéi**, je serai satisfait.*

1. (tu) réussir à cet examen / tu / pouvoir se reposer (si / aussitôt que)
2. (elle) recevoir ma lettre / elle / envoyer une réponse rapide (si / dès que)
3. (vous) voir Paris / vous / ne l'oublier jamais (si / une fois que)
4. (les étudiants) répéter cette leçon vingt fois / la savoir peut-être (si / après que)

B. Refaites les phrases suivantes. Changez le temps des verbes.

1. Dès que le réveil (*alarm clock*) a sonné, je saute hors du lit.   2. Aussitôt que tu as fini de lire ce livre, je le lis.   3. Lorsque le dollar a baissé, les Français viennent aux Etats-Unis.   4. Une fois que j'ai appris à me servir d'un ordinateur, mon travail devient plus facile.

Formules à retenir

◇ 1. donc / alors / aussi

> **a.** Ces trois mots expriment la même idée: une conséquence (*so, therefore*). On place **donc** après le verbe ou l'auxiliaire.
>
> > Les enfants adorent la télévision; ils seront **donc** intéressés par les ordinateurs.

REMARQUE: Dans la formule «Je pense, donc je suis», **donc** est placé devant le groupe verbal et il a une valeur de déduction mathématique.

> **b.** **Alors** donne une idée de temps à la conséquence (*so, then*). On place **alors** au commencement de la phrase. C'est la formule la plus employée couramment.
>
> > Les mères voudront suivre les études de leurs enfants; **alors** elles devront se recycler.
>
> **c.** Après **aussi** (*thus, consequently*), placé au début de la phrase, le sujet est inversé; c'est une formule de la langue écrite.
>
> > Beaucoup de femmes s'ennuient à ne rien faire à la maison; **aussi seront-elles** heureuse de pouvoir travailler à domicile.
>
> **d.** **Aussi** qui signifie *also* n'est jamais placé en première position; il est placé après le nom sujet, ou le pronom disjoint, ou après le verbe. Le sujet n'est pas inversé.
>
> > Tu fais tes devoirs avec un ordinateur? Mon frère **aussi** les fait.
> > Tu es fatigué? Moi **aussi**.
> > Ils ont visité l'Europe, ils ont **aussi** voyagé en Afrique.
> >
> > On peut employer **et aussi** au début d'un groupe.
> >
> > Ils ont visité l'Europe, **et aussi** l'Afrique.

Exercices

A. Dans les phrases suivantes, placez **donc, alors,** ou **aussi.**

1. Elle sort tous les soirs; son travail est ＿＿ devenu mauvais.   2. Les vacances approchent ＿＿ les enfants sont-ils très énervés.   3. Il pleut tous les jours; ＿＿ je reste à la maison et je lis.   4. La récolte est mauvaise; les prix vont ＿＿ augmenter.   5. Son mari regarde les autres femmes, ＿＿ elle est jalouse.   6. Jeanne rentre de Hawaï, ＿＿ est-elle toute bronzée.

B. Traduisez les phrases suivantes avec **alors, donc** ou **aussi.**

1. I worked all night on my computer, so I am very tired this morning.   2. My sister is bored, so she wants to tutor children in algebra.   3. I don't have a computer, so my typewriter will do the job.   4. The machine will ask the child several questions, so he will learn at his own pace.   5. The mothers will have to recycle themselves, so they will have to learn how to use a computer.

◇ **2. en / dans** + les expressions de temps

    a. En exprime le temps, la durée qu'il faut ou qu'il a fallu pour accomplir une action.

      Il a écrit sa rédaction **en** dix minutes.

    b. Dans exprime le début d'une action future.

      Ils partiront **dans** dix minutes.   (*within*)

Exercice

Mettez **en** ou **dans** dans les phrases suivantes.

1. Le docteur a dit à son malade de revenir le voir ＿＿ deux semaines.   2. ＿＿ deux semaines, j'ai pris six kilos.   3. Ils visiteront toute l'Europe ＿＿ quatre jours?   4. ＿＿ quatre jours nous partons pour l'Europe.   5. Elle a appris tout le poème ＿＿ cinq minutes.   6. La cloche va sonner ＿＿ cinq minutes.

Exercices

A. **A chacun son tour.**   Dans cette famille, chacun fait les corvées ménagères à son tour. Dites ce que chaque personne fera.

1. Jean-Paul dit: Cette semaine, c'est moi qui vide les poubelles, lave la voiture, donne à manger au chat, nettoie la cage du canari, passe l'aspirateur (*vacuum*), mets le linge dans la machine à laver. La semaine prochaine c'est Monique qui videra . . .
2. Cette semaine c'est ma mère qui fait les courses, prépare les repas, tond la pelouse, paie les factures, répare ce qui est cassé. La semaine prochaine, c'est mon père qui . . .

B. **Achat d'un ordinateur.**   M. Collange va dans un magasin d'ordinateur. Le vendeur essaie de le convaincre d'en acheter un. Mettez les phrases au futur.

Quand vous avez un ordinateur, vous ne pouvez plus vous en passer. Un ordinateur vous permet de vous débarrasser de corvées stupides et ennuyeuses. Vous faites tous vos calculs rapidement. Votre secrétariat domestique est simplifié. Vous vous en servez aussi pour vous distraire. Un ordinateur facilite votre développement individuel. Il vous permet de vous recycler à domicile. Il s'adresse à toute la famille. Votre femme devient programmatrice. Toute votre vie change.

C. **Robots, à l'aide!**   Gilles est paresseux. Il y a des tas de choses qu'il n'aime pas faire, et il rêve de robots qui feront ces choses à sa place.

Racontez au futur ce qu'ils feront.

Il rêve de robots qui . . .

1. mettre le couvert
2. débarrasser la table
3. faire les corvées ménagères en général
4. laver ses chaussettes
5. prendre des notes aux cours
6. faire ses problèmes d'algèbre
7. traduire ses versions latines
8. étudier ses leçons

D. **Excuses probables.**   Vous avez rendez-vous avec un de vos amis pour jouer au tennis. Il n'est pas au rendez-vous. Vous vous dites: **Il aura oublié.** Dites quelles autres excuses sont possibles au futur antérieur:

1. Il s'est trompé de jour.
2. Sa mère lui a trouvé quelque chose à faire.
3. Il a eu un accident.
4. Il s'est cassé un bras.
5. Son père l'a obligé à rester à la maison pour faire son travail.
6. Il a trouvé un autre partenaire.

Traduction

1. Serge, you must write your grandparents.
2. I will write them tomorrow, when I have time.
3. Serge, it is time that you clean your room.
4. I will talk to the cleaning lady tomorrow, when she comes.
5. Serge, you must send a check to the (car) insurance company.
6. I will send one next week, when I have money.
7. Serge, you must go to the library and return the books (**que**) you borrowed.
8. I'll go [and] return them tomorrow, when I go to town.
9. Serge, you must telephone Sabine and ask her if she will come to the dance with you.
10. I will call her tonight, if I remember.

But later . . . the grandparents will be dead. The cleaning woman will crack up and never come back. The insurance company will cancel (**supprimer**) the insurance. The librarian will have Serge pay a fine (**payer une amende**). Sabine will go to the dance with Adrien.

Conversations

1. La révolution technologique: les micro-ordinateurs.

   Vous expliquez à un camarade qui n'y connaît rien les avantages du micro-ordinateur:

   a. Quelles sont les différentes parties d'un micro-ordinateur?

   une machine à écrire, un clavier (*keyboard*), un écran (*screen*), une imprimante (*printer*), la diskette (*diskette*)

   b. Qui se sert d'un micro-ordinateur et comment se sert-on d'un micro-ordinateur?

   au bureau (*at the office*), au travail (*at work*), programmer, le programme, le logiciel (*software*), le matériel (*hardware*), le traitement de texte (*word-processing*), l'informaticien (*computer expert*), un programmeur, une programmeuse, programmateur, programmatrice (*programmer*)[5]

   c. Quels sont les avantages d'un micro-ordinateur?

   faire des comptes (*accounting*), classer des dossiers (*to keep files*), le secrétariat domestique (*family record-keeping*), apprendre une langue, faire ses devoirs, jouer à des jeux télématiques (*to play video games*)

   d. Qu'est-ce qu'on fait avec le Minitel[6]

   s'abonner à un programme (*to subscribe to a program*), un abonné (*subscriber*), consulter son relevé bancaire (*to check one's bank account*), demander les horaires de la SNCF (*to ask for train schedules*), consulter un docteur (*to ask for doctor's advice*), passer une commande à un magasin (*to order an item from a store, such as food or clothing*), consulter la météo (*weather forecast*)

   e. Qui crée les programmes pour le Minitel? Un serveur (*special programmer for the Minitel*).

Rédaction

Quels sont vos projets d'avenir? Que ferez-vous quand vous aurez fini vos études? Voyagerez-vous? Est-ce que vous marierez? Aurez-vous une carrière?

---

[5] Because computer science is a relatively new field, much of its terminology has yet to be definitively established. Thus all of these terms are widely used.
[6] **Minitel**   The Minitel, a small computer that is plugged into the telephone, is widely used throughout France.

Chapitre 15

Le conditionnel

Vocabulaire

adulé   flattered, admired
s'affirmer   to assert oneself
bande (*f.*) **dessinée**   cartoon
bêtise (*f.*)   stupidity, folly
billet (*m.*) **de banque**   paper money
brin (*m.*) **d'herbe**   blade of grass
c'est comme ça   that's the way it is
ça peut aller   it will do
causer   to chat
chienne de vie!   it's a dog's life!
se consacrer   to devote one's time to
découragement (*m.*)   discouragement
embêté   in a pickle
faire gaffe   to pay attention (*slang*)
fantasme (*m.*)   fantasy
fantasmer   to fantasize
je n'en peux plus   I can't take it any longer
mériter   to deserve

mouton (*m.*)   sheep
pêcheuse (*f.*)   woman who fishes
personnage (*m.*)   character
pistolet (*m.*)   gun
plat   flat
règlement (*m.*) **de comptes**   settling of an account, getting even
résumer   to summarize
se retourner   to turn over
romancier (*m.*), **romancière** (*f.*)   novelist
rouler   to roll, to cheat
sirène (*f.*)   mermaid
talon (*m.*) **plat**   flat heel (of shoe)
tant mieux   so much the better
tant pis (pour)   too bad (for)
timbre-poste (*m.*)   postage stamp
tracas (*m.*)   worry
trou (*m.*)   hole

Ah, si j'étais!...

Catherine Rihoit (1950–   ) est à la fois romancière et éditorialiste au journal *Le Monde*.

Ce texte est un «devoir de vacances» imposé par l'éditeur du journal Le Monde *à la romancière Catherine Rihoit. Le titre entier de ce passage est «Chronique du fantasme, de la mégalomanie et des règlements de comptes imaginaires». Ce titre résume les différentes intentions de l'auteur:*

Fantasme: elle rêve et laisse son imagination vagabonder.
Mégalomanie: elle s'identifie à un personnage célèbre.
Règlement de comptes: elle se moque d'un personnage célèbre.

Extrait de Catherine Rihoit: «Ah, si j'étais!...» (*Le Monde*, 2 juillet 1982).

Ah, si j'étais!...

Si j'étais Marilyn,[1] je serais très belle mais si fragile!

Si j'étais Dieu, je serais bien embêtée.

Si j'étais Mme Thatcher,[2] je me croirais obligée de porter des cha-
5 peaux tartignolles.°   *ugly and ridiculous*

Si j'étais une fleur, ça ne serait pas le myosotis.°   *forget-me-not*

Si j'étais Groucho Marx,[3] je serais assez contente. Jerry Lewis aussi,
ça pourrait aller aussi.

Si j'étais Mme Curie,[4] je serais sur les timbres-poste.

10 Si j'étais Voltaire,[5] je serais sur les billets de banque.

Arrêtez, je n'en peux plus!

Si j'étais un homme, je pourrais pas° être une femme.   je... = je ne pourrais pas

Si j'étais Calamity Jane ou Anny du Far West,[6] j'aurais des beaux
pistolets, ah là là!

15 Si j'étais Jeanne d'Arc, je m'occuperais de mes moutons au lieu
d'aller causer à ces Anglais qui ne méritent pas tant, ah non!

Si j'étais Mitterrand,[7] je serais pas° allée au Panthéon.[7]   je... = je ne serais pas

Si j'étais jeune, je referais pas° les mêmes bêtises. J'en ferais d'autres.   je... = je ne referais pas

Si j'étais pêcheuse de perles, je les garderais pour moi.

20 Si j'étais tout, j'attraperais une indigestion.

Si j'étais la petite sirène,[8] je m'achèterais des talons plats.

Si j'étais W.C. Fields,[9] j'aimerais bien les petits enfants.

Si j'étais Chandler,[9] ah, si j'étais Chandler, je boirais moins pour
écrire plus, nom de Dieu!

25 Si j'étais une rivière, je roulerais[10] tout le monde.

Si j'étais un brin d'herbe, je ferais gaffe aux vaches.

Si j'étais superman, je voudrais plus° redescendre.   je... = je ne voudrais pas

Si j'étais les Etats-Unis d'Amérique, j'aimerais mon Arizona.

Si j'étais la mer, je changerais tout.

30 Si j'étais un rêve, je me réveillerais.

Si j'étais un platane,[11] j'en aurais marre de l'école.

---

[1] **Marilyn** Marilyn Monroe   [2] **Mme Thatcher** Margaret Thatcher, Prime Minister of Great Britain   [3] **Groucho Marx, Jerry Lewis** American comedians

[4] **Mme Curie** (1867–1934) French scientist who was twice awarded the Nobel Prize for her research on radium, which led to discoveries in the treatment of cancer. Her picture appears on a French stamp.

[5] **Voltaire** (1694–1778) 18th-century philosopher. His picture appears on French paper money.

[6] **Calamity Jane, Anny. . .West** (Annie Oakley) Two frontier heroines of the American West. French people are fascinated by the history of the Wild West and the colorful persons who lived during that era.

[7] **Mitterrand, Panthéon** The Pantheon is a former church in the Latin Quarter of Paris, where famous French philosophers and writers are buried (Voltaire, Victor Hugo among them). On the night of his election, President Mitterrand appeared on television, walking alone between the tombstones in a scene that became very controversial. Having presented himself as the champion of the people's cause (socialism), he was criticized for having an "ego trip."

[8] **La petite sirène** The little mermaid was the heroine of a story by Hans Christian Andersen. When she was turned into a human being with legs, she could not walk on high heels.

[9] **W.C. Fields, Chandler** American comedians and detective story writers are very popular in France.

[10] **je roulerais** a pun on two of the meanings of the verb **rouler:** *I would roll along* and *I would cheat everyone.*

[11] **platane** There are many plane trees in French school yards.

Si j'étais normale, ça serait plus gai.
Si j'étais *Le Monde,* est-ce que je donnerais des devoirs de vacances comme ça?
Si j'étais une souris, je resterais dans mon trou.
5 Si j'étais une chatte, ça pourrait encore aller. Chienne de vie!
Si j'étais Marx,[12] je me retournerais dans ma tombe.
Si j'étais riche, je saurais pas° quoi en[13] faire.   je... = je ne saurais pas
Si j'étais pauvre, ah les . . .
Si j'étais romancière, je serais absolument tout ce que je veux.
10 J'aurais des tas de personnages, tout ce monde-là marcherait à la baguette.°   tout... everyone would march to my beat
Ça serait dans leur intérêt.
Les personnages qui seraient vraiment très gentils, je leur donnerais une suite au prochain numéro.°   suite... continuation in the next issue
15 Les autres, tant pis pour eux.
Ça serait comme ça.

Questions

1. Trouvez dans ce texte les références à des personnages américains. Est-ce qu'il y en a beaucoup? Quelle conclusion en tirez-vous? Comment est-ce que Catherine Rihoit voit l'Amérique?
2. Trouvez des références à des personnages politiques modernes. De qui est-ce que Catherine Rihoit se moque et pourquoi? Pourquoi est-ce que Marx «se retournerait dans sa tombe»?
3. Trouvez des références à des personnages français historiques.
4. Trouvez des références à des personnages imaginaires.
5. Trouvez des exemples de mégalomanie.
6. Trouvez des exemples de fantasmes, d'identifications à un élément, un animal, à la nature.
7. Souvent l'humour de ce texte vient d'un contraste, ou d'un jeu de mots: «je roulerais tout le monde». Trouvez d'autres exemples.
8. Quelle profession exerce Catherine Rihoit? D'après elle, quels sont ses rapports avec ses personnages?
9. Comment apparaît la personnalité de Catherine Rihoit d'après ce texte: irrévérente ou respectueuse de l'histoire? Légère ou pompeuse? Fantaisiste ou sérieuse?

---

[12] **Marx** Karl Marx, author of *Le Capital,* would be turning over in his grave because his writings have been misinterpreted.
[13] **en** of it (**de l'argent**)

Sempé (1932–   ) est né à Bordeaux. C'est un dessinateur humoristique, et un auteur de B.D. (bandes dessinées). Il a collaboré avec René Goscinny pour créer Astérix, personnage très célèbre et héros de livres entiers de bandes dessinées.

—J'aurais aimé que tu sois, quand je t'ai rencontré, un artiste pauvre et malade. Je t'aurais soigné. Je t'aurais aidé de toutes mes forces.° Nous aurions eu des périodes de découragement, mais aussi des moments de joie intense. Je t'aurais évité, dans la mesure de mes
5 possibilités, tous les mille et un tracas de la vie[14] afin que° tu te consacres à ton art. Et puis, petit à petit, ton talent se serait affirmé. Tu serais devenu un grand artiste admiré et adulé, et, un jour tu m'aurais quittée pour une femme plus belle et plus jeune. C'est ça que je ne te pardonne pas!

de... with all my might

= pour que so that

Extrait de Sempé-Goscinny: *Le Petit Nicolas et les copains*. Reproduit avec la permission des Editions Denoël.

[14] **Je t'aurais évité...vie** I would have prevented you, as much as I could, from having all of the thousand and one worries of life.

Questions

1. Que tient la femme dans sa main? Qu'est-ce qu'elle se prépare à faire? Pourquoi est-ce que la femme va tuer son mari?
2. D'après le dessin, comment a été et comment est encore la vie de ce couple? Pensez-vous que l'homme a été un artiste célèbre? Est-ce que la femme est jeune et belle?
3. Quel rôle est-ce que la femme aurait voulu jouer? Quel type de vie est-ce qu'elle aurait voulu avoir? Trouvez le mot approprié qui décrit la vie que cette femme n'a pas eue.

Le conditionnel présent

Formes

◇ **1.** La majorité des verbes ont un conditionnel régulier. On ajoute les terminaisons de l'imparfait à l'infinitif des verbes en **-er** (1er groupe), et **-ir** (2ème et 3ème groupes).

	1er groupe (parler)	2ème groupe (finir)	3ème groupe (vendre)	(conduire)
-ais	je parlerais	finirais	vendrais	conduirais
-ais	tu parlerais	finirais	vendrais	conduirais
-ait	il, elle parlerait	finirait	vendrait	conduirait
-ions	nous parlerions	finirions	vendrions	conduirions
-iez	vous parleriez	finiriez	vendriez	conduiriez
-aient	ils, elles parleraient	finiraient	vendraient	conduiraient

REMARQUES: Les problèmes de prononciation sont les mêmes que pour le futur:

- **donnérais:** On prononce deux syllabes / dɔn-ʁɛ /.
  parlerais, montrerait: On prononce trois syllabes / parləʁɛ / mõtʁəʁɛ /.

Exercice

Mettez les verbes suivants au conditionnel présent.

1. nous réfléchissons
2. je regarde
3. vous prenez
4. elle écoute
5. tu parles
6. ils entendent
7. il vend
8. vous sortez
9. nous rentrons
10. je choisis
11. je m'occupe
12. il garde
13. tu attrapes
14. il grossit
15. elle déteste
16. nous nous réveillons
17. je pars
18. elles comprennent
19. vous rencontrez
20. ils disent

◇ **2.** Certains verbes ont des changements orthographiques au conditionnel.

employer ⟶ j'emploierais   appeler ⟶ j'appellerais
acheter ⟶ j'achèterais   jeter ⟶ je jetterais

REMARQUES:

- **Payer** a deux formes: **paierais** ou **payerais**.
- **Envoyer** est irrégulier: **enverrais**
- **Préférer:** l'accent ne change pas.

Exercice

Mettez les verbes suivants au conditionnel.

1. nous essayons
2. il jette
3. elles épellent
4. vous nettoyez
5. je répète
6. elle interprète
7. tu élèves
8. nous suggérons
9. il envoie
10. elles envoient
11. nous projetons
12. il achète

◇ **3.** Plusieurs verbes irréguliers ont un conditionnel irrégulier.

aller	j'irais		
courir	je **courrais** /RR/	tenir	je **tiendrais**
mourir	je **mourrais** /RR/	venir	je **viendrais**
apercevoir	j'**apercevrais**	vouloir	je **voudrais**
recevoir	je **recevrais**	voir	je **verrais** /R/
devoir	je **devrais**	savoir	je **saurais**
pouvoir	je **pourrais** /R/		
s'asseoir	je **m'assiérais** *ou*		
	je **m'asseoirais**		
faire	je **ferais**		
il faut	il **faudrait**	ça vaut	ça **vaudrait**
il pleut	il **pleuvrait**		

REMARQUES:

■ Le double **r** est parfois prononcé / R /, parfois / RR /.

■ La différence de prononciation entre les futurs **j'irai, je serai**, etc., et les conditionnels, **j'irais, je serais** n'est pas très grande. C'est l'emploi des deux temps qui permet de les distinguer.

Demain **j'irai** au marché.   Si j'avais de l'argent, **j'irais** à Hawaï.

◇ **4. Avoir / être**

avoir		être	
j'**aurais**	nous **aurions**	je **serais**	nous **serions**
tu **aurais**	vous **auriez**	tu **serais**	vous **seriez**
il **aurait**	ils **auraient**	il **serait**	ils **seraient**

◇ **5.** On forme le conditionnel interrogatif et le conditionnel négatif comme le présent interrogatif et négatif, et comme les autres temps simples.

—**Pourriez-vous** me prêter votre album de photos de Marilyn?

—Oui, mais attention, je **ne** voudrais **pas** le perdre.

Exercice

Mettez les verbes suivants au conditionnel présent.

1. il fait	2. est-il?	3. vous allez
4. nous ne pouvons pas	5. elle ne dit pas	6. je sais
7. il faut	8. as-tu?	9. il vient
10. elle ne veut pas	11. il ne pleut pas	12. je peux
13. il va	14. je suis	15. nous avez
16. tu vois	17. ils savent	18. elles reviennent
19. elle reçoit	20. tu cours	21. ils font
22. nous nous asseyons	23. nous sommes	24. il meurt
25. tu dois	26. pouvez-vous?	27. j'aperçois
28. il contient	29. ça ne vaut pas	

Emplois

◇ **1.** L'emploi le plus courant du conditionnel est dans un système avec **si**. On a généralement deux parties: la condition (le groupe avec **si**) et la conclusion (le verbe au conditionnel).

Si tu voulais, tu **pourrais** changer de métier.   *If you wished, you **could** change jobs.*

Le temps du verbe qui suit **si** est *l'imparfait*. Le verbe principal est au conditionnel présent. Dans cette construction, on n'emploie jamais le conditionnel après **si**. Cette construction est souvent employée pour exprimer un rêve d'avenir, un projet réalisable dans le futur.

Si un jour je devenais riche, je **ferais** le tour du monde.   *If one day I became rich, I **would take** a trip around the world.*

Elle exprime aussi qu'une action est impossible, irréalisable au moment où on parle.

Si j'étais libre, je ne **serais** pas en classe en ce moment. (Mais je suis un étudiant, obligé de suivre le cours.)   *If I were free, I **would not be** in class right now.*

Sauriez-vous quoi faire en cas d'urgence médicale?

« J'irais avec plaisir si j'étais choisi »

Exercices

A. Faites des phrases avec le vocabulaire suggéré sur le modèle **Si tu venais, je *serais* content.**

1. S'il (faire beau), je (sortir).   2. S'il (pleuvoir), nous (rester) à la maison.   3. Si tu (être) riche, que (faire)-tu de ton argent?   4. Si vous (aller) en Europe, (visiter)-vous un ou plusieurs pays?   5. Si nous (avoir) de l'argent, nous (prendre) de longues vacances.   6. Si je (ressembler à) Marilyn, je (faire) du cinéma.   7. Si vous (être) Superman, vous (voler) dans le ciel et vous ne (vouloir) jamais redescendre.   8. Si les étudiants (connaître) les questions de l'examen, ils se (faire) moins de souci.   9. Si cette romancière (créer) des personnages intéressants, elle les (mener) à la baguette.   10. Si nous (visiter) les écoles françaises, nous (voir) beaucoup de platanes.

B. Faites des phrases de condition avec le vocabulaire suggéré: **si,** l'imparfait et le conditionnel.

1. Prunelle / ranger sa chambre / sa mère / la féliciter.
2. Les jeans / ne pas exister / que porter les jeunes gens?
3. Je / recevoir un coup de fil de Mitterrand / ne pas pouvoir parler.
4. Tu / ne pas aller au cinéma tous les jours / avoir plus de temps pour tes études.
5. Vous / faire un effort pour maigrir / se porter mieux.
6. Nous / aller consulter une cartomancienne (*fortune teller*) / connaître notre avenir.
7. Robert / avoir le choix / ne pas passer son temps à l'école.
8. Un savant / inventer une pilule pour devenir immortel / tu la prendre.

◇ **2.** Après la conjonction **que,** après **si** qui signifie *whether* (voir discours indirect, p. 367), on emploie le conditionnel présent avec un verbe principal passé. Dans ce cas, la proposition qui commence par **que** ou **si** est toujours en 2ème position.

> Cette jeune fille disait **qu'**elle ne **se marierait** jamais.
> Les enfants se demandait **si** leurs parents **rentreraient** tard.

REMARQUE: Contractez **si il** en **s'il;** ne contractez pas **si elle.**

◇ **3.** Le conditionnel présent des verbes **pouvoir, vouloir, devoir, aimer** indique une volonté atténuée, ajoute une nuance de politesse.

Pourriez-vous fermer la porte?	*Could you close the door?*
J'aimerais bien avoir trois enfants.	*I would like to have three children.*
Vous **devriez** arrêter de fumer.	*You should (ought to) stop smoking.*

Exercices

A. Refaites les phrases suivantes. Mettez le verbe principal à l'imparfait.

> Modèle: Je **sais** que tu réussiras.
> *Je savais que tu réussirais.*

1. La romancière dit que tout le monde marchera à la baguette.   2. L'éditeur ignore si l'article amusera les lecteurs.   3. Nous pensons que vous comprendrez.   4. Les jeunes filles se demandent si elles se marieront.

B. Répétez au conditionnel ce que disent ces personnes quand elles veulent être polies. Ensuite traduisez chaque phrase.

1. Tu peux faire un effort. 2. Voulez-vous me prêter votre voiture? 3. Il faut qu'il travaille davantage. 4. Vous devez nettoyer votre chambre. 5. Nous aimons gagner de l'argent. 6. Un président ne doit pas se prendre pour une vedette. 7. Pouvez-vous m'expliquer la signification de ce rêve? 8. Tu aimes avoir tous les films de Chaplin dans ta collection?

Traduction de would, could

◇ **1. would** = action passée / action future

Action passée

   a. Si l'action est habituelle et signifie *used to*, le verbe principal (en anglais le verbe qui suit *would*) se traduit en français par un imparfait.

     Every day we **would** *go to the beach.*   Tous les jours nous **allions** à la plage.

   b. Si le verbe est une action achevée, on a le passé composé du verbe **vouloir**.

     I asked him to shut the door, and he **would**   Je lui ai demandé de fermer la porte et il
     not *do it.*   **n'a pas voulu** le faire.

   c. Si le verbe est descriptif et indique un état mental, on a l'imparfait de **vouloir**.

     He **wouldn't** *do it,* [*but finally I convinced*   Il ne **voulait** pas le faire.
     him].

Action future

   a. On emploie le conditionnel du verbe principal (en anglais, le verbe qui suit *would*) si une condition n'est pas exprimée, mais si on peut la rétablir mentalement.

     Would you go *to Paris* [*if you had the*   **Iriez-vous** à Paris?
     money]?

   b. On a le conditionnel du verbe **vouloir** si *would* exprime une requête polie.

     Would you please *shut the door?*   **Voudriez-vous** fermer la porte?

Exercice

Traduisez les phrases suivantes.

1. When I was young, my family and I (**nous**) would travel every year. 2. If you had the choice, would you go to London or Paris? 3. I asked my friend to come to the movies with us, but he would not. 4. When I lived in France, I would not go to the supermarket. 5. If I lived in France, I would go to the outdoor markets. 6. She would not jump into the water, so I pushed her. 7. Would you please make a reservation for me? 8. Would you go to Tahiti if you had enough money?

◇ **2. could = pouvoir** (action passée / action future)

    a. Quand *could* se réfère à un passé, on emploie le passé composé de **pouvoir** si l'action est unique, finale.

        *He **couldn't** do it.*   Il **n'a pas pu** le faire.

    On a l'imparfait de **pouvoir** si l'action est descriptive et interrompue.

        *He **couldn't** do it, but I helped him.*   Il **ne pouvait pas** le faire, mais je l'ai aidé.

    b. Quand *could* se réfère à un futur, on a le conditionnel du verbe **pouvoir**.

        ***Could** you come tomorrow?*   **Pourriez**-vous venir demain?

Exercice

Traduisez les phrases suivantes:

1. Could you write your name here?   2. He could not do this exercise, so I did it for him. 3. Several times, she tried to stand (**se tenir debout**) on skis, but she could not.   4. Couldn't you borrow some money from the bank, in order to buy a house?   5. We could not meet (**se rencontrer**) in Paris during our trip.   6. Marilyn could not understand why she had to (**devoir**) be on time.

—Pourriez-vous m'indiquer le sens de ces symboles?
—Je voudrais bien, mais je n'ai pas pu les deviner tous moi-même.

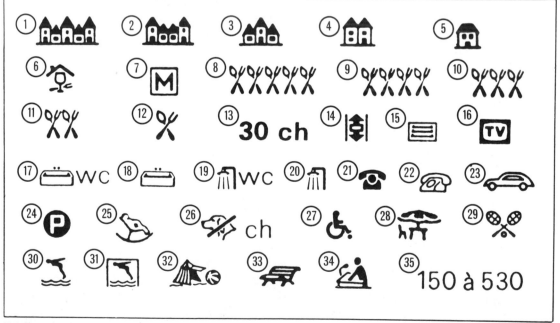

Voir les explications à la p. 509.

Le conditionnel passé

Formes

◇ **1.** On prend l'auxiliaire **avoir** ou **être** au conditionnel présent et on ajoute le participe passé.

Verbes avec avoir		*Verbes avec* être
j'**aurais donné**	tu **serais arrivé**	je me **serais promené**
tu **aurais pris**	tu **serais parti**	tu te **serais lavé**
il **aurait vu**	il **serait venu**	il se **serait rasé**
nous **aurions connu**	nous **serions allés**	nous **nous serions rencontrés**
vous **auriez choisi**	vous **seriez descendus**	vous **vous seriez vus**
ils **auraient parlé**	ils **seraient montés**	ils se **seraient parlé**

◇ **2.** On forme le conditionnel passé interrogatif et négatif comme les autres temps passés.

—Si vous aviez eu l'occasion, **seriez-vous allé** voir l'exposition des Impressionnistes?   —Probablement pas, parce que je **n'aurais pas pu** avoir de billet.

Exercice

Mettez les verbes suivants au conditionnel passé.

1. nous réfléchissons	2. je regarde	3. vous prenez
4. elle écoute	5. tu parles	6. ils entendent
7. il vend	8. vous sortez	9. nous rentrons
10. je choisis	11. il fait	12. est-il?
13. vous allez	14. nous ne pouvons pas	15. elle ne dit pas
16. vous envoyez	17. je sais	18. il faut
19. as-tu?	20. il vient	21. elle ne veut pas
22. il ne pleut pas	23. tu crois	24. elles doivent

Emplois

◇ **1.** L'emploi le plus fréquent est dans un système avec **si**.

Si tu avais trop travaillé, tu **serais tombé** malade.   *If you had worked too hard, you **would have become** sick.*

Le temps du verbe qui suit **si** est le *plus-que-parfait*. Le verbe principal est au conditionnel passé. Dans ce cas, on n'emploie jamais le conditionnel passé après **si**. Cette construction exprime l'idée qu'une action, un souhait ou une situation n'ont pas été réalisés. Souvent elle indique un regret.

Si j'avais su..., je ne **serais** pas **venu**.   *If I had known . . . , I **wouldn't have come**.*
Nous **aurions pu** avoir des billets pour ce spectacle si nous avions fait la queue pendant trois heures.   *We **would have been able** to get tickets for this show if we had stood in line for three hours.*

Constructions avec **si** de condition

Si +	verbe principal	signification
1. Si + *présent*	*présent* ou *futur* ou *impératif*	*certitude*
Si tu **veux** un ami	je t'en **trouverai** un.	
2. Si + *l'imparfait*	*conditionnel présent*	*action future possible, action présente impossible*
Si tu **voulais**	tu **pourrais** essayer.	
3. Si + *plus-que-parfait*	*conditionnel passé*	*action passée impossible*
Si j'**avais su**	j'**aurais commencé** plus tôt.	

REMARQUE: On peut avoir des combinaisons entre la construction 3 et la construction 2.

Si tu **avais fini** à 4 h., nous **pourrions** sortir. — *If you **had finished** by four o'clock, we **could** go out.*

Si j'**avais écouté** vos conseils, je ne **serais** pas malade. — *If I **had listened** to your advice, I **would not be** sick.*

Dans ce cas, l'action principale (**pourrions, serais**) est un résultat présent de la condition passée.

◇ **2.** Après **que** conjonction ou **si** signifie *whether,* on a un conditionnel passé avec un verbe principal passé, etc.

Je croyais que vous **auriez terminé** plus tôt. — *I thought you **would have finished** sooner.*
Il se demandait s'il **aurait fini** avant minuit. — *He was wondering if he **would have finished** before midnight.*

REMARQUE: Dans ce cas, la proposition qui commence par **si** est toujours en deuxième position.

Exercices

A. Faites des phrases avec le vocabulaire suggéré sur le modèle **Si j'avais eu de la chance, j'*aurais réussi* à mon examen.**

1. Si tu (travailler), tu (avoir) une meilleure note.   2. Si vous (savoir) votre leçon, le professeur (être) content.   3. Si elle (manquer) l'autobus, elle (arriver) en retard.   4. Si nous (se dépêcher), nous (ne pas manquer) notre train.   5. S'il (faire beau), je (sortir).   6. Si cet homme (être) un artiste de talent, sa femme (être) plus heureuse.   7. S'il (tomber) malade, elle (s'occuper) de lui.   8. Si vous (rencontrer) une femme plus belle, (quitter)-vous la vôtre?   9. Si la souris (sentir) la présence du chat, elle (rester) dans son trou.   10. Si cette femme (avoir) un mari plus ambitieux, elle (ne pas décider) de le tuer.

B. Répétez les phrases suivantes. Commencez par un imparfait.

Modèle: Je me demande si vous **aurez fini** à l'heure.
*Je me demandais si vous **auriez fini** à l'heure.*

1. Je pense qu'il aura mal compris mes indications.   2. Il ne sait pas si la conférence aura intéressé le public.   3. Tu penses qu'il se sera perdu?   4. Nous sommes sûrs que l'avion aura pris du retard.

Emplois stylistiques du conditionnel

Il existe des emplois moins courants du conditionnel présent et du conditionnel passé, qui ont une valeur stylistique.

◇ **1.** Dans le style des journaux et de la radio, le conditionnel marque un fait douteux, annonce une nouvelle dont on n'est pas encore sûr.

Une avalanche **aurait dévasté** un village de montagne.	*An avalanche **may have devastated** a mountain village.*
Il y aurait 250 morts.	*There **could have been** (as many as) 250 deaths.*

◇ **2.** Les enfants qui jouent et imaginent une situation disent:

—Je **serais** le roi, tu **aurais** un cheval.	*"I **would be** the king, you **would have** a horse."*
—Il y **aurait eu** une guerre, on se **serait perdus** dans la forêt...	*"There **would have been** war, we **would have been lost** in the forest . . ."*

REMARQUE: **Si** + imparfait ou plus-que-parfait s'emploie dans une phrase imcomplète pour exprimer:

▪ *un souhait:* Si seulement il **faisait** moins de vent!

▪ *une suggestion:* Si nous **allions** à la disco?

▪ *un reproche, un regret:* Si seulement tu m'**avais écouté**!

Le souhait et la suggestion sont exprimés par *l'imparfait;* le reproche, le regret sont exprimés par le *plus-que-parfait.*

Exercices

A. Mettez les phrases suivantes au conditionnel, présent ou passé.

1. Un typhon a ravagé les îles Philippines. Il y a des milliers de disparus.   2. Le prince Rainier a annoncé le prochain mariage de son fils Albert avec une jeune fille de la haute société américaine.   3. L'explosion de la centrale nucléaire de Tchernobyl a causé des dégâts; les Russes refusent d'en révéler l'importance.

B. Mettez au conditionnel cette conversation entre deux enfants qui jouent.

1. —Moi, je suis la princesse. Toi, tu es mon serviteur.
2. —Non, je suis aussi un prince.
3. —Un méchant roi m'a enlevée et veut m'épouser.
4. —Je viens à ton secours, je te délivre et on se marie.

Formules à retenir

◇ **1. plutôt / plutôt que / plutôt que de** (*rather, rather than*)

    a. Plutôt signifie *rather*.

        Cette jeune fille a une imagination **plutôt** romanesque (*romantic*)

    b. Plutôt que, plutôt que de signifient *rather than*. On emploie **plutôt que** devant un nom; on emploie **plutôt que de** devant un infinitif. Souvent on combine **préférer** avec **plutôt que** et **plutôt que de**.

        Nous allons acheter une voiture américaine **plutôt qu'**une voiture étrangère.
        Cette année ils sont restés aux Etats-Unis **plutôt que de** voyager en Europe.
        Nous préférons acheter une voiture américaine **plutôt qu'**une voiture étrangère.

Exercice

Répétez les phrases suivantes avec **plutôt que** ou **plutôt que de**.

1. Elle reste à la maison.   (aller se promener)
2. Nous mangeons de la viande.   (du poisson)
3. Ils choisissent de travailler.   (s'ennuyer à la maison)
4. Elle voyagera tout l'été.   (se reposer)
5. J'écoute de la musique classique.   (du jazz)

◇ **2. aimer mieux** + infinitif

    Cette expression signifie *would rather*.

        J'aimerais mieux vous rencontrer à midi.   *I **would rather** meet you at noon.*

    Pour dire *I'd rather . . . than*, on peut dire **j'aimerais mieux . . . que de . . .** ou on peut combiner **j'aimerais mieux . . . plutôt que de . . .**

        Catherine **aimerait mieux** voyager { **que de** travailler / **plutôt que de** travailler } dans un bureau.

Exercice

Avec la formule **aimer mieux . . . que de** / **plutôt que de**, faites des phrases avec le vocabulaire suggéré.

1. Pauline / faire du cinéma / nettoyer sa maison
2. Raoul / jouer du jazz / faire des gammes (*scales*) au piano

3. Nous / payer en liquide (*cash*) / accumuler des dettes sur nos cartes de crédit
4. Ces jeunes gens / conduire une voiture de sport / aller à bicyclette
5. Souvent Marguerite / lire un bon livre / sortir avec un garçon ennuyeux

◇ **3. faire mieux de** + infinitif

Le verbe **faire** au conditionnel présent ou au conditionnel passé suivi de **mieux de** signifie *I, you, she, we, etc., had better*. Dans la deuxième partie de la phrase, on emploie **que de** ou **plutôt que de**.

Vous **feriez mieux de** travailler $\begin{Bmatrix} \text{que de} \\ \text{plutôt que de} \end{Bmatrix}$ regarder la télé.

Ton pull est trop serré? Tu **aurais mieux fait** d'en acheter un plus grand **plutôt que de** choisir une petite taille (*size*).

Exercice

Faites des phrases qui expriment un conseil avec l'expression **faire mieux** au conditionnel présent ou au conditionnel passé.

1. Elle / étudier ses leçons / bavarder au téléphone
2. Il / ne pas se marier / fonder une famille si jeune
3. Le président / consulter ses ministres / recommander cette loi
4. Ce jeune homme / passe la nuit chez ses amis / conduire sa voiture après avoir bu
5. (Rachel a mal à la tête) Elle / porter un chapeau pour aller au soleil / aller tête nue (*hatless*)

Exercices

A. **Ailleurs.** Dites où ces personnes préféreraient être, si elles n'étaient pas où elles sont.

> Modèle: Un prisonnier dans sa prison. (être dans ma maison)
> *Si j'étais libre, je **serais** dans ma maison, au lieu d'être dans cette prison.*

1. Des étudiants dans la classe. (voyager à la Guadeloupe)
2. Un oiseau dans une cage. (voler d'arbre en arbre)
3. Une secrétaire à son bureau. (se baigner à la piscine)
4. Une mère de famille nombreuse dans sa cuisine. (se promener dans un parc)
5. Un mineur au fond de sa mine. (vivre à la montagne, au grand air)

B. **Alternatives.** Dites ce que ces personnes feraient ou ne feraient pas dans certaines circonstances.

> Modèle: Il y a un incendie chez les Smith. (appeler les pompiers, parler longuement au téléphone avec Mme Smith)
> *S'il y avait un incendie chez les Smith, j'**appelerais** les pompiers, je ne **parlerais** pas longuement au téléphone avec Mme Smith.*

1. Jacqueline a un examen demain. (elle se coucher tôt la veille / elle sortir avec des copains)
2. Patrice trouver un portefeuille (*wallet*) dans la rue. (il le rapporter à la police / il le garder pour lui)
3. Tu vois un cambriolage. (tu poursuivre le voleur / tu faire semblant de ne rien voir)
4. Un ami vous demande de l'argent. (vous lui en prêter / vous lui conseiller de trouver un job)

C. **Certitudes ou ignorances.** Est-ce que ces personnes savaient ou ne savaient pas qu'elles feraient certaines choses?

> Modèle: Christophe Colomb / découvrir l'Amérique
> *Christophe Colomb ne savait pas qu'il **découvrirait** l'Amérique.*

1. Pasteur / inventer un vaccin si important
2. Les Alliés / gagner la guerre
3. Jeanne d'Arc / le roi lui donner un armée
4. Marilyn / devenir une actrice célèbre
5. Camus / obtenir le prix Nobel
6. Voltaire / être sur les billets de banque

D. **Mieux que toi.** Un ami vous dit plus tard ce qu'il aurait fait à votre place dans certaines circonstances.

> Modèle: Votre avion a eu du retard. (prendre Air France)
> *Moi, à ta place j'**aurais pris** Air France.*

1. Vous avez perdu votre argent en voyage. (acheter des chèques de voyage)
2. Une de vos valises vous manque. (voyager avec un seul bagage de cabine)

3. Vous avez eu le mal de l'air.   (prendre de la dramamine)
4. Vous avez attrapé la maladie des touristes au Mexique.   (boire seulement de l'eau minérale)
5. La voiture de marque étrangère que vous avez louée ne marchait pas bien.   (louer une voiture de marque américaine)

E. **Conséquences heureuses ou malheureuses.**   Une action passée peut avoir des conséquences présentes variées.

> Modèle: Si tu (ne pas avoir autant mangé), tu (ne pas avoir d'indigestion aujourd'hui).
> *Si tu n'avais pas autant mangé, tu n'aurais pas d'indigestion aujourd'hui.*

1. Si Richard (travailler dans sa jeunesse), il (être un riche retraité).
2. Si Josyane (ne pas avoir un accident de voiture), elle (ne pas être à l'hôpital le jour de son anniversaire).
3. Si tu (ne pas se marier si jeune), tu (profiter plus de la vie en ce moment) parce que tu (ne pas avoir tous ces enfants à élever).
4. Si vous (finir vos corvées ménagères assez tôt), nous (pouvoir aller au cinéma).

Traduction

1. If I had known, I would never have come to live here in the country.   2. I would have stayed in the city, where all my friends would have entertained me.   3. I would not be bored.   4. If I were in town, I would go shopping every day.   5. If only I had some artistic talent.   6. I would have created something.   7. I would have had to work hard, and I would have had moments of discouragement.   8. But little by little, my talent would have asserted itself.   9. I would have become a great artist.   10. The critics would adore me.   11. I would do absolutely all I want.   12. That's the way it would be.   13. But what! I am living a fantasy.   14. I live on (**dans**) a farm, and it's time to take care of the sheep, the cows.   15. If I had known!

Conversations

1. Voyage en France.

   a. Si vous aviez l'occasion, quelle province française visiteriez-vous?

      la Bretagne, la Provence, le Pays Basque, la Normandie, la Bourgogne, Paris et l'Ile de France

   b. Par quel moyen voyageriez-vous?

      le moyen de transport, l'autoroute (*highway*), la route nationale (*regional highway*), la route départementale (*side road*), le péage (*toll*), le guichet (*toll booth*)

   c. Qu'est-ce que vous chercheriez dans chaque province?

      manger, rechercher une spécialité régionale, apprécier particulièrement (*to like particularly*), visiter, acheter, rapporter

   ■ **la Bretagne:** les crêpes, le cidre, les alignements (*Stonehenge-like stones*), le tombeau de Chateaubriand à Saint-Malo, Combourg, la côte sauvage (*rugged, rocky shoreline*), la plage

■ **la Normandie:** la falaise (*cliff*), les plages de débarquement (*W.W.II landing beaches*), le camembert, Deauville, les grands hôtels de luxe, Honfleur, la ville des peintres

■ **la Provence:** les villages perchés sur les hauteurs, les villes fortifiées, la lavande, le vin rosé, la bouillabaisse (*fish soup*)

■ **la Côte d'Azur:** un vacancier (*vacationer*)

■ **le Pays Basque:** les Pyrénées, le pic (*peak*), la pelote basque (*jai alai*) le torrent, le jambon de Bayonne (*ham*), le foie gras (*goose liver*)

■ **la Bourgogne:** les vignobles (*vineyards*), la moutarde de Dijon, les escargots

■ **Paris et l'Ile de France:** la Seine, le bateau-mouche, la péniche (*barge*), la maison de couture (Yves Saint-Laurent, Chanel), les monuments, le parfum

2. Voyage aux Etats-Unis ou au Canada.

Si un étudiant français ou une étudiante française venait faire un voyage aux Etats-Unis ou au Canada, quelle région lui recommanderiez-vous de voir? Quel état ou province en particulier? Que devrait-il (elle) voir dans chaque état ou province?

■ **géographie et points d'intérêt:** la montagne, les Montagnes Rocheuses, la plaine, la côte, le climat (rude, tempéré, tropical), le puit de pétrole (*oil well*), la réserve indienne, la station de sports d'hiver, le pont suspendu (*bridge*), le marécage (*swamp*), le port de pêche (*fishing port*)

■ **le parc national:** la randonnée (*hiking*), le camping, un animal sauvage, l'ours, le daim (*deer*), un oiseau, un aigle (*eagle*), un flamant rose (*flamingo*)

■ **le souvenir historique:** un lieu de bataille (*site of a battle*), une cloche de bronze (*cast-iron bell*), un canon, une ville coloniale, une mission, une ville du Far West. Décrivez les lieux historiques de votre région.

■ **les spécialités régionales:** la langouste (*lobster*), les crêpes au sirop d'érable (*pancakes with maple syrup*), le saumon (*salmon*), le maïs (*corn*), le chausson aux pommes (*apple pie*), la glace (*ice cream*). Décrivez les autres spécialités de votre région

Rédaction

Fantasmes et mégalomanie.   Sur le modèle du texte de Catherine Rihoit, dites ce que ou qui vous seriez, si vous étiez:

une fleur   un acteur ou une actrice   un personnage historique   un personnage politique moderne   un écrivain   un personnage de roman ou de théâtre   un moyen de transport un animal   un élément . . .

Donnez libre cours à votre fantaisie. Dites ce que vous auriez fait si vous aviez vécu dans un autre pays, à une autre époque.

Chapitre 16

Les pronoms relatifs

Vocabulaire

à la veille de   shortly before
approcher   to come in contact with somebody
au lendemain de   shortly after
avoir du goût   to have taste
avoir le goût de   to taste like, to have a taste for
avoir un amour fou   to be madly in love with
avoir une mémoire de fer   to have a fantastic memory
côtelette (*f.*) **d'agneau**   lamb chop
couturier (*m.*)   head of a fashion house
couturière (*f.*)   seamstress
cuisinière (*f.*)   female cook
droit (*m.*)   right; law
drôle de   strange
dur   tough, hard
s'endetter   to go into debt
être à la charge de   to be financially dependent on

faciliter   to make easy
faire du droit   to go to law school
femme (*f.*) **de chambre**   maid
force (*f.*)   strength
gouvernante (*f.*)   nanny
interne (*m., f.*)   boarder (*in a school*)
jouer un rôle   to play a part
maison (*f.*) **de couture**   fashion house
mettre en pension   to send to boarding school
se nourrir de   to eat (*only specific foods*)
pension (*f.*)   boarding school; tuition in a boarding school
poser des problèmes   to cause problems
propriété (*f.*)   ownership; estate
se résoudre à   to bring oneself to
sténodactylo (*f.*)   typist
supporter   to stand, to bear
tomber malade   to become sick
valeur (*f.*)   worth

Vocabulaire supplémentaire

Propriété / location

à louer   for rent
hypothèque (*m.*)   mortgage
locataire (*m.*)   tenant
location (*f.*)   rental
louer   to rent
loyer (*m.*)   rent
propriétaire (*m., f.*)   landlord, landlady
sous-louer   to sublet

Gagner sa vie

avoir les moyens de   to afford
engager   to hire
faire vivre   to support
gagne-pain (*m.*)   job, bread and butter
renvoyer   to fire
salaire (*m.*)   salary

Divers

côtelette (*f.*) **de porc**   pork chop
de veau   veal chop
faiblesse (*f.*)   weakness

Une enfance bizarre

Françoise Giroud (1920–   ) a été sténodactylo, script-girl, assistante de
plusieurs réalisateurs de films. Elle a écrit des chansons, des scénarios de films,
des interviews avec des personnalités parisiennes et un essai sur la jeunesse:
«La Nouvelle Vague». C'est une journaliste: elle a dirigé la rédaction de *Elle*
et en 1953 elle a fondé *L'Express*. Elle montre beaucoup de sens critique, de
finesse, d'humour et ses jugements politiques sont équilibrés et humains. Elle
a été un moment Secrétaire à la Condition féminine et a fait beaucoup pour
aider les femmes à prendre conscience de leurs droits. (Cet extrait de *Si je
mens* — autobiographie, mémoires — est une interview.)

    — Quel genre d'enfance avez-vous eu?
    — Le genre bizarre.
    — Bizarre? Pourquoi?
    — Ce n'est pas facile à expliquer... Mon père a été essentielle-
5 ment une absence, une légende. Une absence d'abord à cause de la
guerre, puis d'une mission aux Etats-Unis dont il a été chargé par le
gouvernement français, ensuite d'une maladie que l'on° ne savait pas   = on
soigner à l'époque° et dont il est mort. Cette maladie a duré des   à... in those days
années pendant lesquelles je ne l'ai jamais vu. J'ai eu pour lui un
10 amour fou. On parlait de lui, à la maison, comme d'un héros qui
avait tout sacrifié à la France, ce qui paraissait d'ailleurs la moindre
des choses qu'il y avait à faire pour une âme bien née[1]... Une âme
bien née, où est-ce déjà?... Dans Corneille[2]... C'est un vers° de Cor-   line
neille que ma mère me récitait quand j'avais quatre, cinq ans... «Aux
15 âmes bien nées la valeur n'attend pas le nombre des années.[3]» Drôle
de catéchisme...
    Ma mère a été... la mère comme tout le monde en voudrait une.
Belle, gaie, tendre, moqueuse.° Avec une force intérieure irréducti-   teasing
ble.° Souveraine,° vraiment. Elle a joué un rôle considérable non   invincible / Regal
20 seulement dans ma vie, ce qui est normal, mais dans celle de° tous les   = la vie de
gens qui l'ont approchée, et jusque dans° le grand âge... Quoi en-   jusque... even until
core? J'ai eu une grand-mère arrogante et dure, qui ne se nourrissait
que de côtelettes d'agneau, jouait au bridge et mobilisait une personne pour lui brosser les cheveux pendant une heure chaque après-
25 midi. J'ai eu aussi une gouvernante anglaise, jusqu'à cinq ou six ans,
qui m'a enseigné qu'on ne doit jamais élever la voix,° parler de soi° et   élever... raise one's voice / oneself
aborder° des sujets personnels, ce qui ne va pas faciliter notre conver-   touch
sation.

Extrait de Françoise Giroud: *Si je mens*. Reproduit avec la permission des Editions Stock.

[1] **ce qui... née** which seemed to be the least that a well-born young man could do
[2] **Corneille** famous dramatist of the 17th century
[3] **Aux âmes... années.** Well-born young men show their qualities early in life. (From *Le Cid* by Corneille.)

Enfin, j'ai vu se désintégrer l'univers de mon enfance, après la
mort de mon père. Tout a été vendu, petit à petit. Les choses dispa-
raissaient. Les bibelots,° les tapis, le piano. Un Bechstein[4] de concert,   knickknacks
avec lequel j'avais une relation très affectueuse. C'est peut-être pour
5 cela que je n'ai aucun goût de la propriété... Disparus aussi la gouvernante, bien sûr, la femme de chambre, la cuisinière, un étage de
l'appartement qui en avait deux, les bijoux, l'argenterie°...   silverware

Ma mère qui savait tout faire, c'est-à-dire, rien, a dilapidé les   **dilapidé...** squandered what was left /
lambeaux° d'un héritage dans quelques-unes de ces entreprises° ex-   undertakings
10 travagantes de «dame qui a eu des malheurs°»...   financial problems

La propriété transformée en hôtel, où l'on ne se résout pas à
faire payer les clients... La maison de couture où l'on commence par
s'endetter pour l'installation°... Sur les dettes, j'en connais un bout.°   start-up costs / **j'en...** I know them
                                                                                        well
Ma sœur et moi, nous avons été mises en pension. Une pension
15 qui était toujours payée avec retard naturellement. La situation de la

---

[4] **Bechstein** a brand of piano

petite fille interne dans un établissement° bien-pensant° dont la pen-   school / right thinking = catholic
sion n'est pas payée, cela vous en apprend. J'ai appris et pour tou-
jours.

    Ma sœur en est tombée malade. Moi, j'ai trouvé assez vite la
5 seule manière de supporter cela. C'était d'être première.[5] Première en
tout et avec insolence. «Petite effrontée°», disait la directrice. Mais   insolent
j'avais une mémoire de fer. Alors les études ne me posaient pas de
problèmes. De ce côté-là° les choses m'ont été faciles. Pour rien   **De...** As far as studies were concerned
d'ailleurs... Je me racontais que je ferais du droit... ou l'Ecole de
10 Sèvres[6]... Ou peut-être médecine... Mais sept ans d'études... Huit
même, après le premier bac.[7] A la charge de qui? Alors, à la veille de
mes quinze ans, un jour un peu plus sombre que les autres, j'ai
compris que tout cela était du domaine du rêve, que ma mère s'en-
fonçait° chaque jour davantage et que je n'avais qu'une chose à faire: was getting into deeper trouble
15 travailler. Gagner ma vie. Apporter de l'argent à la maison au lieu
d'en coûter. Je l'ai fait. Voilà pour° l'enfance.   **Voilà...** So much for

Questions

1. Le père de Françoise Giroud a été absent pendant son enfance. Où était-il? De quoi est-il mort?
2. On a parlé du père comme d'un héros. Quelle valeur est devenue importante pour Françoise Giroud?
3. Pourquoi est-ce que la mère de Françoise a joué un rôle important?
4. Est-ce que Françoise a admiré sa grand-mère? Comment pouvez-vous définir sa personnalité?
5. Est-ce que la gouvernante anglaise a eu une influence positive ou négative?
6. Quels sont les détails (objets, style de l'appartement) qui indiquent que la famille avait été riche et est devenue pauvre?
7. Quels sont les différents moyens par lesquels la mère a essayé de gagner de l'argent? Comment savez-vous qu'elle n'a pas réussi?
8. A quel genre d'école sont allées Françoise et sa sœur? Pourquoi est-ce que la pension était payée avec retard?
9. A quelles études est-ce que Françoise rêvait? Pourquoi est-ce qu'elle a dû y renoncer? A quel âge est-ce qu'elle a décidé de gagner de l'argent et pourquoi?
10. Que pensez-vous de l'enfance de Françoise Giroud? Quel résultat est-ce que cette enfance a eu sur elle? Qu'est-ce qu'elle a voulu remplacer dans la famille? D'après ce que vous savez de sa carrière, est-ce qu'elle a réussi?

---

[5] **être première** French students used to be ranked according to their performance; **premier** was an A student.

[6] **l'Ecole de Sèvres** a school where women high-school and university teachers are trained. The French government provides scholarships, enrollment is limited, and entrance examinations are highly competitive.

[7] **le premier bac** the first part of the baccalaureate exam when it was given in two parts in a two-year period

Les pronoms relatifs

Un pronom relatif est un mot de liaison placé entre deux groupes pour faire une phrase plus longue, sans répéter un nom.

> Donnez-moi **le livre. Le livre** est sur la table.   Donnez-moi **le livre qui** est sur la table.

◇ **1.** Les principaux pronoms relatifs sont: **qui, que, dont, lequel.**

◇ **2.** Le pronom relatif est généralement placé immédiatement après son antécédent.

◇ **3.** En français, le pronom relatif est toujours exprimé (il ne disparaît pas comme parfois en anglais: *the book* [*that*] *I bought*).

Formes

Le pronom relatif est le même pour les personnes et pour les choses, sauf pour l'objet de la préposition.

	personnes	*choses*
sujet	**qui**	**qui**
objet direct	**que, qu'**	**que, qu'**
objet de **de**	**dont**	**dont**
objet de prép.	[avec] **qui,** [avec] **lequel, laquelle, lesquels, lesquelles**	[avec] **lequel, laquelle, lesquels, lesquelles**

Emplois

Le pronom relatif, comme le nom qu'il remplace, a différentes fonctions: il est sujet, objet indirect, objet de la préposition **de,** objet d'une autre préposition.

◇ **1. Qui** (*sujet*) *who, which, that*

Qui est le pronom relatif sujet. Il remplace un nom de personne ou un nom de chose. **Qui** ne s'élide jamais.

> Françoise adorait son père, **qui** fut absent pendant son enfance.
> Il avait fait des voyages **qui** l'avaient enrichi.

◇ **2. Que, qu'** (*objet direct*) *whom, which, that*

Que est le pronom objet direct. Il remplace un nom de personne ou un nom de chose. **Que** s'élide en **qu'** devant une voyelle ou un **h** muet.

> La jeune fille parlait de sa grand-mère, **qu'**elle n'aimait pas beaucoup.
> Ils ont vendu les bibelots **que** nous préférions.

REMARQUE: Avec **que,** le participe passé du verbe qui suit s'accorde avec l'antécédent.

Je connais bien la sténodactylo **que** le directeur a engagée.

◇ **3.** Souvent, les deux groupes (la proposition [*clause*] principale et la proposition subordonnée) s'ajoutent l'un à l'autre. La proposition subordonnée suit immédiatement l'antécédent.

Gisèle a fait un voyage **qui** l'a intéressée.
Le Monde est un journal **que** les intellectuels lisent.

Quelquefois, la proposition relative est insérée (*inserted*) dans la principale.

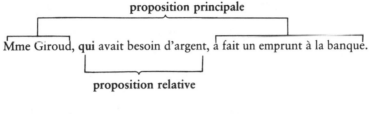

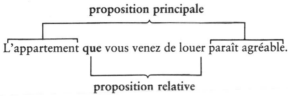

Exercice

Combinez les phrases suivantes. Mettez le pronom relatif qui convient: **qui** ou **que** (**qu'**).

Modèle: J'écris souvent à mon **grand-père**. Mon **grand-père** habite à la campagne.
J'écris souvent à mon grand-père qui habite à la campagne.

Elle téléphone à **son ami**. Elle ne voit pas souvent **son ami**.
Elle téléphone à son ami qu'elle ne voit pas souvent.

1. Tout le monde aimait sa mère. Sa mère était tendre et moqueuse.
2. Son père est mort d'une maladie. Personne ne savait soigner cette maladie, à l'époque.
3. Elle regrette le piano. On a vendu le piano.
4. On a renvoyé la gouvernante. La gouvernante n'enseignait rien aux enfants.
5. Françoise était plus forte que sa sœur. Sa sœur est tombée malade.
6. La famille occupe seulement un étage de la maison. La maison en a deux.
7. Ses parents n'ont pas d'argent pour la pension. Il faut payer la pension.
8. C'est Paul a qui fait cuire la côtelette d'agneau? Je mange la côtelette.
9. Le chien a l'air d'avoir faim. Vous avez trouvé le chien.
10. Le monsieur est un agent d'assurance. Le monsieur vous a téléphoné.
11. Françoise enviait les étudiants. Elle rencontrait ces étudiants dans les cafés.
12. Le voyage a duré un mois. Mes parents ont fait le voyage.

◇ **4. Dont** (*objet de* **de**) *whose, of whom, of which*

    a. Dont remplace toujours **de** + un nom. **Dont** est placé immédiatement après le nom qu'il remplace (l'antécédent). L'ordre des mots est toujours:

> **dont** + sujet + verbe + complément du verbe ou adjectif

       J'ai plusieurs amis **dont** les enfants s'intéressent aux ordinateurs.   (**dont = de mes amis**)
       Ils vont envoyer leur fille à l'école **dont** je leur ai parlé.   (**dont = de l'école**)

    b. Dont exprime une relation de possession

       Françoise, **dont** le piano a été vendu, étudie maintenant la guitare.   (**dont = de Françoise**)

    ou une relation de parenté.

       J'ai un cousin **dont** le fils veut être matelot sur un voilier!   (**dont = de mon cousin**)

    c. Dont est employé avec un verbe construit avec **de** (**avoir besoin de, se servir de, avoir peur de, avoir envie de, manquer de,** etc.)

       On achète souvent des choses **dont** on a envie et **dont** on n'a pas vraiment besoin.   (**dont = des choses**)

    d. Dont est employé avec un adjectif construit avec **de** (**être content de, fier de, amoureux de, dégoûté de,** etc.)

       Les étudiants écrivent des rédactions **dont** ils sont fiers, et **dont** le professeur n'est pas satisfait.   (**dont = des rédactions**)

    e. La proposition relative qui commence par **dont** peut s'ajouter à la proposition principale ou s'insérer dans la proposition principale.

       Nous avons un micro-ordinateur **dont** nous ne nous servons pas.
       Daniel, **dont** le père était sportif, faisait du ski avec lui.

Exercice

Combinez les phrases suivantes avec **dont**.

    Modèle: Vous avez fait **un travail.** Vous pouvez être fier **de ce travail.**
              *Vous avez fait un travail **dont** vous pouvez être fier.*

1. Françoise ne voyait pas souvent son père. On parlait de son père comme d'un héros.
2. Il était parti pour une mission. Le gouvernement l'avait chargé de cette mission.
3. Cette dame n'a jamais eu de propriété. Elle n'a pas le goût de la propriété.
4. Ces personnes ont eu des malheurs; elles ne veulent pas se souvenir de ces malheurs.
5. Françoise n'a pas fait les études; elle rêvait de ces études.
6. Les côtelettes ne la rendaient pas malade; la grand-mère se nourrissait de côtelettes.
7. La brosse est très dure; elle se sert de la brosse pour se brosser les cheveux.
8. Vous avez de la chance: vous réussissez toutes les choses; vous vous occupez de ces choses.
9. J'aimerais bien acheter les bibelots. J'ai envie de ces bibelots.

◇ **5. Lequel** (*objet de préposition*)

    a. **Lequel** s'emploie après une préposition; il remplace un nom de personne ou un nom de chose. Il a les mêmes formes que le pronom interrogatif de choix.

	masc.	fém.
sing.	lequel	laquelle
pl.	lesquels	lesquelles

Mes amis ont une fille **pour laquelle** ils ont tout sacrifié.
Suzanne a un piano **sur lequel** elle fait des gammes (*scales*) tous les jours.

Voici des prépositions courantes qui précèdent ces pronoms:

dans	pour	parmi (*among*)
avec	entre	sclon (*according to*)
chez	par (*by, through*)	d'après (*according to*)

REMARQUE: Si l'antécédent est un nom de personne, on peut avoir **qui: avec qui, chez qui, sans qui.** (*Exception:* la préposition **parmi**; il faut dire **parmi lesquels.**)

    Elle a épousé un jeune homme **avec qui** (lequel) elle avait suivi des cours d'informatique.
    A l'université, j'avais des amis **parmi lesquels** il y avait beaucoup d'étrangers.

    b. La proposition relative qui commence par une préposition + **lequel** peut s'ajouter à la proposition principale ou s'insérer dans la proposition principale.

    C'est un restaurant **dans lequel** on mange très bien.
    La rue **dans laquelle** je suis passé était très ombragée (*shady*).

Il allume une flambée
avec **LE FIGARO** d'hier. L'appartement
dont je rêvais part en fumée.

Exercice

Mettez dans l'espace indiqué le pronom relatif qui convient: **qui,** ou **lequel, laquelle, lesquels, lesquelles.**

> Modèle: Françoise rêvait de son père pour ____ elle avait de l'admiration.
>
> *Françoise rêvait de son père pour **lequel** (ou **qui**) elle avait de l'admiration.*

1. Ils ont loué un piano sur ____ elle joue du Chopin tous les jours.
2. Les arbres sous ____ nous avons pique-niqué sont remplis d'oiseaux.
3. Mon cousin a une propriété derrière ____ il fait pousser des kiwis.
4. Tu as un professeur devant ____ tu es paralysé de peur?
5. A la pension, j'avais des camarades, parmi ____ je me suis fait des amis pour la vie.
6. Céline a travaillé dans une maison de couture toute une année, pendant ____ elle a beaucoup appris.
7. Cette dame a des filles pour ____ elle s'est endettée.
8. Sa sœur avait des difficultés pour apprendre, contre ____ elle ne pouvait rien faire.
9. Stéphanie avait plusieurs cousines avec ____ elle passait ses vacances.

c. Auquel, auxquels: contractions avec à

Si la préposition est **à,** on a les contractions suivantes: **auquel, auxquels, auxquelles.** Au féminin singulier, il n'y a pas de contraction: **à laquelle.**

Il y a des parents **auxquels** elle n'écrit jamais.
Voilà une solution **à laquelle** je n'avais pas pensé.

Exercice

Mettez **à qui** ou **auquel, auxquels, auxquelles, à laquelle** dans l'espace indiqué.

> Modèle: La maison de couture ____ j'ai envoyé une demande d'emploi ne m'a pas répondu.
>
> *La maison de couture **à laquelle** j'ai envoyé une demande d'emploi ne m'a pas répondu.*

1. Sa mère avait des problèmes ____ elle ne savait pas faire face.
2. Le bureau ____ je me suis adressé était fermé.
3. Les amis ____ vous écrivez tous les jours ont de la chance.
4. Ce jeune homme s'est rebellé contre son père ____ il refusait d'obéir.
5. Ma sœur a beaucoup de bibelots ____ elle tient énormément.
6. La jeune fille ____ Gérard a donné une bague n'a pas envie de se marier.

d. Duquel, desquels: contractions avec de

Si la préposition est longue et composée avec **de** (**au sujet de, à propos de,** etc.), on a les contractions suivantes: **duquel, desquels, desquelles.** Au féminin singulier, il n'y a pas de contraction: **de laquelle.**

C'est une question **à propos de laquelle** nous ne sommes pas d'accord.

Si l'antécédent est un nom de personne, on peut employer **de qui** à la place de **duquel**, etc.

Gabrielle avait un parrain, **à la charge de qui** ses parents l'ont laissée.

ATTENTION: Avec les prépositions longues, il ne faut jamais employer **dont**.

C'est agréable d'avoir des enfants **au sujet desquels** on ne se fait pas de soucis.
L'Elysée est une grande propriété **à l'intérieur de laquelle** il y a des jardins magnifiques.

Voici des prépositions longues suivies de **de**:

au-dessus-de	above	**en face de**	opposite
au-dessous-de	below	**au sujet de**	about
au milieu de	in the middle of	**à l'intérieur de**	inside
à propos de	about	**à l'extérieur de**	outside
autour de	around		

Exercice

Combinez les phrases suivantes avec **de qui** ou **duquel, desquels, de laquelle, desquelles** et la préposition en italique.

Modèle: Le locataire a parlé au propriétaire **au sujet de son loyer.** Il n'est pas d'accord **au sujet de son loyer.**
*Le locataire a parlé au propriétaire de son loyer **au sujet duquel** il n'est pas d'accord.*

1. Suzanne a quitté sa famille. Elle ne voulait plus être *à la charge de* sa famille.
2. Ils ont loué un appartement. L'autoroute passait *à côté de* l'appartement.
3. L'actrice a acheté une voiture. Il y a une télévision *à l'intérieur de* la voiture.
4. Mes amis ont des enfants terribles. Ils se font beaucoup de souci *au sujet de* ces enfants.
5. Laurent a fêté son anniversaire. *A la veille de* son anniversaire il avait décidé de chercher du travail.
6. Ma mère a ouvert une agence immobilière (*real estate*). *En face de* cette agence, il y a un marchand de glaces.
7. Josée et Michel sont partis pour faire le tour du monde. *En vue de* ce tour du monde ils avaient fait des préparatifs pendant des mois.
8. Toute la famille admirait le père. On citait des vers de Corneille *à propos du* père.
9. Dans cet ancien cratère il y a un lac. *Au milieu du* lac, on peut voir une île.
10. Cet acteur s'est fait construire un château. *A l'extérieur du* château, il y a une réserve d'animaux sauvages (*game preserve*).

e. **Lequel** comme sujet.

On emploie **lequel, laquelle,** comme sujets, dans un style littéraire, dans une phrase où il y a un doute sur l'antécédent, ou quand il y a plusieurs autres **qui**.

Le propriétaire a renvoyé le chèque au locataire, **lequel** a dû payer un loyer plus élevé.
Françoise a présenté sa mère à la directrice, **laquelle** n'a pas été très polie.

◇ **6. Où** (*adverbe*) *where, in which, on which*

    a. Où remplace **dans lequel, sur laquelle,** etc.

      Je ne trouve pas le magasin **où** elle a acheté cet objet d'art.

    b. D'où (*from where, which*) remplace **duquel, de laquelle.**

      Connaissez-vous la ville **d'où** il vient?

    c. Par où (*through which*) remplace **par lequel, par laquelle.**

      Il y a des photos des pays **par où** il est passé pendant son voyage.

    d. Où signifie *when* dans les expressions suivantes:

      le jour **où,** l'année **où,** etc.   *the day* **when,** *the year* **when,** *etc.*

REMARQUE: Souvent, après un pronom relatif, on a l'inversion simple du nom sujet. L'ordre est: pronom relatif + verbe + sujet

    Elle a vendu le bijou **que** lui **avait donné son ami.**
    Voilà la pension de famille **où vivaient les étudiants.**

Exercice

Combinez les phrases suivantes. Utilisez **où, par où, d'où.**

    Modèle: Elle a porté ses dessins **à la maison de couture.** Elle a laissé ses dessins **à la maison de couture** pendant deux semaines.
              Elle a porté ses dessins à la maison de couture où elle les a laissés pendant deux semaines.

1. Elle n'aimait pas la pension. Elle a été interne dans cette pension.
2. J'ai vu beaucoup d'hôtels dans cette rue. Je suis passée par la rue.
3. On a revendu le piano au magasin. Le piano venait de ce magasin.
4. Ils ont loué un appartement à un étage. Il y avait un balcon à cet étage.
5. Je vais m'adresser à l'agence immobilière. Vous avez trouvé votre appartement à cette agence.
6. Nous n'allons pas nous arrêter dans les pays. Vous êtes passés par ces pays.
7. Tu n'as jamais visité la province. Je viens de cette province?
8. Les amoureux célèbrent toujours ce jour. Ils se sont rencontrés ce jour.

Le pronom relatif sans antécédent

Quand le pronom relatif n'a pas de nom antécédent, on a les formes suivantes:

Sujet	**ce qui**	what, that which
Objet direct	**ce que**	what, that which
Objet de **de**	**ce dont**	that of which, about which
Objet de prép.	**à quoi, avec quoi, sans quoi**	that to which, with which, without which

◇ **1. Ce qui** est sujet; il représente une phrase entière qui précède ou annonce une idée exprimée plus loin et introduite par **c'est.**

<table>
<tr><td>Ce qui me plaît, c'est son accent.</td><td>*What I like is her accent.*</td></tr>
<tr><td>Ma mère m'a influencée, ce qui est normal.</td><td>*My mother influenced me, and this is normal.*</td></tr>
</table>

◇ **2. Ce que** est objet direct; il signifie **la chose que, les choses que** (*what, that which*).

<table>
<tr><td>Je ne comprends pas ce que vous dites.</td><td>*I do not understand what you say.*</td></tr>
<tr><td>Ce que je voudrais faire, c'est voyager.</td><td>*What I would like to do is to travel.*</td></tr>
</table>

◇ **3. Ce dont** est objet de **de** et signifie **la chose, les choses dont** (*what, that of which*).

<table>
<tr><td>Je lui ai donné ce dont elle avait envie.</td><td>*I gave her what (that of which) she wanted.*</td></tr>
<tr><td>Ce dont j'ai besoin, c'est de dormir.</td><td>*What (that of which) I need is to sleep.*</td></tr>
</table>

Exercice

Complétez les phrases suivantes avec le pronom qui convient: **ce qui, ce que, ce dont**

1. La mère de Françoise a joué un rôle important dans la vie de sa fille, _____ est normal.
2. Cet étudiant est très arrogant, _____ je ne supporte pas.
3. Françoise savait très bien _____ elle voulait.
4. Elle n'a pas compris _____ il est question.
5. _____ me plaît dans notre appartement, ce sont les deux étages.
6. On n'a pas dit à la grand-mère _____ était arrivé.
7. La femme de chambre ne fait pas _____ je lui dis.
8. _____ vous avez besoin, c'est de gagner votre vie.
9. Elle a eu une gouvernante anglaise, _____ est un signe de richesse.
10. _____ m'inquiète, c'est l'avenir de ma fille.

◇ **4. A quoi, avec quoi, sans quoi** sont objets de préposition; ils signifient **la chose à laquelle, avec laquelle, sans laquelle;** il faut ajouter **ce** au début d'une phrase.

<table>
<tr><td>Je ne sais pas avec quoi elle vit.</td><td>*I don't know what she lives on.*</td></tr>
<tr><td>Ce à quoi je rêve en hiver, c'est une île du Pacifique.</td><td>*What I dream of in winter is an island in the Pacific Ocean.*</td></tr>
</table>

◇ **5. Tout ce qui, tout ce que, tout ce dont** = *everything*

<table>
<tr><td>Je ne comprends pas tout ce qu'elle dit.</td><td>Il m'a donné tout ce dont j'avais besoin.</td></tr>
</table>

◇ **6. De quoi**

Le relatif **quoi** se trouve dans les expressions suivantes: **avoir de quoi payer, vivre, manger** (*to have enough to pay, live, eat*), **donner de quoi manger** (*to give something to eat*).

Dans certains pays, les gens n'ont pas **de quoi manger.**
Quelques étudiants n'ont pas **de quoi** payer leur loyer.

REMARQUE: On entend souvent en réponse à «Merci» l'expression «Il n'y a pas de quoi». Cela n'est pas recommandé. Il vaut mieux dire «De rien» ou «Je vous en prie.»

LE PICK-UP IMPORTÉ LE MOINS CHER AU CANADA
EST AUSSI LE SEUL CAMION
QUI AIT GAGNÉ LE PRIX D'EXCELLENCE
EN DESIGN INDUSTRIEL.

STD à caisse ordinaire

NISSAN

PICK-UP NISSAN 1988

À LA MESURE DE VOS EXIGENCES.

Exercice

Dans les phrases suivantes, mettez le pronom qui convient: **à quoi, sans quoi, avec quoi,** etc.

1. Il a acheté trop de vêtements; il n'a plus ____ payer son loyer!
2. Je me demande ____ vous avez préparé ce plat.
3. Son mari ne lui dit jamais ____ il pense.
4. Envoyez-moi des cartes postales de votre voyage; ____, nous ne serons plus amis.
5. Où ai-je mis mes clés de voiture? ____ je me souviens, c'est que je les avais hier.
6. Ma fille me raconte ____ elle fait, absolument tout.

Le subjonctif après un pronom relatif

◇ 1. On trouve parfois le subjonctif après un relatif. Il faut que la proposition principale contienne

    a. le seul, le premier, le plus, le meilleur (une expression qui indique la singularité, la supériorité).

        Pierre est **le seul** étudiant **qui fasse** toutes les dictées.

    b. je cherche . . . (quelque chose qui n'existe peut-être pas).

        Je cherche une personne **qui sache** parfaitement la grammaire française.

    c. une expression négative de doute ou une expression interrogative.

        Il n'y a pas une femme au monde **qui puisse** l'aimer.
        Y-a-t-il quelqu'un ici **qui connaisse** le fonctionnement de cette machine?

◇ **2.** Quelquefois on a le choix entre le subjonctif et l'indicatif.

   a. Le subjonctif indique une émotion, un doute, le sentiment que la chose qu'on cherche n'existe pas.

   b. L'indicatif indique un fait réel; la chose qu'on cherche existe.

Comparez les phrases suivantes:

Subjonctif
Devenir médecin est **la seule ambition** qu'elle **ait** jamais **eue**.
Elle **cherche** une bonne qui **puisse** vivre à la maison.

Indicatif
Venez au mariage de Francine. C'est **notre dernière fille** qui **va** se marier.
La police cherche **un enfant qui a disparu** depuis six mois.

Exercices

A. Refaites les phrases suivantes avec un pronom relatif. Commencez chaque phrase par (1) Je connais; (2) Je cherche. Mettez le verbe qui suit au mode qui convient, indicatif ou subjonctif.

   Modèle: Une femme de ménage / faire la cuisine.
   Je connais une femme de ménage qui **fait** la cuisine.
   Je cherche une femme de ménage qui **fasse** la cuisine.

1. une actrice / savoir s'exprimer dans le langage des sourds (*deaf*)
2. un chanteur / vouloir donner un gala de charité.
3. des enfants / obéir à leurs parents.
4. un banquier / avoir de l'argent à nous prêter.
5. un mécanicien / être consciencieux.
6. une psychologue / pouvoir te conseiller.
7. des chaussures / aller avec cette robe.
8. une amie / prendre le temps de m'écouter.

B. Terminez les phrases suivantes avec le vocabulaire suggéré.

   Modèle: Gagarine / le premier homme / voler dans une fusée (*rocket*) autour de
   la terre.
   *Gagarine est le premier homme qui **a volé** dans une fusée autour de la terre.*

1. Christophe Colomb / premier navigateur / découvrir / l'Amérique.
2. Le 15 avril / le dernier jour / pouvoir payer ses impôts.
3. Est-ce que Voltaire / l'écrivain le plus célèbre / être sur les billets de banque?
4. Madame Curie / la seule savante / on donner deux prix Nobel.
5. Est-ce que Marilyn / la seule actrice / se suicider?
6. La Suisse / le seul pays / ne pas faire la guerre.
7. Est-ce que ce champagne / le vin le moins cher / tu trouver dans ce magasin?

Formules à retenir

◇ 1. **pendant / pour**

Les prépositions **pendant** et **pour** signifient *for* devant une expression de durée.

a. Pendant signifie *for, during* et s'emploie quand l'action est passée et achevée

Le docteur a attendu ses honoraires (*payment*) **pendant** 6 mois.

ou quand l'action est au présent

Sa grand-mère se brosse les cheveux **pendant** une heure tous les jours.

ou quand l'action est au futur.

Elle restera en pension **pendant** trois ans.

REMARQUE: On peut omettre **pendant** devant l'expression de durée.

Il a dormi une heure.   Ils voyageront deux semaines.

b. Pour signifie *for, in order to* et s'emploie après les verbes **partir, s'en aller, sortir, venir**

Tu pars **pour** trois jours.   (*in order to be away*)
Ils s'en vont **pour** deux semaines.

ou quand au verbe s'ajoute une idée d'intention, de but, de possibilité.

Son père est parti **pour** deux ans en mission aux Etats-Unis.
Nos locataires s'en vont à Tahiti **pour** trois mois et désirent sous-louer leur appartement.

REMARQUE: **Pour** ne peut pas être omis.

Exercice

Mettez le mot correct, **pendant** ou **pour**, ou ne mettez rien dans l'espace vide.

1. Après son accident, Paul est resté à l'hôpital ___ trente-quatre jours.   2. Elle va avoir une opération. Elle entre à la clinique ___ deux jours seulement.   3. L'année prochaine je resterai dans une pension de famille ___ trois semaines.   4. Le couturier est parti ___ deux semaines en Chine pour montrer sa collection.   5. Tous les jours j'attends l'autobus ___ un quart d'heure au moins.   6. ___ mon absence, mon propriétaire a changé la serrure (*lock*) de mon appartement.   7. Avez-vous fait des provisions de champagne ___ la soirée du 31 décembre?   8. Josyane a écouté la radio ___ toute la nuit.   9. Sa gouvernante lui lisait des vers de Corneille tous les jours ___ une heure.   10. Mes cousins viendront nous voir ___ le week-end dans notre nouvelle propriété.

◇ 2. **quelque, quelques, quelqu'un, quelques-uns, quelques-unes**

a. Quelque, quelques sont adjectifs: ils accompagnent un nom.

Le singulier **quelque** signifie **un certain**. On le trouve dans des expressions courantes: **quelque chose, quelquefois, quelque part, quelque temps**.

Le pluriel **quelques** signifie **un petit nombre, plusieurs.**

Nous avons **quelques** minutes pour écouter vos malheurs.

b. Quelqu'un est un pronom. Il signifie une personne indéterminée; la forme du féminin est rare et peu employée. L'adjectif qui suit **quelqu'un** est au masculin et accompagné de **de.**

Ils ont rencontré **quelqu'un d'important** = une personne importante.

c. Quelques-uns et **quelques-unes** sont des pronoms; ils signifient un petit nombre de personnes (hommes ou femmes).

Je vais vous présenter mes amis. **Quelques-uns** parlent français.
Beaucoup d'Américaines sont sportives. **Quelques-unes** pratiquent plusieurs sports.

Exercice

Complétez les phrases avec les mots suivants: **quelque chose, quelque temps, quelque part, quelqu'un, quelques-uns, quelques-unes.**

1. Hier, ils ont lu pendant ____. 2. Où ai-je mis mon stylo? Je l'ai perdu ____. 3. Ils ne comprennent rien à ce film. Et toi, tu comprends ____? 4. Elle a rencontré ____ de fascinant à la soirée. 5. Tous mes amis sont bilingues. ____ parlent même trois langues. 6. J'ai beaucoup de fleurs dans mon jardin. Cueillez-en ____. 7. Pour faire vivre sa famille, ce monsieur a fait beaucoup d'emprunts. Il en a remboursé ____. 8. Beaucoup de bonnes en France sont portugaises. ____ ont du mal à s'adapter. 9. Pour ____, nous allons nous passer de lave-vaisselle. 10. As-tu vu mes clés ____? —Non.

◇ **3. chaque, chacun, chacune**

a. Chaque est adjectif, féminin ou masculin. Il n'y a pas de pluriel.

Chaque enfant, **chaque** après-midi, **chaque** fleur.

b. Chacun est le pronom masculin singulier (*each one*). **Chacune** est le pronom féminin singulier. Il n'y a pas de pronom pluriel. Avec **chacun, chacune,** on doit employer le possessif **son, sa, ses** et le pronom **soi.**

Chacun pour **soi** et Dieu pour tous.
Les petites filles jouaient. **Chacune** avait **sa** poupée.

Exercice

Complétez les phrases suivantes avec **chaque, chacun, chacune.**

1. ____ soir, ils font une promenade dans le parc. 2. Tous leurs enfants sont mariés. ____ a sa propre maison. 3. Mes filles ont eu ____ un bébé cette année. 4. Pour Noël, ____ enfant reçoit des cadeaux. 5. Les petites filles jouaient dans la neige. ____ avait sa luge (*sled*). 6. ____ doit se préoccuper de son avenir. 7. ____ employé dans cette usine reçoit un bon salaire. 8. ____ paie une cotisation (*contribution*) pour la retraite. 9. ____ année, il faut penser à payer ses impôts. 10. Cette grand-mère est généreuse. Elle fait un cadeau à ____ de ses petits-enfants.

Exercices

A. **Votre appartement.** Décrivez votre appartement à l'aide de pronoms relatifs.

> Modèle: C'est un appartement . . .
> Il nous plaît beaucoup.
> *C'est un appartement* **qui** *nous plaît beaucoup.*

C'est un appartement . . .

1. Nous l'avons cherché pendant longtemps.
2. Il est situé dans une rue calme.
3. Nous sommes très contents de cet appartement.
4. Le balcon de cet appartement donne sur un jardin charmant.
5. Dans cet appartement il y a des tapis et même des bibelots.
6. Le loyer de cet appartement est raisonnable.
7. Nous espérons vivre longtemps dans cet appartement.

B. **Une famille intéressante.** Stéphanie vous parle des différentes personnes de sa famille. Employez des relatifs.

1. Elle nous parle de son père. Il a beaucoup voyagé. Elle ne le voyait pas souvent. Elle l'imaginait comme un héros. Elle rêvait de lui.
2. Elle nous parle de sa mère. Sa mère avait beaucoup de talents. Stéphanie l'admirait beaucoup. Elle sortait le dimanche avec sa mère, au théâtre, dans les musées.
3. Elle nous parle de son frère. Il ne faisait rien. Il racontait des histoires. A cause de ces histoires il était puni.
4. Elle nous parle de son cousin Marius. Il est parti sur un voilier pour faire le tour du monde. Toute la famille s'inquiétait à propos de la santé de Marius. Marius était plutôt délicat.
5. Elle nous parle de sa grand-mère. Sa grand-mère avait une belle propriété. Elle a perdu cette propriété parce qu'elle n'avait pas le sens des affaires.
6. Elle nous parle de sa tante. Sa tante a gagné le gros lot à la loterie; grâce à ce gros lot, elle est partie à l'étranger; elle vit encore à l'étranger.

C. **Votre pays de rêve.** Décrivez-le à l'aide de pronoms relatifs.

> Modèle: C'est un pays . . .
> Il est situé dans un climat chaud.
> *C'est un pays* **qui** *est situé dans un climat chaud.*

C'est un pays . . .

1. Je rêve de ce pays tous les jours.
2. Dans ce pays, le soleil brille toute l'année.
3. Ce pays est rempli de fleurs et d'oiseaux.
4. Les habitants de ce pays sont amicaux.

Gagnez l'un des cinq
voyages pour deux
à votre propre

P·A·R·A·D·I·S

personnel

5. Le gouvernement de ce pays est pacifiste.
6. Dans ce pays, on n'a pas besoin de travailler.
7. Je cherche ce pays sur la carte du monde.
8. Ce pays n'existe pas.

Traduction

1. Gilbert, are you happy with the apartment you live in?
2. Not really. There are lots of problems that bother me. The apartment I rent is small, noisy, and located near a train station and a factory that pollute the air I breathe.
3. I am looking for a room that would be larger, quieter and in an area where I would not have allergies. Do you know of a place that you could recommend? It is important for my studies that I find a place where I can move soon. I cannot concentrate on my work, which annoys my teachers.
4. As a matter of fact (**justement**), I have a friend whose parents own a large house (**pension**) for students. They are looking for tenants. The rooms I have seen are large, light (**clair**). The house is located near a park where there are lots of trees. Everything you want and need.
5. But, will I be able to afford the rent (**avoir les moyens de payer**)?
6. The amount (**la somme**) they are asking is reasonable. I will talk to them about you.
7. You are a real friend. Thank you for your help, which I will always remember.

Conversations

1. Comment vivent les personnes «riches et célèbres»?

   L'argent quelquefois rend les personnes riches ridicules et exagérées dans leurs goûts, leurs désirs, leur façon de vivre (*life style*). Connaissez-vous des détails de richesse exagérée et extravagante?

   a. Quel genre de personnes reçoivent un salaire disproportionné en fonction du travail?

      les acteurs de cinéma, de télé, certains écrivains, les vedettes du sport

   b. Comment vivent ces personnes?

      une propriété immense, des serviteurs, plusieurs voitures, des bateaux, des avions, des voyages

   c. Pensez-vous que l'argent fait le bonheur? Expliquez.

2. La pauvreté

   a. A votre avis, pourquoi est-ce que certaines personnes sont pauvres?

      le chômage (*unemployment*), les mauvais placements (*investments*), la paresse (*laziness*), la malchance (*bad luck*), faire banqueroute (*bankruptcy*)

   b. Comment peut-on survivre quand on est pauvre?

      une allocation familiale,[8] une allocation-chômage (*unemployment compensation*)

   c. Comment peut-on sortir de sa condition quand on est pauvre?

Rédaction

Racontez votre enfance. Décrivez les membres de votre famille qui ont joué un rôle important dans votre vie. Ajoutez des détails — vrais ou inventés — sur la situation financière de vos parents et des membres de votre famille. Employez beaucoup de relatifs.

---

[8] In France: monthly payments to families who have more than two children. The amount of payment varies, depending upon the number of children in a family.

Chapitre *17*

L'interrogation

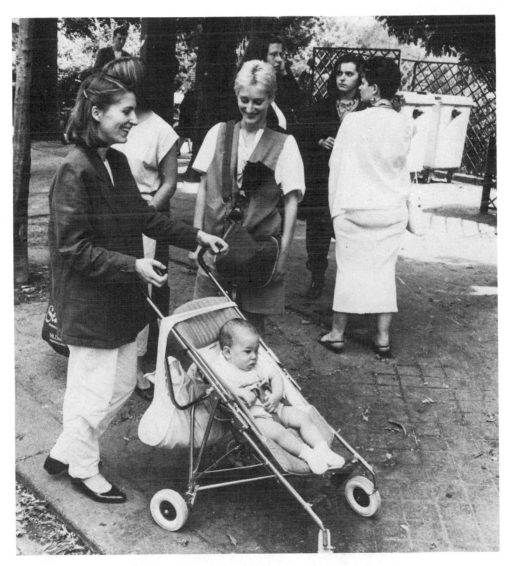

Vocabulaire

administrer un questionnaire to conduct a survey
alcoolisé alcoholic (*drink*)
aspirateur-traîneau (*m.*) vacuum cleaner
boisson (*f.*) drink, beverage
briquet (*m.*) cigarette lighter
conserves (*f. pl.*) canned goods
consister à to consist in
coudre to sew
déchirer to tear
eau (*f.*) water
engrais (*m.*) fertilizer
en location for rent
enquête (*f.*) survey
être pour ou contre to be for or against
être pressé to be in a hurry
faire confiance à to trust
faire tenir to set (*one's hair*)
jardinage (*m.*) gardening
lessive (*f.*) laundry, wash, detergent
loisirs (*m. pl.*) leisure time
magnétophone (*m.*) tape recorder
matelas (*m.*) mattress
métier (*m.*) job

mousser to foam
moutarde (*f.*) mustard
non alcoolisé non-alcoholic
onctueux oily and smooth
ongles (*m. pl.*) nails (*of fingers, toes*)
papeterie (*f.*) stationery, stationery store
parfum (*m.*) flavor
pâtes (*f. pl.*) noodles
plat (*m.*) **surgelé** frozen dinner
prêt ready
purée (*f.*) mashed potatoes
repassage (*m.*) ironing
rideau (*m.*) (*window*) shade
salir to make dirty
sécher to dry
selon according to
sondage (*m.*) poll
soupe (*f.*) **en boîte** canned soup
soupe (*f.*) **en sachet** powdered soup
sous-vêtements (*m. pl.*) underwear
tousser to cough
tout(e) fait(e) (*here*) instant
transports (*m. pl.*) **en commun** public transportation

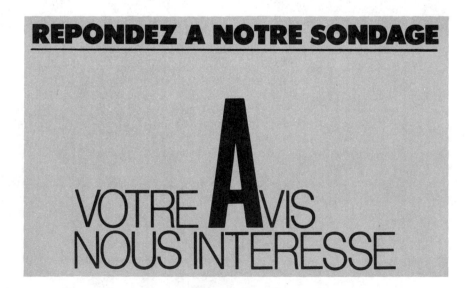

Enquêtes-minutes

Georges Pérec (1936–1982) est né à Paris. Il a fait ses études à Paris et en Tunisie. Il s'intéresse aux problèmes de l'écriture.° Son livre *Les Choses* est une histoire des années 60. Les deux personnages, Jérôme et Sylvie, ne peuvent pas échapper° aux codes° et aux exigences° de la société. Petit à petit, les choses envahissent° leur vie, surtout les objets de consommation courante.° Remarquez comme Georges Pérec aime donner de longues listes d'objets, des inventaires.

writing

avoid / regulations / demands
invade / daily

Jérôme avait vingt-quatre ans, Sylvie en avait vingt-deux. Ils étaient tous deux psycho-sociologues. Ce travail, qui n'était pas exactement un métier, ni même une profession, consistait à interviewer des gens, selon diverses techniques, sur des sujets variés. Il s'agissait,° la plu-
5 part du temps, d'aller dans les jardins publics, à la sortie des écoles,[1] ou dans les H.L.M.[2] de banlieue, demander à des mères de famille si elles avaient remarqué quelque publicité récente, et ce qu'elles en pensaient. Ces sondages-express,° appelés testings ou enquêtes-minute,° étaient payés cent francs. Ils passèrent quelques mois à ad-
10 ministrer des questionnaires. Puis il se trouva° un directeur d'agence qui, pressé par le temps,° leur fit confiance: ils partirent en province, un magnétophone sous le bras.
Et pendant quatre ans, peut-être plus, ils explorèrent, interviewèrent, analysèrent. Pourquoi les aspirateurs-traîneaux se ven-
15 dent-ils si mal? Que pense-t-on, dans les milieux de modeste extraction,° de la chicorée?[3] Aime-t-on la purée toute faite, et pourquoi? Parce qu'elle est légère? Parce qu'elle est onctueuse? Parce qu'elle est si facile à faire: un geste et hop?° Trouve-t-on vraiment que les voitures d'enfant sont chères? N'est-on pas toujours prêt à faire un
20 sacrifice pour le confort des petits? Comment votera la Française? Aime-t-on le fromage en tube? Est-on pour ou contre les transports en commun? A quoi fait-on d'abord attention en mangeant° un yaourt: à la couleur? à la consistance? au goût? au parfum naturel? Lisez-vous beaucoup, un peu, pas du tout? Allez-vous au restaurant?
25 Aimeriez-vous, Madame, donner en location votre chambre à un Noir? Que pense-t-on, franchement, de la retraite des vieux? Que pense la jeunesse? Que pensent les cadres?° Que pense la femme de trente ans? Que pensez-vous des vacances? Où passez-vous vos vacances? Aimez-vous les plats surgelés? Combien pensez-vous que ça
30 coûte, un briquet comme ça? Quelles qualités demandez-vous à votre

Il... It was a matter of

sondages... quick polls
enquêtes... quick interviews
il... there happened to be
pressé... pressed for time

les milieux... in the lower classes

un geste... one small gesture is
sufficient

en... when eating

executives

Extrait de Georges Pérec: *Les Choses*. Reproduit avec la permission des Editions Juilliard.

[1] **à la sortie des écoles** at the time children leave school. In France, many mothers meet their children and walk them home. Interviewers ask them questions in front of the school.
[2] **H.L.M. = Habitation à loyer modéré** low-cost housing development
[3] **la chicorée** chicory plant, the roots of which are roasted, ground, and used as a bitter flavoring for coffee

matelas? Pouvez-vous me décrire un homme qui aime les pâtes? Que
pensez-vous de votre machine à laver? Est-ce que vous en êtes satis-
faite? Est-ce qu'elle ne mousse pas trop?° Est-ce qu'elle lave bien?   *elle... it does not foam too much*
Est-ce qu'elle déchire le linge? Est-ce qu'elle sèche le linge? Est-ce que
5 vous préféreriez une machine à laver qui sécherait votre linge aussi?
    Il y eut la lessive, le linge qui sèche, le repassage. Le gaz, l'élec-
tricité, le téléphone. Les enfants. Les vêtements et les sous-vêtements.
La moutarde. Les soupes en sachets, les soupes en boîtes. Les cheveux: comment les laver, comment les teindre, comment les faire
10 tenir, comment les faire briller. Les étudiants, les ongles, les sirops
pour la toux, les machines à écrire, les engrais, les tracteurs, les
loisirs, les cadeaux, la papeterie, le blanc,° la politique, les auto-   *linen*
routes, les boissons alcoolisées, les eaux minérales, les fromages et
les conserves, les lampes et les rideaux, les assurances, le jardinage.
15   Rien de ce qui était humain ne leur fut étranger.

Questions

1. Quel âge avait Jérôme? Et Sylvie?
2. Quel travail faisaient-ils?
3. En quoi consistait ce travail?
4. Où allaient-ils pour interviewer les gens?
5. Que demandaient-ils aux mères de famille?
6. Où sont-ils partis faire leur enquête?
7. D'après les questions posées par Jérôme et Sylvie, faites une liste
   des préoccupations des gens à qui s'adresse le questionnaire. A
   quels domaines appartiennent la plupart des questions?
8. Pensez-vous que certaines de ces questions pourraient s'adresser à
   un public américain? Lesquelles vous paraissent typiquement
   françaises et seraient bizarres pour un public américain?
9. Y a-t-il une nuance d'ironie dans la phrase «Rien de ce qui était
   humain ne leur fut étranger»?

L'interrogation

Il y a plusieurs points à considérer quand on pose une question.

◇ **1.** Une question peut porter sur l'action exprimée par le verbe, ou bien sur un autre mot: le sujet, l'objet direct ou les circonstances de l'action.

Vient-elle?	La question concerne l'action de **venir**.
Qui est venu?	La question concerne le sujet.
Que dit-elle?	La question concerne l'objet de **dire**.
Où allez-vous?	La question concerne l'endroit où on va.

◇ **2.** Dans une question, on a quelquefois un mot interrogatif; ce mot peut être un pronom, un adjectif ou un adverbe.

Quelle heure est-il?   (*adjectif*)
Qui est venu?   (*pronom*)
Pourquoi pleures-tu?   (*adverbe*)

◇ **3.** L'inversion de l'ordre des mots (sujet-verbe) caractérise une phrase interrogative. Il y a deux sortes d'inversions.

a. L'inversion peut être simple:

du nom: Où travaille ton père?   (*verbe + nom*)
du pronom: Comment voyagez-vous?   (*verbe + pronom*)

b. L'inversion peut être double: nom sujet + verbe + pronom sujet

Ses **parents** travaillent-**ils** tous les deux?   **Sylvie** pose-t-**elle** beaucoup de questions?

L'interrogation sur le verbe

◇ **1.** La voix.   On change l'intonation de la phrase. L'ordre des mots ne change pas. On ajoute un point d'interrogation.

Il a bien travaillé

Il a bien travaillé?

Vous partez demain.

Vous partez demain?

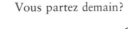

Cesser de fumer fait-il engraisser?

La cigarette est une habitude néfaste pour la santé qui frappe 40% de la population. Tout le monde connaît les torts causés par le tabac: maladies pulmonaires, maladies des artères, crises cardiaques. Tout le monde connaît aussi des gens qui veulent bien cesser de fumer et qui ont beaucoup de misère à y arriver.

◇ **2. Est-ce que.**   On commence une phrase par **est-ce que**. L'ordre des mots ne change pas. On ajoute un point d'interrogation. L'intonation suit le schéma suivant.

Vous avez compris.

Est-ce que vous avez compris?

◇ **3. L'inversion**

a. *L'inversion simple du pronom sujet.*   Pour tous les temps simples des verbes, on place le pronom sujet après le verbe. L'intonation est montante.

Vous êtes content.

Etes-**vous** content?

■ Si le verbe se termine par une voyelle ou un **e** muet, on met un **-t-** (euphonique) devant **il** ou **elle**.

Parle-t-il anglais?   Sera-t-elle surprise?   A-t-il de l'argent?

■ Pour les verbes pronominaux, seul le pronom sujet est déplacé.

Vous téléphonez-**vous** souvent?   Se réveillera-t-**il** à l'heure?

A la première personne du singulier du présent, quatre verbes seulement sont employés avec l'inversion: **avoir, être, pouvoir, savoir.**

avoir	**ai-je**	pouvoir	**puis-je**
être	**suis-je**	savoir	**sais-je**

Pour les autres verbes, on utilise **est-ce-que.**

- Aux temps composés, on place le pronom sujet après l'auxiliaire. Le participe passé est placé après le pronom.

  Sont-**ils** partis?   Vous êtes-**vous** rencontrés?

- A la forme négative, **ne ... pas** (**ne ... plus, ne ... jamais**) entourent le verbe simple ou l'auxiliaire du verbe composé.

  N'êtes-vous **pas** content?   Ne sont-ils **jamais** sortis?   Ne vous êtes-vous **pas** parlé?

  b. *L'inversion double du nom sujet.* Aux temps simples, le pronom est répété après le verbe; aux temps composés, il est répété après l'auxiliaire.

  Ce jeune homme parle-t-**il** anglais?   **Joséphine** a-t-**elle** aimé Napoléon?
  Joséphine aimait-**elle** Napoléon?

REMARQUES:

- **N'est-ce pas** est la traduction de tous ces renforcements de l'interrogation: *do you? doesn't she? did he? have they?* etc.

- **Oui!** est la réponse positive à une question affirmative. **Si!** est la réponse positive à une question négative.

  Avez-vous peur de la pollution? —**Oui!**   N'avez-vous **pas** peur de la pollution? —**Si!**

Exercice

Mettez les phrases suivantes à la forme interrogative avec l'inversion du verbe.

1. Les mères de famille ont remarqué les publicités récentes.   2. Ils étaient tous deux psycho-sociologues.   3. Ce travail n'était pas vraiment lucratif.   4. On aime le fromage en tube. 5. Vous aimeriez, Madame, manger tous les jours de la soupe en boîte.   6. On n'est pas toujours prêt à prendre sa retraite.   7. Les yaourts sont bons pour la santé.   8. Le directeur les a bien payés.

L'interrogation par mot interrogatif

L'adjectif interrogatif: **quel, quelle, quels, quelles**

L'adjectif interrogatif est toujours accompagné d'un nom; il s'accorde en genre et en nombre avec ce nom. Quand il y a une préposition, la préposition précède le groupe.

  Quelles fleurs préférez-vous?   A **quel** étudiant parlez-vous?

L'adjectif interrogatif et le nom sont parfois séparés par **être.**

  Quels sont les étudiants qui ont oublié leur livre?

Exercice

Mettez la forme correcte de l'adjectif interrogatif dans les phrases suivantes.

1. _____ qualités demandez-vous à un matelas?
2. _____ autoroute prend-on pour sortir de Paris?
3. _____ tracteur est-ce que ce fermier va choisir?
4. _____ est la différence entre ces deux shampooings?
5. _____ livres avez-vous lus récemment?
6. A _____ papeteries achetez-vous votre papier à lettres?
7. De _____ magnétophone se servent-ils?
8. _____ loisirs est-ce qu'on recommande aux retraités?

Pronoms interrogatifs d'identité

On pose une question sur l'identité d'une personne ou d'une chose. Les pronoms sont différents selon leur fonction grammaticale (sujet, objet direct ou objet d'une préposition). On a des formes courtes et des formes longues.

◇ **1. Formes courtes**

	personnes	*choses*
sujet	qui	—
objet direct	qui	que
objet de prép.	à / de / avec } qui	à / de / avec } quoi

a. Personnes — Qui.   Quand on pose une question sur l'identité d'une personne, on a le pronom interrogatif **qui** dans tous les cas.

Qui a téléphoné? **Pierre** a téléphoné.   (*Sujet*)
Qui avez-vous vu? J'ai vu **Pierre**.   (*Objet direct*)
De qui parlez-vous? Je parle **de Pierre**.   (*Objet de prép.*)

b. Choses — Que, Quoi.   Quand on pose une question sur l'identité d'une chose, il n'y a pas de forme courte pour le sujet. L'objet direct est **que**. L'objet de la préposition est **quoi**.

Que faites-vous? —Je fais un **gâteau**.   (*Objet direct*)
Avec quoi écrivez-vous? —J'écris **avec un stylo**.   (*Objet de prép.*)
De quoi parlez-vous? —Je parle **de la guerre**.   (*Objet de prép.*)

Allô, que lisez-vous ?

**QUI A DIT
QUE LES PRIVILÈGES
N'AVAIENT PAS
DE PRIX ?**

**RADIOTEL 2001
19 600 F**^HT

LE TÉLÉPHONE DE VOITURE AVEC OU SANS VOITURE.

RADIOTEL FRANCE : 4, boulevard Saint Martin · 75010 PARIS · Tél. 42.02.39.39 +

REMARQUES:

- Si **de** est une partie de l'article partitif (**de l'**, **de la,** ou **du**), le nom est un objet direct partitif et répond à la question **Que.**

  Je bois **de** l'eau.　　　　　　　　　　　**Que** buvez-vous?

- Pour l'objet de la préposition, la préposition est toujours le premier mot de la phrase interrogative.

  Avec quoi . . . ?　　　　　　　　　　**Chez qui . . . ?**

- L'inversion est simple pour le pronom sujet, double pour le nom sujet.

  De qui parlez-**vous?**　　　　　　　　Avec quoi cet **enfant** écrit-**il?**

- Après **que,** on a l'inversion simple du nom sujet.

  Que fait **Marie?**　　　　　　　　　　Que dit le **professeur?**

- **Whose is?** peut se traduire de deux façons. Quand on exprime la parenté, on emploie **de qui** + **être.**

  Whose brother *is he?*　　　　　　　**De qui** est-il le frère?

  Quand on exprime la possession, on emploie **à qui** + **être.**

  Whose book *is this?*　　　　　　　　**A qui** est ce livre?

Exercice

Posez des questions sur les groupes en italique.

> Modèle: Ils mangent **de la moutarde en tube.**
> *Que mangent-ils?*

1. Sylvie va faire *une enquête.*   2. *Jérôme* préférerait une machine à laver.   3. Elle a envie *d'un aspirateur-traîneau.*   4. Quand il mange du yaourt, il fait attention *au parfum.*   5. Vous aimez *les plats surgelés.*   6. Ils ont administré un questionnaire *aux mères de famille.*   7. Nous faisons la purée *avec des pommes de terre.*   8. Tu penses *à la retraite des vieux.*   9. Mireille promène *son bébé* dans une voiture d'enfant.   10. Elle fait *du repassage* le dimanche.   11. Le directeur a allumé son cigare *avec un briquet.*   12. Vous avez oublié *les conserves.*   13. Ils ont interviewé *les retraités.*   14. Cet acteur est *le beau-frère du Président.* 15. Ils font leur enquête *avec un magnétophone.*

◇ **2. Formes longues**

	personnes	*choses*
sujet	qui est-ce qui	qu'est-ce qui
objet direct	qui est-ce que	qu'est-ce que
objet de prép.	à qui est-ce que	à quoi est-ce que
	de qui est-ce que	de quoi est-ce que

a. Personnes — **Qui est-ce qui, qui est-ce que.**   On ajoute **est-ce qui** après **qui** (la forme courte du sujet), **est-ce que** après **qui** (la forme courte de l'objet direct et de l'objet de préposition).

   Qui est-ce qui a téléphoné?
   Qui est-ce que vous avez vu?
   Avec qui est-ce que Marie a parlé?

b. Choses — **Qu'est-ce qui, qu'est-ce que.**   On ajoute **est-ce qui** après **que** (**qu'**) pour obtenir la forme longue du sujet.

   Qu'est-ce qui arrive? —Un accident.

   On ajoute **est-ce que** (la forme courte de l'objet direct) et après **quoi** (l'objet de préposition).

   Qu'est-ce que vous voyez? —Le ciel.
   De quoi est-ce qu'ils ont parlé? —De la température.

REMARQUES:

- Il n'y a jamais d'inversion avec les pronoms formes longues.

- **Qu'est-ce qui** est la seule forme de pronom sujet pour les choses.

Exercice

Mettez dans l'espace vide le pronom interrogatif qui convient, forme longue. Le groupe entre parenthèses vous indique la fonction et la forme du pronom.

> Modèle: ＿＿ vous lisez?   (un roman policier)
> *Qu'est-ce que vous lisez?*

1. ＿＿ on soigne la grippe?   (avec de l'aspirine, du repos, des jus de fruits)
2. ＿＿ vous fait tousser?   (la fumée)
3. ＿＿ Jérôme pose des questions?   (aux mères à la sortie des écoles)
4. ＿＿ cette machine sèche?   (tout: le linge, les cheveux)
5. ＿＿ achète des plats surgelés?   (les gens qui n'aiment pas faire la cuisine)
6. ＿＿ Sylvie a interrogé?   (ses camarades de bureau)
7. ＿＿ se sert de ces produits?   (surtout les habitants de la campagne)
8. ＿＿ le médecin vous a défendu de boire?   (des boissons acoolisées)
9. ＿＿ ce fermier a besoin?   (d'un nouveaux tracteur)
10. ＿＿ elle se teint les cheveux?   (avec du henné [*henna*])

Tableau résumé des pronoms interrogatifs d'identité

		personnes	*choses*
sujet		*who* **Qui** vient? **Qui est-ce qui** vient?	*what* **Qu'est-ce qui** se passe?
objet direct		*whom* **Qui** voyez-vous? **Qui est-ce que** vous voyez?	*what* **Que** voyez-vous? **Qu'est-ce que** vous voyez?
objet de prép.		*with whom* **Avec qui** parlez-vous? **Avec qui est-ce que** vous parlez?	*with what* **Avec quoi** mangez-vous? **Avec quoi est-ce que** vous mangez?

Exercice

Mettez le pronom interrogatif qui convient, forme longue ou courte, dans l'espace vide.

> Modèle: _____ a téléphoné? (Pierre)
> *Qui a téléphoné?*

1. _____ vous aimez? (les gens intelligents)
2. _____ il recevait? (des colles)
3. _____ fait-il confiance? (au directeur)
4. _____ fait votre père? (il est sociologue)
5. _____ s'occupait son frère? (d'électronique)
6. _____ votre mère s'occupe? (de ses enfants)
7. _____ lui a fait peur? (le tremblement de terre)
8. _____ aviez-vous besoin? (de plus de loisirs)
9. _____ répond au questionnaire? (les gens de la rue)
10. _____ vous dites?

Pronoms interrogatifs de choix

Pour choisir une personne, une chose dans un groupe, on emploie le pronom **lequel, laquelle** (*which one?*)

> Vous avez lu tous les poèmes de Victor Hugo: **lequel** préférez-vous?

◇ **1.** On accorde le pronom avec le nom qu'il représente.

	masc.	*fém.*
sing.	**lequel**	**laquelle**
pl.	**lesquels**	**lesquelles**

Ils ont quatre fils; **lesquels** sont mariés?
Voici des oranges: **laquelle** voulez-vous manger?
Je vais lui acheter des fleurs: **lesquelles** coûtent le moins cher?

Exercice

Mettez la forme correcte de **lequel** dans les espaces vides.

1. ____ de vos enfants est le plus affectueux? 2. Parmi toutes les marques de lessive, ____ achetez-vous? 3. Il y a beaucoup de sortes de sous-vêtements. ____ portez-vous? 4. De tous les sirops pour la toux, ____ est-ce que votre docteur recommande? 5. Voilà de jolies lampes. ____ allez-vous acheter? 6. Ils ont contacté plusieurs compagnies d'assurance. ____ offre le meilleur contrat? 7. Vous vous êtes trompé de route? ____ cherchez-vous? 8. ____ de ces parfums vient de Paris?

◇ **2.** On contracte les prépositions **de** et **à** avec **le** et **les** de **lequel, lesquels, lesquelles.** Le résultat est **duquel, desquels, desquelles; auquel, auxquels, auxquelles.**

ATTENTION: **De laquelle** et **à laquelle** ne sont pas contractés.

> Ils parlent des champions russes: **desquels** parlent-ils?
> Tu penses à un ancien amour: **auquel** penses-tu?
> Vous parlez à votre amie: **à laquelle** parlez-vous?

Exercice

Mettez la forme contractée de **lequel** dans les phrases suivantes: **duquel, desquels, desquelles, auquel, auxquels, auxquelles.**

1. On produit des centaines d'engrais. ____ se sert ce fermier?   2. Vous avez plusieurs oncles. ____ vous pensez le plus souvent?   3. ____ de ces soupes en sachets a-t-on envie?   4. ____ de ces mères de famille les enquêteurs ont-ils parlé?   5. Elle écrit à tous ses enfants. ____ ne reçoit-elle jamais de nouvelles?   6. Parmi les transports en commun, ____ a-t-on le plus besoin? 7. Beaucoup de catastrophes nous menacent; ____ avez-vous peur surtout?   8. Voici plusieurs plats de pâtes; ____ tu as ajouté du beurre?

◇ 3. On fait l'inversion après **lequel, laquelle,** etc. quand ils sont objets directs ou objets de préposition. Pour éviter l'inversion, on peut employer **est-ce que.**

> Je lui ai offert deux autos: **laquelle** conduit-elle?
> **laquelle** est-ce qu'elle conduit?

Comment traduire which *ou* what?

Parce que *which* ou *what* peuvent se traduire différemment en français, il faut les analyser correctement. Est-ce que *which* ou *what* sont adjectifs ou pronoms, sujets, objets directs, etc.? Comparez les phrases suivantes:

What is going on? **Qu'est-ce qui** se passe?	*(pronom sujet)*
What are you doing tonight? **Qu'est-ce que** vous faites ce soir?	*(pronom objet direct)*
What time is it? **Quelle** heure est-il?	*(adjectif)*
What is the difference? **Quelle** est la différence?	*(adjectif)*
Which book did you read? **Quel** livre avez-vous lu?	*(adjectif)*
Which one do you prefer? **Lequel** préférez-vous?	*(pronom de choix)*

Questions idiomatiques

Il y a plusieurs questions formées avec **qu'est-ce que** ou **que**.

◇ **1. Qu'est-ce que c'est que ... ?**

Quand on pose une question sur un mot qu'on ne comprend pas, ou pour obtenir une définition, on emploie **Qu'est-ce que c'est que**.

Qu'est-ce que c'est que l'existentialisme?

◇ **2. Qu'est-ce que + avoir**

Que ou **qu'est-ce que** + **avoir** traduit l'expression *What is the matter with ... ?*

Qu'est-ce que tu as?⎫
Qu'avez-vous?⎭ *What is the matter with you?*

Qu'est-ce qu'il y a? *What is the matter?*

◇ **3. Que / qu'est-ce que + devenir**

Que ou **qu'est-ce que** + **devenir** traduit les expressions suivantes:

au présent: What are (you) up to?
au passé et au futur: What has become of? What will become of?

REMARQUE: En français, le nom ou le pronom après *of* est le sujet du verbe **devenir**.

Qu'est-ce que vous **devenez**? *What are you up to? (What's becoming of you?)*

Qu'est **devenue** sa mère? *What has become of his mother?*
Que **deviendras**-tu? *What will become of you?*

Exercice

Complétez les phrases suivantes avec un equivalent du mot anglais *what*.

1. ___ fait briller vos cheveux?
2. ___ dites-vous?
3. ___ pousse dans votre jardin?
4. ___ est la différence entre ces deux lessives?
5. ___ il y a?
6. ___ avez-vous?
7. ___ est devenu cet ancien président?
8. ___ films avez-vous vus récemment?
9. ___ c'est qu'un briquet?
10. ___ heure est-il?
11. ___ sorte de pâtes achetez-vous?
12. ___ vous ennuie?

Les adverbes interrogatifs

Les adverbes interrogatifs sont **où, comment, combien, pourquoi.**

◇ **1.** Avec **où, quand, comment, combien,** si la phrase est composée simplement d'un verbe et d'un sujet, on a l'inversion simple du nom: adverbe + verbe + nom sujet.

Où sont mes papiers?   **Comment** dorment les chevaux?
Quand commence le film?   **Combien** gagne ton frère?

◇ **2.** Avec **pourquoi** on ne peut pas avoir l'inversion simple du nom; il faut avoir l'inversion double.

Pourquoi vos **enfants** crient-ils?

◇ **3.** Si **où, quand, comment, combien** (et **pourquoi**) commencent une phrase du type: nom sujet + verbe + objet direct, il faut avoir l'inversion double.

Où le **professeur** a-t-il mis ses papiers?
Pourquoi les **enfants** mâchent-ils du chewing-gum?

REMARQUE: Dans la conversation, très souvent le mot interrogatif (excepté **qui** sujet, **qu'est-ce qui,** et **qu'est-ce que**) se place à la fin de la phrase.

Vous êtes resté **combien de temps?**   Ils partent **quand?**
Il est parti **à quelle heure?**   Ça coûte **combien?**
Cet instrument, ça sert **à quoi?**

Exercice

Faites des questions avec l'adverbe et le vocabulaire indiqués. N'employez pas **est-ce que.** Mettez les phrases au temps indiqué.

1. Combien / coûter / ces pâtes? (présent)
2. Pourquoi / cette mère / abandonner son enfant? (passé composé)
3. Où / l'enfant / coucher? (imparfait)
4. Comment / Sylvie / faire marcher son magnétophone? (présent)
5. Quand / Jérôme / administrer un questionnaire aux fermiers? (futur)
6. Où / le chien / passer la journée? (imparfait)
7. Comment / s'appeler / votre meilleur ami? (présent)
8. Combien / elle / payer mon cadeau? (passé composé)
9. Pourquoi / cet élève / recevoir une colle? (plus-que-parfait)
10. Quand / votre mariage / avoir lieu? (futur)

Et maintenant...
Où allons-nous souper?

Formules à retenir

◇ 1. Les dimensions

Voici plusieurs façons d'exprimer les dimensions.[4]

a. La longueur et la largeur

Question: **Combien** mesure cette pièce?
              Quelles sont les dimensions de cette pièce?
Réponse: Cette pièce a (ou fait) six mètres **de long**, trois mètres **de large**, et quatre mètres **de haut.**
              Cette pièce a (ou fait) six mètres **de longueur**, trois mètres **de largeur**, et quatre mètres **de hauteur.**

b. La profondeur et l'épaisseur

Question: **Quelle** est la profondeur de cette rivière?
              Quelle est l'épaisseur de ce mur?
Réponse: Cette rivière **a une profondeur de** deux mètres.
              Cette rivière est **profonde de** deux mètres.
              Ce mur **a une épaisseur de** cinquante centimètres.
              Ce mur est **épais de** cinquante centimètres.

c. La distance

Question: Paris, **c'est à quelle distance de** Marseille?
              Paris, **c'est à combien de** Marseille?
              Quelle est la distance de Paris à Marseille?
              Combien y a-t-il de Paris à Marseille?
              Il y a combien (de kilomètres) de Paris à Marseille?
Réponse: Paris, **c'est à** 800 kilomètres de Marseille.
              Il y a 800 kilomètres de Paris à Marseille.

Exercices

A. Donnez les dimensions (questions et réponses) de votre chambre, de la salle de classe, des fenêtres et des portes de la classe, de votre livre de français, de votre voiture.

B. Donnez la distance de votre ville à la capitale de l'état voisin ou province voisine, de Paris à Londres, de Paris à New York, de Paris à Montréal, de Paris à Ottawa.

---

[4] Voici quelques mesures de système métrique:

  1 mètre = environ 1 *yard*; exactement 1 *yard* + 3.3 *inches*
  1 mètre = 100 centimètres; 1 centimètre = .39 *inch*
  1 kilomètre = 1.000 mètres = .6213 *mile*

◇ **2. L'approximation**

On exprime l'approximation de deux façons:

a. par la terminaison **-aine** après certains nombres

une huitaine de jours	*about eight days*
une dizaine d'années	*about ten years*
une quinzaine . . .	*about fifteen, about two weeks*
une vingtaine . . .	*about twenty*
une trentaine . . .	*about thirty*
une quarantaine . . .	*about forty*
une cinquantaine . . .	*about fifty*
une soixantaine . . .	*about sixty*
une centaine . . .	*about one hundred*

ATTENTION: Une douzaine d'œufs signifie exactement douze.

b. avec les expressions suivantes:

environ	*about, around*
un peu moins de	*a little less than*
un peu plus de	*a little more than*
près de, dans les	*around, approximately*

Elle a **environ** cinquante ans.	*She is **about** fifty years old.*
Cela coûte **dans les** mille francs.	*It costs **around** 1,000 francs.*

Exercice

Utilisez des expressions d'approximation dans les phrases suivantes.

1. Mon père a quarante ans.   2. Nous resterons à Paris huit jours.   3. Il y avait cent personnes à cette réunion.   4. Il y a trente kilomètres de Paris à Versailles.   5. Douze œufs coûtent vingt francs.   6. Elle a habité quinze ans en Afrique.

Exercices

A. Stage à l'étranger.   Vous faites partie d'un groupe d'étudiants qui va passer un mois dans une ville de France pour suivre des cours à l'université. Vous posez des questions à votre accompagnateur(-trice) (*group leader*) sur les points suivants:

1. *Vos cours:* Ils ont lieu à...; il y a 25 heures de cours par semaine; on donne des cours de grammaire et de conversation; les enquêtes[5] sont des sortes d'interviews.

---

[5] **enquêtes**   In some French-language courses abroad, students are required to conduct interviews among the merchants in the town or city where they are living.

2. *Le professeur:* son âge, sa personnalité, sa méthode d'enseignement, son apparence physique.
3. *Le logement:* l'endroit où il se trouve, ce qu'il y a dans votre chambre, la personne qui s'occupe du ménage.
4. *Les repas:* l'endroit où on les prend, la qualité, ce qu'on mange, les heures, qui les prépare.
5. *La ville:* ses dimensions et sa population, les châteaux qui sont dans le voisinage, les distractions (le café, le cinéma, la disco, etc.)

B. **Un petit curieux.** Sylvie est sortie hier soir avec un jeune homme particulièrement intéressant. Un de ses amis lui pose des questions indiscrètes. D'après les réponses suivantes écrivez les questions de ce petit curieux.

1. C'est Jérôme qui m'a présentée à ce jeune homme.
2. Il fait ses études de médecine.
3. Ses parents lui payent ses études.
4. Oui, il travaille aussi dans un restaurant.
5. Il est passé me chercher hier soir vers 7 heures.
6. Nous sommes allés manger au restaurant et ensuite nous sommes allés au cinéma.
7. Non, nous avons pris le métro.
8. Il m'a raccompagnée vers 11 heures.
9. Oui, s'il me retéléphone.
10. Cela ne te regarde pas. Tu es trop curieux.

C. **Une enquête sur un accident.** Il y a eu un accident dans la rue. Un agent de police pose des questions aux témoins pour savoir:

1. l'heure de l'accident
2. qui est responsable
3. quel conducteur est coupable d'inattention
4. si quelqu'un a vu toute la scène
5. ce que les personnes présentes ont vu, etc.

Continuez l'enquête et utilisez votre imagination.

D. **Préparatifs d'enquête.** Avant leur départ en province, Jérôme et Sylvie posent des questions au directeur de l'agence. Aidez-les à préparer leur questionnaire. Ils veulent être sûrs:

1. de ce qu'il faut qu'ils demandent aux mères de famille
2. dans quelles villes ils doivent aller
3. combien de temps ils doivent rester dans chaque endroit, etc.

Continuez et écrivez au moins neuf questions.

Traduction

Miss Etoile, I am Caroline, from the magazine *Rock Chic*. Would you please answer my questions for our readers?

1. First of all, at what time do you wake up?
2. Never before noon.
3. What do you eat for breakfast: cereals, toasts?
4. I eat cereals and I drink juice.
5. What brand of cereals, what kinds of juice?
6. I do not want to make any publicity.
7. Are you for or against (diet)ing?
8. I do not need dieting (**suivre un régime**), I exercise enough when I sing and dance.
9. Do you dye your hair?
10. My hair has its natural color, green and purple, as you can see.
11. Who is your hairdresser?
12. This is a secret.
13. What are your plans for the near future (**futur proche**)?
14. To sing, to dance, to dance, to sing.
15. What do you think of Madonna?
16. Who is *she?*
17. Are you in love at the moment? If yes, whom do you love? What's his name? Isn't it your hairdresser?
18. That is none of your business. I must go. I am in a hurry.

Conversations

1. Les inventions

   a. Quel objet aimeriez-vous avoir inventé? Pourquoi?

      la bicyclette, la voiture, l'avion, les ordinateurs

   b. Quel objet aimeriez-vous inventer?

      la machine à faire les devoirs de français, le yaourt en tube, une machine qui lave, sèche, repasse, plie le linge à votre place, un robot qui nettoie la maison, met la vaisselle dans le lave-vaisselle, sort les poubelles (*garbage or trash cans*), etc.

2. Le coiffeur, la coiffeuse

   Pourquoi, quand allez-vous chez le coiffeur? Quand y êtes-vous allé la dernière fois? Qu'est-ce qu'on vous a fait?

   la coiffure, la coupe, la frange (*bangs*), peigner, pousser (*to grow*), prendre rendez-vous, se faire couper les cheveux, une coupe aux ciseaux, (*scissors*), une coupe au rasoir (*razor*), se faire faire une permanente, très frisée (*curly*), souple (*body wave*), l'après-shampooing (*hair conditioner*), la mise en plis (*setting*), mettre en plis (*to set*), le bigoudi (*roller*), la teinture (*color*), la décoloration (*rinse*), la mousse, le séchage (*drying*), le séchoir (*hair dryer*), les pattes (*sideburns*), la moustache, la barbe

ORANGINA
à l'entracte au bar
chez vous en "familiale".

3. Quelles sont les formes de publicité courantes? Quels sont les produits dont vous remarquez la publicité? Quels sont les produits dont la publicité vous intéresse? quelle est la publicité que vous réprouvez (*disapprove of*)?

- la publicité dans les revues, les petites annonces (*classified ads*), un panneau (*billboard*) sur les routes, la pub (publicité) à la télé (*commercial*), un slogan (*catch phrase*)
- les produits de beauté, les voitures, la bière, les boissons non alcoolisées, les cigarettes, les voyages, les produits d'entretien (*household products*), les produits alimentaires pour les chats et les chiens

Rédaction

Ecrivez le questionnaire de l'enquête de Jérôme et Sylvie, d'après le dernier paragraphe: *Il y eut la lessive...*

Modèle: De quelle marque de lessive vous servez-vous? Pourquoi cette lessive vous semble-t-elle meilleure? Etc.

Chapitre 18

Le discours indirect

Vocabulaire

à cause de   because of
allée (*f.*)   path
A table!   Dinner is ready!
avancer   to go forward
chemin (*m.*) de fer   train
comptable (*m.*)   accountant
crier après   to shout at
cru   rare, raw
dedans   inside
dehors   outside
du tout   at all
embouteillage (*m.*)   traffic jam
en vitesse   in a hurry, in a jiffy
feu (*m.*) rouge   stop light
goût (*m.*)   taste
indications (*f. pl.*)   directions
se mettre en colère   to get mad

mûr   ripe
pancarte (*f.*)   sign
pont (*m.*)   bridge
potager (*m.*)   vegetable garden
rater   to miss, to fail
rattraper son chemin   to find one's way again
recevoir   to greet
rigoler (*fam.*)   to laugh
rigolo (*fam.*)   funny
rôti (*m.*)   roast beef
route (*f.*) en terre   dirt road
sage   good; wise
station (*f.*) -service   gas station
tablier (*m.*)   apron
tarder   to delay
tout droit   straight ahead
travaux (*m. pl.*)   repair works

Un Beau Dimanche à la campagne

René Goscinny (1926–1977) est né à Paris et a vécu plusieurs années en Argentine. Il a fait divers métiers avant d'être journaliste. Il est le père du célèbre Astérix (personnage de bande dessinée) et a collaboré à un journal de jeunes: *Pilote. Les aventures du Petit Nicolas,* illustrées par son ami Sempé, le dessinateur humoristique, amusent les enfants et les grandes personnes depuis 1954. Dans l'extrait suivant, c'est le Petit Nicolas qui parle, dans son langage de petit garçon.

Nous sommes invités à passer le dimanche dans la nouvelle maison de campagne° de M. Bongrain. M. Bongrain fait le comptable[1] dans le bureau où travaille Papa, et il paraît qu'il a un petit garçon qui a mon âge, qui est très gentil et qui s'appelle Corentin.

5 Moi, j'étais bien content, parce que j'aime beaucoup aller à la campagne et Papa nous a expliqué que ça ne faisait pas longtemps[2] que M. Bongrain avait acheté sa maison, et qu'il lui avait dit que ce n'était pas loin de la ville. M. Bongrain avait donné tous les détails à Papa par téléphone, et Papa (les) a inscrit° sur un papier et il paraît 10 que c'est très facile d'y aller. C'est tout droit, on tourne à gauche au premier feu rouge, on passe sous le pont de chemin de fer, ensuite c'est encore tout droit jusqu'au carrefour,° où il faut prendre à gauche, et puis encore à gauche, jusqu'à une grande ferme blanche, et puis on tourne à droite par une petite route en terre, et là c'est tout 15 droit et à gauche après la station-service.

On est partis, Papa, Maman et moi, assez tôt le matin dans la voiture, et Papa chantait, et puis il s'est arrêté de chanter à cause de toutes les autres voitures qu'il y avait sur la route. On ne pouvait plus avancer. Et puis Papa a raté le feu rouge où il devait tourner, 20 mais il a dit que ce n'était pas grave, qu'il rattraperait son chemin au carrefour suivant. Au carrefour suivant, ils faisaient° des tas de travaux et ils avaient mis° une pancarte où c'était écrit: «Détour»; et nous nous sommes perdus; et Papa a crié après Maman en lui disant° qu'elle lui lisait mal les indications qu'il y avait sur le papier; et Papa 25 a demandé son chemin à des tas de gens qui ne savaient pas; et nous sommes arrivés chez M. Bongrain presque à l'heure du déjeuner, et nous avons cessé de nous disputer.

M. Bongrain est venu nous recevoir à la porte de son jardin.

... Papa lui a dit que nous nous étions perdus, et M. Bongrain a 30 eu l'air tout étonné.

maison... weekend house

= écrit

crossroads

ils... = on faisait
ils... = on avait mis
en... telling her

Extrait de Sempé-René Goscinny: *Le Petit Nicolas et les copains.* Reproduit avec la permission des Editions Denoël.

[1] **fait le comptable**   incorrect response to the question Qu'est-ce qu'il fait? (The correct answer is **il est comptable.**)
[2] **ça ne... longtemps** = il n'y avait pas longtemps

— Comment as-tu fait ton compte?° il a demandé.[3] C'est tout   fait... did you manage
droit... Et puis Mme Bongrain est arrivée, elle a enlevé son tablier et
elle a dit:

— A table!

5   M. Bongrain était tout fier pour le hors-d'œuvre,[4] parce qu'il
nous a expliqué que les tomates venaient de son potager, et Papa a
rigolé et il a dit qu'elles étaient venues un peu plus tôt, les tomates,[5]
parce qu'elles étaient encore toutes vertes. M. Bongrain a répondu
que peut-être, en effet, elles n'étaient pas encore tout à fait mûres,
10 mais qu'elles avaient un autre goût que celles que° l'on trouve sur le   celles... the tomatoes that
marché. Moi, ce que j'ai bien aimé, c'est les sardines.

    Et puis Mme Bongrain a apporté le rôti, qui était rigolo, parce
que dehors il était tout noir, mais dedans c'était comme s'il n'était
pas cuit du tout.

15   — Moi je n'en veux pas, a dit Corentin. Je n'aime pas la viande
crue!

    M. Bongrain lui a fait les gros yeux° et lui a dit de finir ses   fait... glared
tomates en vitesse et de manger sa viande comme tout le monde, s'il
ne voulait pas être puni...

20   Après le déjeuner, on s'est assis dans le salon... Moi, j'ai demandé à Corentin si on ne pouvait pas aller jouer dehors où il y avait
plein de soleil. Corentin a regardé son Papa, et M. Bongrain a dit:

    — Mais bien sûr les enfants.° Ce que je vous demande, c'est de   les... kids
ne pas jouer sur les pelouses, mais sur les allées. Amusez-vous bien,
25 et soyez sages.

    Corentin et moi, nous sommes sortis, et Corentin m'a dit qu'on
allait jouer à la pétanque.[6] On a joué dans l'allée; il y en avait une
seule et pas très large. (*Mais une boule va dans la pelouse et M.
Bongrain se met en colère; il punit Corentin et l'envoie dans sa
30 chambre jusqu'au soir.*)

    Nous ne sommes pas restés très longtemps, parce que Papa a dit
qu'il préférait partir de bonne heure pour éviter les embouteillages.
M. Bongrain a dit que c'était sage, en effet, qu'ils n'allaient pas
tarder à rentrer eux-mêmes...

35   M. et Mme Bongrain nous ont accompagnés jusqu'à la voiture;
Papa et Maman leur ont dit qu'ils avaient passé une journée qu'ils
n'oublieraient pas.

---

[3] **il a demandé.** In spoken language there is no inversion; in written language one would say **a-t-il demandé.**

[4] **le hors d'œuvre** first course of a meal. In the U.S. one uses the term *hors d'œuvre* to describe appetizers, which in French are called **amuse-gueule** (*mouth-teasers*).

[5] **elles étaient... tomates** In conversational French, one frequently starts a sentence with a pronoun subject representing a noun that is repeated at the end of the sentence: «Elles sont toutes vertes, vos tomates.»

[6] **la pétanque** bowling game (similar to bocci balls) that originated in southern France and is now popular throughout the country.

Questions

1. Où est-ce que Nicolas et ses parents sont invités à passer le dimanche?
2. Qui est M. Bongrain?
3. Pourquoi Nicolas est-il content?
4. Où est située la maison de M. Bongrain? Comment y arrive-t-on? Pensez-vous que c'est vraiment tout droit?
5. Pourquoi la famille de Nicolas s'est-elle perdue? Pourquoi y-a-t-il beaucoup de voitures? Pourquoi le père a-t-il crié? Est-ce une situation typique?
6. Pouvez-vous expliquer l'étonnement de M. Bongrain? Pour lui est-ce que c'est facile de trouver sa maison?
7. Qu'est-ce qu'ils ont mangé comme hors d'œuvre? De quoi M. Bongrain est-il fier? Pourquoi? Quelle remarque a fait le papa de Nicolas à propos des tomates? Comment est cette remarque? Quel sentiment est-ce qu'elle implique de la part du papa de Nicolas? (et des Français en général?)
8. Qu'est-ce que Nicolas a préféré? Que pensez-vous de son goût?
9. Mme Bongrain a fait cuire son rôti dans un four à bois (*wood stove*). Comment est le rôti? Pourquoi est-ce que Corentin n'en veut pas?
10. Expliquez: M. Bongrain «lui fait les gros yeux». Trouvez d'autres exemples de l'attitude du père envers son fils. Est-ce traditionnel ou exceptionnel?
11. Pourquoi le père de Nicolas veut-il rentrer tôt? Pensez-vous qu'ils ont passé un beau dimanche?
12. Résumez les choses désagréables qu'ils ont dû supporter pour passer ce dimanche à la campagne: les difficultés pour trouver leur chemin, les embouteillages, le repas, les interdits, etc.

Le discours indirect

Comme nous l'avons vu dans le chapitre précédent, dans un discours direct, une question est posée directement, avec des guillemets (*quotation marks*), un point d'interrogation, une intonation spéciale.

> Le professeur a demandé: «Est-ce que vous comprenez?»

Dans un discours indirect, on rapporte indirectement les paroles d'une ou de plusieurs personnes ou on pose indirectement une question. Il n'y a pas de guillemets, pas de point d'interrogation. La voix descend à la fin de la phrase.

> Le professeur a demandé si vous compreniez.

On peut avoir des phrases avec **que** et des phrases avec des mots interrogatifs. Certains changements se produisent quand on passe du discours direct au discours indirect.

Phrases avec que

◇ 1. La majorité des verbes sont suivis de **que** + l'indicatif.

ajouter	to add	**expliquer**	to explain
affirmer	to affirm	**ignorer**	not to know
annoncer	to announce	**observer**	to observe
assurer	to guarantee	**promettre**	to promise
avouer	to confess	**remarquer**	to notice, to remark
constater	to observe	**répondre**	to answer
crier	to shout	**savoir**	to know
déclarer	to declare	**se rendre compte**	to realize
dire	to say		

> Papa **dit que ce n'est pas** grave.
> Je lui **explique que je ne suis jamais allé** à la campagne.
> Papa **crie que Maman lit mal** les explications.

REMARQUES:

■ Si le verbe principal est au présent, le verbe subordonné reste au même temps que dans le discours direct.

Madame Simone est morte à 108 ans

« Je trouve que la vie est trop courte »

■ Les réponses «**oui**» et «**non**» deviennent **... que oui, ... que non** dans le discours indirect.

Je dis **que oui**.	*I say yes.*
Je réponds **que non**.	*My answer is no.*

◇ **2.** Quelques verbes sont suivis de **que** + le subjonctif.

proposer } to suggest	**dire**	to tell *(expressing an order)*
suggérer }	**demander**	to ask

Ils **proposent** que nous **allions** à leur maison de campagne.
Je **dis** aux enfants qu'ils **fassent** moins de bruit.
Le professeur **demande** que les étudiants **finissent** ce chapitre.

Exercice

Faites des phrases au discours indirect avec le vocabulaire suggéré. Mettez le premier verbe au présent.

Modèle: Le commissaire / déclarer / falloir faire une enquête.
*Le commissaire déclare **qu'il faut faire une enquête.***

1. Le suspect / avouer / cambrioler la banque.
2. Les baigneurs / crier / l'eau être froide.
3. Le professeur / constater / Julien dormir.
4. J' / ignorer / ce chemin conduire à votre maison de campagne.
5. Nous / leur expliquer / ils avoir tort.
6. Vous / savoir / nous aller faire le tour du monde.
7. Mme Bongrain / annoncer / le dîner être prêt.
8. Le papa de Corentin / suggérer / les enfants aller jouer dehors.
9. Le président de l'université / demander / ce professeur faire des recherches.
10. Les voyageurs / admettre / ils être fatigués.
11. Je / proposer / nous jouer à la pétanque.
12. La marchande / nous assurer / ses tomates être mûres.

Phrases avec un mot interrogatif

◇ **1.** Si

Quand la question porte sur le verbe (avec la voix, l'inversion du verbe ou **est-ce que**) on emploie **si** (*whether*) dans le discours indirect. Voici des verbes qui sont suivis de **si**.

demander	dire	savoir / ne pas savoir	être sûr
se demande	ignorer	décider	remarquer

Dis-moi: «Ton père chante?»
Ton père chante-t-il? } Dis-moi si ton père chante.
Est-ce que ton père chante?

J'aurai du travail?
Aurai-je du travail? } Je ne sais pas si j'aurai du travail.
Est-ce que j'aurai du travail?

REMARQUES:

■ Il est possible d'avoir un futur après **si** qui signifie *whether*. Un futur est impossible après **si** de condition (voir p. 295).

■ Quand on passe du discours direct au discours indirect, les pronoms personnels et les adjectifs possessifs changent.

> Renée déclare: «**Je** vais au concert avec **mon** amie.»
>
> Renée déclare **qu'elle** va au concert avec **son** amie.

Exercice

Faites des phrases au style indirect sur le modèle.

> Modèle: Je te demande: «Est-ce que tu viens?»
> *Je te demande si tu viens.*

1. L'enfant demande à son père: «Est-ce que je peux jouer dehors?»
2. Le chanteur se demande: «Est-ce que ma voix est assez forte?»
3. Les élèves ignorent. Le professeur a-t-il corrigé les examens?
4. Nous ne savons pas. Y a-t-il de la place (*room*) sur les avions pour Hawaï?
5. Dites-nous. Avez-vous assez d'argent pour vos vacances?
6. Elle se demande: «Est-ce que ma demande de poste (*job application*) sera acceptée?»
7. Ils ne savent pas. Retourneront-ils en France bientôt?
8. Demandez-lui. A-t-il trouvé facilement le chemin?
9. Avez-vous décidé? Allez-vous vous marier?
10. Nous ne sommes pas sûrs. Est-ce que nous devons tourner à droite ou à gauche?

◇ **2.** Pronoms interrogatifs d'identité

a. Pour les *personnes*, on emploie **qui** dans tous les cas.

> Je me demande **qui** a téléphoné.   (*sujet*)
> Tu ne sais pas **qui** tu aimes.   (*objet direct*)
> Nous ignorons **avec qui** elle sort.   (*objet de prép.*)

REMARQUE: Dans la conversation, on peut avoir la forme longue.

> Je voudrais savoir **qui est-ce qui** a téléphoné.
> Tu lui dis **qui est-ce que** tu aimes.
> Vous cherchez à savoir **avec qui est-ce qu'**elle sort.

b. Pour les *choses,* on emploie le pronom sujet **ce qui**, le pronom objet direct **ce que**. L'objet de préposition est **quoi**.

> Je ne comprends pas **ce qui** se passe.   (*sujet*)
> Dites nous **ce que** vous faites.   (*objet direct*)
> Je me demande **avec quoi** elle se coiffe.   (*objet de prép.*)

REMARQUES:

- **Ce qui, ce que** sont les deux derniers mots de la forme longue, **qu'est-ce qui, qu'est-ce que.**

- Dans la conversation, on peut avoir la forme longue des pronoms.

> J'ignore **qu'est-ce qui** se passe.
> Elle sait **qu'est-ce que** vous faites.
> Je me demande **avec quoi est-ce** qu'elle se coiffe.

Exercice

Refaites les phrases suivantes au discours indirect avec le verbe entre parenthèses.

> Modèle: Qu'est-ce qui fait ce bruit? (Il se demande)
> *Il se demande **ce qui** fait ce bruit.*

1. Que dites-vous? (Je ne sais pas)
2. Qu'est-ce qui est arrivé? (Nous ignorons)
3. De quoi est-ce que vous parlez? (Vous savez)
4. Qui vous a dit cela? (Je vous demande)
5. Qu'est-ce que vous faites ce soir? (Dites-nous)
6. A qui avez-vous écrit? (Sait-il?)
7. Avec quoi est-ce que vous faites ce plat? (Expliquez-moi)
8. Qui est-ce qui a tout compris? (Je voudrais savoir)
9. Que mangent les moustiques? (Le professeur de sciences demande)
10. Qui le voleur a-t-il blessé? (L'agent de police cherche à savoir)

c. Les autres mots interrogatifs

Les pronoms de choix (**lequel, laquelle**), les adjectifs (**quel, quels**) et les adverbes (**où, quand, comment, pouquoi, combien**) ne changent pas.

> J'ignore **laquelle** de ses deux voitures elle va prendre.
> Je sais **quelle** heure il est.
> Je me demande **pourquoi** vous pleurez.

◇ **3.** Place du sujet dans le discours indirect

a. Il n'y a jamais d'inversion du pronom-sujet.

Quand viendrez-vous? J'aimerais savoir quand vous viendrez.

b. Dans une phrase formée du sujet + verbe + O.D., l'ordre des mots reste sujet + verbe + O.D.

Où ton père a-t-il acheté sa voiture? Dis-moi **où** ton père a acheté sa voiture.

c. Dans une phrase formée d'un sujet et d'un verbe, avec la majorité des mots interrogatifs, on a deux constructions possibles: verbe + sujet ou sujet + verbe.

Combien gagne ta mère? J'aimerais savoir combien { gagne ta mère. / ta mère gagne.

On n'a qu'une construction possible — sujet + verbe — avec les trois mots suivants: **si,** **qui** (O.D.) et **pourquoi.**

Qui Marie va-t-elle épouser?

Pourquoi le prix du pain augmente-t-il?

Sais-tu **qui** Marie va épouser?

Nous ne comprenons pas **pourquoi** le prix du pain augmente.

Exercice

Refaites les phrases suivantes au discours indirect avec l'expression entre parenthèses. Refaites-les deux fois si la place du sujet peut varier.

Modèle: Où habitent les Bongrain? (Je ne sais pas)
*Je ne sais pas où **habitent les Bongrain.***
*Je ne sais pas où **les Bongrain habitent.***

1. Quand tes parents arriveront-ils? (Tu vas nous dire)
2. A quoi jouent les enfants? (Je me demande)
3. Où le président voyagera-t-il? (Le reporter cherche à savoir)
4. Comment les électeurs voteront-ils? (Les ministres ignorent)
5. Qui le curé va-t-il bénir? (Les invités du mariage savent)
6. Pourquoi ce magasin est-il fermé? (Je ne comprends pas)
7. Combien Claire a-t-elle payé ces chaussures? (Sais-tu)
8. Lequel de ces deux desserts va-t-elle prendre? (Son mari lui demande)
9. Quels vêtements vas-tu emporter pour le week-end? (Tu te demandes encore)
10. A quelle heure le cours commence-t-il? (Nous voudrions savoir)

Changements

Quand on passe du discours direct au discours indirect, il se produit des changements dans les temps des verbes et dans les adverbes, comme en anglais.

◇ **1.** Si le verbe principal est au passé, les temps changent de la façon suivante:

Discours direct	Discours indirect
L'*imparfait* reste	*imparfait.*
Il **faisait** beau.	Il a dit qu'il **faisait** beau.
Le *présent* devient	*imparfait.*
Il **fait** beau.	Il a dit qu'il **faisait** beau.
Le *passé composé* devient	*plus-que-parfait.*
Il **a fait** beau.	Elle a dit qu'il **avait fait** beau.
Le *futur* devient	*conditionnel présent.*
Il **fera** beau.	Elle a dit qu'il **ferait** beau.
Le *futur antérieur* devient	*conditionnel passé.*
Il **aura fini** à deux heures.	Elle a dit qu'il **aurait fini** à deux heures.

◇ **2.** A l'impératif, il y a les changements suivants:

Discours direct	Discours indirect
L'*impératif* (tu ou vous)	devient *infinitif*.
Arrête la voiture.	Elle lui a demandé d'**arrêter** la voiture.
L'*impératif* (nous)	devient *subjonctif présent*.
Allons au cinéma.	Elle a suggéré qu'ils **aillent** au cinéma.

◇ **3.** Le subjonctif reste subjonctif.

Il m'a dit: «Je veux que tu **viennes**.» Il m'a dit qu'il voulait que je **vienne**.

Exercice

Combinez les phrases suivantes pour faire une phrase au discours indirect.

Modèle: J'ai demandé: «Il pleut?»
J'ai demandé s'il pleuvait.

1. J'ai demandé à Corentin: «Tu viens dans le jardin?»
2. M. Bongrain nous a dit: «Ne jouez pas sur la pelouse.»
3. Le petit garçon a demandé à son papa: «Est-ce qu'on peut se servir de tes boules?»
4. Le père a répondu: «Oui, mais il faut que vous fassiez attention.»
5. Corentin a suggéré: «Allons derrière le garage, et jouons dans l'allée.»
6. L'enfant a promis à son père: «Nous serons sages, nous ferons bien attention.»
7. Il m'a demandé: «Tu as déjà joué à la pétanque?»
8. J'ai voulu savoir: «Qu'est-ce que tu dis? Tu te moques de moi?» Je lui ai affirmé: «J'ai gagné plusieurs concours.»
9. Après la partie, j'ai dû admettre: «Corentin a gagné.»
10. J'ai promis: «Je ne me vanterai plus.»

On a recommandé que nous allions voir Marceau: sans rien dire, il exprime tout.

Les adverbes et les expressions de temps

Les adverbes et les expressions de temps changent de la façon suivante:

Discours direct	Discours indirect	
aujourd'hui	ce jour-là	*that same day*
demain	le lendemain, le jour suivant	*the day after*
hier	la veille, le jour précédent	*the day before*
avant-hier	l'avant-veille	*two days before*
ce matin	ce matin-là	*that same morning*
ce soir	ce soir-là	*that same evening*
cette semaine	cette semaine-là	*that same week*
ce mois-ci	ce mois-là	*that same month*
cette année	cette année-là	*that same year*
la semaine prochaine	la semaine suivante	*the following week*
le mois prochain	le mois suivant	*the following month*
l'année prochaine	l'année suivante	*the following year*
la semaine dernière	la semaine précédente	*the previous week*
le mois dernier	le mois précédent	*the previous month*
l'année dernière	l'année précédente	*the previous year*

Il dit: «La lettre est arrivée **hier**.»
Marc a assuré: «J'aurai fini **ce soir**.»
Nous avons promis: «Nous viendrons **le mois prochain**.»

Il a dit que la lettre était arrivée **la veille**.
Marc a assuré qu'il aurait fini **ce soir-là**.
Nous avons promis que nous viendrions **le mois suivant**.

Exercices

A. Mettez les phrases suivantes au discours indirect.

1. Jean-Pierre a dit: «Je suis rentré la semaine dernière.»
2. Ses parents ont assuré: «Nous rentrerons le mois prochain.»
3. L'employé m'a dit: «Revenez demain.»
4. Marie-Claude a promis: «Je commencerai mon régime cette semaine.»
5. Je me demandais: «Ma lettre est-elle arrivée hier?»
6. Richard a dit: «Je me suis levé tôt ce matin.»
7. Les enfants ont crié: «Nous avons reçu plus de cadeaux l'année dernière!»

B. Mettez les phrases suivantes au discours direct.

Modèle: Elle a dit qu'elle **partirait la semaine suivante**.
Elle a dit: «Je partirai la semaine prochaine.»

1. Il a dit qu'il était parti la veille. 2. Elle a affirmé qu'elle viendrait le lendemain. 3. Ils ont suggéré que nous sortions ce jour-là. 4. Tu avais promis que tu répondrais l'année suivante. 5. Ils se demandaient s'ils arriveraient ce soir-là. 6. Paul a déclaré qu'ils s'étaient mariés l'année précédente.

Formules à retenir

◇ **1. avoir l'air / sembler / paraître**

Ces trois verbes ont le même sens: *to look, seem, appear.* Ils se construisent avec un adjectif

Elle **a l'air** triste.   Elle **semble** triste.   Elle **paraît** triste.

ou avec un infinitif.

Vous **avez l'air** de dormir.   Vous **semblez** dormir.   Vous **paraissez** dormir.

REMARQUES:

- Après **avoir l'air**, il faut avoir **de**.

- **Il paraît que** est suivi de l'indicatif. Cette expression signifie: *it seems (that's what the rumor is, I heard).*

  Il paraît qu'ils **vont** se marier.

- **Il semble que** est suivi du subjonctif.

  Il semble que le président **ait regagné** des voix.

- **Il me semble, il lui semble, il vous semble** sont suivis de l'indicatif et signifient **je crois, il** ou **elle croit, vous croyez.**

  Il me semble que vous **avez** maigri.

Exercice

Traduisez les phrases suivantes en français.

1. It seems the Socialists lost the elections.   2. They do not seem very happy (**trois façons**).
3. It seems to me they have a chance to win.   4. I heard they will try again in four years.
5. Are you listening? You look as though you are sleeping.   6. I heard that you bought a new car.   7. It seems you did not understand this problem.

◇ **2. des tas de / plein de**

a. Dans la conversation familière, ces deux expressions sont l'équivalent de **beaucoup** avec un nom pluriel ou singulier.

Il y a **beaucoup de** voitures sur la route.   Il y a **des tas de** voitures sur la route.

ou

Il y a **un tas de** voitures sur la route.

b. Dans **plein de**, le mot **plein** ne change pas.

Il y a **plein de** soleil dehors.   Ils ont **plein d'**enfants.

ATTENTION: Si **plein** suit le verbe **être**, il faut l'accorder.

La ville **est pleine de** voitures.

Exercice

Répétez les phrases suivantes avec **des tas de** ou **plein de** à la place de **beaucoup**.

1. J'ai beaucoup de travail.   2. Il y avait beaucoup de travaux sur l'autoroute.   3. Il a acheté beaucoup de bonnes choses.   4. Nous avons entendu beaucoup d'histoires amusantes. 5. Dans son jardin, il y a beaucoup de fleurs.

◇ **3.** Prépositions et adverbes communs (*suite*)

Voici d'autres prépositions courantes et des adverbes qui correspondent.

en haut de	on top of	**en haut**
en bas de	at the bottom of	**en bas**
à côté de, près de	near	**à côté, près**
loin de	far	**loin**
autour de	around	**autour**
au milieu de	in the middle of	**au milieu**
au-delà de	beyond	**au-delà**
en face de	facing, in front of	**en face**

Exercice

Dans les phrases suivantes, mettez la préposition ou adverbe qui convient: **en haut de, en haut, en bas de, en bas,** etc.

1. Il y a un grand mur ____ des jardins de l'Elysée. Nous avons un petit jardin; ____, il n'y a pas de clôture (*fence*).
2. ____ l'arbre, il y avait des pommes; je suis montée ____ pour les ramasser et je suis tombée.
3. Maurice est assis ____ un étudiant qui dort pendant la classe. Bien sûr, ____, il y a un radiateur.
4. ____ la rivière il y a un courant très fort. Il est préférable de nager sur les bords, pas ____.
5. Nous avons rendez-vous ____ l'église. Vous trouverez facilement. La gare se trouve de l'autre côté de la rue, juste ____.
6. Si vous voulez voyager ____ Zagora, il faut prendre une jeep ou un chameau, parce qu'____, c'est le désert.
7. Cette jeune fille n'aime pas vivre ____ ses parents. Elle n'est pas indépendante. Moi, quand je suis ____, je me débrouille.
8. ____ l'escalier il y a une porte. La cave est ____.

Exercices

A. Une enquête. Des cambrioleurs ont été arrêtés alors qu'ils étaient en train de percer (*drill a hole into*) un mur pour pénétrer dans le sous-sol d'une banque. L'inspecteur de police les interroge. Il leur pose plusieurs questions. Mettez ces questions au discours indirect.

1. Comment ont-ils préparé leur vol?
2. Avaient-ils un plan de la banque?
3. De quoi se sont-ils servis pour percer le mur?
4. Est-ce qu'ils avaient des complices (*accomplices*)?
5. Combien de temps ont-ils mis pour arriver jusqu'au coffre (*safe*)?
6. Qu'est-ce qu'il y avait dans le coffre?
7. Qui est-ce qui a sonné l'alarme?
8. Que pensent-ils de l'idée de passer 10 ans en prison?

B. Une interview. Vous racontez à un ami l'interview de votre chanteur préféré, Jacques Higelin, interview que votre ami a manquée et que vous avez écoutée à la radio.

Le reporter a demandé à Jacques . . .

1. Combien d'heures par jour répétez-vous?
2. Avez-vous des contrats pour toute l'année?
3. Suivez-vous un régime alimentaire spécial?
4. Faites-vous de l'exercice?
5. Qu'est-ce que vous faites quand vous ne chantez pas?
6. Avez-vous une petite amie?
7. Où chanterez-vous la semaine prochaine?

C. Répète, s'il te plaît! Vous faites une visite à votre grand-oncle qui est un peu dur d'oreille (*hard of hearing*); vous lui racontez votre dernier voyage de vacances et il vous fait tout répéter.

> Modèle: aller à Tahiti
> *Qu'est-ce que tu dis?*
> **Je te dis que je suis allé à Tahiti.**

1. rester au club Méd
2. faire de la plongée
3. apprendre à faire de la planche à voile
4. manger du poisson tous les jours.
5. visiter le musée Gauguin.
6. s'amuser énormément
7. te rapporter ce beau coquillage

Fais ce que je dis mais pas ce que je fais

D. Conseils du docteur. Votre vieille tante a des ennuis de santé. Elle est allée voir le médecin et raconte à votre mère sa visite.

> Modéle: Le docteur m'a demandé: Est-ce que vous mangez beaucoup de pâtisseries?
> *Le docteur m'a demandé si je mangeais beaucoup de pâtisseries.*

1. Le docteur m'a dit: «Vous devez manger moins de viande.»
2. Le docteur m'a demandé: «Est-ce que vous êtes sédentaire?»
3. Le docteur a suggéré: «Faites un peu de marche tous les jours.»
4. Le docteur a dit: «Trop de médicaments, ce n'est pas bon non plus.»
5. Le docteur m'a assuré: «Vous n'avez pas besoin de dormir tant.»
6. Le docteur a déclaré: «Je crois que vous allez vivre cent ans.»
7. Le docteur a conseillé: «Faites un petit voyage.»
8. Le docteur m'a affirmé: «Cela vous fera du bien.»

E. Où déjeuner? M. et Mme Mallet font un voyage en voiture. Ils cherchent un restaurant pour déjeuner. Récrivez leur conversation au discours direct, sous forme de dialogue.

1. Mme Mallet (a dit) qu'elle avait faim. 2. (Elle a demandé à son mari) de chercher un restaurant. 3. (M. Mallet lui a dit) de regarder elle-même sur la carte; (il lui a demandé) s'il y avait un village bientôt. 4. (Elle a répondu) qu'elle croyait que oui, mais qu'elle n'en était pas sûre. 5. (Elle a ajouté) qu'elle avait vu un grand panneau publicitaire. 6. (M. Mallet lui a demandé) ce qu'il y avait sur ce panneau. 7. (Elle a répondu) qu'elle avait vu «La Bonne Auberge à 12 kms.» 8. (Alors M. Mallet a suggéré) qu'ils s'arrêtent à cette Bonne Auberge. 9. (Mme Mallet a dit) qu'elle voulait bien qu'on y prenne un repas, pourvu que ce soit bon. 10. (M. Mallet a répondu) qu'elle était trop difficile et que dans ces conditions, on se passerait de déjeuner.

Traduction

1. Last Sunday, Daddy, Mom, and I went to spend the day at M. Bongrain's new weekend house. 2. Dad had called M. Bongrain to ask him how to get to his house. 3. M. Bongrain told Daddy that it was really easy; he told him to take the first street to the right, then to turn left at the first light. 4. Then he told him that at the crossroad there was some repair work but that the detour would take us to the gas station and after that it was straight ahead. 5. But after the big white farm, we had to turn right again and follow (**suivre**) the narrow dirt road up to the railroad bridge.
6. Of course, we got lost, because Daddy missed the turn at the stoplight. 7. Daddy screamed at Mom and told her she was reading poorly the directions he had written on the paper. 8. Mom replied that the only thing to do was to ask somebody directions. 9. We stopped and asked a man if he knew where M. Bongrain's weekend house was. 10. He did not know, so we wondered what we could do. 11. Finally, we arrived after lunch at M. Bongrain's and he asked us how we had managed. 12. They had eaten everything, but Mme Bongrain said she had sardines.

Conversations

1. La vie à la ville.

   Aimez-vous la vie à la ville?

   les avantages: les distractions: le théâtre, le musée, l'exposition (*exhibit*), les magasins, la vie culturelle et artistique, la commodité (*convenience*), être sur place (*to be on location*)

   les désavantages: la nuisance, le bruit, la circulation, la pollution par la fumée des usines ou les produits chimiques (*chemicals*), le crime, les mauvais quartiers (*bad districts*), les allées et venues (*commuting*)

2. La vie à la campagne.

   Préférez-vous la vie à la campagne?

   les avantages: le grand air (*fresh air*), le silence, le calme, la verdure (*green spaces*), le produit frais, le légume, les animaux qu'on élève — la poule (*hen*), le lapin (*rabbit*), etc.

   les désavantages: l'absence de vie culturelle, l'isolement (*isolation*), la solitude, l'ennui (*boredom*)

Rédaction

Ecrivez un dialogue au discours indirect entre un monsieur et une femme qui se disputent sur un des problèmes suivants: comment aller à la maison de campagne de leurs amis et retrouver leur chemin après s'être perdus; ou bien choisir entre deux styles de vie différents: la vie à la ville ou la vie à la campagne.

1. Le mari dit que . . .
2. La femme répond que . . .
3. Le mari reprend que . . .
4. La femme assure que . . .

Chapitre *19*

Les démonstratifs

379

Vocabulaire

accueil (*m.*) welcome
accueillir to welcome
à défaut de in the absence of
aggraver to worsen
asile (*m.*) shelter
s'attendre à to expect
balai (*m.*) broom
balayer to sweep
bénéfique beneficent
bonheur (*m.*) happiness, luck
brisé broken
chance (*f.*) luck
chandail (*m.*) sweater
commettre une erreur to make a mistake
conjurer to avert, to exorcise
couper le chemin to cross one's path
désagréable unpleasant
destin (*m.*) destiny
de suite in a row
doué endowed
élément (*m.*) de cuisine kitchen cupboard
fêter to celebrate
foncé dark
gratter to scratch
grave serious
gravité (*f.*) seriousness
inoffensif harmless
la moindre the slightest
la pire the worst
lancer to throw
maladresse (*f.*) awkwardness
maladroit awkward
malchance (*f.*) bad luck
maléfice (*m.*) evil spell
maléfique foreboding, ominous

manche (*f.*) sleeve
manche (*m.*) handle
manœuvre (*f.*) action
mauvais sort (*m.*) evil spell
miauler to meow
néfaste deadly
noyade (*f.*) drowning
se noyer to drown
nuance (*f.*) shade
par hasard by chance
particulier special
pelage (*m.*) fur (*on a live animal*)
percé pierced
pièce (*f.*) coin
poêle (*f.*) pan
porte-bonheur (*m.*) good luck charm
porter malheur (*m.*) to bring bad luck
pouvoir (*m.*) power
présage (*m.*) omen
préserver to protect
priver to deprive
puissant powerful
rattraper to catch
réclamer to beg for, to demand
repousser to repel, to push away
repriser to mend
rompre to break
sort (*m.*) fate
sous la main handy, available
tache (*f.*) spot
tordu twisted
tout de suite right away
trou (*m.*) hole
valable worthwhile

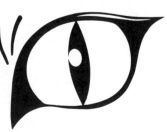

Ce vendredi 13
la chance vous sourit!

Quelques conseils pour avoir de la chance

Jean-Luc Caradeau et Cécile Donner sont tous deux journalistes. Jean-Luc Caradeau a pratiqué l'hypnose dès l'âge de 16 ans, ainsi que la magie, la parapsychologie et la télépathie. Cécile Donner est passionnée depuis son enfance par les sciences secrètes,° la médecine naturelle° et la voyance.°

sciences... science of the occult / *médecine...* holistic medicine / predicting the future

Dans cet ouvrage: «Guide pratique de la chance» les auteurs donnent une liste, classée par ordre alphabétique, des signes bénéfiques et maléfiques des présages qui sont présents dans la vie quotidienne.° La façon de balayer, un miroir brisé, la rencontre avec un chat noir peuvent avoir une influence néfaste ou heureuse. Ce livre explique les signes et donne les façons d'annuler les mauvais présages et de rompre les maléfices. Ceux qui suivront ces conseils pourront forcer la chance et devenir maîtres de leur destin.

daily

Chandail: *Une bonne habitude*

Quand vous enfilez° un chandail, faites attention à passer toujours les bras avant la tête. Cette pratique vous préserve de la noyade. Notez qu'enfiler un chandail en y passant d'abord la tête n'implique pas que vous mourrez noyé. Cela vous prive seulement de la protec-
5 tion qu'apporte cette bonne habitude.

put on

Un trou dans votre chandail porte bonheur, et protège du mauvais sort.

Chandeleur:[1] *Il faut la fêter*

Fêtez-la tous les ans pour avoir de la chance.
La crêpe faite le jour de la Chandeleur (le 2 février), et seulement ce
10 jour-là, est douée de pouvoirs particuliers.

Pour favoriser votre fortune, faites sauter° une crêpe en tenant,° en même temps que le manche de la poêle et dans la même main, une pièce d'or. Si vous n'avez pas de pièce d'or, un gros billet ou un gros chèque à votre nom feront l'affaire.°

faites... flip / *en...* holding

feront... will do

15 Si vous n'avez sous la main ni gros chèque, ni billet, ni pièce d'or, rassurez-vous. Faites sauter sept crêpes de suite. L'effet pour l'année en cours° sera le même.

l'année... the current year

Des incidents possibles
1. Vous manquez la crêpe: vous la lancez bien en l'air, mais vous ne
20 la rattrapez pas avec la poêle et elle atterrit sur le sol de la cuisine.

Extrait de Jean-Luc Caradeau et Cécile Donner: *Guide pratique de la chance.* Copyright de International Book Promotion, Paris, 1984.

[1] **La Chandeleur** Fête de la Présentation de l'Enfant Jésus au Temple de la Purification de la Vierge, le 2 février, ainsi nommée parce que les personnes présentes portent des cierges (*tall candles*) sur des chandeliers (*ornate candle holders*) ou des bougeoirs (*candlesticks*).

Cette maladresse vous promet de grave problèmes financiers durant° l'année à venir.

     = pendant

2. Vous avec lancé la crêpe trop fort et au lieu de retomber dans la poêle, elle atterrit sur un meuble (buffet ou élément de cuisine).

5   Cela vous promet non de l'argent, mais du bonheur toute l'année.

Notre conseil

Ceux qui n'auront pas réussi à retourner correctement une crêpe le jour de la Chandeleur doivent conjurer le sort en portant° sur eux une pièce tordue et une pièce percée.

     en... carrying

Chat noir

10 **Une rencontre désagréable: Un croisement dangereux**

Croiser° un chat noir porte malheur. Plusieurs cas sont possibles, avec des degrés de gravité différents:

     Crossing the path of

    Premier cas: Le chat noir se dirige vers vous et vous croise sans couper votre chemin. Ce n'est pas un bon présage, mais le chat noir

15 ne vous porte pas vraiment malheur. Vous n'aurez seulement pas ou peu de chance aujourd'hui.

Deuxième cas: Le chat noir coupe votre chemin en marchant° de votre gauche vers votre droite. C'est un mauvais présage. Vous aurez de la malchance.   **en...** walking

Troisième cas: Le chat noir coupe votre chemin en allant° de votre droite vers votre gauche. C'est un très mauvais présage. Il peut, dans la journée, vous arriver des choses graves.   **en...** going

Quatrième cas: Si vous blessez ou tuez un chat noir en conduisant° votre voiture, attendez-vous aux pires catastrophes.   **en...** while driving

Une erreur à ne pas commettre

Ne jetez pas de pierre° au chat noir. Cette manœuvre ne ferait qu'aggraver le maléfice.   stone

Il est dangereux: adoptez-le!

Tout ceci, bien sûr, s'applique aux chats noirs que vous croisez hors de votre maison car, si vous êtes l'heureux propriétaire d'un chat noir, vous possédez un puissant protecteur. Le chat noir, en raison de° sa couleur, absorbe les maléfices qui frappent la demeure° où il vit, et les restitue° à l'extérieur, ce qui explique qu'il porte malheur à ceux dont il croise le chemin par hasard. Si un chat noir vient miauler ou gratter à votre porte ou à votre fenêtre pour vous réclamer asile ou nourriture, accueillez-le avec joie. Il vient vous signifier la fin d'une période de malchance, ou un regain de° chance. Si vous le repoussez, cela vous portera malheur. Et là, on ne peut conjurer le maléfice. Ces présages et ces conseils sont valables uniquement pour les chats entièrement noirs. La moindre tache blanche sur le pelage de l'animal le rend inoffensif.   **en...** because of / **frappent...** strike the residence / returns / more luck

Questions

1. Quelle liste alphabétique donnent les auteurs du livre *Guide pratique de la chance?*
2. En plus de (*In addition to*) la description des signes de chance et de malchance, qu'est-ce que ce livre procure?
3. Quel pouvoir auront ceux qui suivront ces conseils?
4. Pourquoi le chandail est-il un vêtement porte-bonheur? A quoi faut-il faire attention quand on enfile un chandail?
5. Que représente la fête de la Chandeleur? Quelle action, le jour de cette fête, est douée de pouvoirs particuliers?
6. Qu'est-ce qui peut remplacer une pièce d'or?
7. Qu'est-ce qui arrive, si la crêpe atterrit sur le sol? Sur un meuble?
8. Comment conjurer le sort, si on n'arrive pas à retourner la crêpe correctement?
9. Dans quel cas est-ce que croiser un chat noir peut procurer les pires catastrophes?
10. Que faire d'un chat noir s'il gratte à votre porte?
11. Le ton de ce texte est-il sérieux? Croyez-vous qu'il faut prendre ces conseils au sérieux? Etes-vous superstitieux (se)?

L'adjectif démonstratif

Il se place devant le nom comme un article. Il sert à montrer.

Formes

Voici les formes de l'adjectif démonstratif.

	masc.	*fém.*	
sing.	ce, cet	cette	*this, that*
pl.	ces	ces	*these, those*

Emplois

◇ **1. Ce.** On emploie **ce** au masculin singulier devant un nom à consonne initiale ou *h* aspiré initial.

    ce paquet   ce Hongrois

◇ **2. Cet.** On emploie **cet** au masculin singulier devant un nom à voyelle initiale ou *h* muet initial. Le **t** est prononcé.

    cet enfant   cet homme

◇ **3. Cette.** On emploie **cette** devant tous les noms féminins singuliers.

    cette dame   **cette** idée   **cette** halte   **cette** horreur

◇ **4. Ces.** On emploie **ces** devant tous les noms pluriels, masculins ou féminins.[2]

    ces paquets   **ces** Hongrois   **ces** horreurs
    ces hommes   **ces** dames   **ces** enfants
    ces haltes   **ces** idées

◇ **5.** Pour opposer deux personnes ou deux choses, l'une proche, l'autre éloignée, on ajoute **-ci** et **-là** après le nom.

    ce livre**-ci** = *this book* **here**
    ce livre**-là** = *that book* **there**

Souvent, **-ci** ou **-là** n'indiquent pas la proximité ou l'éloignement mais opposent simplement deux noms distincts.

    Qu'est-ce que vous préférez: **ce** tableau**-ci** ou **ce** tableau**-là**?

---

[2] Le **s** de **ces** est prononcé / z / devant une voyelle ou un **h** muet. Il n'est pas prononcé devant une consonne ou un **h** aspiré.

REMARQUES:

- Quand deux personnes ou deux objets ne sont pas opposés, on emploie seulement **ce** sans **-ci** ou **-là. Ce** livre **=** *this* book ou *that* book.

- Voici trois expressions idiomatiques courantes.

  this morning = ce matin   *that year* = cette année-là
  tonight = ce soir

Exercice

Refaites les phrases suivantes avec un adjectif démonstratif à la place de l'article.

1. *Le* croisement est dangereux. 2. *La* couleur est jolie. 3. Vous croyez *au* présage? 4. *Le* billet de banque est faux. 5. J'aime bien *les* éléments de cuisine, *ici*. 6. Montrez-moi *les* chandails, *là-bas*. 7. *La* poêle est lourde. 8. *Le* poêle marche bien. 9. Je n'ai pas eu *la* chance. 10. Enfilez votre chandail par *la* manche. 11. La manche de *la* casserole est cassé. 12. *L'*accueil est chaleureux. 13. *L'*air est pollué. 14. *L'*eau n'est pas meilleure. 15. Le héros de *l'*histoire, c'est le loup (*wolf*). 16. *L'*héroïne s'appelle Le Petit Chaperon rouge. 17. *La* grand-mère avait de grandes dents. 18. C'est avec *la* hache que l'héroïne a été sauvée. 19. *Les* Halles sont vieilles. 20. *Les* hommes deviennent maîtres de leur destin.

Le pronom démonstratif

Le pronom démonstratif remplace un nom accompagné d'un adjectif démonstratif. Il s'accorde en genre et en nombre avec le nom qu'il remplace.

Formes

Il y a une forme simple et une forme composée.

	forme simple		*forme composée*	
	masc.	*fém.*	*masc.*	*fém.*
sing.	celui	celle	celui-ci celui-là	celle-ci celle-là
pl.	ceux	celles	ceux-ci ceux-la	celles-ci celles-là

REMARQUES:

- Les formes du pronom démonstratif sont comparables aux formes des pronoms disjoints.

  celui / lui   celle / elle   ceux / eux   celles / elles

- L'*adjectif* a une forme unique au pluriel: **ces**. Le *pronom* a deux formes au pluriel: **ceux** (*m.*) et **celles** (*f.*).

Emplois

◇ **1. celui-ci, celle-ci / celui-là, celle-là**

On emploie la forme composée du masculin et du féminin pour opposer deux objets distincts quand on doit faire un choix

> Quelle robe vais-je mettre ce soir? **Celle-ci** ou **celle-là**?

ou pour décrire les qualités respectives de deux personnes, de deux objets différents.

> Ces deux livres ont des qualités, mais **celui-ci** est plus intéressant que **celui-là**.

Cette forme traduit aussi *the former* (**celui-là, celle-là**) et *the latter* (**celui-ci, celle-ci**).

> Pierre et son père se ressemblent beaucoup, mais **celui-ci** a les cheveux blancs, tandis que **celui-là** est blond.

Exercice

Refaites les phrases suivantes avec des pronoms démonstratifs.

> Modèle: Ce chat-là est plus caressant que **ce chat-ci**.
> *Ce chat-là est plus caressant que* **celui-ci**.

1. Ces crêpes-ci sont parfumées à l'orange. *Ces crêpes-là sont parfumées au rhum.*   2. J'aime mieux ce buffet-ci que *ce buffet-là.*   3. Ces présages-là sont bénéfiques. *Ces présages-ci sont maléfiques.*   4. Ce devoir-ci est moins agréable que *ce devoir-là.*   5. Cette grand-mère-là est moins fatiguée que *cette grand-mère-ci.*   6. Ces appartements-ci sont plus vastes que *ces appartements-là.*   7. Ces boîtes-là sont moins pleines que *ces boîtes-ci.*   8. Cet enfant-ci et *cet enfant-là* sont aussi pâles l'un que l'autre.   9. Cette femme-là et *cette femme-ci* sont bien occupées.   10. Ce chandail-ci me plaît. *Ce chandail-là ne me plaît pas.*

◇ **2. celui, celle, ceux, celles**

On emploie la forme simple du pronom démonstratif dans deux grands cas:

a. avec un pronom relatif.

celui qui }	
celle que }	*the one who* (*which*)
ceux dont	*those of whom* (*of which*)
celles à qui	*those of whom* (*to which*)
celles avec lesquelles	*those with whom* (*with which*)

Un chat noir porte-t-il malheur à tous **ceux qu**'il rencontre?

b. avec la préposition **de.**

celui de
celle de } *the one of*

ceux de
celles de } *the ones of*

J'ai mes livres et **ceux de** Bernard.
Ma grand-mère et **celle de** Jeanne ont le
même âge.

*I have my books and **Bernard's.***
*My grandmother and **Jeanne's** are the same
age.*

C'est la traduction du cas possessif anglais: *Bernard's, Jeanne's.*

Exercice

Complétez les phrases suivantes avec la forme simple du pronom démonstratif: **celui, celle, ceux, celles.**

1. Mes cousins ne savaient pas s'ils prendraient leur voiture ou ____ de leurs parents.
2. Nous comparons les avantages de la vie à Paris à ____ de la vie à la campagne.
3. Ce chat n'est pas ____ qui a croisé mon chemin.
4. Cette crêpe est minuscule. ____ que tu as mangée était énorme.
5. Cet ouvrage parle de chance. ____ qui le lira y trouvera une liste de signes bénéfiques et maléfiques.
6. J'ai perdu les clés de ma maison et ____ de ma voiture.
7. Je tenais beaucoup à ce miroir. C'est ____ que ma grand-tante m'a laissé en héritage.
8. Les conseils que je vous donne sont ____ que m'ont donnés mon professeur.

La forme neutre du pronom: **ce, ceci, cela** (*this, that*)

Il existe une forme de pronom démonstratif qui n'est ni masculin, ni féminin. C'est la forme neutre **ce. Ce** est la forme simple: combiné avec **-ci** et **-là** ce pronom devient **ceci, cela.** Dans la langue familière, **cela** est contracté en **ça.**

REMARQUE: Il n'y a pas d'accent sur **cela** ni sur **ça.**

◇ **1. Ce.** On rencontre **ce** dans **c'est, ce qui, ce dont,** etc.

◇ **2. Ceci** désigne un objet proche et **cela** un objet éloigné que l'on montre du doigt.

Aide-moi à laver la vaisselle: je laverai **ceci,** et tu laveras **cela.**

◇ **3. Ceci** annonce une phrase qui suit. **Cela** (**ça**) rappelle une phrase qui précède.

Ecoutez bien **ceci:** je commence à m'énerver!
Venez à minuit: **cela** ne me dérangera pas.

◇ **4.** Avec **cela** on emploie un verbe autre qu'**être.** Si le verbe est **être,** on a **ce** ou **c'.**

Venez à minuit: c'est important.   Ce n'est pas grave.

EXCEPTIONS: Les expressions **cela m'est égal, cela m'est indifférent.**

Exercice

Mettez la forme correcte du pronom neutre dans les phrases suivantes: **ce, cela, ça, ceci.**

1. La réussite, ＿＿ est une question de chance. 2. Une rencontre désagréable, ＿＿ peut changer votre humeur. 3. Les chats ont ＿＿ de bien: ils se lavent eux-mêmes. 4. Faire sauter une crêpe pour qu'elle retombe dans la poêle, ＿＿ demande de l'adresse. 5. Est-ce que tout ＿＿ va encore recommencer? 6. ＿＿ est qui m'inquiète, ＿＿ absence d'énergie. 7. ＿＿ vous fatigue de lire le journal tous les jours? 8. Notre quartier a ＿＿ d'agréable: il a beaucoup de jardins. 9. Si vous repoussez un chat noir, ＿＿ vous portera malheur. 10. Ne faites pas de crêpes pour la Chandeleur: ＿＿ m'est égal.

C'est / il est, elle est (*it is*)

◇ 1. Si on peut poser la question —Qu'est-ce que c'est?, la réponse est **c'est un (une, le, la)**, ou **c'est des (ce sont des)**.

> On montre un livre: —Qu'est-ce que c'est?
> —C'est un livre.
>
> On montre des livres: —Qu'est-ce que c'est?
> —C'est des livres. Ce sont des livres.

◇ 2. Si on peut poser les questions —Où est-il?, —Où est-elle?, —Comment est-il?, —Comment est-elle?, la réponse est **il est, elle est**.

> On cherche un livre: —Où est-il?
> —Il est sur la table.

REMARQUE: On reprend dans la réponse les deux derniers mots de la question:

> —Qu'est-ce que c'est? C'est un . . .   —Où est-il? Il est . . .   —Comment est-elle? Elle est . . .

◇ 3. Avec un adjectif, **c'est** est plus courant que **il est**. L'adjectif qui suit est toujours masculin singulier. **Il est** annonce un groupe qui suit. **C'est** rappelle ce qui précède.

> **Il est** évident que vous avez raison. (**C'est** est possible.)
> Vous avez raison: **c'est** évident. (**Il est** est impossible.)

REMARQUES:

- Si le véritable sujet du verbe **être** est un infinitif, on a **il est** (ou **c'est**) quand l'infinitif suit.

> **Il est** dangereux de **faire du ski** seul.
> **C'est** dangereux de **faire du ski** seul.

- On a **c'est** (jamais **il est**) quand l'infinitif précède.

> Vous aimez **faire du ski**? —Oui, **c'est** amusant, mais **c'est** dangereux.

- Il y a une attraction de l'adjectif démonstratif qui suit.

> **C'est** triste et beau, **cette** histoire.

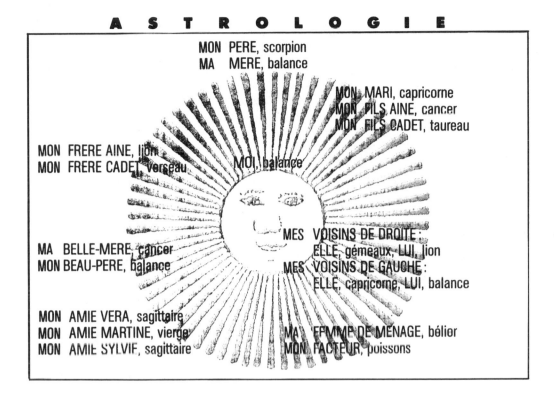

A S T R O L O G I E

MON PERE, scorpion
MA MERE, balance

MON MARI, capricorne
MON FILS AINE, cancer
MON FILS CADET, taureau

MON FRERE AINE, lion
MON FRERE CADET, verseau

MOI, balance

MA BELLE-MERE, cancer
MON BEAU-PERE, balance

MES VOISINS DE DROITE:
ELLE, gémeaux; LUI, lion
MES VOISINS DE GAUCHE:
ELLE, capricorne; LUI, balance

MON AMIE VERA, sagittaire
MON AMIE MARTINE, vierge
MON AMIE SYLVIE, sagittaire

MA FEMME DE MENAGE, bélier
MON FACTEUR, poissons

■ Cette construction-ci est plus courante que la construction suivante:

    Elle est triste et belle, **cette** histoire.

◇ **4.** On emploie **c'est** ou **il est** avec les expressions de temps.

    Comparez les phrases suivantes:

Il est	*C'est*
Il est temps de partir.	
Il est l'heure.	**C'est** l'heure.
Il est	*C'est*
Quelle heure **est-il?**	Quel jour **est-ce?**
Il est midi.	**C'est** aujourd'hui mardi.
Il est tard. (*remarque dans l'absolu*)	Deux heures du matin, **c'est** tard pour aller se coucher.
Il est tôt	**C'est** tôt.

◇ **5.** Pour l'emploi de **c'est** ou **il est, elle est** avec des noms de profession, de religion, et de nationalité, voir p. 146.

Exercice

Mettez la forme qui convient dans les phrases suivantes: **ce, cela** ou **il**.

1. ____ est toujours difficile de choisir ____ qu'on veut faire dans la vie. 2. ____ est indispensable d'avoir une pièce d'or dans la main quand on fait sauter une crêpe. 3. Notre appartement est assez grand, mais ____ n'est pas confortable. 4. ____ est mercredi aujourd'hui. Quelle chance! Pour moi, ____ est le meilleur jour de la semaine. 5. On dîne à 10 heures du soir dans cette famille: ____ est tard pour les enfants qui vont à l'école le lendemain. 6. Quelle heure est-il? —11 heures. —____ est tard, je vais me coucher. 7. ____ est temps que vous vous aperceviez de vos erreurs. 8. ____ est complètement idiot, cette politique du président. 9. Un chat noir va-t-il changer votre destin? ____ est une question de croyance. 10. Pierre est malchanceux. —____ est dommage!

Formules à retenir

◇ 1. conduire / aller en voiture; marcher / aller à pied

    a. Le verbe *to drive* se dit **conduire** si le verbe est modifié par un adverbe de manière, ou un complément de lieu ou un objet direct.

      Les Français **conduisent** vite.
      En été, on **conduit** sur des routes encombrées.
      Elle **conduit** sa petite Citroën.

    b. Le verbe *to drive* se dit **aller en voiture** si le verbe est accompagné d'un complément de destination.

      Ils **vont** à Paris **en voiture.**

    c. Le verbe *to walk* se dit **marcher** avec un adverbe et **aller à pied** avec un complément de destination.

      Tu **marches** lentement.
      Nous **marchons** dans la forêt.

      MAIS:

      Je **vais à pied** à l'université.

Exercice

Traduisez les phrases suivantes.

She drives . . .

1. un camion
2. trop vite
3. du nord au sud de la France
4. une Peugeot
5. au supermarché tous les jours
6. ses enfants à l'école

You walk . . .

1. à l'école
2. dans le parc pour te reposer
3. au bureau de tabac
4. lentement
5. avec ton chien
6. sur la plage

◇ 2. Autres verbes de mouvement

Plusieurs autres verbes de mouvement ont une traduction différente s'ils sont employés avec un complément de destination, ou avec un adverbe, ou seuls.

to fly	**aller en / par avion** Je **vais** en Europe **par avion**.	**voler** L'avion **vole** à 6.000 m.
to sail	**aller en / par bateau** Ils **vont** à Tahiti **en bateau**.	**naviguer** Le bateau **navigue** sur la mer.
to ride a bike	**aller à bicyclette** Je **vais** au marché **à bicyclette**.	**rouler, faire du vélo** Vous **roulez** vite. Le dimanche j'aime **faire du vélo**.
to ride a horse	**aller à cheval** Le cowboy **va** de Cheyenne à Laramie **à cheval**.	**faire du cheval** Le dimanche, j'aime **faire du cheval**.
to ski	**aller à skis** Les petits Suédois **vont** à l'école **à skis**.	**skier / faire du ski** Ce champion olympique **skie** bien. Il aime **faire du ski**.
to swim	(*across*) **traverser à la nage** Il **a traversé** la Manche **à la nage**.	**nager** Vous **nagez** bien. Nous **nageons** dans le lac.

Exercice

Traduisez les phrases suivantes.

1. In Canada, some children ski to school. They do not ski fast, but they like skiing.   3. Did you fly to Europe?   4. No, we took a boat.   5. This young athlete swam across the river.
6. In the country, one can ride a horse.   7. If you ride your bike to school, ride carefully (**prudemment**).   8. This new plane flies fast.

Exercices

A. **Esprit de contradiction.**   Stéphanie et son fiancé vont faire des courses pour meubler leur futur appartement. Chaque fois que Vincent choisit quelque chose, Stéphanie n'est pas d'accord. Imaginez leur conversation à propos des objets suivants.

Modèle: Vincent: Moi, j'aime bien cette chambre à coucher.
STÉPHANIE: *Moi, je préfère* **celle-là.**

1. le refrigérateur
2. les chaises
3. la machine à laver
4. le buffet
5. les éléments de cuisine
6. la table de la salle à manger
7. le divan
8. les fauteuils

B. Indécision.   Josyane va acheter des vêtements. La vendeuse lui montre ce qu'elle a. Josyane lui fait tout sortir.

> Modèle: Voulez-vous essayer . . .
> ce manteau / qui est sur le mannequin
> *Oui, je veux essayer* **celui-ci, celui-là,** *et aussi* **celui** *qui est sur le mannequin.*

Je veux essayer . . .

1. les chaussures / qui sont dans cette boîte
2. la robe / qui est dans la vitrine
3. les pulls / qui sont sur les étagères
4. le pantalon / que je vois sur cette dame
5. la chemise de nuit / que j'ai vue dans le journal
6. la jupe / que vous portez
7. le jean / que cette jeune fille est en train d'acheter

C. Critiques.   Mme Bongrain a organisé un voyage pour son mari et elle. Son mari critique tout.

> Modèle: La compagnie aérienne est mal organisée / la compagnie que les Laval ont prise
> *Cette compagnie aérienne est mal organisée.* **Tu aurais dû choisir celle que** *les Laval ont prise.*

M. Bongrain dit . . .

1. L'hôtel est minable (*terrible*) / l'hôtel où sont descendus les Giroud
2. Le restaurant est mauvais / le restaurant que les Pérec ont recommandé
3. La voiture de location ne marche pas / la voiture qui était sur l'autre prospectus (*flyer*)
4. Le guide du tour est stupide / le guide qui conduit l'autre tour
5. L'autobus n'a pas la climatisation / l'autobus de l'autre compagnie
6. Le pays est trop humide / le pays où il fait chaud et sec
7. Le voyage est raté (*ruined*) / le voyage qui était organisé par l'autre agence

D. Jalousie.   Votre cousin est jaloux de tout. Il a envie de tout ce qu'il n'a pas.

> Modèle: ma voiture / la voiture de Patrice
> *Je n'aime pas ma voiture. Je préfère* **celle** *de Patrice.*

Je n'aime pas . . .

1. mon vélo / le vélo de Marguerite
2. mes parents / les parents de Josée
3. ma chaîne stéréo / la chaîne de Victoire
4. mes skis / les skis de Robert
5. mes cassettes / les cassettes d'Alain
6. mon appartement / l'appartement de Jacqueline
7. ma vie / la vie de n'importe quelle autre personne

E. **Produits publicitaires.** Sur le modèle suivant, faites des phrases avec un nom de la colonne de gauche et un groupe de la colonne de droite.

Modèle: le cadeau   vous aimez
*Achetez ce cadeau pour **celui** (ou **celle**) que vous aimez.*

Achetez . . .

1. le produit amaigrissant
2. la voiture
3. les boules quiès (*ear plugs*)
4. les chocolats
5. le cognac
6. les livres

a. adore la vitesse
b. aime la lecture
c. sont gourmands
d. les enfants font du bruit
e. vous trouvez trop gros
f. les goûts sont raffinés

Traduction

1. Cécile had a terrible day last week.   2. First, she woke up and stepped out of her bed (**se lever de**) on her left foot, which brings bad luck.   3. When she dressed (herself), she put on her sweater by slipping it over her head instead of her arms.   4. She immediately realized it was a bad omen.   5. She decided not to go swimming that day, because such an action brings bad luck and she would run the risk of drowning.   6. She took her scissors and made a hole in her sweater, because she knew it would protect her from the evil spell.

7. Then she left her house and met a black cat. The cat crossed her path from the left to the right, and Cécile almost fainted: that was the worst omen!   8. All day she was afraid bad things would happen to her.   9. She paid attention to ladders, tea leaves, and was very careful not to spill any salt.   10. But in the evening, as she was walking in the park, she found a shamrock (**trèfle à quatre feuilles**) and decided she was not unlucky, after all.

Conversations

1. Religion / Croyances / Superstitions.

   a. En quoi croyez-vous? Vous considérez-vous comme une personne tolérante? Etes-vous fataliste?

   avoir la foi (*faith*), croyant (*believer*), non croyant (*nonbeliever*), athée (*atheist*), l'athéisme, pratiquant (*churchgoer*), croire en Dieu, la tolérance, le fanatisme

   b. Avez-vous eu des expériences de don de seconde vue, de prémonition, de prophéties qui se sont réalisées? Connaissez-vous des personnes qui ont eu de telles expériences? Donnez des exemples.

   avoir le don de seconde vue, lire dans les cartes, lire dans les lignes de la main (*palmreading*), lire le marc de café (*coffee grounds*), la boule de cristal, les feuilles de thé, le vaudou, l'exorcisme, jeter un sort

   c. Expliquez ou demandez à un (une) camarade ce que c'est que la télépathie, la parapsychologie?

2. De quel signe du zodiaque êtes-vous? Connaissez-vous les caractéristiques de votre signe? Est-ce que vous pensez que la description de ce signe correspond à votre personnalité? Vous a-t-on fait des prédictions qui se sont réalisées? Lisez-vous votre horoscope tous les jours? Si oui, pourquoi est-ce important pour vous?

Rédaction

Croyez-vous à l'influence de certaines actions sur votre chance? Etes-vous superstitieux(se)? Un peu, pas trop, beaucoup, pas du tout? Donnez des exemples de croyances populaires dans votre entourage (*among your friends*), de pratiques pour conjurer le sort dans certaines sociétés (*cultures*).

Chapitre 20

Le comparatif et le superlatif

Vocabulaire

allumage (*m.*)   switching on
allumer   to switch on
allure (*f.*)   speed
appétit (*m.*) **de vitesse**   the desire for speed
bien   correct
clignotant (*m.*)   directional light
conducteur (*m.*), **conductrice** (*f.*)   driver
convaincu   convinced
déduire   to infer
en dedans   within
erreur   mistake
être fonction de   to depend on
fléau (*m.*)   calamity
lenteur (*f.*)   slowness

se méfier de   to distrust
menacer   to threaten
passer dans le camp   to join the side
se payer le luxe   to allow oneself
piloté   driven
puissant   powerful
risqué   dangerous
rouler   to travel
royaume (*m.*)   kingdom
souriant   smiling
soyez tranquille   rest assured
tranquille   secure
vitesse (*f.*)   speed
volant (*m.*)   wheel

La France au volant

Pierre Daninos (1913–   ) est un humoriste. Dans son livre *Les Carnets du Major Thompson* il se moque, gentiment ou férocement,° des défauts des Français; le Major Thompson est un Anglais, marié à une Française, qui analyse les coutumes des Français et les compare aux habitudes anglaises.

savagely

Il faut se méfier des Français en général, mais sur la route en particulier.

Pour un Anglais qui arrive en France, il est indispensable de savoir qu'il existe deux sortes de Français: les à-pied° et les en-
5 voiture.° Les à-pied exècrent° les en-voiture, et les en-voiture terrorisent les à-pied, les premiers passant° instantanément dans le camp des seconds si on leur met un volant entre les mains...

pedestrians
people in cars / hate
entering

Les Anglais conduisent plutôt mal, mais prudemment.° Les Français conduisent plutôt bien, mais follement.° La proportion des
10 accidents est à peu près la même dans les deux pays. Mais je me sens plus tranquille avec des gens qui font mal des choses bien qu'avec ceux qui font bien de mauvaises choses.

safely
crazily

Les Anglais (et les Américains) sont depuis longtemps convaincus que la voiture va moins vite que l'avion. Les Français (et la
15 plupart des Latins) semblent encore vouloir prouver le contraire...

On pourrait croire que l'appétit de vitesse du Français est fonction de la puissance° de sa voiture. Erreur. Plus la voiture est petite, plus l'homme veut aller vite. En ce royaume du paradoxe, les automobiles les moins dangereuses sont les plus puissantes, leurs conduc-
20 teurs, blasés,° étant° les seuls qui se paient le luxe de rouler plutôt «en dedans de leurs possibilités» et d'aller plus vite que tout le monde sans pousser.°

power

indifferent / being

pushing

Quant aux° Françaises, il faut leur rendre cette justice:° elles conduisent plus lentement que les hommes. Un Anglais pourrait
25 donc, en toute logique, se croire plus en sécurité avec elles. Nouvelle erreur. Dans un pays où tout le monde va vite, cette lenteur constitue le plus terrible des dangers. Si l'on y ajoute un certain «flou°» dans l'allure, et ce charmant esprit d'indécision grâce auquel on peut déduire de l'allumage d'un clignotant gauche qu'une conductrice va
30 tourner à droite (encore n'est-ce pas tout à fait sûr), on concevra° que rien n'est plus risqué que d'être piloté par une femme.

Quant... As for / **rendre...** to give credit

unevenness of speed

will imagine

Il existe cependant un super-danger dans ce pays, où, comme dans beaucoup d'autres, tant de femmes ne savent ni conduire, ni fumer: ce sont celles qui conduisent en fumant.°
35 Le plus sûr, si par malheur ce souriant fléau vous menace sur la route, est de se faire arrêter° à la ville la plus proche et de prendre le train.

en... while smoking

se... to have the car stopped

Extrait de Pierre Daninos: *Les Carnets du Major Thompson*. Reproduit avec la permission de Hachette, Paris.

Questions

1. Pourquoi est-ce qu'il faut se méfier des Français sur la route?
2. Y a-t-il plus d'accidents en Angleterre qu'en France?
3. Est-ce que les Français qui ont de puissantes voitures veulent aller plus vite? Pourquoi est-ce un paradoxe?
4. Pourquoi est-ce plus risqué d'être piloté par une Française que par un Français?
5. Selon Daninos, qu'est-ce que ça veut dire quand une conductrice allume son clignotant de gauche?
6. Qu'est-ce que Daninos appelle un «fléau»?
7. Comment est-il préférable de voyager en France?
8. Etes-vous d'accord avec ce texte? Analysez l'humour de Daninos.
9. Daninos exprime ici une opinion traditionnelle en France: celle que les femmes sont des objets charmants, mais incapables d'accomplir des fonctions masculines, par exemple de conduire comme des hommes. Pensez-vous que cette opinion est en train de changer?

Le comparatif et le superlatif

La comparaison

La formation du comparatif est généralement régulière. La comparaison peut exprimer l'égalité (**aussi . . . que, autant . . . que**), la supériorité (**plus . . . que**) ou l'infériorité (**moins . . . que**).

Aussi . . . que (*as . . . as*) / **autant . . . que** (*as much as, as many . . . as*)

◇ **1.** On exprime la comparaison d'égalité par **aussi . . . que** placé autour d'un adjectif ou d'un adverbe. L'adjectif s'accorde avec le nom qu'il qualifie.

Jeanne est **aussi** intelligente **que** sa sœur.	*Jeanne is **as** intelligent **as** her sister.*
Mon professeur parle **aussi** lentement **que** vous.	*My teacher speaks **as** slowly **as** you.*

◇ **2.** On emploie **autant que** (pas séparés) après un verbe et **autant de . . . que** autour d'un nom.

Je travaille **autant que** vous.	*I work **as much as** you do.*
Elle a **autant de** travail **que** vous.	*She has **as much** work **as** you.*

REMARQUES:

■ Le deuxième mot de la comparaison est toujours **que**.

■ Le pronom qui suit **que** est le pronom disjoint: **moi, toi, lui, elle, nous, vous, eux, elles.** Le verbe n'est pas répété.

Joseph mange **autant que** toi.	*Joseph eats **as much as** you.*
Suzanne est **aussi** paresseuse **que** lui.	*Suzanne is **as** lazy **as** he.*

- Avec un verbe de forme composée, on peut placer **autant** entre l'auxiliaire et le participe passé.

  Il a voyagé **autant que** vous.　　　OU　　　Il a **autant** voyagé **que** vous.

- Les deux formules **aussi . . . que** et **autant . . . que** peuvent devenir **si . . . que** et **tant . . . que** après une négation. On a le choix.

  Jeanne n'est pas **aussi** intelligente **que** sa sœur.　　　Jeanne n'est pas **si** intelligente **que** sa sœur.

  Je ne travaille pas **autant que** vous.　　　Je ne travaille pas **tant que** vous.

Voici un tableau résumé de ces constructions.

aussi **pas si** }	+ *adjectif ou adverbe* + **que**
verbe + **autant que** **pas tant que**	
autant de **pas tant de** }	+ *nom* + **que**

Exercices

A. Faites des phrases avec le vocabulaire suggéré sur les modèles suivants.

> Modèle: j'ai de l'argent / Paul
> *J'ai **autant d'argent que** Paul.*

J'ai . . .

1. du travail / Julia
2. des cassettes / Rosalie

3. de la chance / vous
4. des amis / mon frère

> Modèle: tu es: intelligent / je
> *Tu es **aussi intelligent que** moi.*

Tu es . . .

1. travailleur / ta sœur
2. sérieux / Pauline

3. fidèle / ton frère
4. original / Picasso

> Modèle: elle conduit: vite / vous
> *Elle conduit **aussi** vite **que** vous.*

Elle conduit . . .

1. prudemment / tu
2. follement / il

3. bien / je
4. lentement / ils

Modèle: il travaille / je
*Il travaille **autant que** moi.*

1. vous avez mangé / il
2. il ne dort pas / elle
3. je ne buvais / tu
4. nous n'avons pas couru / ils

B. Faites des phrases avec **aussi . . . que** ou **autant . . . que** et le vocabulaire suggéré.

Modèle: Les femmes conduisent / bien / les hommes.
*Les femmes conduisent **aussi bien que** les hommes.*

1. Les Américains conduisent-ils / vite / les Français?
2. Les voitures italiennes sont-elles / populaires / les voitures japonaises?
3. Je me sens / tranquille / avec vous / avec un champion de course.
4. Je ne crois pas que le train soit / pratique / la voiture.
5. Vous avez / du temps libre / nous?
6. La France exporte / de blé / le Canada?
7. Le candidat écologique n'a pas eu / de voix / M. Chirac.
8. Les voyages par avion ne coûtent pas / cher / les voyages par bateau.

Plus . . . que (*more . . . than*) / **moins . . . que** (*less . . . than*)

◇ **1.** On exprime la comparaison de supériorité ou d'infériorité par **plus . . . que** ou **moins . . . que** placés autour d'un adjectif ou d'un adverbe.

Jeanne est **plus** intelligente **que** sa sœur.
Elle parle **plus** lentement **que** toi.

Pierre est **moins** courageux **que** son frère.
Il court **moins** vite **que** nous.

◇ **2.** On emploie **plus que, moins que** (pas séparés) après un verbe.

Jeanne travaille **plus que** sa sœur.

Pierre dort **moins que** son frère.

◇ **3.** On emploie **plus de . . .** (**que**), **moins de . . .** (**que**) autour d'un nom. Il n'y a pas d'article devant le nom.

Le professeur a **plus de** travail **que** les étudiants.

Les étudiants ont **moins de** courage **que** le professeur.

◇ **4.** On emploie **plus de, moins de,** sans **que** devant un nombre ou un nom de quantité.

Elle a **plus de** mille dollars à la banque.

Vous mettez **moins d'**une livre de beurre dans ce gâteau.

REMARQUE:

■ On peut renforcer **plus** et **moins** par un adverbe, **bien** ou **beaucoup: bien plus, bien moins, beaucoup plus, beaucoup moins.**

Jeanne est **bien plus** intelligente **que** sa sœur.
Mais elle travaille **beaucoup moins qu'**elle.

■ Le pronom personnel qui suit **que** est le pronom disjoint.

Voici un tableau résumé de ces constructions.

verbe +	plus moins	}	+ *adjectif ou adverbe* + **que**
	plus que moins que	}	+ *nom*
	plus de moins de	}	+ *nom* + **que**
	plus de moins de	}	+ *nombre*

Exercice

Faites des phrases avec **plus . . . que, moins . . . que, plus de . . . que, moins de . . . que, plus de . . . , moins de . . . ,** et le vocabulaire suggéré.

Modèle: Les voitures américaines sont / grandes / les voitures françaises
*Les voitures américaines sont **plus grandes** que les voitures françaises.*

1. La voiture est / rapide / le train.
2. Le train est / lent / la bicyclette.
3. Le train est / pratique / la voiture.
4. Ce jeune homme conduit à / 100 kilomètres à l'heure.
5. Les autoroutes sont / nombreuses aux Etats-Unis / en Europe.
6. Les Américains conduisent / vite / les Français.
7. Les Anglais conduisent / follement / les Italiens.
8. Le soleil est / grand / la lune.
9. Ce bâtiment mesure / 500 mètres de hauteur.
10. Il y a / des oranges en Israël / au Canada.
11. Le climat est / humide en Arizona / en Floride.
12. La musique de chambre fait / du bruit / la musique de cirque.
13. Ma grand-mère est encore jeune: elle a / 50 ans.
14. Son frère est petit: il fait / 1m.40.

◇ **5. meilleur**

L'adjectif **bon** a un comparatif irrégulier.

	masc.	*fém.*
sing.	meilleur	meilleure
pl.	meilleurs	meilleures

ATTENTION: Pour l'égalité et l'infériorité on garde la forme **bon**: aussi bon, moins bon.
Le fromage de Gruyère est-il **meilleur que** le fromage de Hollande?
Non, il est **moins bon.** Non, il est **aussi bon.**

◇ **6. mieux**

L'adverbe **bien** a une forme de comparatif de supériorité irrégulière: **mieux**.

> Jeanne comprend **mieux que** sa sœur.

Pour indiquer l'infériorité et l'égalité, on emploie **moins bien**, et **aussi bien**.

> Elle comprend **moins bien** (ou **aussi bien**).

◇ **7. moindre / plus petit**

L'adjectif **petit** a un comparatif irrégulier, **moindre**, et un comparatif régulier, **plus petit**. On emploie **moindre** dans des situations abstraites; on emploie **plus petit** dans des situations concrètes.

> La gymnastique a une **moindre** importance en France **qu'**aux Etats-Unis.
> Une Renault est **plus petite qu'**une Cadillac.

Pour indiquer l'égalité et l'infériorité on emploie **aussi petit**, **moins petit**.

◇ **8. pire / plus mauvais**

L'adjectif **mauvais** a un comparatif irrégulier, **pire,** et un comparatif régulier, **plus mauvais**.

> La situation mondiale est **pire que** l'année dernière.
> Le sel est-il **plus mauvais** pour la santé **que** le sucre?

On emploie de préférence **pire** pour les situations abstraites et **plus mauvais** pour les situations concrètes, mais souvent les deux expressions sont interchangeables.

> Le sel est-il **pire que** le sucre pour la santé?

Pour indiquer l'égalité et l'infériorité, on emploie **aussi mauvais** et **moins mauvais**.

Des possibilités pour vivre mieux, du temps pour réfléchir.

(Voir en pages suivantes)

REMARQUES:

- **Pire** est souvent le contraire de **mieux.**

    Est-ce que c'est **mieux** d'être riche et malheureux ou pauvre et heureux?
    C'est **pire** d'être riche et malheureux.

- Le contraire de **tant mieux** (so *much the better, that's good*) est **tant pis** (*so much the worse, too bad*).

Voici un tableau résumé de ces constructions.

bon	meilleur	aussi bon	moins bon
bien	mieux	aussi bien	moins bien
mauvais	pire / plus mauvais	aussi mauvais	moins mauvais
petit	moindre / plus petit	aussi petit	moins petit

Exercices

A. Faites des phrases avec les groupes suivants: employez les formes du comparatif de l'adjectif **bon (meilleur, moins bon, aussi bon)** et de l'adverbe **bien (mieux, moins bien, aussi bien).** Ajoutez le verbe **être** si c'est nécessaire.

Modèle: Le vin français / bon / le vin chinois.
Le vin français est **meilleur que** le vin chinois.

1. Le président de la France / gouverner / bien / le président des Etats-Unis.
2. Le beurre / bon / la margarine, mais la margarine / bonne / la crème.
3. Vous êtes blonde: le bleu vous / aller / bien / le jaune.
4. Le poulet / bon / la dinde.
5. Une Renault / marcher / bien / une Citroën.
6. Etre professeur, est-ce / bien / être ouvrier? Non, c'est / bien.
7. Cette année, la récolte des pommes / bonne / l'an dernier.
8. Les plaisanteries les plus courtes sont / bonnes.

B. Faites des phrases avec les groupes suivants et les comparatifs **plus mauvais, pire, plus petit, moindre . . . que.** Ajoutez le verbe **être** si c'est nécessaire.

Modèle: La France / petit / le Texas
La France est **plus petite que** le Texas.

1. Une Honda / petit / une Cadillac.
2. La grippe de Hong Kong / mauvais / un simple rhume.
3. Laissez tomber les détails de / petit / importance.
4. L'inaction / mauvais / l'exercice pour la santé.
5. Etre seul quand on est vieux, est-ce / mauvais / quand on est jeune?

Le superlatif

La formation du superlatif est régulière.

l'article défini + l'adverbe de comparaison + l'adjectif
le, la, les   **plus, moins**

le **plus** beau   la **moins** belle
les **moins** riches   les **plus** grandes.

◇ **1.** Si l'adjectif précède le nom, l'ordre des mots reste le même.

Est-ce que Versailles est **le plus beau** château de France?

◇ **2.** Si l'adjectif est placé après le nom, il faut répéter l'article défini devant l'adjectif.

Les tomates **les plus rouges** sont aussi **les plus chères.**

◇ **3.** L'adjectif possessif peut remplacer l'article qui précède le nom, mais on garde l'article devant l'adjectif qui suit le nom.

Elle a mis **son plus beau** chapeau.
Je vais vous montrer mes photos **les plus réussies.**

◇ **4.** Le complément du superlatif est toujours introduit par la préposition **de** (en anglais, *in*). **De** se contracte avec **le** et avec **les: du, des.**

C'est le plus grand château **de** France.
Miss America est la plus belle fille **des** Etats-Unis, mais pas **du** monde.

◇ 5. Le superlatif peut aussi affecter (*apply to*) un verbe et un nom. Dans ce cas, on emploie **le plus** ou **le moins** avec un verbe et **le plus de** ou **le moins de** avec un nom.

C'est Jacqueline qui mange **le plus.**	*It's Jacqueline who eats **the most.***
C'est Pierre qui a **le plus de** courage.	*It's Pierre who has **the most** courage.*
C'est à Robert que nous avons donné **le moins d'**argent.	*It's Robert to whom we gave **the least** amount of money.*

Cette construction se trouve le plus souvent avec l'expression d'insistance **c'est . . . qui, c'est à . . . que.**

◇ 6. le meilleur

L'adjectif **bon** a un superlatif irrégulier.

	masc.	*fém.*
sing.	le meilleur	la meilleure
pl.	les meilleurs	les meilleures

Les meilleures oranges viennent-elles d'Iraël ou d'Afrique du Nord?

Exercice

Faites des phrases au superlatif avec le vocabulaire indiqué. (Attention à la contraction de **de** avec l'article. Ajoutez le verbe **être** si c'est nécessaire.)

1. Le fromage français / bon / le monde.
2. Est-ce que les Américains construisent les voitures / rapides / de l'industrie automobile?
3. Les vêtements / élégants / France sont fabriqués à Paris.
4. Los Angeles est une grande ville / les Etats-Unis.
5. Est-ce que le Manitoba est une province froide / le Canada?
6. Le poulet / un produit cher / le supermarché.
7. Quel est le monument / vieux / le Québec?
8. C'est à Robert que j'ai écrit / des lettres.
9. Est-ce le blé ou le maïs qui est la culture / importante / le Saskatchewan?
10. Ce marchand vend les fruits / bon / le marché.

◇ 7. le mieux

Le superlatif de l'adverbe **bien** est **le, la mieux.** Le contraire est **le, la moins bien.**

C'est elle qui travaille **le mieux.**
Cette jeune fille est **la mieux** habillée de la classe.

◇ 8. le plus petit / le moindre

L'adjectif **petit** a deux superlatifs: **le plus petit, le moindre.** On emploie **le plus petit** dans des situations concrètes et **le moindre** dans des situations abstraites.

George est **le plus petit** des trois frères. (*concret*)
Je n'ai pas **la moindre** idée de ce qui se passe. (*abstrait*)

◇ **9. le plus mauvais / le pire**

L'adjectif **mauvais** a deux superlatifs: **le plus mauvais, le pire.** Il y a la même différence entre les deux qu'au comparatif.

Vous n'êtes pas **le plus mauvais** élève.   (*situation concrète*)
Dans **les pires** circonstances, elle garde son calme.   (*situation abstraite*)

◇ **10. davantage**

Le mot **davantage** peut remplacer **plus,** mais seulement quand il est placé à la fin d'une phrase ou d'une proposition. On ne dit pas **davantage que.**

Il faut travailler **davantage.**
Nous travaillons **davantage** quand nous avons des examens.

◇ **11.** On appelle superlatif absolu un adjectif ou un adverbe modifié par **très, bien, vraiment, tout à fait, remarquablement, extrêmement.**

Vous êtes **très** fatigué.   Il conduit **extrêmement** vite.

ATTENTION: Certains adjectifs ne sont jamais au superlatif absolu:

excellent	merveilleux
extraordinaire	sensationnel
formidable	terrible
magnifique	

On peut aussi ajouter les préfixes **archi-, extra-, super-, ultra-,** devant un adjectif.

Son père est **archi-conservateur.**   De la poudre **extra-fine.**

REMARQUE: Le préfixe **extra** (de l'adjectif **extraordinaire**) est devenu un adjectif avec le sens de **excellent.**

Ce gâteau est **extra.**

◇ **12.** Voici des expressions idiomatiques.

le plus vite possible	*as fast as possible.*
faire de son mieux	*to do one's best*

◇ **13.** Pour l'emploi du subjonctif après le superlatif, voir p. 334.

Exercices

A. Traduisez les phrases suivantes.

1. Philippe is the one who speaks the best.   2. Francine is the one who sings the best.
3. What time is it? I don't have the slightest idea.   4. You ought to study more.   5. Answer this letter ASAP.   6. If you meet a black cat, expect (**s'attendre à**) the worst catastrophies.
7. I like Madonna's songs. They are super!

B. Dites d'une autre façon, avec un adverbe ou un préfixe comme **archi-, super-, ultra-,** ou **extra-.**

1. Les nobles étaient *royalistes.* 2. Vous êtes *gentils.* 3. Nous sommes *prudents* quand nous conduisons. 4. Il y a une chanson française qui dit: les chaussettes de l'archiduchesse sont-elles *sèches* . . . 5. Cet enfant est surdoué, *intelligent.* 6. Nous ne mangeons que du beurre *fin.*

Formules à retenir

L'identité, la différence, la proportion

◇ **1. le même . . . que** / **la même . . . que** (*the same as*)

> L'article change. L'adjectif s'accorde.
>
> > Ils ont **la même** voiture et **les mêmes** problèmes **que** nous.

◇ **2. comme** (*like* / *as*)

> **Comme** est suivi d'un nom, ou d'une proposition entière.
>
> > Elle chante **comme** un oiseau.
> > Vous allez faire **comme** je vous l'ai dit.

◇ **3. différent de** (*different from*)

> L'adjectif **différent** s'accorde; le mot qui suit est toujours **de, du** ou **des.**
>
> > Votre composition n'est pas **différente des** autres.

◇ **4. de plus en plus** (*more and more*) / **de moins en moins** (*less and less*)

> Le groupe précède l'adjectif.
>
> > Cette leçon devient **de plus en plus** difficile et **de moins en moins** claire.

◇ **5. plus . . . plus** (*the more . . . the more*) / **moins . . . moins** (*the less . . . the less*) / **plus . . . moins** (*the more . . . the less*) / **moins . . . plus** (*the less . . . the more*)

> On emploie **plus, moins** sans article au début de la phrase.
>
> > **Plus** elle mange, **plus** elle a faim.   **Moins** vous travaillez, **moins** vous gagnez.
>
> On met le nom après le verbe, avec la préposition **de**; il n'y a pas d'article.
>
> > **Plus** on a d'enfants, **plus** on a de soucis.

Exercices

A. Faites des phrases avec l'expression comparative entre parenthèses et le vocabulaire suggéré.

> Modèle: **(le même . . . que)**
> Elle a acheté / les sandales / moi.
> *Elle a acheté **les mêmes** sandales **que** moi.*

1. (le même . . . que)   Son fils est né / à l'heure / ma fille.

                             En France, les étudiants n'ont pas / les vacances / en Amérique.

2. (différent de)   Le prix du lait entier / le prix du lait écrémé (*low fat*).

                             Mes notes du premier trimestre / mes notes du deuxième trimestre.

3. (comme)   Vous parlez / un livre.

                             Leur voyage ne s'est pas passé / ils l'avaient espéré.

B. Répétez les phrases suivantes avec les expressions **de plus en plus** ou **de moins en moins**.

1. Cette jeune fille devient jolie et timide.
2. Vous êtes fatigué et patient.
3. Le climat devient froid dans le Nord.
4. Nos voisins deviennent aimables.

C. Répétez les phrases suivantes avec **plus . . . plus, moins . . . moins, plus . . . moins, moins . . . plus**.

1. On voyage vers le sud. Le climat est chaud.
2. Elle mange. Elle maigrit.
3. Vous vous énervez. Vous avez des chances d'échapper à une crise cardiaque.
4. Tu travailles. Tu as de mauvaises notes.

Exercices

A. **Vivre en France ou aux Etats-Unis?**   Vous avez la possibilité de choisir si vous allez vivre aux Etats-Unis ou en France. Comparez les avantages de la vie dans chaque pays. Puis donnez votre opinion.

     Modèle: je me demande / la vie est agréable

                *Je me demande si la vie est **plus agréable** aux Etats-Unis qu'en France.*

                *Je trouve que la vie est **plus agréable** en France.*

Je me demande . . .

1. les gens sont accueillants, simples
2. les gens conduisent vite
3. on mange bien
4. il y a de la variété dans les menus
5. des marchés en plein air
6. les vêtements sont chers
7. les écoles sont strictes
8. il y a des universités
9. on trouve des bibliothèques
10. les problèmes politiques sont nombreux
11. il y a du chômage
12. on sait bien s'amuser

B. **Avec qui se marier?**   Françoise a trois amoureux. Elle veut se marier. Lequel va-t-elle choisir? Elle pense à eux et les compare. Utilisez **très / énormément; plus / moins; aussi / autant** dans les phrases suivantes.

     Modèle: jaloux: Serge / Jean-Luc / Gilbert

                *Serge est **très** jaloux. Jean-Luc est **moins** (**plus**) jaloux que Gilbert.*

1. travailleur
2. beau
3. fidèle
4. fait bien la cuisine

5. adore les enfants
6. est en bonne santé
7. a de l'ambition
8. me rendra heureuse?

C. **Mme Grossous est immensément riche; elle n'achète que ce qui est de qualité supérieure.** Faites des phrases sur le modèle.

Modèle: Elle porte des diamants / les bijoux chers.
*Elle porte des diamants, parce que ce sont les bijoux **les plus chers.***

1. Elle mange du caviar / la nourriture / rare.
2. Elle porte des robes de chez Yves St.-Laurent / les vêtements / chic.
3. Elle conduit une Rolls / la voiture / élégante.
4. Elle voyage en Concorde / l'avion rapide / confortable.
5. Elle habite sur la Côte d'Azur / la région recherchée par les gens riches.
6. Elle a un château / le type d'habitation / luxueux.
7. Elle s'embête à mourir / elle est la personne / stupide / le monde.

D. Décrivez votre personnalité d'après vos préférences.

1. Quel est le meilleur livre que vous avez lu?
2. Quel est le plus beau film que vous avez vu?
3. Quelle est, à votre avis, la nourriture la plus délicieuse?
4. Quelle est la boisson la plus rafraîchissante?
5. Quelle est l'activité la plus reposante?
6. Où aimez-vous le mieux passer vos vacances?
7. Avec qui aimeriez-vous le moins vivre et où?
8. Qu'est-ce qui vous cause le plus de souci?
9. Qu'est-ce qui vous met le plus en colère?
10. Quelle est, à vos yeux, l'injustice la plus grande dans ce monde?
11. Si vous deveniez riche, qu'aimeriez-vous le mieux faire de votre argent?
12. Quel est votre souhait (*wish*) le plus ardent?

Traduction

1. Let's drive to this small restaurant in the country.
2. All right, I'll take the wheel.
3. No, no, I want to drive. I feel more secure when I drive.
4. Fine, but drive carefully.
5. A car is certainly faster than the bus.
6. I like my small French car. It is not as powerful as an American car, but it has its possibilities.
7. I must say that today you are driving more slowly than usually.
8. Did you see that woman in front of me? She turned on her turn signal to the left and then she turned to the right!

9. Really, it is dangerous, but less dangerous than you, when you light a cigarette while driving. Eh, why are you stopping?

10. My friend, if you think I am a bad driver, why don't you go to the nearest station and catch a train?

11. I apologize. You drive better than anybody (**n'importe qui**). You are the best driver in the world. . . . Are we farther from the restaurant or from the train station?

Conversations

1. La voiture.

   Quelles sont les différentes parties d'une voiture et à quoi servent-elles?

   a. L'intérieur

   le volant (*steering wheel*), la pédale d'accélérateur (*accelerator*), la pédale du frein (*brake pedal*), l'embrayage (*clutch*), le démarreur (*starter*), le klaxon, l'avertisseur (*horn*), le moteur (*engine*), la batterie (*battery*)

   b. L'extérieur

   la carrosserie (*body*), le châssis (*frame, chassis*), la portière (*door*), la glace (*window*), le pare-brise (*windshield*), le capot (*hood*), le phare (*headlight*), les parechocs (*bumpers*), le pneu (*tire*), le réservoir (*gas tank*), Faites le plein! (*Fill it up!*)

2. La façon de conduire.

   a. Comment conduisez-vous?

   doubler (*to pass*), freiner (*to put on the brakes*), croiser (*to cross*), rouler à cent à l'heure, faire du cent (*to go at 70 miles an hour*), aller à toute allure (*to go full speed*), s'arrêter (*to stop*), signaler qu'on va tourner, brûler un feu rouge (*to go through a red light*)

   b. Avez-vous déjà eu une panne, un accident?

   passer son permis (*to get a license*) stationner (*to park*), la circulation (*traffic*), un embouteillage (*traffic jam*), un chauffard (*bad driver*), se rentrer dedans (*to have a collision*), une contravention (*ticket*), payer une amende (*to pay a fine*), crever (*to have a flat tire*), la panne (*a breakdown*), la panne sèche (*to run out of gasoline*), l'essence (*gasoline*).

Rédaction

Vous désirez acheter une nouvelle voiture. Vous allez dans plusieurs garages ou halls d'exposition de voitures et vous comparez les voitures que vous vante le marchand. Laquelle est plus économique, laquelle va plus vite, laquelle a le plus de possibilités et laquelle achetez-vous?

Chapitre 21

Le passif

Vocabulaire

au cas où   in case
blesser   to wound
blessure (*f.*)   wound
ça, oui   yes, indeed
chair (*f.*)   flesh
collègue (*m.*)   colleague (*used with other professions*)
confrère (*m.*)   colleague (*used only in reference to lawyers and doctors*)
déposer plainte   to lay a charge
dommages-intérêts (*m. pl.*)   damages
être opéré   to have surgery
faire un procès à quelqu'un   to sue someone
frais (*m. pl.*)   expenses
genou (*m.*)   knee
heurter   to hit
indemnisation (*f.*)   compensation

invoquer   to put forward
kiné (*m. ou f.*) (**kinésithérapeute**)   physical therapist
par l'intermédiaire de   through the services of
plaider une cause   to defend a cause
plainte (*f.*)   charge, accusation
plaisanterie (*f.*)   joke
porter plainte   to file a complaint
poursuivre en justice   to take to court
prime (*f.*)   premium
réclamer des dommages-intérêts   to sue for damages
réputé   well-known
rien d'autre   nothing else
soit   all right
vélo (*m.*) **Solex**   moped

Un handicap sérieux

Simone Renaud Dietiker (1929–   ) est née en France. Après des études à la Sorbonne, elle est venue vivre aux Etats-Unis, et enseigne le français aux étudiants américains depuis 35 ans. Elle a un goût prononcé pour la grammaire, et son désir de faire apprécier les beautés, l'harmonie et l'humour de la langue française l'a conduite à écrire plusieurs manuels scolaires: *Franc-Parler, En Bonne Forme, Allô, la France*. Elle est devenue ainsi l'écrivaine favorite — ou détestée! — de beaucoup de jeunes Américains.

Cette petite histoire, qu'elle a composée sur un fait divers° qui lui a été raconté, est destinée à mieux faire comprendre l'emploi du passif.

fait... news item

Cette histoire m'a été racontée par un de mes amis, avocat. Une jeune femme lui a un jour rendu visite. Elle avait été envoyée par un de ses confrères à la Cour. Jeune, jolie, élégante, elle est entrée sans son bureau et lui a exposé° son cas. Elle avait été victime d'un accident et
5 désirait négocier, par l'intermédiaire de mon ami, avec la compagnie d'assurances adverse.° Elle lui explique qu'elle a été accidentée, il y a environ trois mois. Elle a été heurtée sur un passage clouté[1] par un vélo Solex, elle est tombée et a été légèrement° blessée. Elle veut obtenir un million de dommages-intérêts.

explained

opposing

slightly

10 —Un million! Pourquoi demandez-vous une somme aussi importante? Etes-vous sérieusement handicappée depuis cet accident?

—Non..., mais voilà. Mon amie Véronique, qui a été renversée, elle aussi, par un vélo Solex sur un passage clouté, a obtenu un million.

15 —Mais votre amie Véronique a-t-elle été sérieusement blessée?

—Ça, oui! Elle a dû être opérée au genou et depuis, elle ne marche plus aussi bien. On lui fait des séances de rééducation.° Elle va chez un kiné toutes les semaines. Ses frais sont payés. Entièrement.

séances... therapy sessions

20 —Soit. La somme d'un million me paraît dans ce cas, justifiée; mais dans le vôtre... Vous me dites que vous avez été légèrement blessée. Avez-vous été hospitalisée?

—Non.

—Votre activité professionnelle a-t-elle été interrompue?

25 —Non.

—Voyons, mademoiselle, dites-moi, où avez-vous été blessée?

—A la tête.

—Evidemment, la tête, c'est embêtant. Avez-vous été examinée par un spécialiste, au cas où il y aurait un traumatisme cranien?°

traumatisme... head injury

30 —N..., non, il n'y a pas eu de traumatisme cranien.

—Alors, vraiment... Y a-t-il trace de cet accident?

---

[1] **passage clouté** Aux croisements des rues, les passages pour piétons (*pedestrians*) sont indiqués par de larges clous (*nails*) brillants.

Elle lui montre, à l'intérieur de sa bouche, savamment° maquil-   skillfully
lée, un petit bourrelet° de chair.   bulge

—Vous voyez, là, sur la droite?

Il voit, en effet, une petite excroissance° de chair.   protuberance

5 —Quoi, c'est tout? Rien d'autre? Franchement, cela ne justifie
pas votre plainte, ni une indemnisation d'un million.

—Mais, maître, ma vie a été totalement changée par cette blessure!

—Est-ce que ça vous gêne pour parler, pour manger?

10 —N..., non, ça me gêne pour... embrasser!

L'inspecteur de la compagnie d'assurances est reçu par mon ami
quelques jours plus tard. Il attaque immédiatement.

—Mon cher maître,[2] ne perdons pas de temps avec cette affaire
ridicule. Notre compagnie est réputée pour sa générosité. Je vous
15 apporte, pour votre cliente, un chèque de 500 F. Cette somme a été
calculée sur la base° de...   basis

—Monsieur, reprenez votre chèque et écoutez-moi.

L'avocat lui explique les prétentions de la jeune femme à un
million de dommages-intérêts et la raison qui a été invoquée par sa
20 cliente.

Quelques jours plus tard, l'inspecteur d'assurances rappelle
l'avocat.

—Je vous envoie un chèque de 2.500 F. Mes collègues et moi
avons tellement ri que nous avons décidé que la responsable° de cette   la... the one responsible for
25 plaisanterie méritait d'être récompensée.

Le chèque n'a pas été reçu avec le sourire. La cliente de mon ami
a sans doute pensé qu'elle avait été incomprise,° et victime d'une   misunderstood
grande injustice.

Questions

1. Par qui la jeune femme a-t-elle été envoyée à l'avocat?
2. De quoi avait-elle été la victime et dans quelles circonstances?
3. Par quoi a-t-elle été heurtée?
4. Quelle somme veut-elle obtenir, comme dommages-intérêts et
   pourquoi?
5. La jeune femme a-t-elle été hospitalisée et examinée par un spécialiste?
6. Quel est son handicap? Pourquoi sa vie a-t-elle été totalement
   changée?
7. Quelle est la réaction de l'avocat? Pense-t-il que la jeune femme a
   beaucoup souffert?
8. Pourquoi l'agent d'assurance donne-t-il plus à la jeune femme que
   la somme de 500 F?
9. La cliente est-elle contente de cette solution?

---

[2] **Mon cher maître** En France, quand on s'adresse à un avocat, à un notaire ou à un écrivain célèbre, on fait précéder le
nom de cette personne du mot «Maître».

Le passif

Le passif est une forme verbale utilisée quand on veut montrer que le sujet est en train de subir l'action (*receive the action*) plutôt que de faire l'action. Quand on passe d'une construction active à une construction passive, l'ordre des mots, la forme du verbe changent de la façon suivante: le sujet de la phrase active devient l'agent de la phrase passive; l'objet direct de la phrase active devient le sujet de la phrase passive; le verbe devient composé et conjugué avec le verbe **être**.

Comparez les phrases suivantes:

Un chien mord un enfant.   A dog **bites** a child.
Un enfant est mordu par un chien.   A child **is bitten** by a dog.

◇ **1.** Le sujet **chien** est devenu l'agent **par un chien.**

◇ **2.** L'objet direct **enfant** est devenu le sujet.

◇ **3.** Le verbe **mord** est devenu **est mordu** (forme composée, auxiliaire **être**).

Formes

On conjugue l'auxiliaire **être** au temps désiré et on ajoute le participe passé.

◇ **1.** Voici le présent et le passé composé passifs du verbe **obliger.**

je **suis obligé**   (*I am obliged*)   j'**ai été obligé**   (*I have been obliged*)
tu **es obligé**   tu **as été obligé**
il **est obligé**   il **a été obligé**
nous **sommes obligés**   nous **avons été obligés**
vous **êtes obligés**   vous **avez été obligés**
ils **sont obligés**   ils **ont été obligés**

◇ **2.** Voici les autres temps.

infinitif prés.:	être obligé	*infinitif passé:*	avoir été obligé
imparfait:	j'étais obligé	*plus-que-parfait:*	j'avais été obligé
futur:	je serai obligé	*futur antérieur:*	j'aurai été obligé
cond. prés.:	je serais obligé	*cond. passé:*	j'aurais été obligé
subj. prés.:	que je sois obligé	*subj. passé:*	que j'aie été obligé
passé simple:	je fus obligé		

REMARQUES:

- Aux temps composés il y a toujours trois mots pour le verbe.

- Le participe passé s'accorde avec le sujet; **été** reste invariable.

◇ **3.** A la forme négative, la négation entoure l'auxiliaire du verbe **être**. A la forme interrogative, l'ordre des mots est le même que pour la forme interrogative des verbes actifs, aux temps composés.

Son père **a-t-il été blessé?**   Non, il **n'a pas** été blessé.

Exercice

Mettez les verbes suivants à la forme passive.

1. elle découvre
2. il a volé
3. nous battions
4. tu menaceras
5. je compromets
6. ils comptent
7. vous trouverez
8. il vendait
9. je frappe
10. nous servions
11. vous établissez
12. tu prenais
13. ils feront
14. nous poursuivrions
15. il éteindra
16. elle détruisit
17. ils finissent
18. que je surprenne
19. qu'ils aient sauvé
20. nous suivons

Emplois

La forme passive du verbe s'emploie dans certaines conditions décrites ci-dessous. On préfère souvent employer une construction active pour éviter le passif.

◇ **1.** Seul un verbe transitif (suivi d'un objet direct) peut être mis au passif. L'objet direct devient le sujet du verbe passif.

O.D.	Sujet
On fabrique une **voiture**.	Une **voiture** est fabriquée.

◇ **2.** Un verbe intransitif (qui n'a pas d'objet direct) ne peut pas être mis au passif.

Tu **réponds** *à Marc*.   Vous n'**obéissez pas** *à vos parents*.

La forme passive est impossible: **Marc, vos parents** sont des *objets indirects* et un objet indirect ne peut pas devenir sujet d'un verbe passif.

Les verbes comme **dire à, donner à, raconter à, demander à, promettre à, défendre à, interdire à** ne peuvent pas être mis au passif. Il faut employer **on** et le verbe actif.

On m'a dit, **on** a promis à Paul, **on** nous demande.   *I am told, Paul was promised, we are asked.*

◇ **3.** Les verbes comme **dire, donner, raconter, demander, promettre, défendre, interdire** peuvent aussi avoir un objet direct (voir p. 170) et cet objet direct devient le sujet du verbe passif. L'objet indirect ne change pas.

O.D. O.I.	O.D. O.I.
Elle **raconte** une *histoire* à ces enfants.	Le docteur **interdit** la *cigarette* à ce malade.
Sujet O.I.	**Sujet** O.I.
Une *histoire* est racontée à ces enfants.	La *cigarette* est interdite à ce malade.
Vous **promettez** une *récompense* à Robert.	
Sujet O.I.	
Une *récompense* est promise à Robert.	

◇ **4.** Le complément d'agent **par** ou **de**.

On peut trouver la préposition **par** ou la préposition **de** devant le complément d'agent.

L'enfant a été mordu **par** un chien.   Ce professeur est aimé **de** ses élèves.

Par est toujours possible devant l'agent du verbe passif; **de** n'est pas toujours possible.

On peut dire:

Ce professeur est aimé **de** ses élèves ou **par** ses élèves.

Il faut dire:

Pierre a été mordu **par** un chien.

Voici les nuances de sens entre **par** et **de**.

par	de
■ **par** s'emploie avec des verbes qui indiquent une action physique: La voiture est tirée **par** un cheval.	**de** s'emploie avec des verbes qui indiquent un sentiment, une émotion: Ce professeur est aimé **de** ses étudiants.
■ **par** s'emploie avec des verbes pris au sens propre, concret: L'explorateur a été dévoré **par** un lion.	**de** s'emploie avec des verbes pris au sens figuré, souvent sans article: Il est dévoré **de** chagrin.
■ **par** s'emploie avec un nom déterminé: La place est encombrée **par** les habitants du village.	**de** s'emploie avec un nom seul, sans article: La place est encombrée **d'**habitants.
	de est la construction habituelle de certains verbes qui indiquent une quantité: **être rempli de, être entouré de, être couvert de, être orné de, être décoré de**

Exercice

Mettez les phrases suivantes au passif. Employez **de** ou **par** devant l'agent.

1. Un individu a volé mon sac.   2. Autrefois, de nombreux poissons remplissaient la mer.
3. L'inquiétude dévorait cette mère anxieuse.   4. Des jardins superbes entourent la maison.
5. Un gangster armé avait attaqué la banque.   6. L'extinction menace plusieurs espèces d'animaux et de plantes.   7. Des passants encombraient la rue.   8. Les requins (*sharks*) ont dévoré quelques pêcheurs.   9. En hiver une neige épaisse couvrira les montagnes.   10. Pendant cette nuit de camping, les moustiques nous ont piqués.

◇ **5.** Faux passif / vrai passif

a. Souvent le passif est simplement le résultat d'une action passée. C'est le verbe **être** (conjugué au temps désiré) et un participe passé qui a une valeur d'adjectif. L'agent n'est pas exprimé. C'est le faux passif.

Je suis fatigué.   La porte **était fermée**.

b. Le vrai passif exprime *une action en train de se produire*. Il y a généralement un agent exprimé ou sous-entendu.

Comparez les phrases suivantes.

Faux passif (résultat)	*Vrai passif (action)*
La porte **est fermée**.	Tous les soirs la porte de la banque **est fermée par un gardien**.
Ma voiture **est réparée**.	Ma voiture **a été réparée par le meilleur mécanicien**.
Le dîner **est servi**.	Tous les jours le dîner **est servi par la bonne**.
L'ennemi **est battu**.	Cette pauvre femme **est battue par son mari**.

c. Souvent, même si le verbe exprime un vrai passif, l'agent n'est pas exprimé; l'identité de cet agent est évidente ou imprécise. Cet emploi est fréquent au passé composé, au plus-que-parfait ou au futur.

Le président **a été élu**.   (*L'identité est évidente: par les électeurs.*)
Les routes **seront construites**.   (*L'identité est imprécise.*)

◇ **6.** Comment éviter le passif?

A part le faux passif qui est très courant, le vrai passif est plus rare en français qu'en anglais.

a. On préfère souvent en français une phrase à la voix active, quand un passif est possible en anglais.

Ses amis l'**admirent** beaucoup.   *He is much admired by his friends.*

b. Le pronom indéfini **on** est utilisé souvent comme sujet d'un verbe actif. Dans ce cas, **on** représente une ou des personnes indéfinies.

Au Québec **on parle** français.   *In Quebec, French is spoken.*
On n'a pas encore trouvé de remède contre   *A drug for the common cold has not yet*
le rhume banal.   *been found.*

c. On peut employer un verbe pronominal de sens passif (voir. p. 190).

Ça **ne se fait pas**; ça **ne se dit pas**.   *This is not done; that is not said.*

Exercices

A. Refaites les phrases suivantes au passif.

1. Pasteur a découvert le vaccin contre la rage.   2. Greenpeace défend le massacre des baleines et des phoques.   3. Des marchands envoyèrent des noirs d'Afrique comme esclaves en Amérique.   4. Les bombardements détruisirent beaucoup de villes en France.   5. On devrait construire aux Etats-Unis des métros comme celui de Paris. 6. La compagnie AMC-Renault fabrique les voitures Alliance et Encore au Wisconsin.

B. Transformez les phrases suivantes avec un verbe pronominal ou avec **on.**

1. Il a été opéré hier.   2. Elle a été trouvée assassinée.   3. Les timbres sont aussi vendus dans des bureaux de tabac.   4. Le dîner est servi à 8 heures.   5. Ce poisson est mangé froid. 6. La question a été posée à Paul.   7. Ils ont été aperçus dans un bar.   8. Notre-Dame est à Paris.   9. Une piqûre lui a été faite.   10. Cette chose n'est jamais dite.   11. Au passé composé, les verbes pronominaux sont conjugués avec l'auxiliaire *être.*   12. Au Sénégal, les habitants parlent français.

C. Refaites les phrases suivantes avec **on.**

1. Les voyages dans la lune ne sont pas encore organisés pour le public.   2. Des ordinateurs sont vendus de moins en moins cher.   3. Une augmentation a été promise aux travailleurs de cette usine.   4. Ce supermarché a été construit en trois mois.   5. Des provisions seront envoyées aux pays sous-alimentés.   6. Beaucoup de centrales nucléaires sont inspectées.

Formules à retenir

◇   **1. manquer** (*to miss, to lack*)

Le verbe **manquer** a plusieurs constructions et des sens différents.

a. Manquer + objet direct signifie *to miss* (*a train, a bus, a plane, a class, an event*).

Philippe **manque** toujours les cours de chimie.
Hier, j'**ai manqué** un excellent programme sur la Russie.

b. Manquer + **de** + nom sans article signifie *to lack.*

Vos parents **manquent-ils** d'intérêt pour les sports?
Cet enfant terrible **manquait** de discipline.
Ton gâteau **ne manque pas** de sucre!

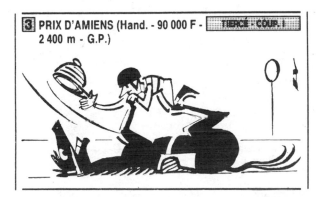

3 PRIX D'AMIENS (Hand. - 90 000 F - TIERCÉ - COUP.
2 400 m - G.P.)

Pauvre cheval! Il manque d'énergie pour finir la course!

REMARQUE: **ne manquer de rien** = *to have everything.*

    c. Manquer + **à** + nom a plusieurs sens: *to fail; to break one's word; to miss.*

Ce jeune homme **a manqué à** sa promesse de travailler mieux.	*This young man **failed** to keep his promise to work better.*
Il **a manqué à** sa parole de ne plus tricher.	*He **broke his word** not to cheat any more.*
Vous me **manquez.** Elle **manque à** ses parents.	*I **miss** you. Her parents **miss** her.*

REMARQUE: Vous **me manquez** = *I miss you.* L'ordre en français est inverse de l'ordre en anglais.

    d. Il manque (*verbe impersonnel*) + objet indirect signifie *to be missing, to be short.*

La caissière était inquiète: il **lui manquait** trente francs.	*The cashier was worred: 30 francs **were missing.***
Je ne peux pas acheter cette chaîne, parce qu'**il me manque** cent dollars.	*I can't buy this stereo because **I'm short** one hundred dollars.*

Exercice

Traduisez les groupes en italique.

1. Claire *missed her computer science class* hier. 2. Quand j'ai lavé la vaisselle, *I lack energy* pour laver le sol de la cuisine. 3. Le père de Marie *was lacking ambition*. 4. Cette bonne élève *did not fail her promises*. 5. Quand elle est allée vivre aux Etats-Unis, *she missed her parents*. 6. Qu'est-ce qu'on achète pour Noël à *somebody who has everything?* 7. *She broke her promise to stop smoking.* 8. *I miss my friends.* 9. Le directeur de la banque a dit à l'employé: *"We are short $5,000."* 10. *I am always short one hundred francs* à la fin du mois. 11. Le frère de Rosette *was always missing* les cours de maths. 12. J'ai essayé le jean, *but there were two buttons missing.* 13. Quand Juliette était à Paris, elle écrivait à René: *I miss you.* 14. Hier, *I missed the bus,* et je suis arrivé en retard. 15. Quand le père de Laurent est arrivé à la caisse, *he was short 50 F* pour payer les commissions.

◇ **2. entendre dire / entendre parler de**

    a. Ces deux expressions sont la traduction de *to hear*. On utilise **entendre dire que** pour traduire *to hear that*.

I heard that Elisabeth is going to have a baby.	J'ai **entendu dire** qu'Elisabeth va avoir un bébé.

    b. On utilise **entendre parler de** pour *to hear about*.

*I never **heard about** this company.*	Je n'ai jamais **entendu parler** de cette compagnie.

    c. *To hear from someone* se dit **avoir des nouvelles de quelqu'un.**

*Did you **hear from** Jerome?*	Avez-vous eu **des nouvelles de** Jérôme?
*Did you **hear from** him after his trip to Japan?*	Avez-vous eu **de ses nouvelles** après son voyage au Japon?

Exercice

Traduisez les phrases suivantes.

1. I heard that your parents were suing their neighbors. 2. I heard about your accident.
3. Shall I hear from you when you go to France? 4. Have you heard about this insurance company? 5. We heard that Veronique bought a moped. 6. You will hear from me!

◇ **3. c'est pourquoi . . .**

    C'est pourquoi signifie *That's why, that's the reason.* On peut dire aussi **C'est la raison pour laquelle, c'est pour cette raison que.**

        Les recherches de ce savant sont importantes pour le monde entier; **c'est pourquoi** (ou **c'est la raison pour laquelle**, ou **c'est pour cette raison qu'**) il a reçu le prix Nobel.

ATTENTION: On ne dit jamais **c'est la raison pourquoi.**

Exercice

Refaites les phrases suivantes avec **c'est pourquoi** ou **c'est la raison pour laquelle** ou **c'est pour cette raison que.**

      Modèle: Guillaume a gagné le gros lot. Il s'est arrêté de travailler.
             *Guillaume a gagné le gros lot; **c'est pourquoi** (**c'est la raison pour laquelle**, **c'est pour cette raison qu'**) il s'est arrêté de travailler.*

1. Les agents de la compagnie d'assurance ont bien ri quand ils ont entendu cette histoire. L'inspecteur a envoyé un chèque plus important à la jeune fille.
2. La jeune fille avait été heurtée par un vélo Solex. Elle fait un procès au jeune homme qui ne l'a pas vue sur le passage clouté.
3. David Bowie est un chanteur très populaire en France. Il est invité à cette émission de variétés.
4. Cette personne a été accidentée et est restée handicappée. Elle va à la rééducation toutes les semaines.

Exercices

A. Comment fonctionne la République Française? Faites des phrases avec le vocabulaire suivant et les verbes au passif.

1. La constitution / préparer (employez le **passé composé**) / une commission spéciale.
2. Le président / élire / les citoyens au suffrage universel.
3. Les candidats / présenter / les différents partis.
4. L'Assemblée législative / former / des élections tous les quatre ans.
5. Chaque cabinet / diriger / un ministre.
6. Les ministres / appointer / le Président.
7. Les lois / préparer / les membres du Sénat.
8. Les lois / discuter et voter ou rejeter / la Chambre des députés.

B. Un camping désastreux. Récrivez le texte suivant et mettez les phrases entre parenthèses au passif.

1. Nous sommes partis pour camper. (D'abord, la circulation nous a retardés.) Nous sommes arrivés tard. (Les gens remplissaient le terrain de camping. On avait attribué [*given*] notre place à un autre groupe.)
2. Nous avons dû camper dans un endroit près des poubelles. (Les odeurs nous ont dérangés.)
3. (Pendant la nuit, les moustiques nous ont dévorés.)
4. (Puis, la pluie nous a inondés.)
5. (Un grand coup de vent a renversé notre tente.)
6. Le matin, nous n'avons pas pu nous laver. (Les gens encombraient les toilettes. Quelqu'un avait cassé les robinets).
7. Nous n'avons pas pu manger. (Les ours avaient mangé nos provisions.)
8. Nous sommes rentrés, très désappointés. (Tous ces incidents nous ont découragés.)

EXPOSITION NATIONALE DE L'OCCASION

Auto - caravane
camping-car - 4 × 4
LE BOURGET
du 7 au 15 Novembre 87

C. **Un monde utopique.**   Mettez les phrases suivantes au passif et dites ce qui se passera peut-
être dans le futur.

1. On organisera des voyages dans l'espace.
2. Un vaccin guérira les gens du cancer et du Sida.
3. On protègera toutes les espèces animales et végétales qui sont en voie de disparition.
4. On diminuera la misère des peuples sous-développés.
5. Une armée internationale contrôlera les conflits entre les peuples.
6. On construira des routes sur lesquelles il n'y aura plus d'accidents.
7. Une machine spéciale préviendra (*will predict*) l'arrivée de toutes les catastrophes naturelles.
8. Des robots feront la cuisine et le ménage dans les maisons.
9. Les personnes riches paieront les impôts des personnes pauvres.
10. On éliminera la faim dans le monde.

Traduction

1. If you have been injured in an accident, hospitalized, and the adverse party is proved to be
   wrong, you can be assured of winning [to win] an important sum of money.
2. That is why the insurance premiums are so high.
3. There are cases, however, which do not get solved by the insurance agents and cannot be
   negotiated.
4. People go to court and demand enormous amounts of money.
5. In the United States, it happens more often that people sue someone also for compensation
   of damage.
6. Have you heard of the lady who sued a tobacco company because her husband, who had
   been encouraged to smoke by the ads that are displayed everywhere, died of cancer?
7. She did not win, and this is an example of the blame being put on somebody else.

Conversations

1. La loi et l'appareil judiciaire.

   a. Dans quelles circonstances est-ce qu'on va contre la loi?

      un voleur (*thief*), un cambrioleur (*burglar*), un hold-up, voler (*to rob*), une escroquerie (*embezzle-
      ment*), un escroc (*embezzler, a con-man*), un criminel, un meurtrier (*a murderer*), assassiner (*to
      murder*), un crime passionnel

   b. Que se passe-t-il ensuite? Le coupable est arrêté.

      une arrestation, un interrogatoire, la police, le commissaire, libérer sous caution (*to free on bail*),
      un procès (*trial*), le palais de justice (*courthouse*), un avocat (*a lawyer*), le procureur général
      (*prosecutor, D.A.*) la défense, les jurés (*jury*), le juge ou le président, porter la robe, rendre
      jugement

c. Quelles sont les condamnations possibles?

la prison, l'emprisonnement, le sursis (*postponement*), libérer conditionnellement (*to free on parole*), les travaux forcés (*hard labor*), à perpétuité (*for life*), la peine de mort (*capital punishment*), la guillotine

d. Etes-vous pour ou contre la peine de mort?

2. Accidents de circulation

a. Où a lieu un accident?

en pleine ville, à un carrefour, à un croisement (*crossroad*) en campagne, en haut d'une côte (*on top of a hill*), à un tournant (*curve*) dangereux

b. Les causes de l'accident.

l'excès (*m.*) de vitesse, l'absence (*f.*) de visibilité, l'ébriété (*drunkenness*), le non-respect de la priorité, doubler à droite (*to pass on the right*), ne pas faire attention, perdre le contrôle de la voiture, déraper (*to skid*), faire une queue de poisson (*to cut someone off*), la voie (*lane*), changer de voie (*to switch lanes*)

c. L'accident lui-même. Que se passe-t-il?

un accrochage (*grazing [minor collision]*), accrocher (*to graze*), se rentrer dedans (*front or rear end collision*), être projeté hors de son siège (*to be thrown out of one's seat*), la ceinture de sécurité (*waist belt*), le harnais (*shoulder belt*), être blessé (*to be injured*), l'égratignure (*f.*) (*scratch*)

d. Après l'accident

les gendarmes, la police de la route (*highway patrol, state police*), un motard (*officer on a motorcycle*), faire un constat (*police certified report*), un témoin, un blessé, dresser un procès-verbal (*to exchange papers*), la remorque (*tow truck*), se faire remorquer (*to be towed*), l'ambulance

Rédaction

Vous êtes témoin d'un accident de la circulation (*traffic*). Racontez l'événement avec beaucoup de passifs.

Chapitre 22

Les participes

Vocabulaire

à (ma) façon   in (my own) way
agneau (*m.*)   lamb
air (*m.*)   tune
s'appuyer   to lean
astiquer   to polish
banal   usual, everyday
battre de la queue   to wag its tail
bélier (*m.*)   ram
bondir   to jump up
brebis (*f.*)   ewe
buveur (*m.*)   customer
casquette (*f.*)   cap
commodément   comfortably
costaud (*fam.*)   strong
côte (*f.*)   slope
craintif (*m.*), **craintive** (*f.*)   apprehensive
cuivre (*m.*) **jaune**   brass

dresser l'oreille   to cock one's ear
élue   selected
gonfler   to inflate
goûter   to taste
s'incliner   to bow
joue (*f.*)   cheek
marquer   to indicate
(mère) nourricière (*f.*)   foster mother
morceau (*m.*)   piece (*here,* of music)
nourrir   nurse
poitrine (*f.*)   chest
pousser la première note   to start playing
saluer   to bow
secouer   to shake
tâche (*f.*)   task, job
valse (*f.*)   waltz
visière (*f.*)   visor

POUR DINER EN MUSIQUE
LE BOULEVARD C'EST UNIQUE

• Fruits de Mer.
• Huîtres.
• Crustacés.

Ti-moutte°

= petit mouton

Roger Fournier est né au Québec (1929–   ). Il a fait des études de Lettres° et a travaillé pour la télévision canadienne comme réalisateur.° Entre 1963 et 1976 il a publié onze romans, une dramatique pour la télévision, des nouvelles, et il prépare une pièce. Son œuvre, couronnée par des prix, en France et au Canada, s'inspire beaucoup de la vie campagnarde.° Dans les *Sirènes du Saint-Laurent,* il évoque son enfance et la vie dure, mais pleine de joies simples, qu'il a vécue avec ses parents-fermiers et ses nombreux frères et sœurs.

humanities
producer

in the country

Souvent, une brebis se trouvait dans l'impossibilité de nourrir ses deux jumeaux. Pour nous, les enfants, c'était une joie parce que dans ce cas, il fallait donner le biberon à l'un des agneaux. Une année, ce fut ma petite sœur Antoinette qui fut l'heureuse élue, alors âgée de
5 cinq ou six ans. Deux fois par jour elle présentait le biberon au «ti-moutte» qui tétait avec avidité° en secouant la queue, ce qui la faisait rire tout en l'émouvant.° Les semaines passant,° le petit devint un jeune bélier de deux mois assez costaud. A dix heures du matin, Antoinette sortait de la maison avec son biberon et l'appelait de sa
10 petite voix claire, aussi amoureuse que craintive:
— Ti-moutte! Ti-moutte! Ti-moutte!
Sur la côte en face de la grange,° le jeune adopté dressait l'oreille, dévalait la pente au galop,° venait se placer devant la fillette et vidait ce pis° artificiel d'une tétée vigoureuse, ininterrompue. Après
15 quoi, se rendant compte que la source était tarie,° il regardait sa «mère» dans les yeux pendant une seconde puis il lui assenait un bon coup de tête° dans la poitrine, ce qui la faisait tomber sur le derrière. Antoinette rentrait à la maison en pleurant, mais chaque jour elle recommençait, incapable d'abandonner cette tâche de nourricière.

tétait... sucked with voracity
en... while pleasing her / Les semaines... After several weeks

barn
dévalait... galloped downhill
udder
dried up

assenait... struck a good blow with his head

Questions

1. Pourquoi est-ce que les enfants devaient nourrir un des agneaux? Etaient-ils contents de le faire?
2. Pourquoi la petite Antoinette riait-elle? Quelles autres émotions ressentait la petite fille?
3. Quels changements se produisent chez Ti-Moutte quand il grandit? Que fait-il alors et pourquoi? Son attitude est-elle normale?
4. Quelle est la réaction d'Antoinette? Pourquoi est-elle incapable d'abandonner sa tâche?

Extrait de Roger Fournier: *Les Sirènes du Saint-Laurent* (Montréal: Editions Primeur).

Concert pour chien

François Cavanna (1923–   ) est né à Paris. Après une adolescence difficile
(il a été envoyé en Allemagne pendant la guerre comme ouvrier dans les usines
de guerre), il est devenu journaliste et dessinateur humoristique. Il a créé,
dans les années cinquante, deux revues humoristiques, *Charlie-Hebdo* et
Hara-Kiri, qui ont été critiquées pour les excès de leurs bandes dessinées (elles
sont souvent violentes, insultantes et même pornographiques). Dans cet extrait de son livre *Les Yeux plus grands que le ventre,* il exprime sa tendresse et
son affection pour son chien, Nicolas.

Il y avait à Beauvoir[1] un petit mastroquet à tonnelles.° Nous[2] y étions
installés, au frais,° un après-midi de juillet, attendant l'heure du car,
lorsqu'un buveur solitaire se leva d'une table voisine et vint vers
nous. C'était un grand vieux bonhomme, paysan en dimanches,°
5   avec sur la tête une casquette[3] et, à la main, un étui à trompette.° Il
porta deux doigts à sa visière, me souhaita le bonjour, que je lui
rendis, et me dit:

— Monsieur, je voudrais vous demander une faveur.

— Je vous en prie.

10   — Voilà. M'accorderiez-vous la permission de jouer un morceau pour votre chien?

La demande n'était pas banale. Je répondis:

— Monsieur, c'est à lui-même qu'il faut demander cela. Il s'appelle Nicolas.

15   — Je vous remercie, monsieur.

Il ouvrit l'étui, en tira le trompette de cuivre jaune bien astiquée
et, s'inclinant, dit à Nicolas:

— Monsieur, me permettez-vous de vous faire entendre un air
de ma composition?°

20   Nicolas huma la trompette d'une truffe circonspecte,° et puis il
s'installa commodément, bien appuyé sur ses avant-bras,° comme
une duchesse sans sa loge à l'Opéra. Le musicien se redressa,° fit avec
la bouche une série de grimaces qui devaient être une sorte de gym-
nastique préparatoire, plaça ses doigts là où° ça se place, annonça:

25   — Valse à ma façon.

Et, joues gonflées, poussa la première note. C'était une valse. Je
ne saurais en dire plus.° Nicolas, d'abord cueilli à froid° par les
éclatantes° harmonies, avait à demi bondi, oreilles dressées, mais,
s'étant rendu compte de l'innocuité° de la chose en cuivre° et de la

mastroquet... a vine-shaded outdoor
café
au... in the coolness of the shade

en... dressed in his good clothes
étui... trumpet case

de... I have composed
huma... carefully sniffed the trumpet
appuyé... leaning on his front paws
straightened up

là... where

Je... I would not be able to say more /
cueilli... surprised
strident
harmlessness / copper

Extrait de François Cavanna: *Les Yeux plus grands que le ventre* (Paris: Editions Belfont).

[1] **Beauvoir** petite ville près de Paris
[2] **Nous** the author and his dog
[3] **avec... casquette = avec une casquette sur la tête**

bienveillance empressée° de l'artiste, avait goûté en° grand seigneur
un peu blasé° l'hommage qui lui était fait, dodelinant° de la tête au
rhythme à trois temps° et approuvant d'un discret battement° de
queue les passages particulièrement bien venus.°

5   La dernière mesure,° fort émouvante,° envoyée,° l'artiste salua,
très bas, marquant° ainsi que c'était le chien qu'il saluait. J'ap-
plaudis, Nicolas aussi, de la queue, et puis l'homme à la trompette
porta deux doigts à sa visière, pour le chien, pour moi ensuite, et s'en
alla, sa casquette bien droite sur° ses oreilles.

bienveillance... effusive kindness / as
indifferent / nodding
à... in 3/4 time / beating
bien... well-played
stanza / moving / played
indicating

over

Questions

1. Quelle est la demande «pas banale» que fait le vieux
bonhomme?
2. Que joue-t-il sur sa trompette?
3. A qui ressemble Nicolas quand il écoute?
4. Par quoi est-il surpris d'abord?
5. Comment manifeste-t-il son appréciation?
6. A votre avis, pourquoi l'artiste a-t-il joué un morceau pour le
chien?

Les participes

Formes

On appelle «participes» plusieurs formes verbales variées: le participe présent, le participe passé, le participe parfait et le participe passif.

◇ **1. Le participe présent**

La formation du participe présent est régulière pour tous les verbes excepté **avoir, être** et **savoir**. On forme le participe avec la première personne du pluriel du présent du verbe. On enlève la terminaison **-ons** et on ajoute **-ant**. Le participe présent ne s'accorde jamais.

donner	nous donnons	**donn-**	**donnant**
finir	nous finissons	**finiss-**	**finissant**
entendre	nous entendons	**entend-**	**entendant**
dormir	nous dormons	**dorm-**	**dormant**
pouvoir	nous pouvons	**pouv-**	**pouvant**
dire	nous disons	**dis-**	**disant**

REMARQUE: Pour les verbes du 2ème groupe, le participe présent est toujours en **-issant**.

finissant   choisissant   réfléchissant

a. Pour les verbes pronominaux, le pronom réfléchi change.

sing.	**me** promenant	**te** promenant	**se** promenant
pl.	**nous** promenant	**vous** promenant	**se** promenant

b. Seuls les verbes en **-cer** et **-ger** ont des changements orthographiques.

-cer → çant   **-ger → -geant**

commencer   **commençant**   manger   **mangeant**

c. Voici les trois verbes qui ont un participe présent irrégulier.

être	**étant**	MAIS:	nous **sommes**
avoir	**ayant**	MAIS:	nous **avons**
savoir	**sachant**	MAIS:	nous **savons**

Exercice

Donnez le participe présent des verbes suivants.

1. se changer (je)
2. chanter
3. jouer
4. porter
5. courir
6. comprendre
7. perdre
8. grandir
9. dormir
10. se dépêcher (vous)
11. savoir
12. vouloir
13. être
14. mettre
15. boire
16. vivre
17. se sentir (tu)
18. connaître
19. avancer
20. nager

◇ **2.** Le participe passé

Les formes du participe passé sont étudiées dans le chapitre 2 (voir pp. 40–43).

◇ **3.** Le participe parfait actif est le «passé composé» du participe.

Il est formé avec le participe présent d'**avoir** ou d'**être** + un participe passé.

a. ayant + le participe passé pour les verbes qui se conjuguent avec **avoir**.

ayant vu, ayant appris, ayant dormi	*having seen, learned, slept*

b. étant + le participe passé pour les verbes qui se conjuguent avec **être**.

étant allé, étant venu, étant sorti	*having gone, come, gone out*
s'étant levé(e) (s)	*having gotten up*
nous étant rencontrés(es)	*having met*

Exercice

Donnez le participe parfait actif des verbes suivants.

1. savoir	6. aller	11. se rendre compte (il)	16. pouvoir
2. demander	7. finir	12. faire	17. entrer
3. se rappeler (je)	8. commencer	13. s'apercevoir (vous)	18. recevoir
4. voir	9. boire	14. vivre	19. sortir
5. devenir	10. voyager	15. croire	20. ouvrir

◇ **4.** Le participe passif

Le participe passif est toujours formé avec l'auxiliaire **être**, comme tous les passifs. Il a deux temps, un présent et un passé.

présent:	étant fini, étant perdu, étant compris
	being finished, lost, understood
passé:	ayant été fini, ayant été perdu, ayant été compris
	having been finished, lost, understood

REMARQUES:

■ Le participe passé s'accorde dans les mêmes conditions que le verbe passif.

■ Les verbes pronominaux n'ont pas de passif.

Exercice

Mettez les verbes entre parenthèses au participe passif, présent et passé.

Modèle: la clé (perdre): la clé **étant perdue**   la clé **ayant été perdue**

1. la permission (donner) 2. un avion (apercevoir) 3. la leçon (comprendre) 4. la porte (ouvrir) 5. l'habitude (acquérir) 6. les exemples (suivre) 7. les pommes (dévorer) 8. cette action (permettre) 9. le poème (lire) 10. la lettre (écrire).

◇ **5.** La formation négative du participe

Au présent **ne** et **pas** entourent le participe. Aux temps passés et au passif, **ne** et **pas** entourent l'auxiliaire.

ne donnant **pas**	**ne** se souvenant **pas**	
n'ayant **pas** vu	**n**'étant **pas** allé	**ne** s'étant **pas** promené
n'étant **pas** fini	**n**'ayant **pas** été perdu	

Emplois

Deux formes du participe présent, le gérondif et l'adjectif verbal, sont employés dans la langue courante, pour parler et pour écrire. Le participe présent et la construction «proposition participe» sont généralement employés pour écrire, rarement pour parler, et appartiennent au style littéraire.

◇ **1.** Le gérondif

Le gérondif est formé avec la préposition **en** et la forme du verbe qui se termine par **-ant. En** est la seule préposition possible en français et traduit *in, by, while.*

en faisant   *in doing, by doing, while doing*

Le gérondif représente une action faite par le sujet du verbe principal, mais la terminaison **-ant** ne s'accorde pas. Le gérondif peut être suivi d'un complément.

François est un petit garçon bien élevé: il ne parle pas **en mangeant.**

*François is a well-behaved little boy: he doesn't speak **while eating.***

Je l'ai rencontré **en traversant** la rue.

*I met him **while crossing** the street.*

a. Le gérondif exprime l'idée que deux actions sont faites en même temps par la même personne.

Il parle **en mangeant** (il parle et il mange).   *He talks **while eating**.*

b. Il décrit la manière ou le moyen de faire une chose.

Il a ouvert la porte **en donnant** des coups de   *He opened the door **by kicking** (it).*
pied.

c. Il implique une condition nécessaire avant l'action principale.

En travaillant mieux, tu pourrais avoir de   ***By working** better, you could get good*
bonnes notes.   *grades.*
(**Si tu travaillais** mieux . . .)   (***If you worked** better . . .*)

d. Souvent le gérondif est précédé de **tout**. **Tout** renforce l'idée que deux actions ont lieu en même temps, et quelquefois s'opposent.

Juliette riait **tout en pleurant**, quand elle a   *Juliette laughed, **while crying**, when she saw*
revu Renée.   *Renée again.*

Exercice

Refaites les phrases suivantes avec un gérondif.

1. Rachel chante et *danse en même temps.*   2. Est-ce que vous fumez *quand vous mangez?*
3. Nous avons vu des oiseaux *quand nous nous sommes promenés.*   4. On voit beaucoup de
choses *quand on voyage.*   5. Nos parents ont acheté une maison (*ils ont fait des économies*
pendant des années).   6. *Si tu suivais un régime,* tu te porterais mieux.   7. L'actrice a répondu aux questions indiscrètes; *elle a souri* en même temps.   8. Nicolas a montré son appréciation; *il a battu* de la queue.   9. Est-ce que ces enfants deviendront plus sages *quand ils*
grandiront?

◇ **2. L'adjectif verbal**

Il peut avoir la forme du participe présent ou celle du participe passé. Il s'accorde avec le nom qu'il accompagne, comme un adjectif.

Régine est une femme **charmante**.
Le joueur de trompette avait les joues **gonflées**.

◇ **3. Le participe présent**

Le participe présent s'emploie dans la langue écrite. Il décrit une action du sujet du verbe principal, mais il ne s'accorde pas. Il peut être suivi d'un objet direct, un objet indirect ou d'un complément. Les pronoms objets le précèdent. Il a plusieurs sens.

a. Il correspond à une proposition relative.

Ma mère, **croyant** que j'allais m'évanouir,   *My mother, **thinking I was going to faint**,*
m'a donné un verre d'eau.   *gave me a glass of water.*
Ma mère, **qui croyait** . . .   *My mother, **who thought** . . .*

b. Il indique un sens de causalité.

Etant très riche, ce monsieur n'avait pas besoin de travailler.	*Being very rich, this gentleman did not need to work.*
Comme il était . . .	*Since he was . .*

c. Il indique que deux actions sont successives.

Prenant son chapeau, il sortit.	*Grabbing his hat, he left.*
Il **prit** son chapeau et il **sortit.**	*He grabbed his hat and he left.*

Différences entre le participe présent et l'adjectif verbal

le participe présent	l'adjectif verbal
C'est un verbe.	*C'est un adjectif.*
• il indique une action	• il exprime une qualité, un état durable
• il ne s'accorde pas	• il s'accorde
• il peut avoir un objet direct	• il n'a pas d'objet direct
• à la forme négative on dit: **ne croyant pas**	• à la forme négative on dit: **pas charmante** ou **peu charmante**
• l'adverbe suit: croyant **toujours**	• l'adverbe précède: elle est **toujours** charmante
• l'orthographe des mots suivants varie: **négligeant** **fatiguant** **différant** **convainquant**	**négligent** **fatigant** **différent** **convaincant**
Convainquant sa mère de lui donner de l'argent, elle a pu aller au cinéma.	Votre histoire n'est pas **convaincante.**

Exercice

Mettez les verbes à la forme en **-ant** qui convient: gérondif, participe présent ou adjectif verbal.

1. (Porter) de gros paquets, elle marchait avec difficulté.   2. Les enfants, (trembler) de peur et de froid, nous regardaient.   3. Il a tendu ses vieilles mains (trembler).   4. C'est (trembler) qu'on réagit contre le froid.   5. Il est entré (courir).   6. Dans la langue (courir) on n'emploie pas cette forme.   7. Les enfants (fatiguer) leur mère, on les a envoyés la campagne.   8. Cet enfant est (fatiguer).   9. Je ne croyais pas vous déranger (frapper) à la porte.   10. Il y a entre eux une ressemblance (frapper).   11. Il est entré (casser) la serrure (*lock*).   12. Il a des idées (convaincre).   13. Nous habitons dans une rue (passer).   14. Il y avait à Montmartre un homme (posséder) le don de passer à travers les murs.   15. (Réfléchir) à cet incident, il décide d'aller voir le docteur.   16. C'est une histoire (surprendre).   17. (Passer) par Paris, nous nous sommes arrêtés chez Maxim's.   18. C'est (convaincre) votre mère que vous aurez ce que vous

voulez.   19. Vous me racontez une histoire (surprendre).   20. (Posséder) plusieurs rési-
dences, cet industriel vivait tantôt (*sometimes*) dans l'une, tantôt dans l'autre.   21. (Choisir)
de vivre à la campagne, vous prenez une décision qui va changer votre style de vie.
22. (Passer) sur le pont des Arts, j'ai vu un jongleur (*juggler*) qui jonglait avec des torches.
23. Ce jeune homme a obtenu une augmentation (*raise*), (convaincre) son patron qu'il était le
meilleur employé.   24. (S'arrêter) de parler, l'orateur but un verre d'eau.

◇ **4. Le participe parfait**

Le participe parfait s'emploie dans les mêmes conditions que le participe présent, mais il
ajoute l'idée que l'action a été achevée avant l'action du verbe principal.

Cette pauvre femme, **ayant eu** beaucoup d'ennuis, était devenue très sombre.	*This poor woman, **having had** many difficulties, had become very gloomy.* (*because she had had . . .*)
Ayant fini son travail, il sortit.	***Having finished** his work, he left.* (*After he had, or since he had finished . . .*)

◇ **5. Le participe passé**

Souvent, dans des phrases elliptiques, le participe parfait est réduit au participe passé, après
un nom ou après une expression comme **sitôt, une fois.**

Sitôt levée, elle va faire une promenade.	*As soon as she is up, she goes for a walk.*
Une fois arrivés, nous nous reposerons	*Once here (Once arrived), we will rest.*

REMARQUE: Dans ce cas, le participe passé s'accorde avec le nom ou le pronom qu'il accompagne.

◇ **6. La proposition participe**

C'est une construction de langue écrite et littéraire, qui remplace couramment une proposition subordonnée avec une conjonction. Elle est formée avec un nom sujet et un participe
(présent, parfait, passé ou passif). Le nom ne doit pas avoir d'autre fonction dans le reste de
la phrase.

Ses enfants partant le lendemain en vacances, M. Dupont décida de les accompagner.	*His children leaving the day after for a vacation, Mr. Dupont decided to go along.*
Comme ses enfants partaient . . .	*Since his children were leaving . . .*
Un soir, **une panne l'ayant surpris sur la route,** il dut dormir dans sa voiture.	*One night, a breakdown having surprised him on the road, he was forced to sleep in his car.*
Un soir, **comme une panne l'avait surpris . . .**	*One night, since a breakdown had surprised him . . .*
La tempête terminée, nous sortirons faire une promenade.	*The storm being over, we shall go out for a walk.*
Quand la tempête sera terminée . . .	*When the storm is over . . .*

Exercice

Transformez les phrases suivantes en propositions participes.

1. Comme sa porte d'entrée était fermée à clef, il est entré par la fenêtre.   2. Quand son examen a été terminé, le docteur a fait son diagnostic.   3. Comme les enfants sont fatigants, on les envoie regarder la télé.   4. Une fois que les fêtes de Noël seront passées, je me mettrai au régime pour maigrir.   5. Parce que le petit mouton lui a donné un violent coup de tête, la jeune Antoinette s'est mise à pleurer.   6. Quand le morceau a été joué, le chef d'orchestre a salué le public.   7. Après que plusieurs mois ont passé, Ti-moute est devenu un jeune bélier.   8. L'enfant faisait des bulles (*bubbles*) de savon et ses joues étaient gonflées.

Problèmes de traduction

La forme verbale en *-ing* peut se traduire de différentes façons.

◇ **1.** Par le présent ou l'imparfait d'un verbe, ou par l'expression **être en train de.**

I *am reading*.	He *was reading*.
Je **lis.**	Il **lisait.**
Je suis en train de lire.	Il était en train de lire.

◇ **2.** *-ing* = un infinitif

La forme en *-ing* du verbe anglais qui suit un autre verbe ou une préposition doit se traduire par l'infinitif (voir p. 268).

I like **reading.**	J'aime **lire.**
You enjoy **sleeping.**	Tu as du plaisir à **dormir.**
Instead of **playing** . . .	Au lieu de **jouer** . . .

◇ **3.** *-ing* = un nom

Un grand nombre de mots anglais en *-ing*, quand ils sont employés après les verbes **aimer, faire, préférer,** etc., ou quand ils sont sujets, se traduisent par des noms.

hiking **la marche**		Il fait de la **marche.**
swimming **la nage**		J'aime la **nage.**
skiing **le ski**		Vous préférez le **ski** ou la **luge?**
sledding **la luge**		
cross-country skiing **le ski de fond**		**Le ski de fond** redevient populaire.

◇ **4.** Certains participes exprimant une position (*sitting, leaning, bending, kneeling, raising*) se traduisent par un participe passé si la position est déjà prise: **assis, appuyé, penché, agenouillé, levé.** Ils se traduisent par un participe présent ou un gérondif si le mouvement est en train de s'effectuer: **s'asseyant, s'appuyant, se penchant, s'agenouillant, se levant.**

Seated on a high chair, the baby ate his soup.	**Assis** sur une chaise haute, le bébé mangeait sa soupe.
Sitting on a chair, he started to cough.	**S'asseyant** sur une chaise, il commença à tousser.

Standing se dit **debout** (invariable) si on décrit une position déjà prise et **se levant** si on décrit le mouvement.

Standing up, *he started talking.*	**Se levant**, il commença à parler.
Standing *on a chair, she tries to open the cupboard.*	**Debout** sur une chaise, elle essaie d'ouvrir le placard.

Exercice

Traduisez les phrases suivantes.

1. I like skiing. 2. They enjoy walking. 3. Instead of trying, let's relax. 4. We dream while sleeping. 5. Without writing she remembers everything. 6. Swimming is fun. 7. By working you will succeed. 8. You prefer waiting? 9. Sitting on the grass, the little girl was crying. 10. Leaning on his front paws, the dog is listening. The musicians are not standing; they are sitting on chairs. 12. Kneeling in front of the queen, the knight (**chevalier**) bent his head. 13. Hiking is becoming a popular exercise. 14. Standing up suddenly, I knocked down (**renverser**) the chair. 15. Leaning over the balcony of our apartment, we see a beautiful view of Paris.

Formules à retenir

◇ **1. se mettre**

Avec le verbe **se mettre** on forme plusieurs expressions idiomatiques. En voici quelques-unes.

se mettre . . .

à l'eau	to jump in the water	**au régime**	to start a diet
à genoux	to kneel	**en colère**	to get mad
au lit	to go to bed	**en route**	to start walking
à table	to sit at the table	**en marche**	to start walking *or*
au travail	to start working		working (*car*)
s'y mettre	to get started		

Exercice

Mettez **se mettre** avec la formule qui convient dans les phrases suivantes.

1. A l'église, avant de faire une prière, on ____.
2. Nous faisons une randonnée: nous prenons un pique-nique, de l'eau et nous ____.
3. Tu te fâches souvent? Tu ____?
4. Il est paresseux. Il n'arrive pas à ____.
5. Le dîner est prêt! Les enfants, lavez-vous les mains et ____!
6. Je ne veux pas me baigner. Il fait trop froid pour ____.
7. Robert est trop gros. Il devrait ____.
8. Il faut vraiment que vous commenciez ce projet. Il faut que vous ____.
9. Je suis très fatiguée. J'ai mal à la tête et au cœur. Je vais ____ et appeler le docteur.

◇ **2. n'importe lequel, n'importe quel / n'importe qui, quoi, comment, quand, où.** Ces expressions sont des mots indéfinis; ils s'emploient de la façon suivante:

a. N'importe lequel (*anyone*) est un pronom; il désigne une personne ou une chose que l'on ne veut pas choisir.

Quel journal voulez-vous? **N'importe lequel.**

b. N'importe quel (*any*) est un adjectif, il accompagne un nom.

Elle a acheté **n'importe quel** journal.

c. N'importe qui (*just anybody, anyone at all*) désigne une personne; ce pronom peut être sujet, objet direct, objet de préposition, etc.

N'importe qui vous le dira.	*Anybody will tell you.*
Ce chien aime **n'importe qui.**	*This dog loves just anybody.*
Je n'obéis pas **à n'importe qui.**	*I don't obey just anyone.*
Elle sort **avec n'importe qui.**	*She goes out with just anybody.*

d. N'importe quoi (*just anything, anything at all*) désigne une chose. Ce pronom peut être sujet, objet direct ou objet de préposition.

N'importe quoi lui fera plaisir.	*Just anything will please her.*
Tu bois **n'importe quoi.**	*You drink just anything.*
Nous parlons **de n'importe quoi.**	*We talk of anything.*

e. N'importe où, comment, quand sont des expressions adverbiales; elles signifient *no matter where, how, when.* On ne peut pas commencer une phrase avec une de ces expressions.

Je dors bien **n'importe où, n'importe comment, n'importe quand.**

ATTENTION: On ne peut pas combiner **n'importe** avec **pourquoi** ou **combien.**

    f. Pour la traduction de *No matter who, which, where,* etc., au début de la phrase complexe, voir p. 461.

Exercice

Mettez la forme qui convient dans les phrases suivantes: **n'importe qui, quoi, lequel,** etc.

1. Les enfants mangent ____, ils ne choisissent pas leur nourriture.   2. Dans quelle chambre préférez-vous dormir? Dans ____. Je n'ai pas de préférence.   3. Je vais lire ____ livre, si vous le choisissez.   4. Elle s'habille ____, elle n'a pas de goût.   5. ____ peut faire ce travail. Oui, ____ idiot peut le faire.   6. Je vais venir vous voir un de ces jours. — Oui, venez ____.   7. Mon chat dort sur la table, sur le tapis, sur mon lit; il dort ____.   8. Elle est trop sensible; ____ lui fait de la peine.

Exercices

A. Un jeune homme obstiné.   Maurice a réussi à devenir médecin, malgré beaucoup d'obstacles. Dites, avec des gérondifs, comment il a obtenu son diplôme.

    Modèle: Il a réussi à obtenir son diplôme / travailler dans un restaurant
            *Il a réussi à obtenir son diplôme **en travaillant** dans un restaurant.*

Il a réussi à obtenir son diplôme . . .

1. donner des leçons particulières
2. recevoir une bourse
3. ne manger qu'une fois par jour
4. limiter ses distractions et ses sorties
5. ne pas prendre de vacances
6. se forcer à étudier même le dimanche
7. refuser de se lier sentimentalement
8. faire beaucoup de sacrifices

B. Difficulté d'argent.   Catherine a des difficultés d'argent. Décrivez ce qui cause ses ennuis. Utilisez des participes.

    Modèle: Elle a acheté trop de vêtements / elle n'a plus d'argent
            Ayant acheté *trop de vêtements, elle n'a plus d'argent.*

1. Elle ne sait pas établir un budget / elle n'a jamais assez d'argent
2. Elle est frivole et désorganisée / elle ne pense pas aux dépenses importantes
3. Elle n'a pas prévu certaines dépenses / elle doit emprunter de l'argent
4. Elle a perdu son chéquier / elle ne peut pas écrire de chèques
5. Elle ne sait pas bien compter / elle n'arrive pas à payer ses factures
6. Elle ne s'est pas souciée (*concern oneself*) de noter ses dépenses / elle ne peut pas remplir (*fill out*) sa déclaration d'impôts
7. Elle est trop généreuse avec ses amis / elle ne garde rien pour elle
8. Elle n'a pas une profession très lucrative / elle ne gagne pas assez

C. Décrivez, avec des adjectifs verbaux, les qualités de l'endroit où vous désirez passer vos vacances.

Modèle: Je veux trouver un endroit **où je puisse me reposer.**
*Je veux trouver un endroit **reposant.***

1. Je suis fatigué par une vie *qui me déprime.*   2. J'aimerais trouver un décor *qui me charme* avec des personnes qui *ne fassent pas de bruit.*   3. S'il y a des enfants à cet hôtel, j'aimerais *qu'ils obéissent* (qu'ils soient ____).   4. J'aimerais aussi participer à des excursions *qui m'intéressent,* et avoir des activités *qui me distraient.*   5. Je ne cherche pas une atmosphère *qui m'enivre* (*intoxicate*), ni *qui me passionne,* simplement une situation *qui me calme et me relaxe.*

D. **Circonstances.**   Dans quelles circonstances ces actions ont-elles été accomplies? Utilisez des gérondifs.

Modèle: Pierre s'est cassé la jambe. / Il **est tombé** dans l'escalier.
*Pierre s'est cassé la jambe **en tombant** dans l'escalier.*

1. Marguerite a eu un accident. / Elle conduisait trop vite.
2. Patrice a perdu ses clés. / Il revenait du lycée.
3. Jacqueline a beaucoup maigri. / Elle a fait de l'exercice tous les jours.
4. Robert a gagné au loto. / Il a pris un billet chaque semaine.
5. Vous vous êtes rencontrés. / Vous alliez à l'opéra?
6. Nous avons trouvé cette maison. / Nous avons regardé les petites annonces dans le journal.
7. Ils ont pris cette décision. / Ils ont réfléchi longtemps.
8. Tu as appris le français. / Tu as écouté des cassettes?

E. **Une chose à la fois.**   Ecrivez, avec des propositions participes, ce que vous ferez, ou ce que feront d'autres personnes une fois que vous aurez ou qu'elles auront terminé une première action.

Modèle: Une fois que j'**aurai terminé** mes études, je chercherai du travail.
Une fois mes études terminées, je chercherai du travail.

1. Une fois qu'on aura voté le budget, le gouvernement distribuera l'argent.
2. Une fois que la fusée (*space ship*) a été vérifiée, les astronautes se sont embarqués.
3. Dès que l'automne arrive, les oiseaux migrateurs s'envolent vers les pays chauds.
4. Sitôt que le morceau a été joué, les musiciens rangent leurs instruments dans leurs étuis.
5. Sitôt que le film est fini, les enfants réclament du popcorn.
6. Une fois que les examens étaient passés, nous prenions des vacances.

Traduction

1. After this day, each time we passed in front of the cafe, Nicolas was acting strangely.
2. First, he would start wagging his tail while walking.   3. Then stopping abruptly, he would refuse to go further (**avancer**).   4. Sitting on his behind (**derrière**), he would look at me, with begging (*to beg* = **supplier**) eyes. I was wondering what he wanted.

6. Finally I understood: Nicolas had been charmed by the music.   7. He was waiting for the trumpet player.   8. I was very upset.   9. Taking a walk with Nicolas had become annoying.   10. Upon arriving in front of the cafe, he would stop, waiting, refusing to go on.

11. One day, a friend, listening to my story, gave me an idea.   12. He suggested the following (**la chose suivante**).   13. If I took a tape recorder (use **gérondif**), I could play a tune for Nicolas, as we arrived in front of the cafe (use **gérondif**).   14. It worked (**marcher**)! 15. Now Nicolas has become an obedient dog again.   16. Listening to a cassette seems to please him.   17. After stopping and listening to music, he goes on walking.

Conversations

1. La ferme. La vie à la ferme.

Comment vit-on dans une ferme? Quelles actions est-ce qu'on accomplit suivant les saisons? Comment imaginez-vous les activités d'une famille de cultivateurs?

un fermier, une fermière, un agriculteur, un cultivateur, une cultivatrice

les bâtiments: la maison, la grange (*barn*), l'étable (*cow barn*) l'écurie (*horse stable*), la porcherie (*pigpen*), la bergerie (*sheepfold*), la basse-cour (*chicken yard*), le silo, le hangar aux machines

les animaux: la vache, le bœuf, le taureau, le cheval, la jument, la chèvre (*goat*), la poule (*hen*), le coq, le canard, l'oie (*goose*), le lapin (*rabbit*) le mouton

les machines: le tracteur, la moissonneuse (*reaper*), moissonner (*to reap*), la charrue (*plow*), labourer (*to plow*), semer (*to sow*), récolter (*to harvest*), la récolte (*crop*), le blé (*wheat*), le maïs (*corn*), la betterave (*sugar beet*)

2. La musique / la danse.

La musique.

a. Aimez-vous la musique? Quelle sorte de musique aimez-vous? Si vous n'aimez pas la musique, pourquoi pas?

la musique classique, la musique de chambre, l'opéra, la musique légère (*light music*), la musique militaire, le jazz, le rock, la chanson populaire, la chansonnette (*comic song*)

b. Jouez-vous d'un instrument? Quel instrument? Jouez-vous dans un orchestre, une fanfare (*school band*)?

le piano, le violon, la guitare, la trompette, la clarinette, le tambour (*drum*), la répétition (*rehearsal*), faire des gammes (*scales*), faire des exercices (*to practice* [*instrument*]), répéter (*to practice* [*orchestra*]))

c. Allez-vous au concert quelquefois?

le concert symphonique, le chef d'orchestre (*conductor*), la baguette (*baton*), le récital, le ou la soliste, un auditoire (*audience*)

La danse.

a. Quelle sortes de danses connaissez-vous? Pratiquez-vous une de ces danses?

la danse classique (*ballet*), une ballerine, une étoile (*star*), danser sur les pointes (*on toes*), la pirouette, le grand écart (*split*), gracieux (*graceful*), la danse moderne (*ballroom dancing*) un cavalier ou une cavalière (*partner*), la musique disco, sauter (*to jump*), se trémousser (*to bob up and down*)

b. Où danse-t-on? A quelle occasion dansez-vous?

un dancing (*dance hall*), un ou une disco, un bal costumé (*masked ball*), Mardi-Gras, le 14 juillet

Rédaction

1. Avez-vous vécu dans une ferme ou fait un séjour dans une ferme? Si oui, pouvez-vous raconter une expérience de votre vie près de la nature?
2. Quelle sorte de musique préférez-vous? Allez-vous au concert? Racontez une expérience musicale émouvante.

Chapitre 23

La phrase complexe

La phrase complexe

Définitions

Une phrase est un groupe de mots autour d'un verbe conjugué (c'est-à-dire un verbe qui n'est ni un infinitif ni un participe). Une phrase simple se compose d'un seul verbe conjugué, ou de plusieurs verbes, reliés entre eux par une virgule ou par une conjonction de coordination: **et, mais, donc.**

>Il **parle** en dormant **et** il **rêve, mais** il ne **ronfle** pas.

Il n'y a pratiquement jamais de subjonctif dans une phrase simple.

Une phrase complexe se compose d'au moins deux verbes conjugués. Les deux verbes sont reliés par un mot de subordination. Le verbe qui est seul s'appelle le verbe principal. Le verbe qui est annoncé par un mot de subordination s'appelle le verbe subordonné. Le verbe principal peut être à l'indicatif ou au conditionnel — jamais au subjonctif. Le verbe subordonné peut être à l'indicatif, au conditionnel, ou au subjonctif.

Un mot de subordination peut être:

◇ 1. Un pronom relatif: **qui, que.** Le subjonctif est rare dans les propositions relatives (voir p. 334).

◇ 2. Un mot interrogatif: **qui, ce que, comment, pourquoi** (voir p. 347). Les verbes qui suivent les mots interrogatifs ne sont jamais au subjonctif.

◇ 3. La conjonction **que.** Le subjonctif dépend du verbe qui précède: **penser que, croire que** + indicatif; **vouloir que, douter que** + subjonctif (voir p. 227).

◇ 4. Une autre conjonction de subordination: **comme, quand, si,** ou une expression composée avec **que** (excepté **est-ce que** ou **ne . . . que**). Les conjonctions sont généralement groupées d'après leur signification: temps, condition, but, cause, conséquence, oppositon.

>*Temps:* Quand l'action principale se produit-elle?
>*Condition:* Dans quelles conditions l'action principale se produit-elle?
>*But:* Dans quel but l'action principale se produit-elle?
>*Cause:* Pourquoi l'action principale se produit-elle?
>*Conséquence:* Quel est le résultat de l'action principale?
>*Opposition:* Malgré quelles circonstances l'action principale se produit-elle?

Plusieurs conjonctions ont été déjà étudiées dans les chapitres précédents. Le but de ce chapitre est de les grouper, de compléter l'étude de la phrase complexe, et d'étudier le moyen d'éviter le subjonctif.

Le temps

Les conjonctions de temps sont très nombreuses. Pour les classer, il faut considérer si l'action principale a lieu *avant, pendant* ou *après* l'action subordonnée.

Si elle a lieu *avant,* l'action subordonnée est au subjonctif. Si elle a lieu *pendant* ou *après,* l'action subordonnée est à l'indicatif, mais il y a des problèmes de temps.

Avant	Pendant	Après
Subjonctif	*Indicatif*	*Indicatif*
avant que	pendant que	après que
en attendant que	alors que	dès que
jusque'à ce que	tandis que	aussitôt que
	lorsque	quand
	quand	lorsque
	tant que	à peine . . . que
	aussi longtemps que	une fois que
	comme	
	à mesure que	
	en même temps que	
	chaque fois que	

Avant: *Subjonctif*

◇ **1. avant que** (*before*)

Le verbe principal et le verbe subordonné doivent avoir des sujets différents. Si le sujet est le même pour les deux verbes, on a une construction avec une préposition et un infinitif (voir p. 233).

Laurent et son père sortent du magasin **avant que** la caissière **s'aperçoive** de son erreur.
Gisèle lit tout un livre **avant de s'endormir**.

REMARQUE: Après **avant que,** on peut avoir **ne** explétif devant le verbe (voir l'appendice p. 491).

Faites vacciner votre chien **avant qu'**il **ne** soit trop tard.

◇ **2. en attendant que** (*while waiting until, for*)

Le verbe principal et le verbe subordonné doivent avoir des sujets différents. Si le verbe principal et le verbe subordonné ont le même sujet, on emploie **en attendant de** et l'infinitif.

Jacques lit le journal **en attendant que** le café **soit** prêt.
Philippe lit le journal **en attendant d'entrer** dans le cabinet du dentiste.

◇ **3. jusqu'à ce que** (*until*)

Avec cette conjonction on peut avoir le même sujet pour le verbe principal et le verbe subordonné.

Nicolas répète son poème **jusqu'à ce qu'**il le **sache**.

Quand l'action principale et l'action subordonnée sont faites par la même personne, on peut employer la préposition **jusqu'à** + l'infinitif. Cette construction n'est pas très fréquente.

Il a travaillé **jusqu'à tomber** de fatigue.

Jusqu'au moment où a la même signification que **jusqu'à ce que,** mais se construit avec l'indicatif.

Elle restera au soleil **jusqu'au moment où** elle **sera** complètement déshydratée.

REMARQUE: *Not until* se dit **pas avant que.**

Ne partez **pas avant que** je sois prête!

Pendant: Indicatif

L'action principale et l'action subordonnée ont lieu en même temps.

◇ **1. pendant que / alors que / tandis que** (*while*)

Alors que et **tandis que** (prononcé / tãdikə /) ont parfois un sens d'opposition dans le temps (*whereas*).

Il mange de la viande **tandis que** nous nous nourrissons de légumes.

◇ **2. lorsque / quand** (*when*)

Lorsque a le même sens que **quand. Quand** est plus courant dans la conversation.

Lorsque René et Juliette se sont revus, ils se sont aimés de nouveau.

◇ **3. tant que / aussi longtemps que** (*as long as*)

Ces conjonctions s'emploient de la même façon, souvent avec un futur.

Tant que
Aussi longtemps que } je vivrai, je me rappellerai ce voyage extraordinaire.

◇ **4. comme** (*as, just as*)

Comme est toujours suivi de l'imparfait. Le verbe principal est à l'imparfait, au passé composé, au passé simple.

Comme je **sortais** de chez moi, le facteur est arrivé avec un paquet.

◇ **5. à mesure que** (*as*)

C'est une conjonction courante. Elle signifie que deux actions progressent ou changent en même temps dans la même proportion ou en sens inverse.

A mesure que Daniel grandissait, il devenait plus indépendant.

◇ **6. en même temps que** (*at the same time*) **/ chaque fois que** (*each time*)

En même temps que le chat noir **croisait** son chemin, Jean-Louis fut heurté par un camion.
Chaque fois que Gisèle **quitte** la Tunisie, elle pleure.

Après: Indicatif

L'action principale a lieu après l'action subordonnée.

◇ **1. après que, quand, lorsque** (*after*) / **aussitôt que, dès que** (*as soon as*) / **une fois que** (*once*)

Avec ces conjonctions l'emploi des temps suit la règle de concordance suivante: le verbe principal est à un temps simple qui correspond au temps composé du verbe subordonné. Cette concordance est très stricte. L'auxiliaire du verbe subordonné et le verbe principal sont au même temps.

> **Après que** le chat **est parti**, les souris **dansent**.
>   **sera parti**,   **danseront**.
>   **était parti**,   **dansaient**.

REMARQUES:

- Si le verbe principal est au passé composé, le verbe subordonné est au passé surcomposé (voir l'appendice p. 489).

  > **Après que** le chat **a été parti**, les souris **ont dansé**.

- Si le verbe principal est au passé simple, le verbe subordonné est au passé antérieur (voir. p. 101)

  > **Après que** le chat **fut parti**, les souris **dansèrent**.

◇ **2. à peine . . . que** (*hardly . . . when*)

A peine est le premier mot de la proposition subordonnée et on a l'inversion du verbe; **que** commence la proposition principale. Avec cette conjonction, on n'a pas la concordance des temps qui est obligatoire avec **après que, aussitôt que,** etc. On a les temps suivants:

> | | |
> |---|---|
> | **à peine** + plus-que-parfait | **que** + { passé simple / passé composé / imparfait } |

> *A peine* étions-nous sortis *qu*'il { a commencé / commença / commençait } à pleuvoir.

REMARQUES:

- La proposition subordonnée précède toujours la principale.
- On a l'inversion simple si le sujet est un pronom et l'inversion double si le sujet est un nom.

  > A peine **les enfants étaient-ils sortis** qu'il a commencé à pleuvoir.

- On peut placer **à peine** après l'auxiliaire du verbe subordonné. Dans ce cas, on ne fait pas l'inversion du sujet.

  > Nous étions **à peine** sortis **qu**'il a commencé à pleuvoir.

Constructions simples de temps

◇ **1.** La préposition **à** avec un nom peut remplacer une proposition avec **quand**.

> **quand** il arriva   à son arrivée
> **quand** il partit   à son départ

◇ **2.** Les prépositions **avant, après, jusqu'à** + nom, **avant de, après, jusqu'à** + infinitif, sont utilisées à la place des conjonctions chaque fois que c'est possible.

◇ **3.** La proposition participe est aussi une construction simple, mais elle appartient à la langue écrite (voir p. 435)

> **Une fois la valse finie,** le joueur de trompette va boire.

Exercices

A. Combinez les phrases suivantes en utilisant une de ces conjonctions: **jusqu'à ce que, en attendant que, avant que.**

1. Il faut profiter de la vie.   Il est trop tard.
2. Nous mangeons des biscuits salés.   La soupe refroidit.
3. Je vais répéter ce poème.   Je le sais.
4. Les ouvriers protesteront et feront la grève.   On fait des lois nouvelles.
5. Vous ne pouvez pas écrire.   Le professeur vous le dit.
6. Elle rêve de plage, de soleil.   L'hiver finit.

B. Faites des phrases avec le vocabulaire suggéré et les conjonctions suivantes: **alors que, chaque fois que, tant que, à mesure que, comme.**

1. Pendant mon enfance, nous (rester) tout l'été en ville / les autres enfants (aller) à la mer.
2. Le jeune époux a dit à sa femme: je (vivre), je (t'aimer).
3. Nous (aller partir) en voyage / nous (recevoir) une mauvaise nouvelle.
4. Les troupes allemandes (reculer) en Normandie / les Alliés (avancer).
5. Tu (avoir envie) de sortir / elle (ne pas être contente).
6. Agnès (aller se coucher) / son mari (arriver) avec des invités.
7. Le singe (faire des grimaces) / l'enfant (rire).
8. Moulouk (devenir) plus malade / Jean (se désespérer).

C. Refaites les phrases suivantes en changeant les temps des verbes. Mettez le verbe principal au présent, au futur, à l'imparfait. Faites la concordance des temps.

> Modèle: Quand le chat (partir), les souris (danser).
> *Quand le chat **est parti**, les souris **dansent.***
> *Quand le chat **était parti**, les souris **dansaient.***
> *Quand le chat **sera parti**, les souris **danseront.***

1. Aussitôt que le député (finir) son discours, tout le monde (applaudir).
2. Une fois que les élections (avoir) lieu, un nouveau président (diriger) le pays.

3. Dès que Gabrielle et sa mère (entrer) dans la pharmacie, une cliente (arriver) pour consulter le médecin.
4. Après que le musicien (jouer) son morceau, il (saluer et ranger) sa trompette dans son étui.
5. Dès que Daniel (revenir) de voyage, il (s'acheter) des chaussures.

D. Transformez les groupes en italique en constructions simples.

1. Nous avons tous applaudi *quand il est arrivé.* 2. *Avant que vous partiez,* je veux vous voir. 3. *Une fois que cette loi sera votée,* le salaire des femmes sera égal à celui des hommes. 4. *Quand il dit ces mots,* je ne pus m'empêcher de rire. 5. *Comme nous avions terminé notre conversation,* nous sommes allés boire un verre. 6. *Une fois que tu auras écrit ta composition,* tu pourras regarder la télé. 7. Les invités bavardent, *en attendant qu'on ouvre les cadeaux.* 8. *Quand son bébé sera né,* elle prendra une gouvernante. (**la naissance** = *birth*)

E. Faites des phrases avec le vocabulaire suggéré et la conjonction **à peine . . . que.** Variez la place de **à peine:** au début de la phrase, après l'auxiliaire du verbe.

1. Laurent et son père (sortir) du supermarché / ils (voir) un gendarme sur le trottoir.
2. Gabrielle et sa mère (arriver) à la pharmacie / M. Nault (sortir).
3. Jean (entrer) dans le wagon du métro / Moulouk (tomber).
4. L'accident (avoir lieu) / l'agent d'assurance (arriver)

La cause

La cause et la conséquence sont inséparables. Comparez les phrases suivantes:

> Vous avez mauvaise mine. Vous fumez trop.

Vous avez mauvaise mine est le résultat, la conséquence. **Vous fumez trop** est la raison, la cause. On peut exprimer la cause ou la conséquence par une conjonction de subordination.

> *Cause:* Vous avez mauvaise mine **parce que** vous fumez trop.
> *Conséquence:* Vous fumez **tellement que** vous avez mauvaise mine.

Pour exprimer une *cause* on a plusieurs conjonctions. La plupart sont suivies de l'indicatif. Deux sont suivies de subjonctif.

Indicatif	*Subjonctif*
parce que	soit que . . . soit que . . .
puisque	ce n'est pas que . . .
comme	
du moment que	
étant donné que	
sous prétexte que	
maintenant que	
si . . . c'est que	

Indicatif

◇ **1. parce que** (*because*)

Cette conjonction exprime la cause simple. Attention à la différence entre la construction de **parce que** et la construction de **à cause de**

Daniel s'est rasé la tête $\begin{cases} \textbf{parce que } \text{c'est la mode.} \\ \textbf{à cause de } \text{la mode.} \end{cases}$

◇ **2. puisque / comme** (*since*)

Ces conjonctions expriment des causes qui sont évidentes pour la personne qui parle. On les place généralement au début de la phrase.

Puisque nous passons par Montréal, allons rendre visite au cousin Jules!
Comme Prunelle n'a pas consulté son cahier de textes, elle a oublié un livre important.

REMARQUES:

■ *Since* qui indique le temps se dit **depuis que**.

Depuis que Claire ne fume plus, elle court plus vite et plus longtemps.

■ **Comme** qui indique le temps s'emploie seulement avec l'imparfait.

◇ **3. du moment que** (*since*)

Cette conjonction a le même sens que **puisque**.

Du moment que votre mère vous a donné la permission de fumer du hachisch, je ne peux rien dire.

ATTENTION: **Du moment que** n'exprime pas le temps.

◇ **4. étant donné que** (*since*)

Cette conjonction s'emploie dans une langue oratoire, ou mathématique.

Etant donné que A + B = C, C est plus grand que A ou B.

◇ **5. sous prétexte que** (*under the pretext that*)

Cette conjonction indique un prétexte, une cause prétendue.

M. Bongrain conduit sa voiture à 120 km à l'heure, **sous prétexte qu**'il ne veut pas arriver en retard. (En réalité, il aime conduire vite.)

Sous prétexte de est la préposition qui correspond à cette conjonction. Elle est suivie d'un infinitif.

Sous prétexte de travailler, il s'enferme dans sa chambre.

◇ **6. maintenant que** (*since . . . now*)

Cette conjonction combine une idée de cause et une idée de temps.

Maintenant que vous avez dix-huit ans, vous pouvez voter.

◇ **7. si . . . c'est que** (*if . . . it is because*)

Cette expression met la conséquence en évidence, avec **si** au commencement de la phrase.

Si Jean a du chagrin de la mort de Moulouk, **c'est que** ce chien était un animal extraordinaire.

Subjonctif

◇ **1. soit que . . . soit que** (*whether . . . or / because . . . because*)

Cette conjonction est suivie du subjonctif.

Il ment toujours à sa femme, **soit qu'**il **ait** peur d'elle, **soit qu'**il ne **puisse** pas s'en empêcher.
Nicolas s'arrête toujours devant le café, **soit qu'**il **attende** le joueur de trompette, **soit qu'**il **ait** soif.

Dans la langue courante on peut remplacer **soit que . . . soit que** par **soit parce que . . . soit parce que** avec l'indicatif.

Nicolas s'arrête toujours devant le café, **soit parce qu'**il **attend** le joueur de trompette, **soit parce qu'**il **a** soif.

◇ **2. ce n'est pas que . . . mais . . .** (*it is not . . . but*)

Cette conjonction est en deux parties. On emploie le subjonctif après **ce n'est pas que**, et l'indicatif après **mais**.

Ce n'est pas que ce restaurant **soit** mauvais, **mais** il y **a** vraiment trop de bruit.

Constructions simples de cause

◇ **1. à cause de** + nom est la construction la plus courante.

◇ **2. sous prétexte de** + l'infinitif.

◇ **3.** Les prépositions **grâce à** (*thanks to*), **de** (*of, from*), **à force de** (*by dint of, owing to*) + nom

Frédéric a pu faire des études **grâce à** ses parents.
Tu vas mourir **de** froid, si tu voyages à plat ventre sur un wagon en hiver.
A force d'obstination, Gisèle a obtenu son diplôme d'avocate.

REMARQUE: Il n'y a pas d'article devant le nom avec **à force de** et **de**.

◇ **4.** La préposition **à force de** + l'infinitif

A force de supplier Juliette, René l'a convaincue de rester son amie.

◇ **5. tant / tellement** (*because . . . so much*)

Ces adverbes signifient **parce que . . . beaucoup.** On les place devant le deuxième verbe, après une virgule.

> Vous allez grossir, **tellement** vous mangez de bonbons.
> . . . **parce que** vous mangez **beaucoup** de bonbons.

Exercices

A. Dans les phrases suivantes, mettez la conjonction de cause qui vous paraît la plus logique: **parce que, puisque, comme, maintenant que, si . . . c'est que.**

1. Vous êtes tellement impatient, partez avant nous.   2. Elle est mariée, elle n'a plus le temps de sortir avec ses amies.   3. Elle a demandé le divorce, il la battait.   4. Nous avions quelques économies, nous avons acheté une télé en couleurs.   5. Tu hésites à répondre, tu as quelque chose à cacher.   6. (Le docteur a dit à Catherine): vous êtes en vacances, il faut vous reposer. 7. Tout le monde se moque de cette dame, elle porte des chapeaux ridicules.   8. Cette jeune fille adore les pulls avec des perles, c'est la mode.

B. Faites des phrases avec **soit que . . . soit que . . .** , **ce n'est pas que . . . mais** et le vocabulaire suggéré.

soit que . . . soit que . . .

1. Jean-Pierre a échoué à son examen: il n'a pas assez travaillé; il ne peut pas se concentrer.
2. Prunelle va recevoir une colle: elle ne fait pas ses devoirs; elle a oublié ses livres.

ce n'est pas que . . . mais . . .

1. Nous manquons d'enthousiasme; il fait vraiment trop chaud pour sortir.
2. Cette pièce est mauvaise; les acteurs sont des amateurs.

C. Faites des phrases avec **à cause de, grâce à, à force de, de, sous prétexte de.**

1. Les Français ont perdu leurs colonies.   (une mauvaise politique)
2. Cette actrice a eu l'Oscar.   (l'influence de son producteur)
3. Ils sont morts.   (la faim)
4. Il a terminé ses études.   (la volonté)
5. Les enfants ont quitté la table.   (ils ont dit qu'ils allaient jouer au jardin [mais c'était pour fumer])
6. Cet écrivain pourra écrire son livre   (son nouveau micro-ordinateur)
7. Vous tremblez?   (le froid ou l'appréhension)
8. Jérôme a mal à la gorge.   (crier)

D. Faites des phrases avec **tant** ou **tellement** et le vocabulaire suggéré.

> Modèle: Elle me fatigue. Elle parle.
> *Elle me fatigue,* **tellement** *elle parle.*

1. Tous les poissons meurent.   La rivière est polluée.
2. Elle a l'air vulgaire.   Elle se maquille (trop).
3. Vous vous détruisez la santé.   Vous aimez (trop) manger.
4. Nous ne vous comprenons pas.   Vous parlez d'une voix basse.
5. Je ne l'ai pas reconnue.   Elle a grandi vite.
6. Le vieux monsieur est venu bavarder avec son voisin. Il s'ennuyait.

La conséquence

La majorité des conjonctions de conséquence sont suivies de l'indicatif. Deux sont suivies du subjonctif.

Indicatif	*Subjonctif*
tant . . . que	assez . . . pour que
si . . . que	trop . . . pour que
tellement . . . que	
tel . . . que	
si bien que	
de façon que	
de manière que	
de sorte que	
au point que	

Indicatif

◇ **1. tant . . . que / si . . . que / tellement . . . que** (*so . . . , so much . . . that*)

Ces conjonctions expriment un degré dans la conséquence.

a. On emploie **tant** avec un verbe ou un nom précédé de **de**.

Ce jeune homme a **tant** bu qu'il refuse de conduire sa voiture.
Fanny a **tant de** chagrin qu'elle ne peut plus lire la lettre de Marius.

b. On emploie **si** avec un adjectif ou un adverbe.

Il faisait **si** chaud cet été que nous n'avions plus d'énergie pour travailler.
Vous conduisez **si** vite que vous aurez un accident un de ces jours.

c. On peut employer **tellement** à la place de **tant** ou de **si** dans tous ces cas, mais on évite la rencontre de **tellement** avec un autre adverbe en **-ment** pour des raisons d'euphonie (par exemple: **tellement rapidement**).

Ce jeune homme a **tellement** bu qu'il refuse de conduire sa voiture.
Fanny a **tellement de** chagrin qu'elle ne peut plus lire la lettre de Marius.
Il faisait **tellement** chaud cet été que nous n'avions plus d'énergie pour travailler.
Vous conduisez **tellement** vite que vous aurez un accident un de ces jours.

d. On emploie **tellement** devant une expression qui contient une préposition et un nom.

J'étais **tellement** en colère que je tremblais.

◇ **2. un tel . . . que** / **une telle . . . que** (*such a . . . that*), **de tels . . . que** / **de telles . . . que** (*such . . . that*)

Ces conjonctions s'emploient avec un nom. Elles signifient *un si grand, une si grande, de si grands, de si grandes.*

> Le président a **une telle** résistance **qu'**il n'est jamais fatigué.
> Ils ont fait **de telles** dépenses pendant leur voyage **qu'**ils n'ont plus d'argent.

◇ **3. de sorte que** / **de manière que** / **de façon que** (*so that*)

Ces trois conjonctions ont la même signification; elles s'emploient surtout dans la langue écrite; elles ont une double construction.

a. Suivies de l'indicatif, elles expriment la conséquence.

Le professeur parle $\begin{cases} \textbf{de sorte qu'} \\ \textbf{de manière qu'}\text{on l'entend bien.} \\ \textbf{de façon qu'} \end{cases}$

b. Suivies du subjonctif, elles indiquent un but (voir p. 458).

> Parlez fort **de sorte qu'**on vous entende.

◇ **4. si bien . . . que** / **au point . . . que**

Si bien . . . que et **au point . . . que** signifie *so that* et sont suivis de l'indicatif.

> Il a plu tout l'été **si bien que** nous n'**avons** pas pu nous baigner.
> Josée s'est sentie malade **au point qu'**elle **a dû** rentrer chez elle.

Subjonctif

◇ **1. assez . . . pour que** / **trop . . . pour que** (*enough, too much to*)

Ces deux conjonctions doivent s'employer avec deux sujets différents.

> *Vous* avez **assez** d'argent **pour que** *nous* allions tous au cinéma.
> *Il* y a **trop** de moustiques dehors **pour que** *nous* dînions au jardin.

Si le verbe principal et le verbe subordonné ont le même sujet, on emploie les prépositions **assez . . . pour** et **trop . . . pour** avec l'infinitif (voir p. 280).

> Vous avez **assez** d'argent **pour** faire un voyage.
> Il a **trop** peur des moustiques **pour** dîner dehors.

Constructions simples de conséquence

◇ **1. assez . . . pour** et **trop . . . pour**

Ces deux prépositions sont suivis de l'infinitif (voir p. 280).

◇ **2. alors, donc** et **aussi** (*so, therefore*)

Le sens et l'emploi de ces expressions sont étudiés à la p. 297.

REMARQUE: On emploie **alors** au début de la proposition et **donc** après le verbe.

> François se couche tard, **alors** il ne peut pas se lever le matin.
> Ces gens n'ont pas d'enfants; ils peuvent **donc** voyager quand ils veulent.

◇ **3. par conséquent** (*consequently, therefore*), **c'est pourquoi, c'est la raison pour laquelle** (*that's why*)

  a. Par conséquent s'emploie dans un raisonnement mathématique, logique.

> San Francisco se trouve sur une faille (*fault*), **par conséquent** on peut s'attendre à un tremblement de terre.

  b. C'est pourquoi et **c'est la raison pour laquelle** sont plus employées couramment.

> Cet écrivain a appris à se servir d'un micro-ordinateur, **c'est pourquoi** il a terminé son livre si vite.

Exercices

A. Faites des phrases avec **tant . . . que, si . . . que, tellement . . . que** et le vocabulaire suggéré.

1. Les parents de Françoise sont pauvres. Ils ne peuvent pas payer sa pension.
2. Mme Martin se trompe souvent de chemin quand elle vient me voir; je lui ai acheté une carte.
3. Les tomates de M. Bongrain étaient vertes. Elles n'avaient pas de goût.
4. Je me suis ennuyé à cette soirée; je me suis endormi dans un fauteuil.
5. La chambre de Prunelle est en désordre; le chien refuse d'y entrer.
6. Il y a des provisions dans le frigidaire; on ne peut plus fermer la porte.
7. Vous êtes effrayé de rencontrer un chat noir; vous ne sortez pas?
8. Nous avons mangé des crêpes; nous n'avons plus faim.

B. Faites des phrases avec **assez . . . pour que** et **trop . . . pour que** et le vocabulaire suggéré.

1. Ces gens sont ennuyeux. Nous les invitons de nouveau.
2. Je vous écris souvent. Vous me répondez au moins une fois.
3. Cette amie t'a rendu des services. Tu lui fais plaisir, cette fois.
4. Agnès est fatiguée. La visite de ses amis la réjouit.
5. Jérôme et Sylvie posent des questions. Leur enquête est intéressante.
6. Gabrielle donne des renseignements sur son enfance. Son cousin se souvient d'elle.
7. La mère de Françoise a fait des dettes. Ses filles peuvent aller à une pension chic.

La condition

La conjonction de condition la plus courante est **si.** Il y a d'autres conjonctions qui expriment des nuances de sens variées (en anglais *under the condition, on condition, supposing that, provided,* etc.).

En français, la majorité des conjonctions de condition sont suivies du subjonctif, mais il y en a une qui demande le conditionnel.

Indicatif		*Subjonctif*	*Conditionnel*
si	à condition que	à moins que	au cas où
	à supposer que	soit que . . . soit que . . .	
	pourvu que	que . . . que . . .	

Indicatif

◇ **1. si**

Cette conjonction a été étudiée en détail au chapitre 15. **Si** est suivi de l'indicatif. Le verbe principal est au conditionnel.

Subjonctif

◇ **1. à condition que** (*on condition that*)

Je ferai le ménage **à condition que** tu **fasses** le dîner.

Si le verbe principal et le verbe subordonné ont le même sujet, on peut avoir **à condition de** + l'infinitif.

J'irai voir ce musée **à condition d'avoir** le temps.

◇ **2. à supposer que** (*supposing that*)

Cette conjonction a une autre forme: **en supposant que.**

Nos cousins achèteront une maison, **à supposer que** (**en supposant que**) la banque leur **fasse** un prêt.

◇ **3. pourvu que** (*provided that*)

J'aime Noël **pourvu qu'**il y **ait** de la neige.

Pourvu que + le subjonctif, sans verbe principal, s'emploie dans une exclamation (*If only!*).

Pourvu qu'il **fasse** beau dimanche!

◇ **4. à moins que** (*unless*)

Elle fait son marché le samedi **à moins que** le frigidaire **soit** vide avant.

Avec cette conjonction, dans la langue littéraire, on emploie **ne** pléonastique (voir l'appendice, p. 491).

Ils sortent tous les dimanches **à moins qu'**il **ne** pleuve.

A moins de + un infinitif s'emploie si le verbe principal et le verbe subordonné ont le même sujet.

Elle aura toujours des problèmes, **à moins de se faire soigner.**

◇ **5. (soit) que . . . (soit) que . . .** (*whether . . . or*)

Elle court deux kilomètres par jour, (**soit**) **qu'il pleuve** ou (**soit**) **qu'il fasse** froid.

On évite la rencontre **soit qu'il soit** pour des raisons d'euphonie.

REMARQUE: Cette conjonction peut aussi avoir le sens de la cause (voir p. 451).

Conditionnel

◇ **1. au cas où** (*in case that*)

Cette conjonction s'emploie avec le conditionnel.

Vous allez en Europe en automne? Emportez des vêtements chauds **au cas où** il **ferait** froid.

Dans la conversation, **des fois que** (avec un conditionnel) remplace souvent **au cas où.**

Prenez un maillot de bain **des fois qu'**il y **aurait** une piscine dans ce motel.

Constructions simples de condition

◇ **1. si**

◇ **2. à condition de** et **à moins de** + l'infinitif

◇ **3.** On peut avoir deux conditionnels qui se suivent.

J'**aurais** de l'argent, je ne **travaillerais** plus.
Si j'**avais** de l'argent, je ne **travaillerais** plus.

Exercices

A. Faites des phrases avec les groupes indiqués et une des conjonctions suivantes: **à condition que, à supposer que, pourvu que, à moins que, au cas où.**

1. Nous achèterons cette voiture. Le prix n'est pas trop élevé.
2. J'emporterai des tas de livres pour mon week-end. Je m'ennuie avec les gens qui m'invitent.
3. Cette jeune femme veut bien faire la cuisine. Son mari fait le marché.
4. Le frère de Gisèle n'aura pas de colle. Il va à l'école tous les jours.
5. Vous avez croisé un chat noir. Pensez-vous que votre avenir va changer?
6. Le capitaine des pompiers vient chez les Smith. Un incendie s'est déclaré.
7. Je pense que Daniel va bientôt rentrer de son voyage en Mauritanie. Il est resté plus longtemps en Afrique pour visiter le Sénégal.
8. Nicolas ne peut jamais s'endormir. Sa grand-mère vient lui chanter une chanson.
9. René va revoir Juliette. Elle ne l'a pas oublié.
10. Nos invités arriveront à l'heure. Ils se sont perdus.

B. Combinez les phrases suivantes avec une des expressions suivantes: **si, à condition de, à moins de,** ou deux conditionnels.

1. Vous avez de l'argent. Vous le placez à la banque?
2. Ils changeront de métier. Ils auront une occasion.
3. Nous ne sortons pas. Nous sommes invités.
4. J'ai eu quelque chose à vendre. J'ai mis une annonce dans le journal.
5. Le Dr Nault restera dans sa pharmacie. Il a une cliente pour son cabinet de médecin.
6. Cette jeune femme va recevoir un million de dommages-intérêts. Elle peut prouver que son accident était sérieux.

Le but

Le but est un résultat qu'on souhaite obtenir ou éviter. Toutes les conjonctions de but sont suivies du subjonctif.

afin que	de manière que, de façon que
pour que	de peur que
de sorte que	de crainte que

Subjonctif

◇ **1. afin que / pour que**

Ces deux conjonctions ont le même sens (*in order that*). **Afin que** appartient à la langue littéraire. **Pour que** est plus courant.

Napoléon institua le Blocus Continental **afin que** l'Angleterre **soit** isolée de l'Europe.

Si le verbe principal et le verbe subordonné ont le même sujet, on a les prépositions **afin de** et **pour** + l'infinitif.

Elle prend des somnifères **afin de** mieux **dormir.**
Elle prend des somnifères **pour** mieux **dormir.**

◇ **2. de sorte que** (*so that*)

De sorte que avec le subjonctif exprime le but à atteindre.

Parlez plus fort **de sorte qu'**on **puisse** vous entendre du fond de la salle. | *Speak louder **so that one may** hear you at the back of the hall.*

La préposition qui correspond à **de sorte que** est **en sorte de** que l'on emploie exclusivement avec le verbe **faire.**

Faites **en sorte d'**arriver à l'heure. | *Try to arrive on time.*

◇ **3. de manière que, de façon que** (*so that*)

Ces conjonctions ont le même sens que **de sorte que.** Elles s'emploient surtout dans la langue écrite.

Elle a travaillé toute la nuit **de manière que** (**de façon que**) sa rédaction **soit** parfaite.

Si le verbe principal et le verbe subordonné ont le même sujet, on emploie les prépositions **de manière à, de façon à** + l'infinitif.

Elle a travaillé toute la nuit **de manière à finir** sa rédaction.

REMARQUE: **De sorte que, de manière que, de façon que** + l'indicatif ont un sens de conséquence (voir p. 454).

◇ **4. de peur que, de crainte que** (*for fear that*)

On peut employer **ne** pléonastique après ces deux conjonctions. Dans le cas où le verbe principal et le verbe subordonné ont le même sujet, on emploie les prépositions **de peur de** et **de crainte de** + l'infinitif.

Elle ne veut plus vivre dans ce quartier, **de peur que** (**de crainte que**) son appartement **ne** soit cambriolé par des voleurs.
Nous nous sommes fait vacciner **de peur d'attraper** la grippe.

Constructions simples de but

◇ **1. pour, afin de** + l'infinitif

◇ **2. faire en sorte de**

◇ **3. de manière à, de façon à** + l'infinitif

◇ **4. de peur de, de crainte de** + l'infinitif

◇ **5.** Deux prépositions de but qui n'ont pas de conjonctions correspondantes: **dans l'intention de** (*with the intention of*) + l'infinitif et **en vue de** (*for the purpose of*) + nom.

Ils font des économies **dans l'intention de faire** un voyage.
. . . **en vue d'une expédition** au pôle Sud.

Exercices

A. Faites des phrases avec les conjonctions suivantes: **afin que, pour que, de sorte que, de peur que, de crainte que.**

1. Les rois ont beaucoup d'enfants. La dynastie ne s'éteint pas.
2. Ces parents gagnent de l'argent. Leurs enfants pourront le dépenser.
3. Ils ont engagé un détective. Leur fils est kidnappé.
4. Je vais rentrer mes géraniums. Le froid les fait mourir.
5. Allumez l'électricité. Je vous verrai mieux.
6. Je vais te donner des indications. Tu pourras trouver ma maison plus facilement.
7. Mme Martin va examiner la corbeille de la mariée. On a oublié d'exposer son cadeau.
8. Je vais repeindre ma maison. Le bois ne pourrit pas après le mauvais temps.
9. Faites les choses nécessaires! Tout sera prêt avant la cérémonie.
10. Ils ont mis des rideaux épais dans leur chambre. La lumière du jour ne peut pas les réveiller.

B. Refaites les phrases suivantes en employant une préposition de but + l'infinitif.

1. Elle suit un régime.   Elle maigrira.
2. Ils ont acheté un terrain.   Ils feront construire.
3. Il prépare son bateau.   Il va faire une course autour du monde.
4. Vous faites du jogging.   Vous participez au marathon de Boston.
5. Nous ferons beaucoup de crêpes.   Nous aurons de la chance toute l'année prochaine.
6. Arrivez de bonne heure. Profitez d'une bonne journée à la campagne.
7. Andrée emporte des médicaments en Afrique. Elle a peur d'être malade.
8. Ce jeune homme va à la bibliothèque tous les jours. Il va rencontrer la jeune fille qu'il aime.
9. Vous allez porter une ceinture spéciale. Vous craignez de perdre votre argent.

L'opposition

L'opposition est une conséquence illogique, en contradiction avec la cause. Si on dit:

> Je suis malade, je reste à la maison.

on exprime un rapport de *cause-conséquence*. Si on dit:

> Je suis malade, je viens à l'université.

on exprime une *opposition*. La plupart des conjonctions d'opposition sont suivies du subjonctif. Trois sont suivies du conditionnel. Attention: toutes ces conjonctions ont un sens proche (*although, even though, however, whatever*, etc.).

Indicatif	*Subjonctif*		*Conditionnel*
même si	quoique	pour . . . que	quand même
	bien que	tout . . . que	quand bien même
	quoi que	si . . . que	alors même que
	où que	quel que	
	encore que	quelque . . . que	

Indicatif

◇ **1. même si** (*even though, even if*)

Même si s'emploie comme **si.**

> **Même s**'il ne **fait** pas beau, nous ferons une randonnée.

Subjonctif

◇ **1. quoique / bien que** (*although.*)

Ces deux conjonctions ont le même sens et le même emploi.

> **Quoique** je **sois** malade, je viens à l'université.
> **Bien que** je **sois** malade . . .

REMARQUES:

- **Quoique** est en un seul mot, **bien** et **que** sont séparés. Le sujet des deux verbes peut représenter la même personne.

- Souvent le verbe **être** après **quoique** et **bien que** est éliminé et on a la construction:

> quoique + adjectif
> **bien que** + adjectif

> **Quoique malade,** elle vient à l'école.

- Dans la langue courante, on emploie **quoique** avec l'indicatif ou le conditionnel.

> Ils sont contents de leur nouvelle maison, **quoiqu'**il leur **faudra** du temps pour s'installer.

◇ **2. quoi que** en *deux* mots (*whatever*)

Il ne faut pas le confondre avec **quoique** (*although*).

> **Quoi que** tu **fasses, quoi que** tu **dises,** j'irai   *Whatever you do, whatever you say . . .*
> où je veux aller.

◇ **3. où que** (*wherever*)

> **Où que** vous **alliez,** j'irai avec vous.   *Wherever you go . . .*

◇ **4. pour . . . que / tout . . . que / si . . . que** (*however* + adj.)

Ces trois expressions entourent un adjectif.

> **Pour grands que** soient les rois, ils ne sont que des hommes.
> **Toute riche qu'**elle soit, elle est restée simple.
> **Si vieux que** soit mon père, il fait son jardin.

Si . . . que a une construction spéciale. On peut supprimer **que** et faire l'inversion du pronom sujet.

> **Si vieux soit-il,** il fait son jardin.

REMARQUES:

- Avec **tout . . . que,** l'indicatif est possible.

> **Tout** fatigué **que** vous **êtes,** vous continuez à travailler comme un fou.

- A la place de **si . . . que,** on a quelquefois **aussi . . . que.**

> **Aussi** riche **qu'**on **soit,** on a souvent des problèmes.

◇ **5. encore que** (*even though, although*)

Encore que s'emploie avec le subjonctif ou l'indicatif.

> Ma grand-mère est en excellente santé **encore qu'**elle ne **soit** (**est**) plus très jeune.

◇ **6. quel que soit** (*however, whatever*)

Cette conjonction appartient à la langue littéraire. **Quel** est un adjectif; il s'accorde avec le nom. Le verbe est toujours **être.** Le dernier mot est un nom.

> **Quel** (adjectif) + **que** + **être** + nom

> **Quel que soit** mon état, je viens à l'université.

Whatever my condition may be . . .

> **Quelles que soient les difficultés,** il fera ce travail.

◇ **7. quelque . . . que** (*however* + adj.)

Cette conjonction est construite comme **pour . . . que, tout . . . que, si . . . que** avec un adjectif.

> **Quelque fragile que** soit cette statue, elle ne se cassera pas.

Dans une langue littéraire, **quelque** s'emploie avec un nom. Dans ce cas, il s'accorde.

> **Quelques difficultés** que vous rencontriez, vous les surmonterez.

Conditionnel

◇ **1. quand même, quand bien même, alors même que** (*even though*)

Ces conjonctions sont suivies du conditionnel.

> **Quand bien même** vous **essaieriez** de partir plus tôt, vous serez en retard.

Constructions simples d'opposition

◇ **1. quoique** ou **bien que** + adjectif

◇ **2. malgré** + nom

> **Malgré** les mauvaises **critiques,** cette romancière a reçu le prix Goncourt.

◇ **3. avoir beau** + l'infinitif

> Cette romancière **a eu beau recevoir** de mauvaises critiques, elle a reçu le prix Goncourt.

◇ **4. Des conjonctions de coordination: et, mais**

On peut renforcer **et** ou **mais** avec **quand même,** placé immédiatement après le verbe.

> Je suis malade, **et** (**mais**) je viens **quand même** à l'université.

*I'm sick, **but** I'm coming to the university **anyway.***

◇ **5. Des adverbes d'opposition: pourtant, cependant**

> Il pourrait se permettre de prendre des vacances, **pourtant** il ne manque pas une journée de travail.

Exercices

A. Faites des phrases au subjonctif ou au conditionnel avec le vocabulaire suggéré et les conjonctions **quoique, tout . . . que, si . . . que, quel que, quand bien même, alors même que.**

1. Le président est secondé, il a beaucoup de travail.   2. Leurs opinions / ces gens sont très tolérants.   3. Tes devoirs sont importants, tu devrais aussi te distraire.   4. Le film est long, je resterai jusqu'à la fin.   5. Ma sœur me supplie de venir, je n'irai pas la voir.   6. On annonce une tempête, cela est incertain.   7. Vincent est millionnaire, Paulette ne veut pas se marier avec lui.   8. La décision du président / les députés voteront en faveur de cette loi.

B. Récrivez chaque groupe suivant avec **bien que, malgré, avoir beau, et . . . quand même.**

1. Suzanne a envie de chocolats, elle n'en mangera pas.   2. Gérard fait des efforts, il ne réussit pas à courir plus vite.   3. Vous êtes fatigué, vous vous couchez tard.

Répétition d'une conjonction

Dans une phrase complexe longue, au lieu de répéter la conjonction, on emploie **que.** Si la conjonction prend le subjonctif, on a le subjonctif après **que.**

> Elles ont mangé **jusqu'à ce que** les provisions **soient** épuisées et **que** le frigidaire **soit** vide.

Si la conjonction prend l'indicatif, on emploie l'indicatif après **que.**

> **Quand** le soleil **se couche** et **que** la lumière **change,** ce paysage devient magnifique.

Pour répéter la conjonction **si,** on emploie **que** suivi du subjonctif.

> **Si** vous me téléphonez, et **que** vous n'**ayez** pas de réponse, essayez encore.

Tableau résumé de l'emploi des conjonctions et des constructions simples

	temps	condition	cause	conséquence	but	opposition
subjonctif	°en attendant que °avant que jusqu'à ce que	°à condition que °à moins que pourvu que	soit que . . . soit que ce n'est pas que	°assez . . . pour que °trop . . . pour que	°afin que °pour que °de peur que °de sorte que	bien que quoique pour . . . que tout . . . que si . . . que
indicatif	°après que pendant que à peine que, etc.	si	parce que puisque comme, etc.	si . . . que tant . . . que tellement . . . que de sorte . . . que		quoique encore que tout . . . que
conditionnel		au cas où				quand bien même alors même que
constructions simples	à + nom avant + nom avant de + inf. après + nom après + inf. passé à peine	à condition de à moins de	à cause de tant tellement	assez pour + inf. trop pour + inf. alors donc	pour afin de de peur de + inf. dans l'intention de en vue de	quoique + adj. malgré avoir beau et, mais pourtant

° Attention aux deux sujets.

Appendices
Vocabulaire

Appendice A

La conjugaison du verbe

Conjugaisons régulières / **avoir, être**

INFINITIF ET PARTICIPES		INDICATIF		
		PRESENT	IMPARFAIT	PASSE SIMPLE
1. verbes en -er **parler** (*speak*) parlant parlé	je tu il nous vous ils	parle parles parle parlons parlez parlent	parlais parlais parlait parlions parliez parlaient	parlai parlas parla parlâmes parlâtes parlèrent
		PASSE COMPOSE	PLUS-QUE-PARFAIT	
	j' tu il nous vous ils	ai parlé as parlé a parlé avons parlé avez parlé ont parlé	avais parlé avais parlé avait parlé avions parlé aviez parlé avaient parlé	
		PRESENT	IMPARFAIT	PASSE SIMPLE
2. verbes en -ir **finir** (*finish*) finissant fini	je tu il nous vous ils	finis finis finit finissons finissez finissent	finissais finissais finissait finissions finissiez finissaient	finis finis finit finîmes finîtes finirent
		PASSE COMPOSE	PLUS-QUE-PARFAIT	
	j' tu il nous vous ils	ai fini as fini a fini avons fini avez fini ont fini	avais fini avais fini avait fini avions fini aviez fini avaient fini	

	CONDITIONNEL	IMPERATIF	SUBJONCTIF
FUTUR	PRESENT		PRESENT
parlerai	parlerais		parle
parleras	parlerais	parle	parles
parlera	parlerait		parle
parlerons	parlerions	parlons	parlions
parlerez	parleriez	parlez	parliez
parleront	parleraient		parlent
FUTUR ANTERIEUR	PASSE		PASSE
aurai parlé	aurais parlé		aie parlé
auras parlé	aurais parlé		aies parlé
aura parlé	aurait parlé		ait parlé
aurons parlé	aurions parlé		ayons parlé
aurez parlé	auriez parlé		ayez parlé
auront parlé	auraient parlé		aient parlé
FUTUR	PRESENT		PRESENT
finirai	finirais		finisse
finiras	finirais	finis	finisses
finira	finirait		finisse
finirons	finirions	finissons	finissions
finirez	finiriez	finissez	finissiez
finiront	finiraient		finissent
FUTUR ANTERIEUR	PASSE		PASSE
aurai fini	aurais fini		aie fini
auras fini	aurais fini		aies fini
aura fini	aurait fini		ait fini
aurons fini	aurions fini		ayons fini
aurez fini	auriez fini		ayez fini
auront fini	auraient fini		aient fini

INFINITIF ET PARTICIPES		INDICATIF		

3. verbes en -re / perdre (lose) / perdant / perdu

	PRESENT	IMPARFAIT	PASSE SIMPLE
je	perds	perdais	perdis
tu	perds	perdais	perdis
il	perd	perdait	perdit
nous	perdons	perdions	perdîmes
vous	perdez	perdiez	perdîtes
ils	perdent	perdaient	perdirent

	PASSE COMPOSE	PLUS-QUE-PARFAIT
j'	ai perdu	avais perdu
tu	as perdu	avais perdu
il	a perdu	avait perdu
nous	avons perdu	avions perdu
vous	avez perdu	aviez perdu
ils	ont perdu	avaient perdu

4. verbe pronominal / se laver (wash oneself) / se lavant / lavé

	PRESENT	IMPARFAIT	PASSE SIMPLE
je	me lave	me lavais	me lavai
tu	te laves	te lavais	te lavas
il	se lave	se lavait	se lava
nous	nous lavons	nous lavions	nous lavâmes
vous	vous lavez	vous laviez	vous lavâtes
ils	se lavent	se lavaient	se lavèrent

	PASSE COMPOSE	PLUS-QUE-PARFAIT
je	me suis lavé(e)	m'étais lavé(e)
tu	t'es lavé(e)	t'étais lavé(e)
il	s'est lavé	s'était lavé
nous	nous sommes lavé(e)s	nous étions lavé(e)s
vous	vous êtes lavé(e)(s)	vous étiez lavé(e)(s)
ils	se sont lavés	s'étaient lavés

5. être aimé (to be loved) / étant aimé / ayant été aimé / aimé

	PRESENT	IMPARFAIT	PASSE SIMPLE
je	suis aimé(e)	étais aimé(e)	fus aimé(e)
tu	es aimé(e)	étais aimé(e)	fus aimé(e)
il	est aimé	était aimé	fut aimé
nous	sommes aimé(e)s	étions aimé(e)s	fûmes aimé(e)s
vous	êtes aimé(e)s	étiez aimé(e)(s)	fûtes aimé(e)(s)
ils	sont aimés	étaient aimés	furent aimés

	PASSE COMPOSE	PLUS-QUE-PARFAIT
j'	ai été aimé(e)	avais été aimé(e)
tu	as été aimé(e)	avais été aimé(e)
il	a été aimé	avait été aimé
nous	avons été aimé(e)s	avions été aimé(e)s
vous	avez été aimé(e)(s)	aviez été aimé(e)(s)
ils	ont été aimés	avaient été aimés

	CONDITIONNEL	IMPERATIF	SUBJONCTIF
FUTUR	**PRESENT**		**PRESENT**
perdrai	perdrais		perde
perdras	perdrais	perds	perdes
perdra	perdrait		perde
perdrons	perdrions	perdons	perdions
perdrez	perdriez	perdez	perdiez
perdront	perdraient		perdent
FUTUR ANTERIEUR	**PASSE**		**PASSE**
aurai perdu	aurais perdu		aie perdu
auras perdu	aurais perdu		aies perdu
aura perdu	aurait perdu		ait perdu
aurons perdu	aurions perdu		ayons perdu
aurez perdu	auriez perdu		ayez perdu
auront perdu	auraient perdu		aient perdu
FUTUR	**PRESENT**		**PRESENT**
me laverai	me laverais		me lave
te laveras	te laverais	lave-toi	te laves
se lavera	se laverait		se lave
nous laverons	nous laverions	lavons-nous	nous lavions
vous laverez	vous laveriez	lavez-vous	vous laviez
se laveront	se laveraient		se lavent
FUTUR ANTERIEUR	**PASSE**		**PASSE**
me serai lavé(e)	me serais lavé(e)		me sois lavé(c)
te seras lavé(e)	te serais lavé(c)		te sois lavé(e)
se sera lavé	se serait lavé		se soit lavé
nous	nous		nous
serons lavé(e)s	serions lavé(e)s		soyons lavé(e)s
vous serez lavé(e)(s)	vous seriez lavé(e)(s)		vous soyez lavé(e)(s)
se seront lavés	se seraient lavés		se soient lavés
FUTUR	**PRESENT**		**PRESENT**
serai aimé(e)	serais aimé(e)		sois aimé(e)
seras aimé(e)	serais aimé(e)	sois aimé(e)	sois aimé(c)
sera aimé	serait aimé		soit aimé
serons aimé(e)s	serions aimé(e)s	soyons aimé(e)s	soyons aimé(e)s
serez aimé(e)(s)	seriez aimé(c)(s)	soyez aimé(e)(s)	soyez aimé(e)(s)
seront aimés	seraient aimés		soient aimés
FUTUR ANTERIEUR	**PASSE**		**PASSE**
aurai été aimé(e)	aurais été aimé(e)		aie été aimé(e)
auras été aimé(e)	aurais été aimé(e)		aies été aimé(e)
aura été aimé	aurait été aimé		ait été aimé
aurons été aimé(e)s	aurions été aimé(e)s		ayons été aimé(e)s
aurez été aimé(e)(s)	auriez été aimé(e)(s)		ayez été aimé(e)(s)
auront été aimés	auraient été aimés		aient été aimés

INFINITIF ET PARTICIPES		INDICATIF		
		PRESENT	IMPARFAIT	PASSE SIMPLE
6. **avoir**	j'	ai	avais	eus
(*have*)	tu	as	avais	eus
ayant	il	a	avait	eut
eu	nous	avons	avions	eûmes
	vous	avez	aviez	eûtes
	ils	ont	avaient	eurent
		PASSE COMPOSE	PLUS-QUE-PARFAIT	
	j'	ai eu	avais eu	
	tu	as eu	avais eu	
	il	a eu	avait eu	
	nous	avons eu	avions eu	
	vous	avez eu	aviez eu	
	ils	ont eu	avaient eu	
		PRESENT	IMPARFAIT	PASSE SIMPLE
7. **être**	je	suis	étais	fus
(*be*)	tu	es	étais	fus
étant	il	est	était	fut
été	nous	sommess	étions	fûmes
	vous	êtes	étiez	fûtes
	ils	sont	étaient	furent
		PASSE COMPOSE	PLUS-QUE-PARFAIT	
	j'	ai été	avais été	
	tu	as été	avais été	
	il	a été	avait été	
	nous	avons été	avions été	
	vous	avez été	aviez été	
	ils	ont été	avaient été	

Conjugaisons irrégulières

INFINITIF ET PARTICIPES		INDICATIF		
		PRESENT	IMPARFAIT	PASSE SIMPLE
1. **aller**	je	vais	allais	allai
(*go*)	tu	vas	allais	allas
allant	il	va	allait	alla
allé	nous	allons	allions	allâmes
	vous	allez	alliez	allâtes
	ils	vont	allaient	allèrent
2. **s'asseoir**	je	m'assieds	asseyais	assis
(*sit*)	tu	t'assieds	asseyais	assis
asseyant	il	s'assied	asseyait	assit
assis	nous	nous asseyons	asseyions	assîmes
	vous	vous asseyez	asseyiez	assîtes
	ils	s'asseyent	asseyaient	assirent

		CONDITIONNEL	IMPERATIF	SUBJONCTIF
	FUTUR	PRESENT		PRESENT
	aurai	aurais		aie
	auras	aurais	aie	aies
	aura	aurait		ait
	aurons	aurions	ayons	ayons
	aurez	auriez	ayez	ayez
	auront	auraient		aient
	FUTUR ANTERIEUR	PASSE		PASSE
	aurai eu	aurais eu		aie eu
	auras eu	aurais eu		aies eu
	aura eu	aurait eu		ait eu
	aurons eu	aurions eu		ayons eu
	aurez eu	auriez eu		ayez eu
	auront eu	auraient eu		aient eu
	FUTUR	PRESENT		PRESENT
	serai	serais		sois
	seras	serais	sois	sois
	sera	serait		soit
	serons	serions	soyons	soyons
	serez	seriez	soyez	soyez
	seront	seraient		soient
	FUTUR ANTERIEUR	PASSE		PASSE
	aurai été	aurais été		aie été
	auras été	aurais été		aies été
	aura été	aurait été		ait été
	aurons été	aurions été		ayons été
	aurez été	auriez été		ayez été
	auront été	auraient été		aient été

			CONDITIONNEL	IMPERATIF	SUBJONCTIF
PASSE COMPOSE		FUTUR	PRESENT		PRESENT
suis allé(e)		irai	irais		aille
es allé(e)		iras	irais	va	ailles
est allé		ira	irait		aille
sommes allé(e)s		irons	irions	allons	allions
êtes allé(e)(s)		irez	iriez	allez	alliez
sont allés		iront	iraient		aillent
suis assis(e)		assiérai	assiérais		asseye
es assis(e)		assiéras	assiérais	assieds-toi	asseyes
s'est assis		assiéra	assiérait		asseye
sommes assis(es)		assiérons	assiérions	asseyons-nous	asseyions
êtes assis(e)(s)		assiérez	assiériez	asseyez-vous	asseyiez
sont assis		assiéront	assiéraient		asseyent

INFINITIF ET PARCICIPES		INDICATIF		
		PRESENT	IMPARFAIT	PASSE SIMPLE
2. **s'asseoir**	je	m'assois	assoyais	
(*cont.*)	tu	t'assois	assoyais	
assoyant	il	s'assoit	assoyait	
	nous	nous assoyons	assoyions	
	vous	vous assoyez	assoyiez	
	ils	s'assoient	assoyaient	
3. **battre**	je	bats	battais	battis
(*beat*)	tu	bats	battais	battis
battant	il	bat	battait	battit
battu	nous	battons	battions	battîmes
	vous	battez	battiez	battîtes
	ils	battent	battaient	battirent
4. **boire**	je	bois	buvais	bus
(*drink*)	tu	bois	buvais	bus
buvant	il	boit	buvait	but
bu	nous	buvons	buvions	bûmes
	vous	buvez	buviez	bûtes
	ils	boivent	buvaient	burent
5. **conduire**	je	conduis	conduisais	conduisis
(*lead*)	tu	conduis	conduisais	conduisis
conduisant	il	conduit	conduisait	conduisit
conduit	nous	conduisons	conduisions	conduisîmes
et composés	vous	conduisez	conduisiez	conduisîtes
	ils	conduisent	conduisaient	conduisirent
6. **connaître**	je	connais	connaissais	connus
(*be acquainted*)	tu	connais	connaissais	connus
connaissant	il	connaît	connaissait	connut
connu	nous	connaissons	connaissions	connûmes
et composés	vous	connaissez	connaissiez	connûtes
	ils	connaissent	connaissaient	connurent
7. **courir**	je	cours	courais	courus
(*run*)	tu	cours	courais	courus
courant	il	court	courait	courut
couru	nous	courons	courions	courûmes
	vous	courez	couriez	courûtes
	ils	courent	couraient	coururent
8. **craindre**	je	crains	craignais	craignis
(*fear*)	tu	crains	craignais	craignis
craignant	il	craint	craignait	craignit
craint	nous	craignons	craignions	craignîmes
joindre	vous	craignez	craigniez	craignîtes
	ils	craignent	craignaient	craignirent
9. **croire**	je	crois	croyais	crus
(*believe*)	tu	crois	croyais	crus
croyant	il	croit	croyait	crut
cru	nous	croyons	croyions	crûmes
	vous	croyez	croyiez	crûtes
	ils	croient	croyaient	crurent

			CONDITIONNEL	IMPERATIF	SUBJONCTIF
PASSE COMPOSE		FUTUR	PRESENT		PRESENT
		assoirai	assoirais		assoie
		assoiras	assoirais	assois-toi	assoies
		assoira	assoirait		assoie
		assoirons	assoirions	assoyons-nous	assoyions
		assoirez	assoiriez	assoyez-vous	assoyiez
		assoiront	assoiraient		assoient
ai	battu	battrai	battrais		batte
as	battu	battras	battrais	bats	battes
a	battu	battra	battrait		batte
avons	battu	battrons	battrions	battons	battions
avez	battu	battez	battriez	battez	battiez
ont	battu	battront	battraient		battent
ai	bu	boirai	boirais		boive
as	bu	boiras	boirais	bois	boives
a	bu	boira	boirait		boive
avons	bu	boirons	boirions	buvons	buvions
avez	bu	boirez	boiriez	buvez	buviez
ont	bu	boiront	boiraient		boivent
ai	conduit	conduirai	conduirais		conduise
as	conduit	conduiras	conduirais	conduis	conduises
a	conduit	conduira	conduirait		conduise
avons	conduit	conduirons	conduirions	conduisons	conduisions
avez	conduit	conduirez	conduiriez	conduisez	conduisiez
ont	conduit	conduiront	conduiraient		conduisent
ai	connu	connaîtrai	connaîtrais		connaisse
as	connu	connaîtras	connaîtrais	connais	connaisses
a	connu	connaîtra	connaîtrait		connaisse
avons	connu	connaîtrons	connaîtrions	connaissons	connaissions
avez	connu	connaîtrez	connaîtriez	connaissez	connaissiez
ont	connu	connaîtront	connaîtraient		connaissent
ai	couru	courrai	courrais		coure
as	couru	courras	courrais	cours	coures
a	couru	courra	courrait		coure
avons	couru	courrons	courrions	courons	courions
avez	couru	courrez	courriez	courez	couriez
ont	couru	courront	courraient		courent
ai	craint	craindrai	craindrais		craigne
as	craint	craindras	craindrais	crains	craignes
a	craint	craindra	craindrait		craigne
avons	craint	craindrons	craindrions	craignons	craignions
avez	craint	craindrez	craindriez	craignez	craigniez
ont	craint	craindront	craindraient		craignent
ai	cru	croirai	croirais		croie
as	cru	croiras	croirais	crois	croies
a	cru	croira	croirait		croie
avons	cru	croirons	croirions	croyons	croyions
avez	cru	croirez	croiriez	croyez	croyiez
ont	cru	croiront	croiraient		croient

INFINITIF ET PARTICIPES		INDICATIF		
		PRESENT	IMPARFAIT	PASSE SIMPLE
10. cueillir	je	cueille	cueillais	cueillis
(*pick*)	tu	cueilles	cueillais	cueillis
cueillant	il	cueille	cueillait	cueillit
cueilli	nous	cueillons	cueillions	cueillîmes
et composés	vous	cueillez	cueilliez	cueillîtes
	ils	cueillent	cueillaient	cueillirent
11. devoir	je	dois	devais	dus
(*owe,*	tu	dois	devais	dus
have to)	il	doit	devait	dut
devant	nous	devons	devions	dûmes
dû, due	vous	devez	deviez	dûtes
	ils	doivent	devaient	durent
12. dire	je	dis	disais	dis
(*say, tell*)	tu	dis	disais	dis
disant	il	dit	disait	dit
dit	nous	disons	disions	dîmes
et composés	vous	dites	disiez	dîtes
	ils	disent	disaient	dirent
13. dormir	je	dors	dormais	dormis
(*sleep*)	tu	dors	dormais	dormis
dormant	il	dort	dormait	dormit
dormi	nous	dormons	dormions	dormîmes
s'endormir	vous	dormez	dormiez	dormîtes
	ils	dorment	dormaient	dormirent
14. écrire	j'	écris	écrivais	écrivis
(*write*)	tu	écris	écrivais	écrivis
écrivant	il	écrit	écrivait	écrivit
écrit	nous	écrivons	écrivions	écrivîmes
et composés	vous	écrivez	écriviez	écrivîtes
	ils	écrivent	écrivaient	écrivirent
15. faire	je	fais	faisais	fis
(*do, make*)	tu	fais	faisais	fis
faisant	il	fait	faisait	fit
fait	nous	faisons	faisions	fîmes
et composés	vous	faites	faisiez	fîtes
	ils	font	faisaient	firent
16. falloir		il faut	il fallait	il fallut
(*be necessary*)				
fallu				
17. fuir	je	fuis	fuyais	fuis
(*flee*)	tu	fuis	fuyais	fuis
fuyant	il	fuit	fuyait	fuit
fui	nous	fuyons	fuyions	fuîmes
s'enfuir	vous	fuyez	fuyiez	fuîtes
	ils	fuient	fuyaient	fuirent

PASSE COMPOSE		FUTUR	CONDITIONNEL PRESENT	IMPERATIF	SUBJONCTIF PRESENT
ai	cueilli	cueillerai	cueillerais		cueille
as	cueilli	cueilleras	cueillerais	cueille	cueilles
a	cueilli	cueillera	cueillerait		cueille
avons	cueilli	cueillerons	cueillerions	cueillons	cueillions
avez	cueilli	cueillerez	cueilleriez	cueillez	cueilliez
ont	cueilli	cueilleront	cueilleraient		cueillent
ai	dû	devrai	devrais		doive
as	dû	devras	devrais		doives
a	dû	devra	devrait		doive
avons	dû	devrons	devrions		devions
avez	dû	devrez	devriez		deviez
ont	dû	devront	devraient		doivent
ai	dit	dirai	dirais		dise
as	dit	diras	dirais	dis	dises
a	dit	dira	dirait		dise
avons	dit	dirons	dirions	disons	disions
avez	dit	direz	diriez	dites	disiez
ont	dit	diront	diraient		disent
ai	dormi	dormirai	dormirais		dorme
as	dormi	dormiras	dormirais	dors	dormes
a	dormi	dormira	dormirait		dorme
avons	dormi	dormirons	dormirions	dormons	dormions
avez	dormi	dormirez	dormiriez	dormez	dormiez
ont	dormi	dormiront	dormiraient		dorment
ai	écrit	écrirai	écrirais		écrive
as	écrit	écriras	écrirais	écris	écrives
a	écrit	écrira	écrirait		écrive
avons	écrit	écrirons	écririons	écrivons	écrivions
avez	écrit	écrirez	écririez	écrivez	écriviez
ont	écrit	écriront	écriraient		écrivent
ai	fait	ferai	ferais		fasse
as	fait	feras	ferais	fais	fasses
a	fait	fera	ferait		fasse
avons	fait	ferons	ferions	faisons	fassions
avez	fait	ferez	feriez	faites	fassiez
ont	fait	feront	feraient		fassent
il a	fallu	il faudra	il faudrait		il faille
ai	fui	fuirai	fuirais		fuie
as	fui	fuiras	fuirais	fuis	fuies
a	fui	fuira	fuirait		fuie
avons	fui	fuirons	fuirions	fuyons	fuyions
avez	fui	fuirez	fuiriez	fuyez	fuyiez
ont	fui	fuiront	fuiraient		fuient

INFINITIF ET PARTICIPES		INDICATIF		
		PRESENT	IMPARFAIT	PASSE SIMPLE
18. **lire**	je	lis	lisais	lus
(*read*)	tu	lis	lisais	lus
lisant	il	lit	lisait	lut
lu	nous	lisons	lisions	lûmes
élire	vous	lisez	lisiez	lûtes
	ils	lisent	lisaient	lurent
19. **mentir**	je	mens	mentais	mentis
(*lie*)	tu	mens	mentais	mentis
mentant	il	ment	mentait	mentit
menti	nous	mentons	mentions	mentîmes
	vous	mentez	mentiez	mentîtes
sentir	ils	mentent	mentaient	mentirent
20. **mettre**	je	mets	mettais	mis
(*put*)	tu	mets	mettais	mis
mettant	il	met	mettait	mit
mis	nous	mettons	mettions	mîmes
et composés	vous	mettez	mettiez	mîtes
	ils	mettent	mettaient	mirent
21. **mourir**	je	meurs	mourais	mourus
(*die*)	tu	meurs	mourais	mourus
mourant	il	meurt	mourait	mourut
mort	nous	mourons	mourions	mourûmes
	vous	mourez	mouriez	mourûtes
	ils	meurent	mouraient	moururent
22. **naître**	je	nais	naissais	naquis
(*be born*)	tu	nais	naissais	naquis
naissant	il	naît	naissait	naquit
né	nous	naissons	naissions	naquîmes
	vous	naissez	naissiez	naquîtes
	ils	naissent	naissaient	naquirent
23. **ouvrir**	j'	ouvre	ouvrais	ouvris
(*open*)	tu	ouvres	ouvrais	ouvris
ouvrant	il	ouvre	ouvrait	ouvrit
ouvert	nous	ouvrons	ouvrions	ouvrîmes
offrir, couvrir,	vous	ouvrez	ouvriez	ouvrîtes
souffrir	ils	ouvrent	ouvraient	ouvrirent
24. **partir**	je	pars	partais	partis
(*leave*)	tu	pars	partais	partis
partant	il	part	partait	partit
parti	nous	partons	partions	partîmes
et composés	vous	partez	partiez	partîtes
	ils	partent	partaient	partirent
25. **peindre**	je	peins	peignais	peignis
(*paint*)	tu	peins	peignais	peignis
peignant	il	peint	peignait	peignit
peint	nous	peignons	peignions	peignîmes
	vous	peignez	peigniez	peignîtes
	ils	peignent	peignaient	peignirent

			CONDITIONNEL	IMPERATIF	SUBJONCTIF
PASSE COMPOSE		FUTUR	PRESENT		PRESENT
ai	lu	lirai	lirais		lise
as	lu	liras	lirais	lis	lises
a	lu	lira	lirait		lise
avons	lu	lirons	lirions	lisons	lisions
avez	lu	lirez	liriez	lisez	lisiez
ont	lu	liront	liraient		lisent
ai	menti	mentirai	mentirais		mente
as	menti	mentiras	mentirais	mens	mentes
a	menti	mentira	mentirait		mente
avons	menti	mentirons	mentirions	mentons	mentions
avez	menti	mentirez	mentiriez	mentez	mentiez
ont	menti	mentiront	mentiraient		mentent
ai	mis	mettrai	mettrais		mette
as	mis	mettras	mettrais	mets	mettes
a	mis	mettra	mettrait		mette
avons	mis	mettrons	mettrions	mettons	mettions
avez	mis	mettrez	mettriez	mettez	mettiez
ont	mis	mettront	mettraient		mettent
suis	mort(e)	mourrai	mourrais		meure
es	mort(e)	mourras	mourrais	meurs	meures
est	mort	mourra	mourrait		meure
sommes	mort(e)s	mourrons	mourrions	mourons	mourions
êtes	mort(e)(s)	mourrez	mourriez	mourez	mouriez
sont	morts	mourront	mourraient		meurent
suis	né(e)	naîtrai	naîtrais		naisse
es	né(e)	naîtras	naîtrais	nais	naisses
est	né	naîtra	naîtrait		naisse
sommes	né(e)s	naîtrons	naîtrions	naissons	naissions
êtes	né(e)(s)	naîtrez	naîtriez	naissez	naissiez
sont	nés	naîtront	naîtraient		naissent
ai	ouvert	ouvrirai	ouvrirais		ouvre
as	ouvert	ouvriras	ouvrirais	ouvre	ouvres
a	ouvert	ouvrira	ouvrirait		ouvre
avons	ouvert	ouvrirons	ouvririons	ouvrons	ouvrions
avez	ouvert	ouvrirez	ouvririez	ouvrez	ouvriez
ont	ouvert	ouvriront	ouvriraient		ouvrent
suis	parti(e)	partirai	partirais		parte
es	parti(e)	partiras	partirais	pars	partes
est	parti	partira	partirait		parte
sommes	parti(e)s	partirons	partirions	partons	partions
êtes	parti(e)(s)	partirez	partiriez	partez	partiez
sont	partis	partiront	partiraient		partent
ai	peint	peindrai	peindrais		peigne
as	peint	peindras	peindrais	peins	peignes
a	peint	peindra	peindrait		peigne
avons	peint	peindrons	peindrions	peignons	peignions
avez	peint	peindrez	peindriez	peignez	peigniez
ont	peint	peindront	peindraient		peignent

INFINITIF ET PARTICIPES		INDICATIF		
		PRESENT	IMPARFAIT	PASSE SIMPLE
26. **plaire**	je	plais	plaisais	plus
(*please*)	tu	plais	plaisais	plus
plaisant	il	plaît	plaisait	plut
plu	nous	plaisons	plaisions	plûmes
et composés	vous	plaisez	plaisiez	plûtes
	ils	plaisent	plaisaient	plurent
27. **pleuvoir**		il pleut	il pleuvait	il plut
(*rain*)				
pleuvant				
plu				
28. **pouvoir**	je	peux, puis	pouvais	pus
(*be able*)	tu	peux	pouvais	pus
pouvant	il	peut	pouvait	put
pu	nous	pouvons	pouvions	pûmes
	vous	pouvez	pouviez	pûtes
	ils	peuvent	pouvaient	purent
29. **prendre**	je	prends	prenais	pris
(*take*)	tu	prends	prenais	pris
prenant	il	prend	prenait	prit
pris	nous	prenons	prenions	prîmes
et composés	vous	prenez	preniez	prîtes
	ils	prennent	prenaient	prirent
30. **recevoir**	je	reçois	recevais	reçus
(*receive*)	tu	reçois	recevais	reçus
recevant	il	reçoit	recevait	reçut
reçu	nous	recevons	recevions	reçûmes
apercevoir	vous	recevez	receviez	reçûtes
	ils	reçoivent	recevaient	reçurent
31. **rire**	je	ris	riais	ris
(*laugh*)	tu	ris	riais	ris
riant	il	rit	riait	rit
ri	nous	rions	riions	rîmes
sourire	vous	riez	riiez	rîtes
	ils	rient	riaient	rirent
32. **savoir**	je	sais	savais	sus
(*know*)	tu	sais	savais	sus
sachant	il	sait	savait	sut
su	nous	savons	savions	sûmes
	vous	savez	saviez	sûtes
	ils	savent	savaient	surent
33. **suivre**	je	suis	suivais	suivis
(*follow*)	tu	suis	suivais	suivis
suivant	il	suit	suivait	suivit
suivi	nous	suivons	suivions	suivîmes
et composés	vous	suivez	suiviez	suivîtes
	ils	suivent	suivaient	suivirent

		CONDITIONNEL	IMPERATIF	SUBJONCTIF
PASSE COMPOSE	FUTUR	PRESENT		PRESENT
ai plu	plairai	plairais		plaise
as plu	plairas	plairais	plais	plaises
a plu	plaira	plairait		plaise
avons plu	plairons	plairions	plaisons	plaisions
avez plu	plairez	plairiez	plaisez	plaisiez
ont plu	plairont	plairaient		plaisent
il a plu	il pleuvra	il pleuvrait		il pleuve
ai pu	pourrai	pourrais		puisse
as pu	pourras	pourrais		puisses
a pu	pourra	pourrait		puisse
avons pu	pourrons	pourrions		puissions
avez pu	pourrez	pourriez		puissiez
ont pu	pourront	pourraient		puissent
ai pris	prendrai	prendrais		prenne
as pris	prendras	prendrais	prends	prennes
a pris	prendra	prendrait		prenne
avons pris	prendrons	prendrions	prenons	prenions
avez pris	prendrez	prendriez	prenez	preniez
ont pris	prendront	prendraient		prennent
ai reçu	recevrai	recevrais		reçoive
as reçu	recevras	recevrais	reçois	reçoives
a reçu	recevra	recevrait		reçoive
avons reçu	recevrons	recevrions	recevons	recevions
avez reçu	recevrez	recevriez	recevez	receviez
ont reçu	recevront	recevraient		reçoivent
ai ri	rirai	rirais		rie
as ri	riras	rirais	ris	ries
a ri	rira	rirait		rie
avons ri	rirons	ririons	rions	riions
avez ri	rirez	ririez	riez	riiez
ont ri	riront	riraient		rient
ai su	saurai	saurais		sache
as su	sauras	saurais	sache	saches
a su	saura	saurait		sache
avons su	saurons	saurions	sachons	sachions
avez su	saurez	sauriez	sachez	sachiez
ont su	sauront	sauraient		sachent
ai suivi	suivrai	suivrais		suive
as suivi	suivras	suivrais	suis	suives
a suivi	suivra	suivrait		suive
avons suivi	suivrons	suivrions	suivons	suivions
avez suivi	suivrez	suivriez	suivez	suiviez
ont suivi	suivront	suivraient		suivent

INFINITIF ET PARTICIPES		INDICATIF		
		PRESENT	IMPARFAIT	PASSE SIMPLE
34. **tenir**	je	tiens	tenais	tins
(*hold, keep*)	tu	tiens	tenais	tins
tenant	il	tient	tenait	tint
tenu	nous	tenons	tenions	tînmes
	vous	tenez	teniez	tîntes
	ils	tiennent	tenaient	tinrent
35. **vaincre**	je	vaincs	vainquais	vainquis
(*conquer*)	tu	vaincs	vainquais	vainquis
vainquant	il	vainc	vainquait	vainquit
vaincu	nous	vainquons	vainquions	vainquîmes
et composés	vous	vainquez	vainquiez	vainquîtes
	ils	vainquent	vainquaient	vainquirent
36. **valoir**	je	vaux	valais	valus
(*be worth*)	tu	vaux	valais	valus
valant	il	vaut	valait	valut
valu	nous	valons	valions	valûmes
	vous	valez	valiez	valûtes
	ils	valent	valaient	valurent
37. **venir**	je	viens	venais	vins
(*come*)	tu	viens	venais	vins
venant	il	vient	venait	vint
venu	nous	venons	venions	vînmes
et composés	vous	venez	veniez	vîntes
	ils	viennent	venaient	vinrent
38. **vivre**	je	vis	vivais	vécus
(*live*)	tu	vis	vivais	vécus
vivant	il	vit	vivait	vécut
vécu	nous	vivons	vivions	vécûmes
survivre	vous	vivez	viviez	vécûtes
	ils	vivent	vivaient	vécurent
39. **voir**	je	vois	voyais	vis
(*see*)	tu	vois	voyais	vis
voyant	il	voit	voyait	vit
vu	nous	voyons	voyions	vîmes
revoir, prévoir	vous	voyez	voyiez	vîtes
	ils	voient	voyaient	virent
40. **vouloir**	je	veux	voulais	voulus
(*wish, want*)	tu	veux	voulais	voulus
voulant	il	veut	voulait	voulut
voulu	nous	voulons	voulions	voulûmes
	vous	voulez	vouliez	voulûtes
	ils	veulent	voulaient	voulurent

			CONDITIONNEL	IMPERATIF	SUBJONCTIF
PASSE COMPOSE		FUTUR	PRESENT		PRESENT
ai	tenu	tiendrai	tiendrais		tienne
as	tenu	tiendras	tiendrais	tiens	tiennes
a	tenu	tiendra	tiendrait		tienne
avons	tenu	tiendrons	tiendrions	tenons	tenions
avez	tenu	tiendrez	tiendriez	tenez	teniez
ont	tenu	tiendront	tiendraient		tiennent
ai	vaincu	vaincrai	vaincrais		vainque
as	vaincu	vaincras	vaincrais	vaincs	vainques
a	vaincu	vaincra	vaincrait		vainque
avons	vaincu	vaincrons	vaincrions	vainquons	vainquions
avez	vaincu	vaincrez	vaincriez	vainquez	vainquiez
ont	vaincu	vaincront	vaincraient		vainquent
ai	valu	vaudrai	vaudrais	*inusité*	vaille
as	valu	vaudras	vaudrais		vailles
a	valu	vaudra	vaudrait		vaille
avons	valu	vaudrons	vaudrions		valions
avez	valu	vaudrez	vaudriez		valiez
ont	valu	vaudront	vaudraient		vaillent
suis	venu(e)	viendrai	viendrais		vienne
es	venu(e)	viendras	viendrais	viens	viennes
est	venu	viendra	viendrait		vienne
sommes	venu(e)s	viendrons	viendrions	venons	venions
êtes	venu(e)(s)	viendrez	viendriez	venez	veniez
sont	venus	viendront	viendraient		viennent
ai	vécu	vivrai	vivrais		vive
as	vécu	vivras	vivrais	vis	vives
a	vécu	vivra	vivrait		vive
avons	vécu	vivrons	vivrions	vivons	vivions
avez	vécu	vivrez	vivriez	vivez	viviez
ont	vécu	vivront	vivraient		vivent
ai	vu	verrai	verrais		voie
as	vu	verras	verrais	vois	voies
a	vu	verra	verrait		voie
avons	vu	verrons	verrions	voyons	voyions
avez	vu	verrez	verriez	voyez	voyiez
ont	vu	verront	verraient		voient
ai	voulu	voudrai	voudrais		veuille
as	voulu	voudras	voudrais	veuille	veuilles
a	voulu	voudra	voudrait		veuille
avons	voulu	voudrons	voudrions		voulions
avez	voulu	voudrez	voudriez	veuillez	vouliez
ont	voulu	voudront	voudraient		veuillent

Changements orthographiques dans certains verbes

1. Verbes en -cer. Type: **commencer**

   Le **c** se change en **ç** devant **a** et **o**.

présent	imparfait	passé simple
je commence	je commençais	je commençai
tu commences	tu commençais	tu commenças
il commence	il commençait	il commença
nous commençons	nous commencions	nous commençâmes
vous commencez	vous commenciez	vous commençâtes
il commencent	ils commençaient	ils commencèrent

   impératif: commence, commençons, commencez
   participe présent: commençant
   participe passé: commence

   Autres verbes qui suivent ce modèle:

déplacer	*to move*	menacer	*to threaten*
effacer	*to erase*	placer	*to place*
forcer	*to force*	remplacer	*to replace*
lancer	*to throw*	renoncer	*to give up*

2. Verbes en -ger. Type: **changer**

   On ajoute un **e** après le **g** devant **a** et **o**.

présent	imparfait	passé simple
je change	je changeais	je changeai
tu changes	tu changeais	tu changeas
il change	il changeait	il changea
nous changeons	nous changions	nous changeâmes
vous changez	vous changiez	vous changeâtes
ils changent	ils changeaient	ils changèrent

   impératif: change, changeons, changez
   participe présent: changeant
   participe passé: changé

   Autres verbes qui suivent ce modèle:

arranger	*to arrange*	mélanger	*to mix*
décourager	*to discourage*	négliger	*to neglect*
déménager	*to move out*	obliger	*to oblige*
diriger	*to direct*	partager	*to share*
encourager	*to encourage*	plonger	*to dive*
longer	*to go along*	protéger	*to protect*
manger	*to eat*	voyager	*to travel*

3. Verbes en **e** + consonne + **er**. Type: **lever**

Ces verbes ont un accent grave sur le **e** que précède la consonne quand la dernière syllabe est un **e** muet:

indicatif présent		*subjonctif présent*	
je lève[1]	nous levons	que je lève	que nous levions
tu lèves	vous levez	que tu lèves	que vous leviez
il lève	ils lèvent	qu'il lève	qu'ils lèvent

futur: je lèverai . . .
conditionnel présent: je lèverais . . .
impératif: lève, levons, levez
participe présent: levant
participe passé: levé

Autres verbes qui suivent ce modèle:

acheter	*to buy*	mener[2]	*to lead*
achever	*to finish*	peser	*to weigh*
geler	*to freeze*		

4. Verbes en **é** + consonne + **er** dont le **é** devient **è** à l'occasion.

Type: **préférer**

Le **é** qui précède la consonne devient **è** quand la dernière syllabe est un **e** muet (mais on garde l'accent (**é**) au futur et au conditionnel).

indicatif présent	*subjonctif présent*
je préfère (tu, il . . .)	que je préfère (tu, il . . .)
nous préférons (vous . . .)	que nous préférions (vous . . .)
ils préfèrent	qu'ils préfèrent

futur: je préférerai . . .
conditionnel présent: je préférerais . . .
impératif: préfère, préférons, préférez

Autres verbes qui suivent ce modèle:

céder	*to yield*	interpréter	*to interpret*
compléter	*to complete*	libérer	*to liberate*
espérer	*to hope*	répéter	*to repeat*
exagérer	*to exaggerate*	révéler	*to reveal*
gérer	*to manage*	suggérer	*to suggest*

---

[1] les composés de **lever:** enlever, élever, relever, etc.
[2] les composés de **mener:** amener, emmener, promener, etc.

5. Verbes en **e** + **l** + **er** qui ont deux **l** à l'occasion. Type: **appeler**

indicatif présent   *subjonctif présent*

j'appelle   nous appelons   que j'appelle   que nous appelions
tu appelles   vous appelez   que tu appelles   que vous appeliez
il appelle   ils appellent   qu'il appelle   qu'ils appellent

futur: j'appellerai . . .
conditionnel présent: j'appellerais . . . (deux l partout)
impératif: appelle, appelons, appelez
participe présent: appelant
participe passé: appelé

Autres verbes qui suivent ce modèle:

chanceler   *to stagger*   ficeler   *to tie up*
épeler   *to spell*   renouveler   *to renew*

6. Verbes en **e** + **t** + **er** qui ont deux **t** à l'occasion. Type: **jeter**

On a **e** + **tt** + **e** quand la syllabe qui suit est un **-e** muet.

indicatif présent   *subjonctif présent*

je jette[1]   nous jetons   que je jette   que nous jetions
tu jettes   vous jetez   que tu jettes   que vous jetiez
il jette   ils jettent   qu'il jette   qu'ils jettent

futur: je jetterai . . .
conditionnel présent: je jetterais . . . (deux t partout)
impératif: jette, jetons, jetez
participe présent: jetant
participe passé: jeté

Autres verbes qui suivent ce modèle:

empaqueter   *to wrap up*   feuilleter   *to leaf through*

7. Verbes en **-yer**. Type: **employer**

Les verbes en **-yer** changent le **y** en **i** quand la syllabe qui suit est un **e** muet. Le verbe **payer** a les deux formes: **payerai, paierai.**

indicatif présent   *subjonctif présent*

j'emploie   nous employons   que j'emploie   que nous employions
tu emploies   vous employez   que tu emploies   que vous employiez
il emploie   ils emploient   qu'il emploie   qu'ils emploient

---

[1] les composés de **jeter**: **rejeter, projeter**, etc.

futur: j'emploierai . . .
conditionnel présent: j'emploierais . . . (avec -i- partout)
impératif: emploie, employons, employez
participe présent: employant
participe passé: employé

Autres verbes qui suivent ce modèle:

balayer	*to sweep*	essuyer	*to wipe*
bégayer	*to stutter*	nettoyer	*to clean*
envoyer[1]	*to send*	tutoyer	*to say* **tu** *to*
essayer	*to try*	vouvoyer	*to say* **vous** *to*

Constructions des verbes suivis d'un infinitif

Verbes suivis de **à** *+ infinitif*

aimer à	*to like to*	inviter à	*to invite*
s'amuser à	*to have fun*	se mettre à	*to begin*
apprendre à	*to learn, to teach*	obliger à	*to oblige*
avoir à	*to have to*	s'occuper à	*to busy oneself in*
avoir du plaisir à	*to enjoy*	parvenir à	*to succeed in*
chercher à	*to seek to*	se plaire à	*to take pleasure in*
commencer à	*to begin*	se préparer à	*to prepare*
consentir à	*to consent*	provoquer à	*to provoke*
consister à	*to consist of*	recommencer à	*to begin again*
continuer à	*to continue*	renoncer à	*to give up*
se décider à	*to decide*	se résigner à	*to resign oneself*
employer à	*to use*	se résoudre à	*to resolve*
enseigner à	*to teach*	réussir à	*to succeed*
s'exercer à	*to practice*	servir à	*to serve*
se fatiguer à	*to wear oneself out*	songer à	*to think about*
forcer à	*to force*	tarder à	*to delay in*
s'habituer à	*to become accustomed*	tenir à	*to be anxious*
hésiter à	*to hesitate*	travailler à	*to work to*

Verbes suivis de **de** *+ infinitif*

achever de	*to finish*	avertir de	*to warm*
s'arrêter de	*to stop*	cesser de	*to cease, stop*

---

[1] Le futur est irrégulier: **enverrai.**

choisir de	to choose		mériter de	to deserve
commander de	to order		négliger de	to neglect
conseiller de	to advise		obtenir de	to obtain permission
se contenter de	to be happy with		offrir de	to offer
convaincre de	to convince		ordonner de	to command
craindre de	to fear		oublier de	to forget
crier de	to shout		pardonner de	to pardon for
décider de	to decide		parler de	to talk about
défendre de	to forbid		permettre de	to permit
demander de	to ask		persuader de	to persuade
se dépêcher de	to hurry		prendre garde de	to be careful not to
dire de	to tell		prendre soin de	to take care
écrire de	to write		se presser de	to hurry
efforcer de	to make an effort		prier de	to ask
empêcher de	to prevent from		promettre de	to promise
essayer de	to try to		proposer de	to suggest
éviter de	to avoid		refuser de	to refuse
s'excuser de	to excuse		regretter de	to regret
finir de	to finish		remercier de	to thank for
forcer de	to force		reprocher de	to reproach
interdire de	to forbid		risquer de	to run the risk of
jurer de	to swear		soupçonner de	to suspect
manquer de	to fail		se souvenir de	to remember
menacer de	to threaten		tâcher de	to try to

Verbes suivis de l'infinitif sans préposition

aimer	to like		paraître	to appear
aimer mieux	to prefer		penser	to think
aller	to be going to		pouvoir	to be able
compter	to expect		préférer	to prefer
croire	to believe		prétendre	to claim
descendre	to go downstairs		regarder	to watch
désirer	to want		rentrer	to return home
détester	to hate		retourner	to go back
devoir	to be obliged		revenir	to come back
écouter	to listen		savoir	to know how to
entendre	to hear		sembler	to seem
envoyer	to send		sentir	to feel
espérer	to hope		souhaiter	to wish
faire	to cause		il vaut mieux	it is preferable
il faut	it is necessary		venir	to come in order to
laisser	to allow		voir	to see
oser	to dare		vouloir	to want

Verbes et expressions suivis de l'indicatif ou du subjonctif

Indicatif

Verbes personnels

admettre	*to admit*	juger	*to judge*
affirmer	*to assert*	jurer	*to swear*
s'apercevoir	*to realize*	nier	*to deny*
apprendre	*to learn*	parier	*to bet*
assurer	*to assure*	présumer	*to presume*
avouer	*to confess*	prétendre	*to claim*
comprendre	*to understand*	promettre	*to promise*
convenir	*to agree*	reconnaître	*to recognize*
crier	*to shout*	remarquer	*to notice*
croire	*to believe*	se rendre compte	*to realize*
déclarer	*to declare*	savoir	*to know*
écrire	*to write*	sentir	*to feel*
entendre dire	*to hear*	songer	*to dream, think*
espérer	*to hope*	soutenir	*to maintain*
estimer	*to consider*	se souvenir	*to remember*
être d'avis	*to be of the opinion*	supposer	*to suppose*
imaginer	*to imagine*	téléphoner	*to say on the phone*
s'imaginer	*to fancy*	voir	*to see*

Verbes impersonnels

il est certain	*it is sure*	il est vrai	*it is true*
il est clair	*it is clear*	il est vraisemblable	*it is likely*
il est évident	*it is obvious*	il me semble	*it seems to me*
il est probable	*it is probable*	il paraît	*it appears*
il est sûr	*it is sure*	il résulte	*it follows*

Expressions

bien sûr que	*of course*	probablement que	*probably*
heureusement que	*fortunately*	sans doute que	*maybe*
peut-être que	*perhaps*	sûrement que	*surely*

Subjonctif

Verbes personnels

aimer mieux	*to prefer (would rather)*	être fâché	*to be mad*
attendre	*to wait*	être heureux	*to be happy*
s'attendre à ce que	*to expect*	être ravi	*to be delighted*
avoir honte	*to be ashamed*	être triste	*to be sad*
avoir peur	*to be afraid*	éviter	*to avoid*
commander	*to order*	exiger	*to demand*
craindre	*to fear*	ordonner	*to order*
défendre	*to forbid*	permettre	*to allow*
demander	*to ask*	préférer	*to prefer*
désirer	*to desire*	proposer	*to suggest*
empêcher	*to prevent*	regretter	*to regret*
s'étonner	*to be surprised*	souhaiter	*to wish*
être content	*to be happy*	suggérer	*to suggest*
être désolé	*to be sorry*	supplier	*to beg*
être étonné	*to be surprised*	vouloir	*to want*

Verbes impersonnels

c'est dommage	*it is too bad*	il est naturel	*it is natural*
il est bon	*it is good*	il est nécessaire	*it is necessary*
il est curieux	*it is curious*	il est normal	*it is normal*
il est désirable	*it is desirable*	il est possible	*it is possible*
il est douteux	*it is doubtful*	il est souhaitable	*it is hopeful*
il n'est pas douteux	*it is not doubtful*	il est surprenant	*it is surprising*
il est essentiel	*it is essential*	il est temps	*it is time*
il est honteux	*it is shameful*	il est triste	*it is sad*
il est important	*it is important*	il faut	*it is necessary*
il est impossible	*it is impossible*	il semble	*it seems*
il est invraisemblable	*it is unlikely*	il se peut	*it is possible*
il est juste	*it is fair*	il vaut mieux	*it is better*

Appendice B

Temps et constructions rares

Les temps surcomposés

Ces temps sont formés à l'aide de l'auxiliaire au temps composé.

passé composé	*passé surcomposé*
j'ai aimé	j'ai eu aimé
il est arrivé	il a été arrivé

On ajoute **eu** ou **été** entre l'auxiliaire et le participe passé.

temps simple		*temps composé*	*temps surcomposé*
présent	j'aime	j'ai aimé	j'ai eu aimé
imparfait	tu regardais	tu avais regardé	tu avais eu regardé
futur	il dira	il aura dit	il aura eu dit
cond.	nous ferions	nous aurions fait	nous aurions eu fait
subj.	que je finisse	que j'aie fini	que j'aie eu fini
infinitif	aller	être allé	avoir été allé
participe	dormant	ayant dormi	ayant eu dormi

Comparez les temps suivants au passif:

présent	*passé composé*	*passé surcomposé*
je suis nommé	j'ai été nommé	j'ai eu été nommé

On rencontre rarement un temps surcomposé pour un verbe pronominal.

La forme surcomposée la plus employée est le passé surcomposé. Les verbes avec l'auxiliaire **avoir** sont les plus courants. Le passé surcomposé appartient surtout à la langue parlée. On le trouve après les conjonctions **après que, aussitôt que, dès que, quand, lorsque** si le verbe principal est lui-même au passé composé.

Quand il **a eu payé** ses dettes, il **est sorti** de prison.

489

Le passé antérieur

C'est le temps composé qui correspond au passé simple. L'auxiliaire est au passé simple; on ajoute le participe passé.

verbe avec **avoir**		*verbe avec* **être**	
j'**eus fini**	nous **eûmes fini**	je **fus allé**	nous **fûmes allés**
tu **eus fini**	vous **eûtes fini**	tu **fus allé**	vous **fûtes allés**
il **eut fini**	ils **eurent fini**	il **fut allé**	ils **furent allés**

On emploie le passé antérieur après les conjonctions **après que, aussitôt que, dès que, quand, lorsque** si le verbe principal est au passé simple. C'est un temps de la langue écrite, très littéraire.

> **Quand** il **eut fini** son travail, il sortit.
> **Aussitôt** qu'elles **furent rentrées**, elles se couchèrent.

Les temps littéraires du subjonctif: Le subjonctif imparfait et le subjonctif plus-que-parfait

LE SUBJONCTIF IMPARFAIT

Le subjonctif imparfait se forme sur le passé simple. On prend la 3ème personne du singulier de passé simple et on ajoute les terminaisons du subjonctif imparfait.

	donner		il donna	
-sse	-ssions	que je **donnasse**	que nous **donnassions**
-sses	-ssiez	que tu **donnasses**	que vous **donnassiez**
-^(t)	-ssent	qu'il **donnât**	qu'ils **donnassent**

REMARQUE: La 3ème personne du singulier (**qu'il donnât**) est la plus fréquemment employée.

Voici le subjonctif imparfait d'**avoir** et d'**être**.

avoir		être	
que j'**eusse**	que nous **eussions**	que je **fusse**	que nous **fussions**
que tu **eusses**	que vous **eussiez**	que tu **fusses**	que vous **fussiez**
qu'il, elle **eût**	qu'ils, elles **eussent**	qu'il, elle **fût**	qu'ils, elles **fussent**

LE SUBJONCTIF PLUS-QUE-PARFAIT

Le plus-que-parfait du subjonctif se forme ainsi:

> **avoir** ou **être** à l'imparfait du subjonctif + participe passé

verbe avec **avoir**	*verbe avec* **être**
que j'**eusse donné**	que je **fusse venu(e)**
que tu **eusses donné**	que tu **fusses venu(e)**
qu'il, elle **eût donné**	qu'il, elle **fût venu(e)**
que nous **eussions donné**	que nous **fussions venus(es)**
que vous **eussiez donné**	que vous **fussiez venus(es)**
qu'ils, elles **eussent donné**	qu'ils, elles **fussent venus(es)**

Dans une langue littéraire et soucieuse d'élégance, l'imparfait du subjonctif remplace le présent du subjonctif et le plus-que-parfait du subjonctif remplace le passé du subjonctif.

> *Langue parlée et langue écrite:*
>
> J'aurais bien aimé qu'il **vienne** ce soir.   J'aurais bien aimé qu'il **ait fini** ses études.
>
> *Langue écrite, style élégant:*
>
> J'aurais bien aimé qu'il **vînt** ce soir.   J'aurais bien aimé qu'il **eût fini** ses études.

Ne *explétif (pléonastique)*

Ne pléonastique est un mot sans valeur; on ne le traduit pas et il n'est jamais obligatoire. Il s'emploie dans la langue soignée élégante avec des verbes au subjonctif:

1. après un verbe de crainte, employé affirmativement.

> Je crains qu'il **ne** vienne.   *I am afraid he **will come**.*

Comparez avec:

> Je crains qu'il **ne** vienne **pas**.   *I am afraid he **will not come**.*

2. après les verbes d'empêchement (**empêcher que, éviter que**).

> Evitez qu'il **ne** tombe.

3. après les verbes **douter, nier, désespérer**, etc. à la forme négative.

> Je ne doute pas qu'il **ne** vienne.   *I don't doubt that he **will come**.*

MAIS:

> Je doute qu'il vienne.   *I doubt he **will come**.*

4. avec les conjonctions suivantes: **à moins que, avant que, de peur que, de crainte que.**

> Nous sortirons, **à moins qu**'il **ne** pleuve.
>   **avant qu**'il **ne** pleuve.
> Prenez votre imperméable **de peur qu**'il **ne** pleuve.

Ne pléonastique s'emploie avec des verbes à l'indicatif, dans des comparaisons où le deuxième verbe est exprimé.

> Il est plus grand que je **ne** croyais.
> Elle est moins intelligente que je **n**'aurais cru.

Appendice C

Les nombres

Les nombres cardinaux

1 à 100

1 un/une	16 seize	52 cinquante-deux, etc.
2 deux	17 dix-sept	60 soixante
3 trois	18 dix-huit	61 soixante et un
4 quatre	19 dix-neuf	62 soixante-deux, etc.
5 cinq	20 vingt	70 soixante-dix
6 six	21 vingt et un	71 soixante et onze
7 sept	22 vingt-deux, etc.	72 soixante-douze, etc.
8 huit	30 trente	80 quatre-vingts
9 neuf	31 trente et un	81 quatre-vingt-un
10 dix	32 trente-deux, etc.	82 quatre-vingt-deux, etc.
11 onze	40 quarante	90 quatre-vingt-dix
12 douze	41 quarante et un	91 quatre-vingt-onze
13 treize	42 quarante-deux, etc.	92 quatre-vingt-douze, etc.
14 quatorze	50 cinquante	100 cent
15 quinze	51 cinquante et un	

100 à 1.000.000.000.000

100 cent	1300 treize cents, mille trois cents
101 cent un, etc.	1400 quatorze cents, mille quatre cents
200 deux cents	
201 deux cent un, etc.	1500 quinze cents, mille cinq cents
1000 mille	1600 seize cents, mille six cents
1001 mille un, etc.	
1100 onze cents, mille cent	1700 dix-sept cents, mille sept cents
1200 douze cents, mille deux cents	

1800	dix-huit cents, mille huit cents	10.000	dix mille
		100.000	cent mille
1900	dix-neuf cents, mille neuf cents	1.000.000	un million de
		1.000.000.000	un milliard de
2000	deux mille (invariable)	1.000.000.000.000	un billion de
2100	deux mille cent, etc.		

REMARQUES:

- Si un mille signifie *mile,* c'est un nom, et on a un **-s** au pluriel: **deux milles.**

- On a un point en français (10.000) là où on a une virgule en anglais pour indiquer le millésime: 10,000.

Les nombres ordinaux

1er (ère)	premier (ère)	12ème	douzième
2ème	deuxième ou second(e)	13ème	treizième
3ème	troisième	14ème	quatorzième
4ème	quatrième	15ème	quinzième
5ème	cinquième	16ème	seizième
6ème	sixième	17ème	dix-septième
7ème	septième	18ème	dix-huitième
8ème	huitième	19ème	dix-neuvième
9ème	neuvième	20ème	vingtième
10ème	dixième	21ème	vingt et unième
11ème	onzième	22ème	vingt-deuxième, etc.

Les fractions

1/2	un demi, un demie	3/4	trois quarts
1/3	un tiers	4/5	quatre cinquièmes, etc.
1/4	un quart	0	zéro
1/5	un cinquième	0,1	un dixième
1/6	un sixième, etc.	0,2	deux dixièmes
2/3	deux tiers		

REMARQUES:

- On a une virgule en français (0,15) là où en anglais on a un point (0.15).

- *Half* se traduit de différentes façons:

  half of this cake la moitié de ce gâteau
  half-dead à moitié mort
  half-way à mi-chemin

Les états américains et les provinces et territoires canadiens

Voici les prépositions qui précèdent les noms d'états américains.

en Alabama	en Indiana	au Nebraska	en Caroline du Sud
en Alaska	en Iowa	au Nevada	au Dakota du Sud
en Arizona	au Kansas	au New Hampshire	au Tennessee
en Arkansas	au Kentucky	au New Jersey	au Texas
en Californie	en Louisiane	au Nouveau-Mexique	en Utah
au Colorado	au Maine	dans l'état de New York	au Vermont
au Connecticut	au Maryland	en Caroline du Nord	en Virginie
au Delaware	au Massachusetts	au Dakota du Nord	en Virginie Occidentale
en Floride	au Michigan	en Ohio	dans l'état de Washington
en Georgie	au Minnesota	en Oklahoma	au Wisconsin
à Hawaï	au Mississippi	en Orégon	au Wyoming
en Idaho	au Missouri	en Pennsylvanie	
en Illinois	au Montana	au Rhode Island	

Les provinces et les territoires canadiens suivent les mêmes règles que les états américains.

en Alberta	dans l'Ontario[3]
en Colombie Britannique	à dans l'Ile du Prince-Edouard[4]
au Labrador[1]	au Québec[5]
au Manitoba	au Saskatchewan[6]
au Nouveau-Brunswick	dans les Territoires du Nord-Ouest
à Terre-Neuve[2]	au Yukon[7]
en Nouvelle-Ecosse	

---

[1] Labrador is a region of Newfoundland.

[2] Because Terre-Neuve is an island, it is preceded by **à**.

[3] For pronunciation reasons, **dans l'** is used before Ontario.

[4] One can also say: à l'Ile du Prince-Edouard.

[5] Reference here is to the province. When referring to the city, one says: à Québec.

[6] In Canada; Saskatchewan is more frequently considered feminine and is accordingly preceded by **en**.

[7] One can also say: **dans le Territoire** du Yukon.

Vocabulaire

Ce vocabulaire contient tous les mots qui apparaissent dans les textes, excepté les mots suivants: les articles, les pronoms, les prépositions usuelles, les formes conjuguées des verbes et les «cognates» les plus faciles à reconnaître. Le genre est indiqué entre parenthèses (*m.* ou *f.*). Quand un mot a plusieurs sens, seul le sens qu'il a dans le texte est indiqué. Le chiffre entre parenthèses indique le numéro du chapitre où le mot et l'expression apparaissent la première fois.

A

à to; for; **— bord** on board (8); **— cause de** because of (18); **— défaut de** in the absence of (19); **— demi** half (5); **— domicile** at home (14); **— droite** to the right (6); **— gauche** to the left (6); **— l'époque** in those days (3); **— la fin** finally (6); **— la veille de** shortly before (16); **— ma façon** in my own way (22); **— moitié** half (5); **— mon tour** for my part (12); **— son rythme** at one's own pace (14); **— table!** dinner is ready! (18)

accueil (*m.*) welcome (19)

accueillir to welcome (19)

administrer un questionnaire to conduct a survey (17)

adoré beloved (13)

s'adresser à to apply to (14)

adulé flattered, admired (15)

adulte (*m.*) grown-up (14)

affaire (*f.*) business (1)

s'affairer to fuss (7)

affaires (*m. pl.*) things (13)

affectueux (affectueuse) fond (10)

s'affirmer to assert oneself (15)

âgé old (people) (4)

aggraver to worsen (19)

agneau (*m.*) lamb (22)

aide-cuisinier (*m.*) cook's helper (8)

aimable friendly (10)

aîné(e) (*m., f.*) the oldest (7)

ainsi thus, so (11); **— soit-il** amen (11)

air (*m.*) tune (22)

ajouter to add (4)

alcoolisé alcoholic (drink) (17); **non —** non-alcoholic (17)

allée (*f.*) aisle (1); path (18)

aller à to fit, to be becoming (1)

allongé stretched out (7)

s'allonger to stretch out (7)

allumage (*m.*) switching on (20)

allumer to light (2); to switch on (20)

allure (*f.*) look (6); speed (20)

alors que while (13)

amateur (*m.*) art collector (10)

amour (*m.*) love (2)

an (*m.*) year (1)

ananas (*m.*) pineapple (1)

angoisse (*f.*) anxiety (9)

antiquaire (*m.*) antique dealer (10)

s'apercevoir to notice, to realize (3)

apparaître to appear (9)

appelé à destined for (14)

appétit (*m.*) **de vitesse** the desire for speed (20)

s'appliquer to apply oneself (6)

apprendre (*here*) to inform (4)

approcher to come in contact with (somebody) (16); **s'—** to come near (1)

s'appuyer to lean (22)

argent (*m.*) silver, money (16)

arracher to pull from, to grab (13)

s'arrêter to stop (1)

arriver to happen (1)

ascenseur (*m.*) elevator (1)

asile (*m.*) shelter (19)

aspirateur-traîneau (*m.*) vacuum cleaner (17)

s'asseoir to sit down (2)

associé(e) (*m., f.*) business partner

assuré insured (12)

assurer to insure (12)

astiquer to polish (22)

atteindre to reach (6)

s'attendre à to expect (19)
attraper to grab, to catch (1)
au to the; **— bout de** at the end of (8); **— cas où** in case (21); **— fond de** at the back of (10); **— hasard** at random (13); **— lendemain de** shortly after (16); **— moins** at least (13)
aussitôt immediately (11)
autocollant (*m.*) sticker (13)
avancer to move forward (9)
avertir to warn, to notify (12)
avis (*m.*) opinion (13)
avocat(e) (*m., f.*) lawyer (3)
avoir to have; **— besoin de** to need (3); **— de la peine** to be sad, to have a hard time (8); **— droit** to be entitled (3); **— du goût** to have taste (16); **— du succès** to be successful (5); **— envie de** to feel like (4); **— l'air** to look (1); **— l'esprit clair** to have a clear mind (13); **— le goût de** to taste like, to have a taste for (16); **— lieu** to take place (10); **— mauvais caractère** to have a bad temper (4); **— pitié de** to feel pity for (9); **— raison** to be right (4); **— sommeil** to be sleepy (4); **— tort** to be wrong (4); **— un amour fou** to be madly in love with (16); **— une mémoire de fer** to have a fantastic memory (16)

B

bac (*m.*) **à glaçons** ice-cube tray (7)

balai (*m.*) broom (19)
balayer to sweep (19)
banal usual, everyday (22)
bande (*f.*) **dessinée** cartoon (15)
barrer to block (9)
bas low (6)
bateau-fantôme (*m.*) ghost ship (8)
bâton (*m.*) stick (1)
battre to beat, to flap (1); **— de la queue** to wag its tail (22)
bélier (*m.*) ram (22)
bénéfique beneficent (19)
bêtise (*f.*) stupidity, folly (15)
beurre (*m.*) butter (1)
biberon (*m.*) baby bottle (4)
bibliothèque (*f.*) library (3)
bien correct (20); **— entendu** of course (12)
billet (*m.*) banknote (19); **— de banque** paper money (15)
blesser to wound (21); **se —** to hurt oneself (8)
blessure (*f.*) wound (21)
bloc (*m.*) note pad (13)
bocal (*m.*) jar (6)
bois (*m.*) wood (2)
boisson (*f.*) drink, beverage (17)
boîte (*f.*) **de pâtée** canned pet food (13)
bonbon (*m.*) candy (1)
bonbonnière (*f.*) candy box (10)
bondir to jump up (22)
bonheur (*m.*) happiness, luck (19)
bonhomme (*m.*) old fellow (6)
bonne (*f.*) maid (5)
bouger to move (6)
bougie (*f.*) candle (13)
bout (*m.*) **de** bit of (4); **— papier** scrap of paper (6)

brancher to plug (3)
brebis (*f.*) ewe (22)
bredouiller to stammer (10)
bricoler to putter around the house (12)
briller to shine (12)
brin (*m.*) **d'herbe** blade of grass (15)
briquet (*m.*) cigarette lighter (17)
brisé broken (19)
broyer to grind (6)
bruit (*m.*) noise (1)
brûler to burn (12)
bulletin (*m.*) **scolaire** report card (3)
bureau (*m.*) office (14)
buveur (*m.*) customer (22)

C

c'est comme ça that's the way it is (15)
ça that; **— ne marche pas** it's not working (12); **— oui** yes, indeed (21); **— ne vous regarde pas** it's none of your business (12); **— peut aller** it will do (15); **— sent le roussi** it smells of something burning (12)
cacher to hide (11); **se —** to hide (3)
cahier (*m.*) **de textes** assignment notebook (13)
caisse (*f.*) cash register (1); wooden box (11)
caissière (*f.*) cashier (1)
calotte (*f.*) cap (6)
caractère (*m.*) temper (4)
caresser to pet (2)
carreau (*m.*) tile (3)
cartable (*m.*) school bag (13)
casquette (*f.*) cap (22)
cassé broken (6)

se casser to break (1)

casserole (*f.*) pan (7)

causer to chat (15)

ce n'est pas la peine it's no use (8)

céder la place to yield (9)

cérémonieusement formally (7)

chagrin (*m.*) sorrow (9)

chair (*f.*) flesh (21)

chance (*f.*) luck (19)

chandail (*m.*) sweater (14)

chapeau (*m.*) hat (2); — de paille straw hat (8)

charger to load (7); se — de to take care of (14)

chariot (*m.*) métallique supermarket shopping cart (1)

chat (*m.*) cat

chaussette (*f.*) sock (13)

chemin (*m.*) way, path (9), — de fer train (18)

chêne (*m.*) oak (11)

chercher to look for, to get (1)

chien (*m.*) dog (4)

chienne de vie! it's a dog's life! (15)

chiffre (*m.*) number (14)

chose (*f.*) thing (6)

chuchoter to whisper (1)

client(e) (*m., f.*) customer (6)

clignotant (*m.*) directional light (20)

clochette (*f.*) small bell (6)

cloison (*f.*) partition (6)

cœur (*m.*) heart (1)

collectionner to collect (5)

collègue (*m.*) colleague (*used with professions other than law and medicine*) (21)

coller to stick (13)

commettre une erreur to make a mistake (19)

commissaire (*m.*) de police police inspector (4)

commissariat (*m.*) precinct (4)

commodément comfortably (22)

compotier (*m.*) fruit-salad bowl (7)

comptabilité (*f.*) accounting (14)

comptable (*m.*) accountant (18)

compter to count (12)

comptoir (*m.*) counter (6)

conducteur (*m.*), conductrice (*f.*) driver (20)

confection (*f.*) ready-made clothes (14)

confier à to entrust (13)

confondre une chose avec une autre to take something for something else (12)

confrère (*m.*) colleague (*used only in reference to lawyers and doctors*) (21)

congélateur (*m.*) freezer (13)

conjurer to avert, to exorcise (19)

consacrer to devote (14); se — to devote one's time to (15)

conserves (*f. pl.*) canned goods (17)

consigne (*f.*) checkroom (6)

consister à to consist in (17)

contenu (*m.*) content (13)

contraint constrained, limited (14)

convaincu convinced (20)

copine (*f.*) pal (3)

corriger to correct (5)

corvée (*f.*) chore (14)

costaud (*fam.*) strong (22)

côte (*f.*) slope (22)

côté (*m.*) side (6)

côtelette (*f.*) d'agneau lamb chop (16)

cou (*m.*) neck (8)

se coucher to lie down, to go to bed (3)

coudre to sew (17)

couler to flow, to run (11)

couper le chemin to cross one's path (19)

cours (*m.*) class, course (of study) (3); — magistral lecture (14)

courses (*f. pl.*) errands (5)

coussin (*m.*) pillow (13)

couturier (*m.*) head of a fashion house (16)

couturière (*f.*) seamstress (16)

craintif (craintive) apprehensive (22)

craquer to give in (13)

crèche (*f.*) day-care center (11)

crémerie (*f.*) dairy (1)

cresson (*m.*) watercress (7)

crier to shout (1); — après to shout at (18)

croire to think (1)

croisée (*f.*) (*litt.*) window (9)

croisement (*m.*) crossing (19)

cru rare, raw (18)

cueillir to pick a plant (11)

cuillère (*f.*) spoon (2)

cuir (*m.*) leather (10)

cuisinier (*m.*), cuisinière (*f.*) cook (16)

cuivre (*m.*) copper (16); — jaune brass (22)

D

d'autant plus all the more (13)

de of; — fait in fact (6); — mon côté for my part (11); — plus moreover (11); — plus en plus more

de (*cont.*)
and more (11); — **quoi s'agit-il?** What is it about? (12); — **suite** in a row (19)

débouché (*m.*) career opportunity (14)

se débrouiller to manage (3)

décapsuleur (*m.*) bottle opener

déchirer to tear (17)

se décider to make up one's mind (1)

découpé cut in pieces (7)

découper to cut in pieces (7)

découragement (*m.*) discouragement (15)

dedans inside (18)

déduire to infer (20)

défiance (*f.*) mistrust (9)

défiler to walk in file (10)

se dégager to step back (9)

dégoûter to make (someone) tired of, to disgust (13)

dehors outside (18)

délicieux (**délicieuse**) delightful, charming (7)

demoiselle (*f.*) **d'honneur** maid of honor (10)

démontrer to show (14)

se dépêcher to hurry (1)

déposer plainte to lay a charge (21)

désagréable unpleasant (10)

désapprobation (*f.*) reproach, disapproval (11)

désolé disheartened, very sorry (12)

désordre (*m.*) mess (13)

destin (*m.*) destiny (19)

se détendre to relax (7)

détendu relaxed (7)

devant (*m.*) front (1)

difficilement with difficulty (6)

disparaître to disappear (9)

disposé arranged (7)

disposer to arrange (7)

se disputer to argue, to have a dispute (12)

disque (*m.*) record (3)

distraire to entertain (14)

dommages-intérêts (*m. pl.*) damages (21)

donner sur to lead to, to look out on (6)

dossier (*m.*) file (13)

douceur (*f.*) softness, sweetness (11)

doué endowed (19)

douzaine (*f.*) dozen (6)

dresser to set up; — **l'oreille** to cock one's ear (22); — **le couvert** to set the table (7)

se droguer to take drugs (11)

droit (*m.*) right (*law*) (16)

drôle de strange (16)

du tout at all (18)

dur tough, hard (16)

dynamique (*f.*) dynamics (14)

E

eau (*f.*) water (17)

éclairage (*m.*) lighting (3)

école (*f.*) **communale** public school (8)

écolier (*m.*), **écolière** (*f.*) schoolboy, schoolgirl (14)

écran (*m.*) screen

écraser to run over (4)

éducatif (**éducative**) educational (5)

effectivement in effect, in fact (6); indeed (7)

s'effectuer to take place (14)

effrayé frightened (6)

élan (*m.*) forward movement (9)

élément (*m.*) **de cuisine** kitchen cupboard (19)

élève (*m.* or *f.*) student (3)

élever to bring up (3)

éloge (*f.*) praise (7)

s'éloigner to move away (9)

élue selected (22)

embêtant bothersome (1)

embêté in a pickle (15)

embêter to bother, to nag (1)

embouteillage (*m.*) traffic jam (18)

émission (*m.*) program (7)

s'emparer de to seize (11)

empêcher to prevent (8)

en in; — **cachette** secretly (3); — **dedans** within (20); — **effet** indeed (7); — **liberté** wild, free (5); — **location** for rent (17); — **somme** in brief (12); — **vitesse** in a hurry, in a jiffy (18)

encore still (2)

s'endetter to go into debt (16)

endroit (*m.*) place (1)

engrais (*m.*) fertilizer (17)

enlever to take off (6); to take away (11)

ennuyer to bore (4)

enquête (*f.*) survey (17)

ensemble together (6)

ensuite then (13)

entasser to stuff (13)

entendre sonner to hear a bell ring (12)

enterrer to bury (11)

entourer to surround (14)

envahi invaded (7)

envahir to invade (7)

éplucher to peel (7)

épouser (**quelqu'un**) to marry (someone) (4)

époux (*m.*), **épouse** (*f.*) spouse (10)

équipage (*m.*) crew (8)

erreur (*f.*) mistake (20)

esclave (*m.* or *f.*) slave (2)

esprit (*m.*) mind (13)

essai (*m.*) attempt (5)

essayer to try on (1)

estimer to assume (5)

éteindre to put out (12)

étiquette (*f.*) tag (1)

étonnamment surprisingly (5)

étonné surprised (7)

étonnement (*m.*) surprise (7)

étonner to surprise (7)

étranger (*m.*), étrangère (*f.*) stranger (9)

être to be; — à la charge de to be financially dependent on (16); — fonction de to depend on (20); — opéré to have surgery (21); — pour ou contre to be for or against (17); — pressé to be in a hurry (17)

être (*m.*) humain human being (11)

s'évanouir to faint; to disappear (9)

évidemment of course (7)

évier (*m.*) kitchen sink (7)

éviter to avoid (1)

évoluer to progress (14)

exécuter to make up (6)

exprès especially (8)

F

fâché angry (12)

faciliter to make easy (16)

faire to do, to make; — confiance à to trust (17); — de l'autostop to hitchhike (5); — de la peine to hurt someone's feelings (8); — des commissions to go shopping (1); — des courses to run errands (5); — des grimaces to make faces

(11); — des remplacements to substitute (3); — entrer to show in (4); — exprès to do (something) on purpose (8); — face to face (4); — gaffe (*slang*) to pay attention (15); — l'affaire to do the job (14); — la vaisselle to wash dishes (1); — partie de to belong to (3); — plaisir à to please (8); — signe to signal (to someone) (6); — tenir to set (one's hair) (17); — un procès à quelqu'un to sue someone (21); — une piqûre to give an injection (11); — venir to import (12); se — voir to show oneself (1)

famille (*f.*) nombreuse large family (3)

fantasme (*m.*) fantasy (15)

fantasmer to fantasize (15)

fauteuil (*m.*) armchair (1)

faux (fausse) false (4)

félicité (*f.*) bliss (9)

femme (*f.*) woman; — de chambre maid (16); — de ménage housekeeper (13)

fermer le gaz, l'électricité to turn off the gas, the electricity (12)

fesses (*f. pl.*) behind, seat (1)

fêter to celebrate (19)

feu (*m.*) rouge stop light (18)

filet (*m.*) net, shopping bag (1)

fléau (*m.*) calamity (20)

fois (*f. inv.*) time(s); des — sometimes

folie (*f.*) craziness (8)

foncé dark (19)

force (*f.*) strength (16)

fou (folle) crazy (8)

fourrure (*f.*) fur (4)

frais (*m. pl.*) expenses (21)

franchement frankly (6)

frapper to knock (at the door) (9)

frigo (*m.*) (frigidaire) refrigerator (1)

fringues (*m. pl.*) (*teenage slang*) clothes (13)

fromage (*m.*) cheese (7)

fumée (*f.*) smoke (1)

G

garçon (*m.*) d'honneur best man (10)

garder to keep (4)

gâté spoiled (10)

gâter to spoil (10)

gendarme (*m.*) policeman (1)

genou (*m.*) knee (4)

genoux (*m. pl.*) lap (4)

gentiment nicely (7)

geste (*m.*) gesture (7)

glace (*f.*) ice, ice cream; mirror (7)

glaçon (*m.*) ice cube (7)

gonfler to inflate (22)

goût (*m.*) taste (18)

goûter to taste (22)

goutte (*f.*) drop (10)

gouvernante (*f.*) nanny (16)

grâce à thanks to (14)

gratter to scratch (19)

gratuit for free (3)

grave serious (12)

gravité (*f.*) seriousness (19)

grimper to climb (1)

guéri cured, well again (4)

guérir to cure (4)

H

habillé dressed (1)

habitué accustomed (4)

s'habituer à to get used to (4)
haut high (6)
hautement highly (13)
heurter to hit (21)
humour (*m.*) humor (11)
hurler to howl, to scream, to yell (5)

I

il s'agit de it is about (12)
imbécile (*m.*) (*fam.*) dummy (*stupid person*) (8)
s'immobiliser to stop abruptly (7)
s'incliner to bow (22)
incroyablement incredibly (7)
indemnisation (*f.*) compensation (21)
indications (*f. pl.*) directions (18)
infliger to inflict (13)
inoffensif harmless (19)
s'inscrire to register (3)
inscrit registered (3)
interdire to forbid (13)
intéresser to interest (3); **s'— à** to be interested in (3)
interne (*m., f.*) boarder (in a school) (16)
interroger to ask questions (4)
s'interrompre to interrupt oneself (7)
interviewer to interview (11)
invité(e) (*m., f.*) guest (7)
invoquer to put forward (21)

J

jambe (*f.*) leg, leg of pants (1)
jardin (*m.*) yard (11)

jardinage (*m.*) gardening (17)
je n'en peux plus I can't take it any longer (15)
se jeter to throw oneself (2)
jeune young (4)
jeunesse (*f.*) youth (4)
joie (*f.*) joy (8)
joue (*f.*) cheek (22)
jouer un rôle to play a part (16)
jusqu'à up to (8)

K

kiné (*m.*) (kinésithérapeute) physical therapist (21)

L

laid ugly (11)
laisser tout en plan to drop everything (7)
lait (*m.*) milk (2)
lancer to throw (19)
large wide (1)
larmes (*f. pl.*) tears (9)
lavabo (*m.*) sink (13)
leçon (*f.*) **particulière** private lesson, tutoring (3)
léger light (7)
légume (*m.*) vegetable (7)
lenteur (*f.*) slowness (20)
lessive (*f.*) laundry, wash, detergent (17)
se lever to stand up, to get up (2)
lèvres (*f. pl.*) lips (7)
linge (*m.*) laundry, linen (17)
livre (*m.*) **scolaire** textbook (3)
loge (*f.*) actor's dressing room (11)
loin far (9)
lointain far away (9)
loisirs (*m. pl.*) leisure time (17)

longueur (*f.*) length (1)
lourd heavy (7)
lunettes (*f. pl.*) glasses (6)
lycée (*m.*) high school (3)

M

machine (*f.*) **à écrire** typewriter (14)
magasin (*m.*) store (1)
magnétophone (*m.*) tape recorder (17)
maigrir to lose weight (9)
main (*f.*) hand (2)
maison (*f.*) **de couture** fashion house (16)
maladie (*f.*) illness (4)
maladresse (*f.*) awkwardness (19)
maladroit awkward (19)
malchance (*f.*) bad luck (19)
maléfice (*m.*) evil spell (19)
maléfique foreboding, ominous (19)
malgré in spite of (7)
manche (*f.*) sleeve (19)
manche (*m.*) handle (19)
manifester to show, to have a demonstration (5)
manœuvre (*f.*) action (19)
manteau (*m.*) **de pluie** raincoat (2)
marché (*m.*) market; **— aux fleurs** flower market (2); **— aux oiseaux** market where birds are sold (2)
marié(e) (*m., f.*) groom, bride (10)
se marier avec to get married (4)
marque (*f.*) brand (1)
marquer to indicate (22)
masse (*f.*) heap (10)
matelas (*m.*) mattress (17)
matelot (*m.*) sailor (8)
matière (*f.*) material, subject (14)

se méfier de to distrust (20)

meilleur best (1)

mêler to mix (6); to involve (someone) (12); **se —** to mix (9); **se — de** to get involved in (12)

menacer to threaten (20)

mensonge (*m.*) lie (9)

méprisé scorned (13)

mériter to deserve (15)

merveille (*f.*) marvel (10)

métier (*m.*) job (17)

mettre to wear, to put (1); **se — à genoux** to kneel (1); **— d'accord** to make someone agree (12); **— de l'argent de côté** to save money (3); **se — en colère** to get mad (18); **— en pension** to send to boarding school (16); **— en quarantaine** to put in quarantıne (8)

miauler to meow (19)

mieux better (6)

moindre slighter; **le (la) —** the slightest (19)

monde (*m.*) people (1)

morceau (*m.*) piece (4)

mordre to bite (2); **se — les lèvres** to bite one's lips (7)

mort (*f.*) death (4)

mouchoir (*m.*) handkerchief (10)

mousser to foam (17)

moutarde (*f.*) mustard (17)

mouton (*m.*) sheep (15)

mur (*m.*) wall (6)

mûr ripe (18)

murmurer to whisper (10)

N

natal native (7)

naturellement of course (7)

néfaste deadly (19)

nez (*m.*) nose

nier to deny (12)

note (*f.*) grade; **bonne —** good grade

nourricière (*f.*) (**mère nourricière**) foster mother (22)

nourrir to feed (4); to nurse (22); **se — de** to eat (*only specific foods*) (16)

nouvelles (*f. pl.*) news (8)

noyade (*f.*) drowning (19)

se noyer to drown (19)

nuance (*f.*) shade (19)

O

objet (*m.*) **perfectionné** gadget (5)

obliger à to force (3)

obtenir to get (3)

œuf (*m.*) egg (6)

œuvre (*m.*) **d'art** work of art (10)

ombre (*f.*) shadow (9)

onctueux (**onctueuse**) oily and smooth (17)

ongles (*m. pl.*) nails (of fingers, toes) (17)

opération (*f.*) sum (14)

or (*m.*) gold (16)

ordonnance (*f.*) prescription (6)

oreilles (*f. pl.*) ears (8)

oser to dare (9)

oublier to forget (1)

ouvre-boîte (*m.*) can opener (7)

ouvrir le gaz, l'électricité to turn on the gas, the electricity (12)

P

pancarte (*f.*) sign (18)

panier (*m.*) **à linge** clothes hamper (13)

pantouffles (*f. pl.*) slippers (14)

papeterie (*f.*) stationery; stationery store (17)

paquet (*m.*) package (6)

par by; **— hasard** by chance (19); **— l'intermédiaire de** through (the services of) (14); **— terre** on the floor (3)

parc (*m.*) playpen (14)

parcourir to travel through (10)

pareil(le) similar (10)

parents (*m. pl.*) relatives (6)

paresseux (**paresseuse**) lazy (7)

parfois at times (3)

parfum (*m.*) flavor (17)

parole (*f.*) word (2)

parquet (*m.*) wood floor (3)

particulier special (3)

parvenir to succeed (10)

passer to spend (6); **se —** to happen (9); **— dans le camp** to join the side (20); **— la main** to rub, to stroke (10)

pâtes (*f. pl.*) noodles (17)

se payer le luxe to allow oneself (20)

peau (*f.*) skin (4)

pêcheur (*m.*), **pêcheuse** (*f.*) fisherman, woman who fishes (15)

peine (*f.*) sorrow, grief (8)

pelage (*m.*) fur (on a live animal) (19)

pêle-mêle helter-skelter (7)

pelouse (*f.*) lawn (13)

penser à to think about (8)

pension (*f.*) boarding school; tuition in a boardıng school (16)

percé pierced (19)

perdre to lose (4); **— de vue** to lose contact with (6)

perdu lost (4)

se perfectionner to improve one's knowledge (14)

période (*f.*) length of time (5)

perle (*f.*) pearl (15)

personnage (*m.*) character (15)

personne no one (6)

personne (*f.*) person; **grande —** adult

peste (*f.*) plague (8)

pharmacien (*m.*), **pharmacienne** (*f.*) pharmacist (6)

pièce (*f.*) room (3); coin (19)

piloté driven (20)

pincée (*f.*) pinch (6)

pire worse; **le (la) —** the worst

pistolet (*m.*) gun (15)

placard (*m.*) cupboard (13)

plaider une cause to defend a cause (21)

plainte (*f.*) charge, accusation (21)

plaisanterie (*f.*) joke (21)

plat flat (15)

plat (*m.*) platter (7); **— surgelé** frozen dinner (17)

plateau (*m.*) tray (7)

plein full (1)

pleurer to cry (2)

pleuvoir to rain (2)

pli (*m.*) crease, fold (1)

pliant folding (5)

plier to fold (5)

plonger to submerge (5)

plus more; **— tard** later (8); **— tôt** earlier (8)

poche (*f.*) pocket (1)

poêle (*f.*) pan (19)

poil (*m.*) animal hair (4)

poitrine (*f.*) chest (22)

politesse (*f.*) courtesy (10)

ponctuer to punctuate (7)

pont (*m.*) bridge (18)

porte-bonheur (*m.*) good luck charm (19)

porter to carry (5); **— les yeux sur** to glance at

(6); **— malheur** to bring bad luck (19); **— plainte** to file a complaint (21)

poser to put; **— des problèmes** to cause problems (16); **— des questions** to ask questions (12)

poste (*m.*) station, position (6)

potager (*m.*) vegetable garden (18)

poudre (*f.*) powder (6)

poulet (*m.*) chicken (7)

pour rire for a joke (12)

poursuivre en justice to take to court (21)

pourtant yet (8); moreover (9)

pousser la première note to start playing (22)

poussière (*f.*) dust (5)

pouvoir (*m.*) power (19)

pratiquement practically (5)

se précipiter to rush (9)

prendre to take; **— au sérieux** to take seriously (11); **— livraison** to pick up (14)

présage (*m.*) omen (19)

préserver to protect (8)

presque almost (7)

pressé (*here*) squeezed (9)

prêt ready (17)

prêt (*m.*) loan (3)

prétendre to claim (6)

prévenir to anticipate (7)

prier to pray (11)

prime (*f.*) premium (21)

prise (*f.*) electrical plug (3)

priver to deprive (19)

proche close (6)

produit (*m.*) **de maquillage** makeup (13)

professeur (*m.*) **particulier** tutor (14)

programmateur (*m.*), **programmatrice** (*f.*) computer programmer (14)

propre own (6)

propriété (*f.*) ownership; estate (16)

psycho-pédiatre (*m.*) child psychologist (13)

puisque since (8)

puissant powerful (19)

purée (*f.*) mashed potatoes (17)

Q

qu'est-ce qu'il y a pour votre service? how can I help you? (12)

quartier (*m.*) neighborhood (1)

que pensez-vous de . . . ? what do you think of . . . ? (8)

quelqu'un somebody (2)

quotidiennement daily (13)

R

rabâcher to repeat tediously (14)

race (*f.*) breed (4)

raconter to tell (8)

radieux (**radieuse**) beaming (7)

radin stingy (10)

ramasser to pick up (13)

ranger to put in order (3)

rapporter to be profitable (12)

se rapprocher to get nearer (8)

rater to miss, to fail (18)

rattraper to catch (19); **— son chemin** to find one's way again (18)

ravi delighted (8)

ravissant extremely beautiful (10)

rayon (*m.*) shelf (6)
recevoir to greet (18)
recherche (*f.*) research (14)
réclamation (*f.*) complaint (7)
réclamer to call for (7); to beg for, to demand (19); — **des dommages-intérêts** to sue for damages (21)
récompense (*f.*) reward (13)
reconnaissance (*f.*) gratitude (10)
reconnaissant grateful (10)
reconnaître to recognize (6)
recopier to copy (3)
recouvrir to cover totally (13)
reculer move back (9)
redécouverte (*f.*) rediscovery (14)
redevenir to become again (6)
règlement (*m.*) **de comptes** squaring of accounts (15)
rejoindre to join (10)
remarquer to notice (4)
remerciement (*m.*) thanks (10)
rempli full (1)
remplir to fill (1)
remuer to move (8)
se rendre to go; **se** — **à** to go to (14); **se** — **compte** to realize, to have an idea (1)
renoncer to give up (11)
renseigner to give information (6)
rentrer (*fam.*) to put back in (13)
renverser to knock down, to spill (2)
repassage (*m.*) ironing (17)
reposer to put down (2)
repousser to repel, to push away (19)
repriser to mend (19)
réputé well-known (21)

se résoudre à to bring oneself to (16)
ressembler à to look like (5)
reste (*m.*) remains (13)
résultats (*m. pl.*) **sportifs** sportcast (7)
résumer to summarize (15)
se retirer to move out of the way (9)
se retourner to turn around (7); to turn over (15)
retraite (*f.*) pension (4)
se retrouver to find oneself (each other) again (9)
réussir to succeed (3)
réveiller to awaken (7)
ride (*f.*) wrinkle (9)
rideau (*m.*) (window) shade (17)
rien nothing; — **d'autre** nothing else (21); — **du tout** nothing at all (12)
rigoler (*fam.*) to laugh (18)
rigolo (*fam.*) funny (18)
rigueur (*f.*) strictness (3)
risqué dangerous (20)
rivière (*f.*) stream (2)
roman (*m.*) novel (14)
romancier (*m.*), **romancière** (*f.*) novelist (15)
rompre to break (19)
rosier (*m.*) rose bush (13)
rôti (*m.*) roast beef (18)
rouleau (*m.*) roll (1)
rouler to roll, to cheat (15); to travel (20)
roussi scorched (12)
route (*f.*) road (2); — **en terre** dirt road (18)
royaume (*m.*) kingdom (20)
rue (*f.*) street (1)

S

sable (*m.*) sand (7)
sacristie (*f.*) vestry (10)
sage good; wise (18)

saladier (*m.*) salad bowl (7)
salière (*f.*) salt shaker (13)
salir to make dirty (17)
saluer to bow (22)
sans cérémonie informally (7)
santé (*f.*) health (8)
sauvé safe, saved (1)
séché dried (6)
sécher to dry (17)
secouer to shake (7)
seins (*m. pl.*) breasts (9)
selon according to (17)
semblable like, similar (10)
se sentir (**+ adj.**) to feel (+ adj.) (4)
seringue (*f.*) syringe (11)
serré clenched (10)
serrer to be tight (1); to squeeze (10)
service (*m.*) **à porto** set of port wine glasses (10)
servir de to act as, to be used as (5)
sirène (*f.*) mermaid (15)
soit all right (21)
sol (*m.*) floor (3)
soldes (*m. pl.*) sale (1)
solide strong (3)
solitaire (*m.*) recluse (9)
son (*m.*) sound (7)
sondage (*m.*) poll (17)
songer à to think of (11)
sonnerie (*f.*) bell (1)
sort (*m.*) fate; **mauvais** — evil spell (19)
soucieux (**soucieuse**) worried (6)
souffler to blow; (*here*) to whisper (1)
soupe (*f.*) soup; — **en boîte** canned soup (17); — **en sachet** powdered soup (17)
sous la main handy, available (19)
sous-vêtements (*m. pl.*) underwear (17)

souvenir (*m.*) memory (5)
soyez tranquille rest assured (20)
spectacle (*m.*) show (13)
station (*f.*) **-service** gas station (18)
sténodactylo (*f.*) typist (16)
subitement suddenly (7)
sucre (*m.*) sugar (1)
sujet (*m.*) topic (5)
supporter to stand, to bear (16)
sûrement surely (7)
sursauter to jump (6)
suspendre to hang (13)

T

table (*f.*) **roulante** tea cart (7)
tablier (*m.*) apron (18)
tache (*f.*) spot (19)
tâche (*f.*) task, job (22)
taille (*f.*) size, waist (9)
talon (*m.*) **plat** flat heel (of shoe) (15)
tandis que while (13)
tant so much; **— mieux** so much the better (15); **— pis (pour)** too bad (for) (15)
tapis (*m.*) **roulant** conveyor belt (1)
tarder to delay (18)
tasse (*f.*) cup (2)
teint (*m.*) complexion (9)
se tenir par la main to hold hands (9)
terminal (*m.*) terminal; **— ménager** home computer (14); **— d'ordinateur** computer (14)

terrain (*m.*) lot, field (11)
terrine (*f.*) a jar of pâté (7)
tête (*f.*) head (2)
timbre-poste (*m.*) postage stamp (15)
tinter to jingle (6)
tire-bouchon (*m.*) corkscrew (7)
tirer to pull, to draw (1)
tiroir (*m.*) drawer (13)
tomber malade to become sick (16)
tondre to mow (13)
tordu twisted (19)
toucher (*m.*) feel (3)
tour (*m.*) turn (10)
tourner to toss (2); **se —** to turn to (6)
tousser to cough (17)
tout entirely; **— de suite** right away (12); **— droit** straight ahead (18); **— seul** all by oneself (5); **— fait** (*here*) instant (17)
tout va bien everything is fine (8)
tracas (*m.*) worry (15)
tracassé very worried (6)
tramway (*m.*) street car (6)
tranquille secure (20)
tranquillement quitely (14)
transports (*m. pl.*) **en commun** public transportation (17)
travaux (*m. pl.*) repair works (18)
traverser to cross (2)
tristesse (*f.*) sadness (8)
trottoir (*m.*) sidewalk (1)
trou (*m.*) hole (15)
trouver to find (2)

U

usine (*f.*) factory (1)

V

valable worthwhile (19)
valeur (*f.*) worth (16)
valise (*f.*) suitcase (6)
valse (*f.*) waltz (22)
veille (*f.*) **au soir** evening before (13)
veilleuse (*f.*) nightlight (3)
vélo (*m.*) **Solex** moped (21)
vérifier to check (1)
verre (*m.*) glass (6)
vestiaire (*m.*) cloakroom (5)
victuailles (*f. pl.*) flood (7)
vide empty (1)
vieillesse (*f.*) old age (4)
vieillir to grow old (9)
vieux (vieille) old (4)
visage (*m.*) face (6)
visière (*f.*) visor (22)
visiteur (*m.*), **visiteuse** (*f.*) guest, visitor (9)
vitesse (*f.*) speed (20)
voilier (*m.*) sailing ship (8)
voisin neighboring (6)
voisin (*m.*) neighbor (4)
voiture (*f.*) **d'enfant** baby carriage, pram (11)
volant (*m.*) wheel (20)
voyez-vous see (12)
vrai real (4)
vue (*f.*) sight (3)

Y

yaourt (*m.*) yoghurt (1)
yeux (*m. pl.*) eyes (1)

Index

505

Explication des symboles de la page 312

1 hôtel de luxe
2 hôtel grand confort
3 hôtel bon confort
4 hôtel simple
5 hôtel confort minimum
6 hôtel avec pension
7 musée
8 restaurant de luxe (gastronomique)
9 restaurant grande catégorie
10 restaurant moyen
11 restaurant simple
12 restaurant bon marché
13 30 chambres (symbole qui indique le nombre de chambres d'un hôtel)
14 ascenseur
15 lits supplémentaires
16 100% des chambres avec télévision
17 salle de bain complète (WC et bain)
18 bain seulement (pas de WC dans la chambre)
19 salle de douche avec WC
20 douche seulement (pas de WC dans la chambre)
21 téléphone
22 réveil automatique
23 garage à l'hôtel
24 Parking
25 calme
26 interdits aux animaux dans les chambres
27 accessible aux handicappés
28 restaurant sur terrasse
29 tennis
30 piscine en plein air
31 piscine couverte
32 plage
33 parc
34 salles de conférences
35 prix de la chambre